21 世纪高职高专教材　市场营销系列

商务谈判与操作

（第 2 版）

主　编　饶雪玲　宝　音
副主编　范利红　李　敏　王丽君
主　审　张　玫　李　霞

U0359882

清华大学出版社
北京交通大学出版社
·北京·

内 容 简 介

本书全面系统地阐述了商务谈判的理论、过程、准备、策略等。全书共9章内容，具体包括：商务谈判概述、商务谈判的组织管理与谈判心理、商务谈判的准备、商务谈判的沟通、商务谈判过程、商务中的价格谈判、商务谈判策略、不同国家商人的谈判风格、商务谈判礼仪。每章附有复习思考题、案例分析与讨论、实训练习与操作等内容，为教学提供了方便。

本书通俗生动，突出谈判知识的系统性和实用性，强调实践能力的培养。可作为大专院校经济管理类市场营销、电子商务、贸易，以及其他专业的教材，也可以应用于经管类相关专业的教学实践，同时还可以满足社会经济工作人员的工作需要。

图书在版编目（CIP）数据

商务谈判与操作／饶雪玲，宝音主编. —2 版. —北京：北京交通大学出版社：清华大学出版社，2018.10（2023.7重印）

ISBN 978-7-5121-3615-1

Ⅰ. ① 商… Ⅱ. ① 饶… ② 宝… Ⅲ. ① 商务谈判 Ⅳ. ① F715.4

中国版本图书馆 CIP 数据核字（2018）第 160827 号

商务谈判与操作

SHANGWU TANPAN YU CAOZUO

策划编辑：吴嫦娥　　责任编辑：刘　蕊

出版发行：清 华 大 学 出 版 社　　邮编：100084　　电话：010-62776969　　http://www.tup.com.cn

　　　　　北京交通大学出版社　　邮编：100044　　电话：010-51686414　　http://www.bjtup.com.cn

印 刷 者：北京虎彩文化传播有限公司

经　　销：全国新华书店

开　　本：185 mm×260 mm　　印张：19.5　　字数：487 千字

版 印 次：2018 年 10 月第 2 版　　2023 年 7 月第 2 次印刷

书　　号：ISBN 978-7-5121-3615-1/F·1821

定　　价：46.00 元

本书如有质量问题，请向北京交通大学出版社质监组反映。对您的意见和批评，我们表示欢迎和感谢。

投诉电话：010-51686043，51686008；传真：010-62225406；E-mail：press@bjtu.edu.cn。

出 版 说 明

　　高职高专教育是我国高等教育的重要组成部分，它的根本任务是培养生产、建设、管理和服务第一线需要的德、智、体、美全面发展的高等技术应用型专门人才，所培养的学生在掌握必要的基础理论和专业知识的基础上，应重点掌握从事本专业领域实际工作的基本知识和职业技能，因而与其对应的教材也必须有自己的体系和特色。

　　为了适应我国高职高专教育发展及其对教学改革和教材建设的需要，在教育部的指导下，我们在全国范围内组织并成立了"21 世纪高职高专教育教材研究与编审委员会"（以下简称"教材研究与编审委员会"）。"教材研究与编审委员会"的成员单位皆为教学改革成效较大、办学特色鲜明、办学实力强的高等专科学校、高等职业学校、成人高等学校及高等院校主办的二级职业技术学院，其中一些学校是国家重点建设的示范性职业技术学院。

　　为了保证规划教材的出版质量，"教材研究与编审委员会"在全国范围内选聘"21 世纪高职高专规划教材编审委员会"（以下简称"教材编审委员会"）成员和征集教材，并要求"教材编审委员会"成员和规划教材的编著者必须是从事高职高专教学第一线的优秀教师或生产第一线的专家。"教材编审委员会"组织各专业的专家、教授对所征集的教材进行评选，对所列选教材进行审定。

　　目前，"教材研究与编审委员会"计划用 2～3 年的时间出版各类高职高专教材 200 种，范围覆盖计算机应用、电子电气、财会与管理、商务英语等专业的主要课程。此次规划教材全部按教育部制定的"高职高专教育基础课程教学基本要求"编写，其中部分教材是教育部《新世纪高职高专教育人才培养模式和教学内容体系改革与建设项目计划》的研究成果。此次规划教材按照突出应用性、实践性和针对性的原则编写并重组系列课程教材结构，力求反映高职高专课程和教学内容体系改革方向；反映当前教学的新内容，突出基础理论知识的应用和实践技能的培养；适应"实践的要求和岗位的需要"，不依照"学科"体系，即贴近岗位，淡化学科；在兼顾理论和实践内容的同时，避免"全"而"深"的面面俱到，基础理论以应用为目的，以必要、够用为度；尽量体现新知识、新技术、新工艺、新方法，以利于学生综合素质的形成和科学思维方式与创新能力的培养。

　　此外，为了使规划教材更具广泛性、科学性、先进性和代表性，我们希望全国从事高职高专教育的院校能够积极加入到"教材研究与编审委员会"中来，推荐"教材编审委员会"成员和有特色的、有创新的教材。同时，希望将教学实践中的意见与建议，及时反馈给我们，以便对已出版的教材不断修订、完善，不断提高教材质量，完善教材体系，为社会奉献更多更新的与高职高专教育配套的高质量教材。

　　此次所有规划教材由全国重点大学出版社——清华大学出版社与北京交通大学出版社联合出版，适合于各类高等专科学校、高等职业学校、成人高等学校及高等院校主办的二级职业技术学院使用。

21 世纪高职高专教育教材研究与编审委员会

2010 年 2 月

前　言

商务谈判是一门有着丰富内涵、融合多方面知识于一体的综合性学科。谈判既是一门科学，又是一门艺术。谈判在社会政治经济生活中几乎无处不在，与我们的生活息息相关，是现代人必备的一项能力。

随着我国市场经济的发展，以及加入了世界贸易组织，我国在世界经济一体化过程中的步伐正在不断加快，工商企业大量地利用外资、引进技术，同境外企业的各种活动和贸易与日俱增；各界人士特别是企业界人士对外交往日益增多。国内的企业间、部门间也是如此。各种商务往来以及寻求合作与支持，都离不开谈判。可以说，我们比以往任何时候都更需要了解和掌握商务谈判原理、程序与技巧。

在编写中根据高职高专的教育方向，本书着重从业人员素质的培养，以实际应用能力为根本出发点，突出商务谈判的主体性，系统阐述商务谈判的基本原理及一般程序，使读者明确商务谈判的基本原则；并结合谈判实例，阐述具体的谈判策略与所需的基本技巧，设置了一些可参考的谈判情景，供谈判模拟操作之用，突出"教、学、做"一体化。

本书强调商务谈判理论的规范性、系统性，注重谈判策略的实用性和可操作性。沿续第1版体例，每章设有实训练习与操作，力求其实用性、实践性和可读性，以满足高职院校经济管理类专业的学生、广大企业界人士和其他读者的需要。再版工作主要是结合读者反馈，对部分内容进行了更新和调整，使其更便于教学使用。

本教材由饶雪玲、宝音担任主编，范利红、李敏、王丽君担任副主编。具体撰写分工如下：宝音（三亚理工职业学院）负责第1章、第2章、第3章内容的撰写；饶雪玲（三亚理工职业学院）负责第4章、第9章内容的撰写；范利红（海南科技职业学院）负责第5章、第7章内容的撰写；王丽君（三亚理工职业学院）负责第6章内容的撰写；李敏（浙江水利水电学院）负责第8章内容的撰写；浙江水利水电学院的张玫老师和李霞老师负责整本教材的审核校对；最终，由饶雪玲老师负责全书的定稿。海南三亚一些企业人力资源经理和营销经理对本书的内容提出许多宝贵的意见和建议；同时，本教材在编写过程中还参阅和借鉴了国内外的相关著作，在此表示由衷的感谢！

由于编者水平有限，书中难免有疏漏之处，敬请各位专家学者和广大读者批评指正，以便再版时进行修正。

编　者

2018 年 5 月

目　　录

第1章

商务谈判概述

1

内容简要

    商务谈判是现代市场营销的重要内容，也是营销的关键环节和重要手段。在市场经济机制下，市场的供求与合作越来越频繁，合作各方通过谈判的手段来消除分歧，寻求共识，进行信息沟通，已经成为社会经济生活中普遍存在的现象。从企业营销的角度，商务谈判不仅仅是企业市场营销活动的重要内容，而且商务谈判的成功与否，也在很大程度上影响着企业的发展及其与外部的合作。因此，了解和掌握商务谈判的一些基本知识、原则和原理，对谈判的实际工作有重要的指导作用。本章讲授的内容，包括谈判的含义与实质，商务谈判的概念、特征与构成要素，商务谈判的类型和主要内容。

学习目标

通过本章的学习，使学生了解和掌握以下知识点：

1. 认识谈判的内涵和基本原则；
2. 理解商务谈判的概念与特征；
3. 理解商务谈判的基本原则；
4. 谈判的案例分析方法。

    自有人类历史以来，谈判就广泛地存在于人类活动的各个方面。它是人类交往行为中的一种很广泛、很普遍的社会现象。大至国与国的政治、经济、军事、外交、文化等的相互往来，小至企业之间、个人之间为寻求合作与支持，都离不开谈判活动。

    谈判可以说是源远流长。自古以来，各地区政权间的政治、军事斗争都离不开谈判，例如：汉末诸葛亮在东吴"舌战群儒"导致孙刘联盟，是成功的军事外交谈判。现代社会，各种谈判更是数不胜数，例如著名的"重庆谈判""朝鲜停战谈判""中美大使级会谈"，我国为恢复关贸总协定缔约国的地位，加入世界贸易组织长达十几年的双边和多边谈判等。

无数事例说明，古今中外，不分经济、政治，谈判几乎是和人类文明社会的形成同时产生的。

　　一提起谈判，就使人联想起商业上讨价还价的情形，使人联想起两个敌对国家之间为某一纠纷而唇枪舌剑的情形。实际上，谈判的含义远不在于此。据美国某杂志调查，人们的日常生活中，有80%的时间是在与人谈判。不管你喜欢不喜欢，愿意不愿意，你都是一位谈判者。在家庭中，父母与子女谈判，希望学不精心的子女能刻苦学习。在工作中，领导与职工也在谈判，领导希望职工完成一项任务，是一种谈判；职工想要加点工资，就要与领导谈判。学生今后毕业找工作，也要与用人单位进行一系列谈判。

　　事实上，谈判是一个我们在生活和工作实践中无法回避的现实问题。商务人员要在商务活动中取得满意的谈判结果，必须掌握谈判的基本特征和规律，结合实际加以运用。

　　谈判是社会生活中经常发生的事情，几乎每个人都会在某一特定条件下成为一个谈判者。与小商贩讨价还价，购买他的农产品；与单位的领导讨论个人的工作调动；作为企业代表与其他谈判者磋商某一交易合同；甚至作为外交人员与其他国家的官员商讨国际事务，这些都是谈判，谈判是我们生活中不可缺少的一部分。有关研究资料表明，发达国家约有10%的人每天直接或间接从事谈判活动，其中职业的商务谈判占5%以上。

　　谈判并不是今天才出现的事物。它从古至今一直是人们生活的组成部分。但是，只有在商品经济发展到一定阶段，人类社会进入文明阶段时，谈判才在社会生活中发挥了巨大的作用。这是由于商品经济的内涵是等价交换，它排斥一切政治权力的干预，只有通过买卖双方的平等协商，才能在互利的基础上实现彼此的联系，促进经济的不断发展。可以说，商品经济的发展，使谈判扮演了社会经济生活中的重要角色；而对谈判手段进行广泛而有效的运用，又极大地促进了商品经济的繁荣与发展。

　　今天，谈判已经成为商品经济社会中不可缺少的组成部分，成为各种组织和公众为解决彼此间的矛盾、争议和调节人际关系的重要手段。不论人们是否承认、有没有意识到，人们都曾在现实生活中扮演了、并将继续扮演着"谈判者"的角色，正如谈判专家所说的那样，世界就是一张偌大的谈判桌。

1.1　谈判的内涵与实质

1.1.1　什么是谈判

　　生活中的谈判现象无所不在。什么是谈判？

　　实际上谈判有广义和狭义之分，广义的谈判包括一切有关"协商""交涉""商量""磋商"的活动。从广义上讲，谈判是指在正式场合下，两个或两个以上有关的组织或个人，对涉及切身权益的有待解决的问题进行充分交换意见和反复磋商，以寻求解决的途径，最后达成协议的合作过程。

　　认识谈判要注意把握两点：一是"谈"，就是谈各自需要解决的问题和有关的合作意向。二是"判"，就是对由合作而引起的责任承担、风险分担、亏损或盈利的分配、权利分享等，做出数字、范围、界限标准和时限等方面的判定。

谈判，实际上包含"谈"和"判"两个紧密联系的环节。谈，即说话或讨论，就是当事人明确阐述自己的意愿和所要追求的目标，充分发表关于各方应当承担和享有的责、权、利等看法；判，即分辨和评定，它是当事各方努力寻求关于各项权利和义务的共同一致的意见，以期通过相应的协议正式予以确认。因此，谈是判的前提和基础，判是谈的结果和目的。

1. 谈判的定义

我国学者为谈判所下的定义，主要有以下几种描述方法。

"所谓谈判，乃是个人、组织或国家之间，就一项涉及双方利害关系的标的物，利用协商手段，反复调整各自目标，在满足己方利益的前提下取得一致的过程。"

"谈判是谈判双方（各方）观点互换、情感互动、利益互惠的人际交往活动。"

"谈判是人们为了协调彼此之间的关系，满足各自的需要，通过协商而争取达到意见一致的行为和过程。"

"谈判是当事人为满足各自需要和维持各自利益而进行的协商过程。"这一解释强调谈判活动的持续性，这一点在正规、大型的谈判活动中十分重要。

相关链接 1

外国学者对谈判的定义

目前，外国学者对谈判的定义是见仁见智、多种多样，现将比较有代表性的列举如下。

美国谈判学会主席杰勒德·尼伦伯格（Gerard I. Nierenberg）1968 年在其所著的《谈判的艺术》（*The Art of Nierenberg*）一书中写道："谈判的定义最为简单，而涉及的范围却最为广泛，每一个要求满足的愿望和每一项寻求满足的需要，至少都是诱发人们展开谈判过程的潜因。只要人们为了改变相互关系而交换观点，只要人们是为了取得一致而磋商协议，他们就是在进行谈判。"

英国学者 P. D. V. 马什（P. D. V. Marsh）1971 年在《合同谈判手册》（*Conontract Negotiation Handbook*）一书中对谈判所下的定义是："所谓谈判是指有关各方为了自身的目的，在一项涉及各方利益的事物中进行磋商，并通过调整各自提出的条件，最终达成一项各方较为满意的协议这样一个不断协调的过程。"

美国法学教授罗杰·费希尔和谈判专家威廉·尤瑞合著的《谈判技巧》一书把谈判定义为："谈判是为达成某种协议而进行的交往。"

综上所述，我们认为谈判的概念是指参与各方出于某种需要，在一定的时空条件下，采取协调行为的过程。也可以把谈判理解为：谈判是人们为了各自的目的而相互协商的活动。

谈判是一个过程，在这一过程中，谈判双方或多方，其中每一方均被认为控制着其他方所需要的某些资源，通过相互协商，达成相互交换资源的协议。

谈判也许可以很快达成协议，也许花费了数月甚至数年也不一定能够达成协议。

2. 理解谈判

1）谈判必须有两个或两个以上的参加者

世界上任何一次谈判，至少需要有两个人参与，否则就无从谈判了。而最大的谈判，可算是联合国的大会辩论，它有180多个国家（或地区）的代表参加，代表或反映世界上几十亿人的利益与意愿。

2）谈判总是以某种利益需求的满足为预期目标

谈判的中心任务在于一方企图说服另一方接受或理解自己的观点，以及维护己方的基本利益。当然，谈判的双方都有各自的需求，都有追求的目标，所以，双方都应互相理解，为建立持久的利益关系和沟通交往而努力。

3）谈判是一种协商洽谈、平等对话的交往活动

也就是说，只有在物质力量、人格、地位等方面都呈现相对独立或对等的双方，才有可能构成谈判关系。

4）谈判是一种协调双方行为、方式的交际活动

谈判通常是在双方的观点、利益等方面既有一致性又有差异性的时候才开始的，所以，谈判总是围绕着促进双方改善原有关系，建立新的良好关系从而谋求更多的一致性、协调性、和谐性这一议题而进行的。

所以说，谈判就是具有利害关系的双方或多方为谋求一致而进行协商洽谈的沟通协调活动和过程。

谈判是无处不在的活动，谈判的适用范围是相当广泛的：两国边界纠纷的谈判，联合国大会的讨论，两位律师就当事人的法律纠纷进行调解，几家公司为共同拟定的合作项目商量协议，这些都是谈判。当然，谈判并不只是政治家、外交活动家、贸易谈判专家和法律工作者所专营的工作。人们生活在现实社会中，都会遇到各种各样的谈判对象，碰到各种各样的谈判题材。总而言之，每个人在各自的工作、学习、生活等多种场合都有可能成为一个谈判者。

知识点 1

谈判的障碍

障碍之一，没有调控好自己的情绪和态度。

障碍之二，对对方抱着不信、敌意等消极的感情。

障碍之三，自己"固守"，忽视交涉双方的共同需求。

障碍之四，出于面子的心理需要，对妥协和必要的让步进行抵抗。

障碍之五，把交涉和谈判看成是一种"胜负"或"你死我活的战争"。

---

3. 谈判的构成

谈判的过程实质上是双方沟通思想的过程。准确地陈述自己的思想，正确地理解对方的观点，消除误解，避免感情冲动，对整个谈判的成败至关重要。

谈判作为一种协调往来关系的沟通交际活动，它是一个有机联系的整体。要认识和把握

谈判活动，有必要了解谈判主体与谈判议题两个基本的构成要素。

1）谈判主体

所谓谈判主体就是指参加谈判活动的双方人员。谈判活动归根到底是谈判人员为各自的立脚点或者需要而进行的一场语言心理战。古今中外，成功的谈判不胜枚举，失败的谈判也数不胜数。有的谈判在轻松的气氛中就达成了互惠互利的协议，有的谈判则在紧张压抑的状态中马拉松式地拖延着。所有这些，一方面固然与谈判议题有关，但另一方面，这与谈判人员的素质和修养也是息息相关的。或许很多人都经历过谈判，但成功的谈判家毕竟为数不多，在现代社会生活中，为了实现成功圆满的谈判，谈判人员应当具备多方面的良好素质与修养，比如，充满自信，刚毅果断，有理有节，精明机智，豁达大度，深谙专业，知识广博，能言善辩，等等，都是每个优秀的谈判人员所需要具备的。

2）谈判议题

所谓谈判议题，就是指在谈判中双方所要协商解决的问题。这种问题，可以是立场观点方面的，也可以是基本利益方面的，还可以是行为方面的。

一个问题要成为谈判议题，大致需要具备如下条件：一是它对于双方的共同性，亦即这一问题是双方共同关心并希望得到解决的，如果不具备这一点，就构不成谈判议题。二是它要具备可谈性，也就是说，谈判的时机要成熟。我们不难看到，在现实生活中，本该坐下来谈判的事，一直未能真正去做，这主要就是因为谈判的条件尚未成熟。这样的情形是不少见的，两伊战争一直打了 10 年，期间许多国家都呼吁双方不要诉诸武力而应用和平谈判的方式解决争端，然而，交战双方的代表真正坐到谈判桌上来距离争端发生已经过去了 10 个春秋。谈判时机的成熟是谈判各方得以沟通的前提，当然，成熟的时机也是人们经过努力而可以逐步达到的。三是谈判议题必然涉及双方或多方的利害关系，这一点是我们从谈判的定义中引申出来的，因此不在此细说。

一般来说，谈判的构成要素，除了谈判主体、谈判议题外，还应包括谈判方式和谈判的约束条件。该内容在商务谈判要素一节中进行阐述。

美国谈判大师卡洛斯说过："谈判乃是人在一生中所做的最困难的一项工作。"

谈判是现代社会无处不在、无时不有的社会现象，无论在政治、经济、外交、军事领域，还是在社会生活方面，谈判都发挥着越来越重要的作用，已成为人们之间沟通、合作和协调相互关系必不可少的工具。

随着市场经济的深入发展，各种商务活动越来越多，冲突与合作始终伴随着商务活动，过去的行政命令、强权暴力的做法越来越行不通了。谈判是解决冲突与合作问题最有效的方式，是实现双赢的最佳工具。

小思考 1

谈判的实质是什么？

答：谈判的实质是沟通与协调双方关系，是人际关系的一种特殊表现。

---

4. 谈判的特征

1）谈判是建立在人们需要的基础上，有很强的目的性

尼伦伯格指出，当人们想交换意见、改变关系或寻求同意时，人们开始谈判。这里，交

换意见、改变关系、寻求同意都是人们的需要。需要包括的具体内容极为广泛，如物质的需要、精神的需要、低级的需要和高级的需要。需要推动人们进行谈判，需要越强烈，谈判的动因就越明确。但谈判又是两方以上的行为，只有各方的需要能够通过对方的行为得到满足时，才会产生谈判。所以说，无论什么样的谈判，都是建立在需要的基础上的。

谈判均有各自的需求、愿望或利益目标，是目的性很强的活动。没有明确的谈判目的，不明白为什么而谈和谈什么，至多只能叫作"聊天"或"闲谈"。

谈判的进行，取决于两方面：一是通过谈判能否达到双方预约的目标；二是通过谈判的收益能否抵得上花费的成本。谈判如果不能达到双方的目的，谈判就不能进行，在进行谈判前各方必须明确目的，即通过谈判来满足需要。只有明确目的，并了解谈判对象的目的，才能在谈判中掌握主动权。

不同的谈判者参加谈判的目的是不同的，外交谈判涉及的是国家利益；政治谈判关心的是政党、团体的根本利益；军事谈判主要是关系敌对双方的安全利益；商务谈判以获取经济利益为基本目的。

2）谈判是相互的，是人际关系的一种特殊表现，谈判的参与各方是地位平等且相对独立的主体

谈判是一种双边或多边的行为和活动，总要涉及谈判的对象。谈判是由两方以上的人员参与的活动，这就必然表现为一种人与人之间的关系。人与人之间存在着多种多样的关系，如生产关系、血缘关系、师徒关系、邻里关系和同乡关系等。但上述这些人际关系并不等同于我们所研究的谈判行为之间的人际关系。在这里谈判活动所体现的人际关系具有某种特殊性。这就是参与谈判活动的各方是出于某种利益而结成的相互关系或共同体，这种关系的特点不同于上述人际关系的稳定性、持久性的特点，而是短暂和动态的。谈判活动所建立的人际关系，一旦协调过程完成，相互之间的关系便宣告结束。当然，我们也并不排除这种关系可能转换为另一种人际关系——相对稳定、持久的协作或合作关系。从另一方面看，谈判行为所形成的人际关系的范围是十分宽泛的，即介入这种关系的人员的来源可能是多方面的，不仅仅是负责谈判的专业人员，生活在社会各个层面的人都会在某种特定的情况下从事谈判活动。

谈判作为人类广泛的社会行为，其核心是参与各方体现了一种平等互利的关系，任何一方都不能凌驾于另一方。当然谈判中所使用的谈判技巧则另当别论。谈判的各方只有地位平等，才能进行有效的磋商问题，协调分歧，彼此合作。

3）谈判是两方以上的交际活动，是通过磋商与合作，协调行为的过程

要谈判，就要有谈判对象，只有一方则无法进行谈判活动。从采购员与推销员的一对一谈判，到联合国的多边谈判，都说明谈判至少要有两方以上的参加者。既然有两方以上的人员参加，这种活动就是一种交际活动，就需要运用交际手段、交际策略实现交易的目的。这是谈判活动与人类的其他行为的重要区别。

谈判是通过相互合作实现各自目标的有效手段。谈判不是命令或通知，不能由一方说了算。所以，在谈判中，一方既要清楚地表达其立场和观点，又必须认真地听取他方的陈述和要求并不断调整对策，以沟通信息、增进了解、缩小分歧、达成共识，这就是彼此之间的协商或磋商。任何谈判协议的达成，都是寻求协调、达到统一的结果。没有达成协议，则是协调活动的失败。谈判的整个过程，就是提出问题和要求，进行协商，又出现矛盾，再进一步协商的过程。这个过程可能会重复多次，直至谈判终结。

从长远来看，谈判不是一方赢一方输，而是合作事业。谈判使双方都有所得，即使其中一方做出牺牲，也应是双方各有所得。有人称谈判是"合作的利己主义"的体现。当然，合作可以有竞争，但竞争不能导致最终不欢而散。合作，使谈判容易成功，使谈判的成果丰硕，使达成的协议能够经受时间的考验。因此，成功的谈判，双方都是胜者。

小思考 2

双赢的谈判应符合什么标准？

答：1. 谈判要达成一个明智的协议；

2. 谈判的方式必须有效率；

3. 谈判应该可以改进或至少不会伤害谈判各方的关系。

4）谈判灵活性强，没有特定的规律可遵循

古语讲"兵无常势，水无常形"是比喻事物的发展没有可遵循的定势，没有可完全照搬的模式，谈判就是这样的一种活动或行为。著名的谈判专家尼伦伯格曾参加过无数次的谈判，其总结的经验是没有两个谈判模式是完全一样的，尽管有时交易的内容没有太大的差别。

事件的突发性和复杂性，是谈判要重视和把握的特点。要在谈判中灵活运用各种技巧，使谈判顺利达成，而且要符合双方的目的。

5）谈判要选择恰当的谈判时间、地点

谈判是两方以上面对面的接触，这就需要选择谈判时间和谈判地点。一般来讲，是谈判双方根据实际需要协商确定的。谈判的参与者都十分重视选择恰当的时间和地点，这在政治谈判和军事谈判中尤为重要。在世界比较著名的谈判事例中，很多谈判活动都精心选择谈判地点，确定谈判的相关人员。例如，以色列和巴勒斯坦人的谈判，地点却是在美国，由美国充当中间调解人；而 20 世纪 70 年代越南和美国的停战谈判，地点选择在法国，两方都乐于接受并最终达成协议。

小思考 3

谈判的要点有哪些？

答：1. 谈判的本质是人际关系的一种特殊表现。

2. 谈判的核心任务在于一方企图说服另一方或理解、或允许、或接受自己所提出的观点。

3. 谈判产生的条件是双方在观点、利益和行为方式等方面既相互联系又相互冲突或存在差别。

4. 谈判的关系构成是双方在物质力量、人格、地位等方面都相对独立或对等。

5. 谈判是借助思维——语言链传递信息交换信息的过程。

1.1.2　谈判的基本原则

古人云："不以规矩，不能成方圆。"随着社会的发展和文明的进步，现代谈判的各项原则逐步确定，谈判的技巧、策略日趋完善，对其所进行的研究也日益深入，这一切使现代谈判活动越来越正规，不同的谈判场合会有各自不同的谈判原则，但无论是处于什么情况，谈判的基本原则是必须要遵循的。

谈判的原则，是指谈判中谈判各方应当遵循的基本准则，是谈判必然的行为规范，是谈判的实践总结。因此，认识和把握谈判的原则，有助于维护谈判各方的权益，提高谈判的成功率。

1. 自愿原则

谈判的自愿原则，是指作为谈判主体的各方，具有独立的行为能力，能够按照自己的意志在谈判中就有关权利做出决定。不是屈服于某种外来的压力或他人的驱使，而是出于对自身利益目标的追求和互补互惠的意愿来参加谈判的。同时，只有自愿，谈判各方才会有合作的要求和诚意，才会进行平等的竞争，才会互补互助、互谅互让，最终取得各方满意的谈判结果。

谈判的过程，强迫性的行为是不可取的，一旦出现，自愿原则就会受到破坏，谈判一方势必退出谈判，谈判也就会由此而破裂。可见，自愿原则是谈判的前提。

2. 平等与互利原则

平等原则，是指谈判中无论个人的经济实力强、弱，组织规模大、小，其地位都是平等的。在谈判中，当事各方对于交易项目及其交易条件都应有同样的否决权，要达成协议只能协商一致，不能一家说了算。这种同质的否决权和协商一致的要求，客观上赋予了各方平等的权利和地位。谈判各方无论在社会地位与实力上有多大不同，但在法律地位上彼此享有的权利、责任和义务应一律平等。因此，谈判各方必须充分认识这种相互平等的权利和地位，自觉贯彻平等原则。贯彻平等原则，要求谈判各方互相尊重、以礼相待，任何一方都不能仗势欺人、以强凌弱，把自己的意志强加于人。只有坚持这种平等原则，谈判才能在互信合作的气氛中顺利进行，才能达到互补互惠的谈判目标。可以说，平等原则是谈判的基础。

互利原则，是指谈判达成的协议对于各方都是有利的。互利是平等的客观要求和直接结果。而且，商务谈判不是竞技比赛，不能一方胜利、一方失败，一方盈利、一方亏本。因为，谈判如果只有利于一方，不利方就会退出谈判，这样自然导致谈判破裂，谈判的胜利方也就不复存在。同时，谈判中所耗费的劳动，也就成为无效劳动，谈判各方也都只能是失败者。互利是商务谈判的目标。坚持互利，就要重视合作，没有合作，互利就不能实现。谈判各方只有在追求自身利益的同时，也尊重对方的利益追求，立足于互补合作，才能互谅互让，争取互惠"双赢"，才能实现各自的利益目标，获得谈判的成功。正是从这一原则出发，尼伦伯格把谈判称作"合作的利己主义"。

谈判本身的特点要求参与各方遵循平等、互利的原则。参与各方都能获得一定的利益，这既是谈判产生的动因，也是各方期待的目标。

在谈判实践中贯彻平等互利的原则，必须注意以下几点。

1）要着眼于双方的利益

谈判中出现的分歧和冲突，从表面上看好像是立场的冲突，其实是利益的冲突。因为立场是谈判者做出的某种决定，而做出这个决定的真正原因是利益。利益是隐藏在立场背后的动机。人们常常因为立场上的对立，就认定对方的利益与自己的相反，如果维护自身的利益，就必然会遭到攻击。实际上，我们只要不计较立场，就会发现双方的共同利益要大于冲突性利益。

2）要站在对方立场上考虑问题

这就是说，要设身处地为对方着想，从而探讨对方提出的每一个要求后面有着什么样的利益问题。对对方的要求应该问一个"为什么"，目的不是评价立场，而是理解对方的需要、希望、担心和追求。

3）要考虑双方的多重利益

谈判中，每一方的利益往往不止一种，而有多种。比如一个业务员与客户谈判，既想取得经济效益，又想与客户保持良好的关系。谈判中的多重利益，加强了利益的共同性。

3. 和平协商、求同原则

和平协商、求同原则，是指谈判中面对利益分歧，从大局着眼，和平协商，努力寻求共同利益。和平协商、求同原则，要求谈判各方首先要立足于共同利益，要把谈判对象当作合作伙伴，而不仅视为谈判对手。同时，要承认利益分歧，正是由于需求的差异和利益的不同，才可能产生需求的互补和利益的契合，才会形成共同利益。

既然是谈判，彼此间在利益问题上肯定会发生分歧甚至冲突。这是正常的，但要避免使用强制、要挟、欺骗和人身攻击等不良手段，否则非但于事无补，反而会火上浇油，导致谈判破裂。谈判往往就是在冲突中来实现共同的目标，谈判各方应冷静地坐下来友好地协商，以和平方式谋求解决问题的良策。

和平协商、求同原则实际上解决的是谈判中的人际关系问题。相互信任、理解、尊重和友好的关系，可以使谈判顺利有效地进行。

贯彻和平协商、求同原则，要求在谈判中善于从大局出发，要着眼于自身发展的整体利益和长远利益的大局，着眼于长期合作的大局；同时，要善于运用灵活机动的谈判策略，通过妥协寻求协调利益冲突的解决办法，构建和增进共同利益，要善于求同存异。

可以说，和平协商、求同原则是谈判成功的关键。善于协商与求同，历来是谈判高手具有智慧的表现。

在谈判实践中贯彻和平协商、求同原则必须把握以下几点。

1）正确地提出看法

消除谈判中双方分歧最好的方法，就是把它摆到桌面上，各自提出看法，共同讨论。只要每一方设身处地为对方考虑，并以坦诚的态度来对待，而不是相互责怪，那么双方都会认真而冷静地考虑彼此的看法。当然，谈判中不能用实质问题上的让步来保持人际关系，这只能让对方认为你软弱。正确地提出看法还必须注意语言艺术，要让对方感情上易于接受。

2）保持适当的情绪

在谈判中，特别是在激烈的争执中，情绪、情感比谈话更为重要。人们进入谈判时，往往会认为事关重大，本能产生一些紧张感，感情用事会加重紧张的程度，使谈判很快陷入僵局或破裂。谈判者首先应对自己和对方的情绪波动做到心中有数，要学会在谈判中观察自己和对方，理智地允许对方发泄部分的怨气，这是化解对方消极情绪的有效方法。

3）建立清晰的沟通

谈判中，常由于沟通的困难而使双方产生误解、误会，也容易使各方都感到对方缺乏诚意，从而导致人际关系的对立。为使沟通清晰有效，谈判者应做到发言简洁明了，有明确的目的性；认真倾听对方谈话，了解对方的意思，感受对方的情绪；谈论自己的感受，以重申自己的看法或加深对对方看法的理解。

4. 依法办事原则

谈判各方在实现自身目标而达成协议时，不能以损害国家利益和其他第三者的利益为前提。只有在法律所允许的范围内，当事人的权益才能受到保护。因此，在谈判中，切忌见利忘义，违法乱纪，损害国家和人民的利益。

在拟订谈判协议时，为了避免执行过程中发生争议，签署的各种文书及所用的语言文字必须具有彼此各方承认的明确的合法内涵，并应对其中用语的法定含义做出明确的文字解释。这样，协议才具有法律效力。

5. 信守承诺的原则

"人事无信难立，买卖无信难存。"真正决定谈判发展前途的是谈判各方的人员之间的信任感，坦诚相待才能够创造彼此的信任感，言而有信，才能够使对方放心。这就要求谈判者一旦做出了许诺，就要遵守它。如果能使对方消除疑虑，谈判就能轻松愉快地进行下去，反之，对方疑心重重、忧心忡忡，谈判的气氛将变得紧张，对方也可能会退出谈判。

谈判者的许诺，一定是要可以信赖的，一诺千金，绝不食言。然而，谈判者肯于开诚布公、直言表露全部的意图和目的，并不等于把自己的一切和盘托出。高明的谈判者，并不暴露全部的意图和目的，也不过早或轻易许下诺言；否则，对方将会利用这点迫使你做出让步。因此，既要言而有信、信守诺言，又必须讲究分寸、讲究原则，该言则言，该避则避。

1.1.3 谈判的阶段进程

我们知道，一次成功的谈判活动，每一方都应该是胜者。然而，彼此具有利害关系的谈判双方发生争议时，为了协调一致，争取和解，在经过一定事实上的酝酿、磋商后，各自派出己方代表，在特约的时间、地点进行一场正规的谈判时，谈判就有了其特定的过程了。

1. 准备阶段

在准备阶段，要确定谈判的目标，收集有关的谈判信息，选择相应的谈判人员，确定谈判的地点和时间，制定谈判的战略战术和制定谈判计划等。此外，谈判的准备还包括在可能的情况下，进行预先模拟练习，并要考虑对方可能做出的反应及自己的应对策略等。

彻底了解对方的需要及谈判对象的基本情况，是准备阶段的关键步骤。

彻底了解对方，是谈判双方审定谈判计划的前提，任何一方都需要进行此项工作，因为通过了解对方的需求和欲望，采取有效的策略，在可能的情况下，可以最大限度地满足自己的利益。

准备阶段非常关键，应该在谈判前进行充分准备，这样才能有备无患。

2. 磋商阶段

磋商阶段是谈判双方真正坐在一起，进行沟通的过程，包括双方提出各自的条件，就各自希望实现的目标和相互之间的分歧进行面谈磋商等。这一过程从开始到结束，有的可能只需一次会谈就可以完成；有的则可能要经过多轮次的会谈才能完成。

在磋商阶段经常会出现僵持与让步的情况，可以说整个谈判的过程就是一个僵持与让步并存的过程。通常当谈判双方相互僵持时，各方都会重述己方的立场和要求，并表现出毫不退上的顽强态度，而且各方还会相互挑剔对方的毛病，以设法削弱对方的力量，增强自己的力量。

为了谈判的顺利进行，肯定有一方会在某一方面做出让步，双方再开始进行谈判，最后实现成交。

3. 成交阶段

谈判双方经过一段时间的实质性磋商以后，如果双方认为满意就该进入成交阶段了，可以说成交就是双方磋商的结果。成交阶段的磋商包括激烈的交锋，也包括妥协和让步。只交锋不妥协，就不能成交。因此，在谈判中，双方都会对自己的立场、要求等做出必要的调整，使双方立场逐渐接近，相互妥协而达成协议，最后达到成交的目的。所以从这个意义上说，谈判的过程，实际是谈判双方相互妥协的过程。

4. 认可阶段

认可阶段就是通过签订书面文本协议，给予最终认可的阶段。其象征就是形成书面文件，并对这种文件给予法律上的认可，一般情况是到公证处公证。一旦有一方违反了协议的规定，经交涉无效后，可以对簿公堂，通过法律解决。

认可阶段是经过双方磋商、交锋、妥协，认为基本达到各自的期望，满足了自己的需要，最终才拍板同意的。谈判双方在协议书上签字，互表庆贺，谈判过程就宣告结束。

小思考 4

一般的谈判包括几个阶段？

答：一般来说，正式的谈判活动从开始到结束，划分为准备阶段、磋商阶段、成交阶段、认可阶段。

1.2　什么是商务谈判

商场如战场，企业与企业之间的交往无处不存在着利益的分配。只有掌握商务谈判奥秘的人，才能在风起云涌的商场中游刃有余，在谈笑风生中抢占市场，广开财源。

商务或称商事，指一切有形或无形资产的交换或是买卖事宜。然而，不是任何一种行为都可以成为商务行为。商务行为具有特定的内涵。它是指经法律认可，以社会分工为基础，以提供商品或劳务为内容的营利性的经济活动。商务谈判是买主和卖主，即买卖双方为了促成买卖成交而进行的活动，或是为了解决买卖双方争议或争端，并取得各自的经济利益的一种方法或手段。

商务谈判就是关于商业事务上的谈判，具体是指两个或两个以上从事商务活动的组织或个人，为了满足各自经济利益的需要，对涉及各方切身利益的分歧进行交换意见和磋商，谋求取得一致和达成协议的经济交往活动。所以，也有人称之为经济谈判。

为什么要进行商务谈判？必须具备哪些因素才能进行谈判？这就是商务谈判的动因和商务谈判的要素。下面我们就商务谈判的寻求共识、谋求合作、追求利益等方面动因进行分析。商务谈判的要素分析涉及谈判主体、谈判议题、谈判方式、谈判背景等方面内容。

1.2.1　商务谈判的概念和动因

商务谈判是指不同的经济实体各方为了自身的经济利益和满足对方的需要，通过沟通、协商、妥协、合作、策略等各种方式，把可能的商机确定下来的活动过程。

为什么要进行商务谈判，谈判发生的一般动因是什么？我们认为主要的动因包括寻求共识、谋求合作与追求利益三个方面。

1. 寻求共识

商务谈判行为的特征是平等协商，即在相互依赖的社会关系中有关各方的地位相对平等，并在此基础上通过彼此商讨和相互沟通来寻求互利合作中各方都能认可和自愿接受的交换条件与实施程序。伴随着社会的进步及社会生活的法制有序，利益主体维护自身权益的意识增强并日益受到社会的尊重与保护。在这种社会环境下，只有通过谈判来寻求相互合作的共同利益并达成共识、形成协议，才能使互补互惠成为客观现实。因此，寻求共识进而实现互利合作，是商务谈判的动因之一。

2. 谋求合作

借助他人的资源满足自身的利益需要，必然出现不同主体利益归属的要求和矛盾。古往今来，强权掠夺、发动战争的确是达到一方利益目标的手段。然而，随着社会文明的进程和社会生活相互依赖关系及观念的增强，人们越来越认识到暴力并非处理矛盾的理想方式，它不仅造成许多严重后果并留下诸多隐患，而且大多同时或最终仍要通过非暴力的方式得以解决；人们也越来越认识到摒弃对抗、谋求合作才是处理日益密切的社会联系和相互依赖关系的明智之举，而谈判正是实现互利的最佳选择。

在现实生活中，由于社会分工、发展水平、资源条件、时空制约等原因，人们及各类组织乃至地区或国家之间，往往形成各种各样的相互依赖关系。例如，一方生产某产品，另一方正需要该产品；一方拥有农产品但需要工业品，另一方拥有工业品而需要农产品；一方拥有市场但需要技术，另一方拥有技术而需要市场，等等。这种相互差异，为各方发挥优势、实现互补提供了客观基础。当今时代，科学技术的发展和社会的进步，出现了两种平行的趋势：一是社会分工日益明显，生产和劳动的专业化日益提高；二是社会协作日益紧密，人们之间的相互依赖性日益增强。在这种社会生活相互依赖关系不断增强的客观趋势下，人们的某种利益目标的实现和实现的程度，越来越不仅取决于自身的努力，而且取决于与自身利益目标相关的态度和行为方面，也取决于彼此之间的互补合作。相互之间的依赖程度越强，就越需要加强相互的合作。可见，社会依赖关系的存在，不仅为相互间的互补合作提供了可能性，同时也是一种必要。正是这种在相互依赖的可能中谋求合作的必要，构成了谈判的又一重要动因。

3. 追求利益

谈判是一种具有明确目的性的行为。这里，最基本的目的就是追求自己的利益需要。人们的利益需要是多种多样的。从内容看，有物质的需要、精神的需要；从层次看，有生理需要、安全需要、社交需要、尊敬需要、自我实现需要；从时间看，有短期需要、长期需要；从主体看，有个人需要、组织需要、国家需要等。人们的种种利益需要，有些是可以依靠自身及其努力来满足的，但是，更多则必须与他人进行交换。显然，这种交换是比较效益的客观要求，其直接动因是为了利益需要得到更好的满足。

在利益的交换中，双方都是为了追求自身的利益目标，追求自身利益的最大化。但是，这种自身利益的扩大如果侵害或者不能保证对方的最低利益，对方势必宁肯退出，利益交换便不能实现。可见，在利益交换中，有关各方追求并维护自身的利益需要，不仅成为谈判之必要，而且是谈判的首要动因。

谈判是人们为了改变相互关系而相互交换意见，为了取得一致而相互磋商的一种行为。谈判亦是直接影响各种人际关系，对参与谈判的各方产生持久利益影响的一个过程。

好的商务谈判的过程不是一味固守立场，寸步不让，而是谈判者与对方充分交流和沟通，从双方的最大利益出发，创造性地解决问题，取得利益上的双赢。

综上所述，寻求共识、谋求合作、追求利益是商务谈判的主要动因。其中，寻求共识则是谈判中能够使追求利益和谋求合作的必要与可能最终成为现实的有效途径；谋求合作及其所依据的相互依赖关系既是谈判的必要，又是谈判的可能；追求利益则是谈判的必要。

1.2.2　商务谈判的特征

谈判的种类很多，有外交谈判、政治谈判、军事谈判、经济谈判等。商务谈判是经济谈判的一种，是指不同利益群体之间，以经济利益为目的，就双方的商务往来关系而进行的谈判。它一般包括：货物买卖、工程承包、技术转让、融资谈判等涉及群体或个人利益的经济事务。

商务谈判当事各方通常是各种类型的企业。但是，也不仅仅限于企业等经济组织，政府机关、军队各部、科研院所、医疗机构、文化团体、各类学校等，为采购所需的各种物资、设备、器具、用品等，同样会成为谈判的当事方。可见，作为商务谈判主体的当事各方，涉及经济、政治、文化等各类普遍存在的社会组织，这种谈判有其自己的特点。

1. 商务谈判是谈判各方"给予"和"获取"兼而有之的一种互助过程，是双方的，不是单方的

谈判双方都有自己的需要，而一方需要的满足又是以是否满足另一方的需要为前提的。因此，在任何一项谈判中，都必须同时存在着给予与获取。谈判双方都要做出一定的让步，

每一方都必须在不同程度上修改其期望达到的目标，并准备降低某些要求，以便满足对方的期望和要求。

从某种意义上讲，谈判这一行为本身就意味着存在让步的可能性。如果一方有足够的力量将其所有的条件强加给对方，而可以无视对方的利益和需要，这是迫使对方无条件投降，而不是在谈判。在谈判过程中，任何一方都必须根据对方的意愿和要求，相应地调整自己的需要，互相让步，最终达成彼此在利益上的平衡。需要注意的是，谈判中的让步对双方来说可能并不对等。因此，利益上的平衡并不意味着利益上的平均。

2. 谈判双方同时具有"冲突"和"合作"的成分

谈判是双方合作与冲突的对立统一。谈判是确立共同利益，减少分歧，最终达成一项协议的过程。协议至少能最低限度地被谈判双方所接受，因而对双方来说都是有利的。为了取得利益，双方必须共同解决他们所面临的分歧，以便最终达成某项对双方都有利的协议，这是谈判的合作性的一面。与此同时，双方又都希望在谈判中获得尽可能多的利益，为此而积极地讨价还价，这是谈判冲突性的一面。

在现实的谈判活动中，有些谈判人员只注意到谈判双方合作的一面，不了解谈判还存在冲突的一面，他们过分重视维护双方的合作关系，在面临对方的进攻时，往往一味地退让，尽力避免冲突，而不是积极地为己方争取利益。与此相反，另一些谈判人员只看到谈判冲突性的一面，而忽视了双方友好合作的积极意义。他们认为谈判为一场战争，被击败的必须是对方，而取得胜利的只能是自己。由于无视对方的利益而导致谈判破裂，最终也损害了自己的利益，所以这两种认识都是不正确的。

任何一项谈判都必须包含着合作与冲突两个方面，认识到两者的对立统一，在规划谈判活动时，必须注意既不应损害双方的合作关系，又要尽可能合理地利用冲突来为己方谋取更多利益，也就是要在这两者之间求得平衡。

3. 商务谈判是互惠的，是均等的公平，多么不平等也是公平的

如果谈判不是互惠互利的，一方只想从另一方索取利益，只想满足自己的需要，则这种谈判缺少最起码的合作基础，谈判的双方也不可能真正坐到一起。谈判的双赢并不意味着均等，有些谈判者从中获得的利益相对多，有些谈判者从中获得的利益相对少。这是因为谈判双方所拥有的实力与技巧的差异，导致了这种不平等的结果。不过，谈判的结果使一方绝对吃亏也是不现实的，谈判参与的双方对谈判结果都有否决的权利，谈判结果都能保证自己的基本利益，双方共同认可的结果无论是多么不平等，这样的谈判也都是公平的。

4. 商务谈判的过程是双方用适用的法律政策及道德规范形成统一意见的过程

谈判过程通过论证自己的观点，反驳对方，说服对方，再经文字记录或口头认可，最终达成谈判协议。从这个意思上来看，商务谈判的过程实际上也是订立合约的过程，这个合约是双方意志的体现，是双方责、权、利的依据，是追究法律责任的要约。另外，在现代营销理念的指导下，商务谈判要遵守商业道德，做到不欺骗，守承诺，不能损害合作者，更不能"卖了就走"。

5. 商务谈判是双方运用经验、智慧、勇气、能力与技巧达成统一意见的过程

谈判各方所得利益的确定，取决于各自的谈判技巧和实力。谈判是使双方获利的活动，但各方所能获得的利益，在谈判之前是无法借助某种规则来精确计算的。例如，甲乙双方进行谈判，需要确定的是实际上各自从总体利益中得到的份额。从理论上讲，这部分有待切割的利益是明确的，而从实际来看，如何进行切割是不确定的。任何一方都希望了解对方的最低需要，以确定这一利益的存在。双方又都必须在谈判中做出让步，并控制己方的进攻，以便合理地切割这一利益，从而确定各自所得的利益。离开了有效的谈判技巧，不能适度地安排各项活动，谈判双方是难以在利益上达成平衡的。谈判技巧的发挥靠的是谈判人员的经验、智慧、勇气和能力。

谈判技巧的发挥受谈判双方实力的影响。谈判实力不仅指经济实力，还包括时间、空间、经验和心理等方面的因素。实力强的一方往往在谈判中居于有利地位，可以把握谈判的主动权，以较少的代价换取较多的利益，而实力弱者则常常被迫做出较大的让步。除了谈判技巧与谈判实力外，谈判中存在的各种环境因素，如供求和竞争等，也会在一定程度上影响到双方的利益切割。

6. 以价格作为谈判的核心

商务谈判所涉及的因素不只是价格，价格只是谈判内容之一，谈判者的需要或利益也不一定表现在价格上。但价格几乎在所有商务谈判中都是谈判的核心内容，这是因为价格最直接地表明了谈判双方的利益。谈判双方在其他利益因素上的得与失，拥有得多与少，在很大情况下都可以折算为一定的价格，通过价格的升降得到体现。比如，质量因素，一辆一等品的自行车售价 1 000 元，同样的牌号规格的二等品自行车售价为 800 元，价格的核心作用就体现出来了。又如，数量因素，购买一件衣服花 20 元，购买三件总价 55 元，价格差就把数量差折算表现出来了。

对一个商务谈判者来讲，了解价格是商务谈判的核心，价格在一定条件下可与其他利益因素相折算这一点很重要。在谈判中，谈判人员一方面要以价格为中心，坚持自己的利益；另一方面又不能仅仅局限于价格，要拓展自己的思路，在其他利益因素上争取利益。有时，与从价格上争取对方让步相比，在其他利益因素上要求对方可能更容易做到，并且行动也比较隐蔽。

7. 商务谈判要实现双赢

商务谈判的最终目的是实现双赢和多赢，这是时代的要求，也就是确保通过谈判达成的协议使参与的各方都有所得，而且都是基本满意的。这种满意可能体现在经济利益上，也可能体现在相互的关系上，或是在心理上，因为每个人的需求不一样，所以所取得的满足也不一样。例如，一个啤酒经销商在第一次与生产厂家购销的谈判中达成的价格协议比其他的经销商略低，但其每年的销售量比较大，双方以后有着很好的合作前景，生产厂家认为这样谈判结果也是满意的，因为这样的谈判有利于保持和发展双方的合作关系，对双方都是有利的，这就是双赢。

美国克莱斯勒汽车公司是美国第三大汽车制造企业。20 世纪 70 年代该公司经营出现危机，1978 年亏损额达 2 亿多美元。在此危难之际，艾柯卡出任总经理，并请求政府给予紧急经济援助，提供贷款担保。对这一请求美国国会和社会舆论几乎众口一词：克莱斯勒赶快倒闭吧。按照企业自由竞争原则，政府绝不应该给予经济援助，国会为此举行了听证会。在听证会的最后，艾柯卡说："我这一辈子一直都是自由企业的拥护者，我是极不情愿来到这里的。但我们目前的处境是：除非我们能取得联邦政府的某种保证贷款，否则根本没办法去拯救克莱斯勒。其实在座的参议员们比我还清楚，克莱斯勒的请求贷款案并非首开先例。事实上，你们的账上目前已经有了 4 090 亿美元的保证贷款。因此，务必请你们不要到此为止，请你们全力为克莱斯勒争取 4 亿美元贷款吧！因为克莱斯勒关系到几十万人的工作机会。"艾柯卡随后指出日本汽车正乘虚而入，如果克莱斯勒倒闭了，国家在第一年里就得为所有失业人口支付 27 亿美元的保险金和福利金。所以他向国会议员们说："各位眼前有个选择，你们愿意现在就付出 27 亿呢？还是将它的一部分作为保证贷款，日后可全数收回呢？"艾柯卡以实际上的客观双赢和超公司利益的国家利益应对议员们的提问，使持反对意见的议员无言以对，最终获得贷款。

8. 谈判是科学的也是艺术的

谈判是一门科学，谈判有其自己的理论体系，其理论是从长期的实践中总结出来的。这是一门综合性的边缘交叉性学科，吸收了市场学、语言学、逻辑学、哲学、经济学、传播学、管理学、公共关系学和人际关系学等学科的基础理论，它具有某些操作过程中的规范和要点，具有系统的思维过程和工作步骤，有完整的计划、策略和实施方案。

谈判也是一门艺术性的技术，谈判者应该掌握其基础知识。谈判者必须掌握必要的谈判技术，进行谈判技术方面的训练，熟练掌握谈判中的技巧，在实际谈判中进行创造性的探索，根据不同对象和不同环境，使用不同的技巧。有时按照主观的思维进行处理，可能会达到意想不到的效果。谈判过程如果没有艺术性的成分就会使谈判变得死气沉沉，也不利于谈判合作的达成。谈判者应该牢记，谈判是人与人进行交流的过程，是一门与人沟通的艺术。

1.2.3　商务谈判的基本要素

一个完整的商务谈判过程，一般由谈判主体、谈判议题、谈判方式和约束条件四个要素构成。

1. 谈判主体

谈判主体指从事谈判的人。谈判总是在人们的参与下进行的。谈判当事人，是指谈判活动中有关各方的所有参与者。

1）谈判主体的类型

从谈判组织的角度来看，谈判当事人一般有台上的谈判人员和台下的谈判人员两类人员。

（1）台上的谈判人员，指谈判一线的当事人，亦即出席谈判、上谈判桌的人员。一线的当事人，除单兵谈判外，通常包括谈判负责人、主谈人和陪谈人。其中，谈判负责人，即谈判当事一方现场的行政领导，也是上级派在谈判一线的直接责任者，他虽然可能不是谈判桌上的主要发言人，但有发言权，可以对主谈人重要的阐述进行某些补充甚至必要的更正，是谈判桌上的组织者、指挥者，起到控制、引导和场上核心的作用；主谈人，即谈判桌上的主要发言人，他不仅是场上的主攻手，也是谈判桌上的组织者之一，其主要职责是按照既定的谈判目标及策略同谈判负责人默契配合与对方进行有理、有利、有节、有根、有据的论辩和坦率、诚恳的磋商，以说服对方接受自己的方案或与对方寻求双方（各方）都能接受的方案；陪谈人，包括谈判中的专业技术人员、记录人员、译员等，其主要职责是在谈判中提供某些咨询、记录谈判的过程与内容及做好翻译工作等。

（2）台下的谈判人员，指谈判活动的幕后人员。他们在谈判中虽然不出席、不上桌，但是对谈判发挥着重要的影响或起着重要的作用。他们包括该项谈判主管单位的领导和谈判工作的辅助人员，其中，主管单位的领导，其主要责任是组班布阵、审定方案、掌握进程、适当干预；辅助人员，其主要作用则是为谈判做好资料准备和进行背景分析等。

2）谈判主体的特点

构成一场谈判，其主体至少要具备以下两个特点。

（1）主体须由两方或两方以上组成，只有一方的谈判在现实生活之中是不存在的。

（2）谈判者须具备参加谈判的资格。如果是企业与企业间的谈判，那么谈判主体须是企业的法人代表或经法人代表授权的人员；如果是个体与个体间的谈判，那么其主体须是所涉事件的当事人或受当事人委托的个人或机构。否则将难以构成谈判。比如：据报载，1991年，一位来自伊朗的平民百姓突发奇想，想体味一下与美国总统谈判的乐趣。于是他便把国际电话打到了白宫，与美国总统布什说起了关于释放美国人质的问题。美国官方，包括联邦调查局虽然觉得事情有些蹊跷，但出于解决人质危机的侥幸心理，还是把这个电话接到了总统办公室。就这样，一个世界上最有权威的国家的总统便稀里糊涂地与一位凡夫俗子谈起判来，而且一谈就是一个多小时。结果谈成了什么呢？当然不会有任何结果，因为那位凡人根本不具备谈判主体的资格，别说解决人质危机，就连人质在哪里他都不知道。后来他自己也说，只是想和美国总统聊一聊，并没有其他意思。但这个玩笑开得实在有些荒唐，弄得美国朝野很气愤，也很难堪。

知识点 2

商务谈判主体具备的基本谈判能力

谈判能力在每种谈判中都起到重要作用。在商务谈判中，双方谈判能力的强弱差异决定了谈判结果的差别。对于谈判中的每一方来说，谈判能力都来源于 8 个方面，就是"NO TRICKS"。8 个字母所代表的 8 个单词——need, options, time, relationships, investment, credibility, knowledge, skills。具体内容见表 1-1。

表 1-1　谈判能力的内容

need	需求	买方的需要较多，卖方就拥有相对较强的谈判力
options	选择	买方认为你的产品或服务是唯一的或者没有太多选择余地，卖方就拥有较强的谈判资本
time	时间	如果买方存在时间的压力，自然会增强卖方的谈判力
relationship	关系	如果与顾客之间建立强有力的关系，在同潜在顾客谈判时就会拥有关力
investment	投资	谈判过程中，投入越多时间和精力，达成协议承诺越多的一方，往往拥有较弱的谈判力

续表

credibility	可信性	潜在顾客曾经使用过某种产品，对产品有可信性也是谈判力的一种。如果该产品具有价格和质量等方面的优势时，无疑会增强卖方的可信性
knowledge	知识	如果商务人员充分了解了顾客的问题和需求，并预测到产品能如何满足顾客，无疑增强了对顾客的谈判力
skill	技能	谈判技巧是综合的学问，需要广博的知识、雄辩的口才、灵敏的思维等

2. 谈判议题

谈判议题，是指谈判需商议的具体问题。谈判议题是谈判的起因、内容和目的，所以，是谈判活动的中心。没有议题，谈判显然无从开始和无法进行。

谈判议题不是凭空拟定或单方面的意愿。它必须是与各方利益需要相关，为各方所共同关心，从而成为谈判内容的提案。谈判议题的最大特点在于当事各方认识的一致性。如果没有这种一致性，就不可能形成谈判议题，谈判也就无共同语言。

谈判中可谈判的议题几乎没有限制，任何涉及当事方利益需要并共同关心的内容都可以成为谈判议题。正所谓："一切都可谈判。"

1）谈判议题的类别

（1）按其涉及内容分，有政治议题、经济议题、文化议题等。

（2）按其重要程度分，有重大议题、一般议题等。

（3）按其纵向和横向结构分，有主要议题及其项下的子议题（议题中的议题）、以主要议题为中心的多项并列议题、互相包容或互相影响的复合议题等。

由于谈判议题的多样性，其谈判的复杂程度也就不同。谈判总是围绕一个或几个问题展开，谈判主体开展谈判通常是寻求这些问题的解决方法。有人说，谈判是一种沟通活动。但是，沟通并非一定要围绕某些问题进行，而谈判则必须围绕着某些相对固定的议题展开，并寻求其解决方案，所以，谈判是一种特殊的沟通活动。

2）谈判议题的构成

一个问题要成为谈判议题，一般要具备以下两个条件。

（1）与谈判主体利害相关，即这个问题关系到了谈判双方和多方的利益。比如，关于北方四岛问题，只能由日本和俄罗斯两国去谈，对于这两个国家来说，北方四岛的主权问题当然是重要的谈判议题。对于局外人来说，它便不能构成谈判的议题，而只能作为谈话议题。

（2）具有"弹性"，也就是"可谈性"。这与辩论不同，可辩性与可谈性正好相反。即这个问题对于谈判主体来说属于"可以商量"的范畴。谈判主体首先要愿意做到，其次还要能够做到。比如，如果有人与我就有关登上火星的问题进行谈判，并讲好只要我能把他送到火星上去，他愿意把天上的月亮摘下来送给我，那么这种谈判无论怎样进行都没有意义，因为我不具备送他去火星的条件，而且我也没有独自占尽天空月色的愿望。在商务谈判中也常有这种事情，与一个明确规定不出租柜台的商场就有关租借柜台的事情进行谈判，十有八九要以失败告终。

当然，议题的"弹性"本身也处在变动之中，有些在过去不具备弹性的问题，今天可能就会具有弹性，而有些今天具备弹性的问题，明天可能就不再具有弹性。

3. 谈判方式

一定的谈判总是与一定的谈判方式相联系的，谈判主体根据自己的目标、意愿、特长、爱好，可以选用多种多样的谈判方式，不管怎样，谈判主体不可能脱离谈判方式去开展谈判。

根据不同的分析角度，谈判方式可划分为不同类型。

1）从心理趋向方面分析

（1）常规式：按议程进行的日常谈判。

（2）利导式：按照对方的利益需求，将计就计，因其势而利导之。

（3）迂回式：以迂为直，欲抑先扬或欲扬先抑，其言者在此而意在彼。

（4）冲激式：以刚对刚，针锋相对。

2）从谈判态度方面分析

（1）软弱型：示弱于人，步步退让，一味妥协，以达成协议为唯一目标。

（2）强硬型：示强于人，寸步不让，宁折不弯，体面至上。

（3）相间型：又称软硬相间型。有软有硬，柔中有刚，绵里藏针，只要能到罗马，条条道路都可以走，这种又被称作"原则谈判方式"，既不一味妥协，又不死要体面，以原则为上，这是今天常为人们所称道的一种方式。

3）从谈判的联系方式分析

（1）先发制人式：其中一方或者主动选择和邀请谈判对手，或者主动设定谈判议题和确定评价标准，使对方处于被动的客体地位，使自己首先处于谈判的主体地位，从而使双方在自己所设定的议题和评价标准的范围内进行会谈。

（2）后发制人式：当一方或主动选择并邀请了谈判对手，或主动设定了议题并确立了评价标准之后，另一方虽然暂时处于被动的客体地位，但却通过各种手段，反客为主，转而占据了谈判的主体地位，并使双方在已被改变了的谈判议题和评价标准的范围内进行会谈。

（3）对等式：谈判双方同时互以对方为客体，但也互相承认对方拥有主动权（主体地位），主客体地位对等。谈判议题和评价标准由双方友好协商确定。

4）从谈判双方实力对比分析

（1）优势谈判技巧：当双方实力相比较而言，处于优势时，谈判时，具有优势的一方应采用以下技巧，不开先例技巧、价格陷阱技巧、先苦后甜技巧、规定期限技巧、最后出价技巧、故布疑阵技巧等。

（2）劣势谈判技巧：当双方实力进行比较处于劣势时，处于劣势一方应采用以下技巧，吹毛求疵技巧、先斩后奏技巧、攻心技巧、疲惫技巧、权力有限技巧、对付阴谋型谈判技巧等。

（3）均势谈判技巧：当谈判双方实力相当时，双方都处于均势地位，在谈判中应选用以下技巧，迂回绕道技巧、货比三家技巧、旁敲侧击技巧、为人置梯技巧、休会技巧、开放技巧、投石问路技巧等。

例如，意大利与中国某公司谈判出售某项技术，由于谈判已进行了一周，但仍进展不快，于是意方代表罗尼先生在前一天做了一次发问后，告诉中方代表李先生，他还有两天时间可谈判，希望中方配合，在次日拿出新的方案来。次日上午，中方李先生在分析的基础上，拿出的方案比中方原来的方案改善5%，即中方由原来要求意方降价40%，现要求意方降价35%。意方罗尼先生听后说："李先生，我已降了两次价，计15%，还要再降35%，实在困难。"双方相互争论、解释一阵后，建议休会，下午2:00再谈。

下午复会后，意方先要中方报新的条件，李先生将其定价的基础和理由向意方做了解释并再次要求意方考虑其要求。罗尼先生又强调了一遍其所做的努力，认为中方要求太高。谈判到下午4:00时，罗尼先生说："我为表示诚意向中方拿出最后的价格，请中方考虑，最迟明天中午12:00以前告诉我是否接受。若不接受我就乘下午2:30的飞机回国。"说着把机票从包里抽出在李先生面前显了一下。中方把意方再降5%的条件理清后，表示仍有困难，但可以研究、商谈。

中方研究意方价格后认为还有降价空间，但能不能再压价呢？明天怎么答？李先生一方面与领导汇报，与助手、项目单位商量对策，一方面派人调查明天下午2:30的航班是否有。

结果该日下午2:30没有去欧洲的飞机，李先生认为意方的最后还价，展示机票是演戏，判定意方可能还有条件。于是在次日上午10点给意方去了电话，表示："意方的努力，中方很赞赏，但双方距离仍存在，需要双方进一步努力。作为响应，中方可以在意方改善的基础上，再降5%，即从30%，降到25%。"

意方听到中方有改进的意见后，没有走。只是认为中方要求仍太高，但是愿意继续谈判。上面的案例说明双方都使用了一定的谈判方式和策略技巧，以各自的优势在进行谈判。

4. 约束条件

世界上任何事情都要在一定的环境下生成、发展，谈判也不例外。它必然地要受到自然的、社会的、文化的和心理的因素的制约与限制。这些就是谈判的约束条件。

我们不可能脱离我们的生存空间去同外星人谈判，也不可能脱离我们的生存时间去同已故的或还没有出生的人谈判，这是极端意义上的谈判约束条件。在现实的谈判中，我们每时每刻都无法脱离生存空间带来的种种约束，在准备过程中，应该考虑各种变量因素，无视或摆脱这些约束，谈判必然寸步难行。

1）自然约束

自然约束是最大的约束，各种类型的谈判都要涉及一个自然约束问题，在商务谈判中这种约束就更为明显更为突出了。比如，关于买卖电扇或空调的双方，首先要考虑的就是气候问题，脱离这种自然约束，电扇或空调就没有什么可谈的了。气候不同，决定着买卖双方的不同地位。天气不热，卖方不利，因为冷天没有人买电扇；天气热了，买方不利，因为要多付款。

2）经济约束

经济因素是谈判双方很重要的因素，对商务谈判有直接影响，它包括所在国家或地区的经济水平、发展速度、市场状况、财政政策、股市行情等。经济水平反映了谈判者背后的经济实力；一方占有市场的垄断地位，他在谈判中就具有绝对的优势；市场供求状况不同，谈判态度及策略也会不同；财政政策与汇率，既反映了谈判方的宏观经济健康状况，又反映了支持谈判结果基础的坚挺程度；股市行情，则往往是谈判者可供参照和借鉴的晴雨表。经济的发达与不发达对于任何一种谈判都是一种清晰可见的约束力量。买卖、投资、生产、经销等，凡此种种，只要涉及钱、物，就直接受到经济环境的制约。比如，原材料价格、劳动力价格、土地资源及免税政策等，都是经济约束的表现方式。不少地方就是通过这些因素的调节，来招商引资、搞活经济的。

3）政治约束

政治谈判有政治约束，任何谈判都会有政治约束的问题，有些事情在一个国家看来是自然而然的，到另一个国家就可能变得根本行不通。比如，围绕着任何一个议题展开的谈判，在美国和在中国都会受到不同的影响，这不仅由于两国的经济发展水平不同，更由于两国的政治制度不一样。政治因素包括所在国家或地区的社会制度、政治信仰、体制政策、政局动态、国家关系等。如，国家关系友好，谈判一般较为宽松，能彼此坦诚相待，充满互帮互助情谊，出现问题也比较容易解决；反之，国家关系处在或面临对抗与冷战状态，谈判会受到较多的限制，谈判过程的难度也较大，甚至会出现某些制裁、禁运或其他歧视性政策。有时由于政治因素的干扰，即使谈判的当事人有诚意达成的某些协议，也可能成为一纸空文。此外，政局动荡，该方谈判者自然地位脆弱；政府人事更迭，有可能导致现行政策的某些变化等。

4）文化约束

谈判还有一个文化约束问题。我们在电视中常常可以见到国家领导人之间谈判的情景，除了领导人、记者之外，有一种人通常是不可缺少的，这就是翻译。为什么需要翻译？因为文化不同，语言不通，需要兼通两种语言的人代为传达。在谈判中，文化约束的作用是至关重要的。文化背景包括所在国家或地区的历史渊源、民族宗教、价值观念、风俗习惯等。在这方面，东西方国家之间、不同种族和不同民族之间，甚至一个国家内的不同区域之间，往往会有很大差异。

5）组织约束

在组织背景方面，例如包括组织的历史发展、行为理念、规模实力、经营管理、财务状况、资信状况、市场地位、谈判目标、主要利益、谈判时限等。组织约束直接影响谈判议题的确立，也影响着谈判策略的选择和谈判的结果。

商务谈判是一项系统性的工作，需要谈判双方根据谈判内容，结合自身实际情况，采取科学的策略，才会使谈判顺利展开。同时也需要谈判双方真诚合作，相互协商，才会使谈判有一个圆满的结局。

小思考 5

商务谈判作为一门科学，其主要根据是什么？

答：商务谈判作为一门科学，其主要根据有以下两个方面。

（1）商务谈判是一门综合性的边缘学科，是由商务谈判的复杂性和应用性所决定的。

首先是由商务谈判的复杂性决定了整个商务谈判的过程，涉及专业知识，如贸易、金融、保险、企业管理、商法、市场营销等知识；同时又涉及社会学、心理学、语言学、公共关系学、运筹学、逻辑学等广泛的知识领域。

随着社会经济的发展，商务谈判的内容、范围、深度、广度也在发生变化。特别是一些大型的商务谈判，涉及的资料和专业知识相当广泛，很难要求一个人是"全才"。正因为如此，一些大型商务谈判如技术设备和成套项目引进的谈判，是由各方面的专家协同配合的。

其次商务谈判有很强的应用性。它与社会、经济的发展紧密相关，其理论来源于丰富的实践，是实践经验的总结与科学研究的成果。同时，这些理论又在实践中接受检验并不断修正、不断完善。

（2）商务谈判存在一般的规律性。谈判者利用主观能动作用，在每一次具体的商务谈判中，从规律性中找出其特殊性，这是实事求是的辩证唯物论，也是其科学性的生动体现。

1.2.4   商务谈判的成果价值评价标准

人们参加谈判是想借此来满足各自的某些需要，每一个谈判者都希望谈判能够取得理想的结果。那么，什么样的谈判才可以称之为成功的谈判，如何来衡量商务谈判的成功与否呢？

理想的谈判应该确保双方都能从中获得利益，得到满足，而不仅仅是谋求某一方的利益和满足。谈判不是一场棋赛，不要求决出胜负；谈判也不是一场战争，要将对方消灭或置于死地。相反，谈判是一项互惠的合作事业。从这个意义上讲，可以把评价商务谈判是否成功的价值标准归纳为以下三个方面。

1. 谈判目标的实现程度

商务谈判是一种行为过程，而任何行为都是指向特定目标的。谈判目标不仅把谈判者的需要具体化，通过某些量化的指标来体现，而且目标还是驱动谈判者行为的基本动力，引导着谈判者的行为，使之始终朝向预期的目标。由于参与谈判的各方都存在一定的利益界限，谈判目标应至少包括两个层次的内容，即努力争取的最高目标及必须确保的最低目标。

如果一味地追求最高目标，把对方逼得无利可图甚而导致谈判破裂，就不可能实现预期的谈判目标。同样，为了达成协议而未能守住最低目标，预期的谈判目标也是无法实现的。因此，成功的谈判应该是既达成了某项协议，又尽可能接近己方所追求的最佳目标。谈判的最终结果在多大程度上符合预期目标的要求，是衡量商务谈判是否成功的首要标准。

2. 谈判的效率高低

人们希望通过谈判来实现对利益的追求，而为了谈判又不得不支出一定的成本，付出某些代价。谈判的成本包括三项，一是谈判桌上的成本，这是谈判的预期收益与实际收益之间的差额；二是谈判过程的成本，即在整个谈判过程中耗费的各种资源，包括为进行谈判而支出的人力、财力、物力和时间、精力等；三是谈判的机会成本，即由于放弃了最有效的使用谈判所占用的资源而造成的收入损失。谈判者往往比较关注第一项，而不重视另外两项。他们致力于降低谈判桌上的成本，最终却导致谈判总成本的增加。

谈判成本是由上述三项成本构成的整体。所谓谈判效率，是指谈判所获收益与所费成本之间的比率。谈判效率的高低，是衡量商务谈判成功与否的又一重要标准。如果以巨大的代价换取微小的收益，谈判就是低效率的，因而也是不经济的。只有高效率的商务谈判才能称为成功的谈判。

3. 互惠合作关系的维护程度

商务谈判既是确立利益的过程，同时也是人们之间进行合作，共同解决问题的过程。因此，谈判的结果不只体现在利益的分配，以及与此相关的各项交换条件上，它还应体现在人们之间的相互关系上，即谈判是促进和加强了双方的互惠合作关系，还是削弱甚至瓦解了双方的互惠合作关系。精明的谈判者往往不过分计较一时的得失，他们更善于从长远的角度来看待问题。在目前的某一项谈判中，他们可能放弃了某些可以得到的利益，但这种做法有效地维护了双方的合作关系，为彼此未来的合作铺平了道路。因此，在谈判中应当重视建立和维护双方的互惠合作关系，以谋求长远的利益。

根据以上三个方面的评判标准，一项成功的商务谈判应该是这样的谈判，即谈判双方的需要都得到了最大程度的满足，双方的互惠合作关系有了进一步的发展，任何一方的谈判收益都远远大于成本，整个谈判是高效率的。

1.3　商务谈判的类型、原则和主要内容

商务谈判涉及的内容复杂，谈判者的身份各异，采取的方式不同，因而，商务谈判的类型也很多。依照谈判主体、谈判地点、谈判内容、谈判结果、谈判交易地位、谈判国界、谈判态度、谈判方法等，可以划分为不同种类的谈判。但划分的标准不一定很严格，有些是依据经验和习惯。

1.3.1　商务谈判的类型

1. 按谈判参与方的数量，分为双方谈判、多方谈判

（1）双方谈判，是指谈判只有两个当事方参与的谈判。例如，一个卖方和一个买方参与的交易谈判或者只有两个当事方参与的合资谈判均为双方谈判。在国家或地区之间进行的双方谈判，也叫双边谈判。

（2）多方谈判，是指有三个及三个以上的当事方参与的谈判。如，甲、乙、丙三方合资兴办企业的谈判。在国家或地区之间进行的多方谈判，也叫多边谈判。

双方谈判和多方谈判，由于参与方数量的差别而有不同的特点。双方谈判，一般来说涉及的责、权、利划分较为简单明确，因而谈判也比较易于把握。多方谈判，参与方越多其谈判条件越错综复杂，需要顾及的方面就越多，也难以在多方的利益关系中加以协调，从而会增加谈判的难度。

2. 按谈判议题的规模及各方参加谈判的人员数量，分为大型谈判、中型谈判、小型谈判，或者分为小组谈判、单人谈判

1）按照谈判议题的规模，分为大、中、小型谈判

谈判规模，取决于谈判议题及其相应的谈判人员的数量。谈判议题越是结构复杂，涉

的项目内容越多，各方参加谈判的人员数量也会越多。这样，谈判自然有大型、中型、小型之分。但是，这种划分只是相对而言，并没有严格的界限。通常划分谈判规模，以各方台上的谈判人员数量为依据，各方在 12 人以上的为大型谈判、4～12 人为中型谈判、4 人以下为小型谈判。

一般情况下，大、中型谈判，由于谈判项目内容及涉及的谈判背景等较为复杂，谈判持续的时间也较长，因而需要充分做好谈判的各方面准备工作。如：组织好谈判班子（其成员要考虑有商务方面、法律方面、某些技术方面等各类职能专家）、了解分析相关的谈判背景和各方的实力、制定全面的谈判计划和选择有效的谈判策略，做好谈判的物质准备等。

小型谈判，由于其规模较小，虽也应做好准备，认真对待，但谈判内容、涉及背景、策略运用等均相对简单。

2）按照谈判各方参加人员的数量，谈判还可分为小组谈判、单人谈判

（1）小组谈判，也称团队谈判，是指谈判各方派两名或两名以上的代表参加的商务谈判。谈判小组人员较多或职级较高，也称谈判代表团。

小组谈判的优势在于：

① 可以集思广益，寻找更多更好的对策方案；

② 可以运用各种谈判战略战术，发挥团队优势；

③ 小组成员分工负责，取长补短；

④ 分散谈判对手的注意力，使之不将矛头全部对准一个人，从而可以减轻个人的压力。

（2）单人谈判，也称单兵谈判，即指各方出席谈判的人员只有 1 人，为"一对一"的谈判。单人谈判，独立作战，因而对谈判人员又有较高的要求。要求他们的谈判权力要高、谈判专业较全、决策能力要强、外语水平要高等。

单人谈判的优势在于：

① 谈判规模小，所以在谈判工作的准备、地点、时间、安排上，可以灵活变通；

② 谈判方式可以灵活选择气氛也比较和谐随便；

③ 全权代表，可克服小组谈判中成员之间相互配合不利的状况；

④ 谈判双方既有利于沟通，也有利于封锁信息和保密。

小组谈判与单人谈判，其规模通常也由谈判议题决定，所以，同大、中型谈判与小型谈判相类似。规模大的谈判，有时根据需要也可在首席代表之间安排"一对一"的单人谈判，以磋商某些关键或棘手问题。

3. 按谈判所在地，分为主场谈判、客场谈判、第三地谈判

（1）主场谈判，也称主座谈判，是指在自己一方所在地，由自己一方做主人组织的谈判。主场谈判，占有"地利"，会给主方带来诸多便利，如：熟悉工作和生活环境、利于谈判的各项准备、便于问题的请示和磋商等。因此，主场谈判在谈判人员的自信心、应变能力及应变手段上，均占有天然的优势。如果主方善于利用主场谈判的便利和优势，往往会对谈判带来有利影响。当然，作为东道主，谈判的主方应当礼貌待客，做好谈判的各项准备。

（2）客场谈判，也称客座谈判，是指在谈判对手所在地进行的谈判。客场谈判，客居他乡的谈判人员会受到各种条件的限制，也需要克服种种困难。客场谈判人员，面对谈判对手必须审时度势，认真分析谈判背景、主方的优势与不足等，以便正确运用并调整自己的谈

判策略，发挥自己的优势，争取满意的谈判结果。这种情况在外交、外贸谈判中，历来为谈判人员所重视。如澳大利亚等地的人，比较恋家，出门在外一段时间就会想家，日本人抓住了他们的这一弱点，经常以极为热情的方式邀请他们，使他们客场谈判，将时间拖长，而他们又急于回家，往往在谈判中就会妥协，使得日方获益较多。

为了平衡主、客场谈判的利弊，如果谈判需要进行多轮，通常安排主、客场轮换。在这种情况下，谈判人员也应善于抓住主场机会，使其对整个谈判过程产生有利的影响。

（3）第三地谈判，是指在谈判双方（或各方）以外的地点安排的谈判。第三地谈判，可以避免主、客场对谈判的某些影响，为谈判提供良好的环境与平等的气氛，但是，可能引起第三方的介入而使谈判各方的关系发生微妙变化。

4. 按商务谈判交易对象划分为合同条款谈判、货物买卖谈判、技术买卖谈判、劳务合作谈判、"三来一补"谈判、租赁业务谈判、损害及违约索赔谈判等

1）合同条款谈判

经济业务合同是一种经济法律行为，一方面它规定了当事人可以依法享有合同中的权利，另一方面也规定了当事人应该履行的义务和责任。合同谈判是以达成契约作为合同交易的谈判形式，如产品贸易技术、劳务等谈判，都是通过合同实现的。一个对谈判各方都有利的经济合同，必须经过磋商，并在达成一致的协议后，采用书面形式订立下来。合同条款的谈判是经济业务洽谈的最后一个关键环节，是极为重要的阶段。在谈判中，双方就标的、质量费用、付款方式等协议，并以法律形式规定，为此，商务谈判人员都十分重视合同条款的谈判工作。

为了搞好合同条款的谈判，必须统筹规划合同条文、精心处理合同文字、妥善安排定稿工作，最后要严格审查合同条款。

合同谈判特点：

（1）谈判目标明确，涉及实质问题，如产品的交易、交货期、投资项目利率、期限等；

（2）合同谈判是以法律形式确定双方的关系；

（3）合同谈判者比较重要，签合同等环节也要符合法律程序。

为确保合同有效，签字人必须是法人或委托代理人，所以合同谈判中，主谈基本是负责人或代理人，具有拍板权。

2）货物买卖谈判

货物买卖谈判是指就一般商品的买卖而进行的谈判。具体来讲是买卖双方就买卖商品本身的有关内容，比如数量、质量、货物的运输方式、时间、买卖的价格条件、支付方式，以及交易过程中谈判各方的权利、义务和责任等问题所进行的谈判。包括国内货物买卖的洽谈和国际货物进出口业务的谈判。

货物买卖洽谈在整个业务洽谈中所占的比重最大，是企业业务活动中较为重要的一部分。企业货物买卖洽谈工作搞得好，就能为企业带来经济效益，体现出企业的生机与活力。

3）技术买卖谈判

技术买卖谈判是指技术的转让方与技术的接受方就转让技术的形式、内容、质量规定、使用范围、价格条件、支付方式，以及双方在转让中所承担的一些权利、责任和义务等问题所进行的谈判。

技术买卖不同于一般的商品买卖，在谈判中，要涉及技术产权的保护、技术风险及限制与反限制等问题，远比货物买卖谈判复杂得多，这就要求业务洽谈人员要具有很好的谈判修养和素质，同时谈判人员必须具有专业技术专长。

4）劳务合作谈判

劳务合作作为经济合作的重要组成部分，已经得到了国内外的普遍关注和重视。20 世纪 70 年代以来，国际劳务合作高速发展，市场竞争十分激烈。我国的国际劳务合作事业从 1979 年开始起步，在改革开放政策的推动下不断发展，已经成为我国出口创汇的重要途径。

劳务合作谈判是指劳务合作双方就劳务提供的形式、内容、时间、劳务的价格、计算方法、劳务费的支付方式，以及有关合作双方的权利、责任、义务关系等问题所进行的谈判。

由于劳务本身不是具体的商品，而是一种通过人的特殊劳动，将某种生产资料改变其性质或形状，满足人们的一定需求的劳动过程。因此，劳务合作谈判与一般货物买卖谈判是有明显不同的。

5）"三来一补"谈判

"三来"是指从国外来料加工、来样加工和来件装配这三项业务。"三来"业务谈判的内容主要有：来料和来件的时间及质量认定、加工标准、加工费的计算及支付方式等。

"一补"是指补偿贸易。补偿贸易（compensation trade）是一种买方全部或部分地以实物对进口货物作延期支付的贸易方式。补偿贸易谈判主要涉及技术设备作价、质量保证、补偿产品的选定及作价、补偿时间和支付方式等问题。目前，"三来一补"业务在我国许多企业，特别是广州、深圳等地的中小型企业中开展得非常活跃，在我国经济建设中发挥着重要作用。

6）租赁业务谈判

租赁是指出租人按照协议将物件交付给承租人临时占有或使用，并在租期内向承租人收取租金的一种商业行为。

从租赁业务的现状来看，按照租赁的性质可分为融资性租赁和服务性租赁两类，按照租赁的区域范围可分为国内租赁和国际租赁。不论哪种租赁，其租赁对象都是有形耐用物，即具有使用价值并可长期供人们使用的物品。在租赁期间，虽然出租人将物品交给承租人使用，但物品的所有权仍属于出租人。否则，出租就不可能进行，租赁关系就不能确立。所有权不仅仅是租赁的前提，而且也是租赁的基础。

租赁业务谈判主要是指我国企业从国内或国外租用机器和设备而进行的谈判。它要涉及机器设备的选择、交货情况、维修保养、租期到期后的处理、租金的计算及支付方式，以及租赁期内租赁者与承租者双方的责任、权利、义务关系等问题。

7）损害及违约索赔谈判

损害是指在商务活动中，由于一方当事人的过失给另一方造成的损失。违约是指在商务活动中，合同一方的当事人不愿履行或违反合同的行为。在损害和违约索赔谈判中，首先必须根据事实和合同规定分清责任的归属，在此基础上，才能根据损害的程度，协商谈判经济赔偿的范围和金额，以及其他善后工作的处理。

在合同执行过程中，常由于各种原因出现违约，所以索赔谈判也是一种谈判类型。

索赔谈判特点为：

（1）针锋相对，紧张激烈。索赔谈判包括协商索赔、强行索赔和请第三方干预索赔，前两种主要通过谈判解决，而第三方出面仲裁解决，具有强制性。

（2）索赔谈判内容的独特性。主要涉及违约的行为、违约的责任、确定赔偿金额和赔偿期限等。

除了以上七类业务之外，还有工程承包业务洽谈、合资合作业务洽谈、资金筹措业务洽谈、外汇业务洽谈、房地产业务洽谈等。

5. 按商务交易的地位，分为买方谈判、卖方谈判、代理谈判

1）买方谈判

买方谈判，是指以求购者（购买商品、服务、技术、证券、不动产等）的身份参加的谈判。显然，这种买方地位不以谈判地点而论。

买方谈判的主要特征为：

（1）重视搜集有关信息，"货比三家"。这种搜集信息的工作应当贯穿在谈判的各个阶段，并且其目的和作用应有所不同。

（2）极力压价，"掏钱难"。买方是掏钱者，一般不会"一口价"随便成交。即使是重购，买方也总要以种种理由追求更优惠的价格。

（3）度势压人，"买主是上帝"。买方地位的谈判方往往会有"有求于我"的优越感，甚者盛气凌人。同时，"褒贬是买主"，买方常常以挑剔者的身份参与谈判，"评头品足""吹毛求疵"均在情理之中。只有在某种商品短缺或处于垄断地位时，买方才可能"俯首称臣"。

2）卖方谈判

卖方谈判，是指以供应者（提供商品、服务、技术、证券、不动产等）的身份参加的谈判。同样，卖方地位也不以谈判地点为转移。

卖方谈判的主要特征为：

（1）主动出击。卖方即供应商，为了自身的生存和发展，其谈判态度自然积极，谈判中的各种表现也均体现出主动精神。

（2）虚实相映。谈判中卖方的表现往往是态度诚恳、交易心切与软中带硬、待价而沽同在，亦真亦假、若明若暗兼有。当己方为卖方时，应注意运用此特点争取好的卖价。而当他方为卖方时，也应注意识别。

3）代理谈判

代理谈判，是指受当事方委托参与的谈判。代理，又分为全权代理和只有谈判权而无签约权代理两种。

代理谈判的主要特征为：

（1）谈判人权限观念强，一般都谨慎和准确地在授权范围之内行事。

（2）由于不是交易的所有者，谈判地位超脱、客观。

（3）由于受人之托，为表现其能力和取得佣金，谈判人的态度积极、主动。

6. 按谈判的态度与方法，分为软式谈判、硬式谈判、原则式谈判

1）软式谈判

软式谈判，也称关系型谈判或者让步型谈判。这种谈判，不把对方当成对头，而是当作朋友；强调的不是要占上风，而是要建立和维持良好的关系。软式谈判的一般做法是：信任

对方—提出建议—做出让步—达成协议—维系关系。当然，如果当事各方都能视"关系"为重，以宽容、理解的心态，互谅互让、友好协商，那么，无疑谈判的效率高、成本低，相互关系也会得到进一步加强。然而，由于价值观念和利益驱动等原因，有时这只是一种善良的愿望和理想化的境界。对某些强硬者一味退让，最终往往只能达成不平等甚至是屈辱的协议。在有长期友好关系的互信合作伙伴之间，或者在合作高于局部近期利益、今天的"失"是为了明天的"得"的情况下，软式谈判的运用是有长远意义的。

2）硬式谈判

硬式谈判，也称立场型谈判。这种谈判，视对方为劲敌，强调谈判立场的坚定性，强调针锋相对；认为谈判是一场意志力的竞赛，只有按照己方的立场达成的协议才是谈判的胜利。采用硬式谈判，常常是互不信任、互相指责，谈判也往往易陷入僵局、旷日持久，无法达成协议。而且，这种谈判即使达成某些协议，也会由于某方的让步而履约消极，甚至想方设法撕毁协议、予以反击，从而陷入新一轮的对峙，最后导致相互关系的完全破裂。在事关自身的根本利益而无退让的余地，在竞争性商务关系，在一次性交往而不考虑今后合作，在对方思维天真并缺乏洞察利弊得失之能力等场合，运用硬式谈判是有必要的。

相关链接2

生活中，我们常见到一位精明的卖主会把自己的产品讲得天花乱坠，尽量抬高自己产品的身价，报价尽量高；而另一位出手不凡的买主也会在鸡蛋里挑骨头，从不同的角度指出产品的不足之处，从而将还价至少压低到对方出价的一半。最后双方都会讲出无数条理由来支持自己的报价，最后谈判在无奈情况下成为僵局。如果不是僵局，那么通常是一方做出了一定的让步，或双方经过漫长的多个回合，各自都进行了让步，从而达成一个中间价。

这是一种典型强硬式谈判法，也是最普通的传统谈判方法。其特点是谈判每一方都在为自己的既定立场争辩，欲通过一系列的让步而达成协议，好处是自始至终维护了己方的报价，为己方取得较大的利益。但运用强硬式谈判法时，应充分考虑双方的商务发展机会。

3）原则式谈判

原则式谈判，也称价值型谈判。这种谈判，最早由美国哈佛大学谈判研究中心提出，故又称哈佛谈判术。原则式谈判，吸取了软式谈判和硬式谈判之所长而避其所短，强调公正原则和公平价值。

原则式谈判主要有以下特征。

（1）谈判中对人温和、对事强硬，把人与事分开。

（2）主张按照共同接受的具有客观公正性的原则和公平价值来取得协议，而不简单地讨价还价。

（3）谈判中开诚布公而不施诡计，追求利益而不失风度。

（4）努力寻找共同点、消除分歧，争取共同满意的谈判结果。

原则式谈判是一种既理性又富有人情味的谈判态度与方法。运用原则式谈判的要求有：当事各方从大局着眼，相互尊重，平等协商；处理问题坚持公正的客观标准，提出相互受益的谈判方案；以诚相待，采取建设性态度，立足于解决问题；求同存异，互谅互让，争取双赢。这种谈判态度与方法，同现代谈判强调的实现互惠互利、合作的宗旨相符，越来越受到社会的推崇。三种谈判方式的比较分析见表1-2。

表1-2 让步型谈判、立场型谈判和价值型谈判的比较

	让步型谈判	立场型谈判	价值型谈判
目标	目标是达成协议	目标是赢得胜利	目标是圆满有效地解决问题
出发点	为了增进关系而做出让步	要求对方让步作为建立关系的条件	把人与问题分开
手段	对人和事都采取软的态度	对人和事都采取硬的态度	对人采取软的态度,对事采取硬的态度
态度	信任对方	不信任对方	信任与否与谈判无关
立场	轻易改变自己的立场	坚持自己的立场	着眼于利益而不是立场
做法	提出建议	威胁对方	共同探究共同性利益
方案	找出对方能接受的方案	找出自己愿意接受的方案	达成对双方都有利的协议
表现	尽量避免意气用事	双方意志力的竞赛	根据客观标准达成协议
结果	屈服于对方压力之下	施加压力使对方屈服	屈服于原则,而不屈服于压力

7. 按谈判所属部门,分为官方谈判、民间谈判、半官半民谈判

1)官方谈判

官方谈判,是指国际组织之间、国家之间、各级政府及其职能部门之间进行的谈判。由于谈判内容事关国家利益,这类谈判非常正式,有专门的谈判小组,最终的决策权在集体而不是个人手里,谈判的难度加大。谈判代表的用语礼貌、委婉,谈判态度慎重,而且对谈判的保密性要求很高。

官方谈判的主要特征是:谈判人员职级高、实力强;谈判节奏快、信息处理及时;注意保密、注重礼貌。如中国与美国之间关于中国加入世界贸易组织的中美贸易协议谈判就是官方谈判。

2)民间谈判

民间谈判,是指民间组织之间直接进行的谈判。由于谈判中的决策权掌握在谈判者手中,这种谈判灵活性大,程序简单。在这类谈判中,非常注重企业之间、领导人之间的私交。私人关系好,则交易成功的希望就大,反之则小。

民间谈判的主要特征是:相互平等、机动灵活、重视私交、计较得失。如中国天津药厂与美国某医药公司合资谈判就是民间谈判。

3)半官半民谈判

半官半民谈判,是指谈判议题涉及官方和民间两方面的利益,或者指官方人员和民间人士共同参加的谈判、受官方委托以民间名义组织的谈判等。

半官半民谈判兼有官方谈判和民间谈判的特点,一般表现为:谈判需兼顾官方和民间的双重意图及利益,制约因素多;解决谈判中的各类问题时,回旋余地大。

8. 按谈判的沟通方式,分为口头谈判、书面谈判

1)口头谈判

口头谈判,是指谈判人员面对面直接用口头语言交流信息和协商条件,或者在异地通过

电话进行商谈。

口头谈判是谈判活动的主要方式，主要优点是：当面陈述、解释，直接而又灵活，也为谈判人员展示个人魅力提供了舞台；便于谈判人员在知识、能力、经验等方面相互补充、协同配合，提高整体谈判能力；反馈及时，利于有针对性地调整谈判策略；能够利用情感因素促进谈判的成功等。

口头谈判也存在某些缺陷，如：利于对方察言观色，推测己方的谈判意图及达到此意图的坚定性；易于受到对方的反击，从而动摇谈判人员的主观意志。但是，这些缺陷，反过来也是可供运用的优点。

2）书面谈判

书面谈判，是指谈判人员利用文字或图表等书面语言进行交流和协商。书面谈判一般通过信函、电报、电传等具体方式。

书面谈判通常作为口头谈判的辅助方式，主要优点是：思考从容，利于审慎决策；表达准确、郑重，利于遵循；避免偏离谈判主题和增加不必要的矛盾；费用较低，利于提高谈判的经济效益等。书面谈判，切忌文不达意和马虎粗心，因此，对谈判人员的书面表达能力和工作作风要有较高要求。

9. 按谈判内容与目标的关系，分为实质性谈判、非实质性谈判

（1）实质性谈判，是指谈判内容与谈判目标直接相关的谈判。

（2）非实质性谈判，是指为实质性谈判而事前进行的关于议程、范围、时间、地点、形式、人员等的磋商和安排；事中进行的有关各方面具体事项的联络和协调；事后进行的对协议拟作技术处理和其他善后工作等的事务性谈判。

事实表明，谈判越是重要、复杂、大型、国际化，非实质性谈判与实质性谈判的关系就越密切、越不可轻视。所以，不能认为非实质性谈判是无关紧要的谈判。而那些善于利用自身的主动性，对谈判的议程、范围、时间、地点等进行的周密安排，往往能在实质性谈判还没有开始就已经事实上取得了主导和优势。这种主导和优势，有可能直接导致在实质性谈判中产生有利于己方的谈判结果。反之，某些稳操胜券的谈判，可能由于事前安排的一个小小疏漏或变动而酿成败局。因此，20世纪60年代以来，国际上越来越重视非实质性谈判给予实质性谈判的影响作用。

10. 按谈判参与方的国域界限，分为国内谈判、国际谈判

1）国内谈判

国内谈判，是指谈判参与方均在一个国家内部的谈判。国内商务谈判包括国内的商品购销谈判、商品运输谈判、仓储保管谈判、联营谈判、经营承包谈判、借款谈判和财产保险谈判等。国内谈判的双方都处于相同的文化背景中，这就避免了由于文化背景的差异可能对谈判所产生的影响，由于双方语言相同，观念一致，所以谈判的主要问题在于怎样调整双方的不同利益，寻找更多的共同点。

2）国际谈判

国际谈判，是指谈判参与方分属两个及两个以上的国家或地区的谈判。国际商务谈判包括国际商品贸易谈判、易货贸易谈判、补偿贸易谈判、各种加工和装配贸易谈判、现汇贸易

谈判、技术贸易谈判、合资经营谈判、租赁业务谈判、劳务合作谈判等。

不论是从谈判形式，还是从谈判内容来讲，国际商务谈判远比国内商务谈判复杂得多。语言障碍、文化观念差异、价值观不同、心理障碍等因素都对国际商务谈判产生影响。如中国与日本关于农用机器设备的进口谈判就是国际谈判。

国内谈判和国际谈判的明显区别在于，谈判背景存在较大的差异。对于国际谈判，谈判人员首先必须认真研究对方国家或地区相关的政治、法律、经济、文化等社会环境背景。同时，也要认真研究对方国家或地区谈判者的个人阅历、谈判作风等人员背景。此外，对谈判人员在外语水平、外事或外贸知识与纪律等方面，也有相应的要求。所以国际谈判的难度更大一些。

11. 按照谈判结果的法律约束力划分为正式谈判、非正式谈判

1）正式谈判

正式谈判中各方所取得的一致意见形成了受法律约束的协议书和合同。只要协议文件中包括了明确的许诺，即对合作或交易标的、价格条件、实施期限比较具体地予以规定时，文件的性质就具有契约性，具有约束力。若在随后履行协议中有一方违约，另一方可以依据合同及对方违约的证据在索赔时效内向违约方索赔。在索赔过程中双方也可以进行调解谈判，以达成谅解备忘录。这种谈判类型常常在比较严肃的气氛中进行。

2）非正式谈判

非正式谈判又称私下会晤、事前磋商。一般性会见、宣传性会谈、意向性谈判都属于非正式谈判。非正式谈判所达成的协议，例如意向书和框架性协议往往只是一种君子协定，它缺乏法律的约束。有时候谈判双方出于某些考虑。在不适宜谈判的时候用非正式谈判进行观点的交流。

知识点 3

商务谈判的 APRAM 模式

1）进行科学的项目评估（appraisal）
2）制订正确的谈判计划（plan）
3）建立谈判双方的信任关系（relationship）
4）达成使双方都能接受的协议（agreement）
5）协议的履行与关系的维持（maintenance）

1.3.2　商务谈判的原则

商务谈判的原则是指商务谈判中谈判各方应当遵循的指导思想和基本原则。商务谈判的原则是商务谈判内在的、必然的行为规范，是商务谈判的实践总结和制胜规律。因此，认识和把握商务谈判的原则，有助于维护谈判各方的权益，提高谈判的成功率和指导谈判策略的运用。

任何商务谈判都是在特定的环境和条件下进行的，而且不同谈判者追求的目标也有所不同。因而，在现实中商务谈判行为也必然是各具特色、互不相同。但是，任何一项商务谈判又都是谈判双方共同解决问题，满足各自需要的过程，从这个意义上讲，不同的商务谈判对谈判者的行为又有着共同的要求。或者说，无论人们参与什么样的商务谈判，都必须遵循某些共同准则。商务谈判是一种原则性很强的活动，在商务谈判中，谈判者应遵循的原则主要有以下几个方面。

1. 平等原则

平等原则是指商务谈判中无论各方的经济实力强、弱，组织规模大、小，都应该坚持地位平等，自愿合作，平等协商，公平交易。

从某种意义上讲，双方力量、人格、地位等的相对独立和对等，是谈判行为发生与存在的必要条件。如果谈判中的某一方由于某些特殊原因而丧失了与对方对等的力量或地位，那么另一方可能很快就不再把他作为谈判对手，并且可能试图去寻找其他的而不是谈判的途径来解决问题，这样谈判也就失去了它本来的意义。在商务谈判中，当事各方对于交易项目及其交易条件都拥有同样的否决权，只能通过协商达成协议，不能一家说了算或少数服从多数。这种同质的否决权和协商一致的要求，客观上赋予了各方平等的权利和地位。因此，谈判各方必须充分认识这种相互平等的权利和地位，自觉贯彻平等原则。平等原则反映了商务谈判的内在要求，是谈判者必须遵循的一项基本原则。

贯彻平等原则，要求谈判各方互相尊重、以礼相待，任何一方都不能仗势欺人、以强凌弱，把自己的意志强加于人。只有坚持这种平等原则，商务谈判才能在互信合作的气氛中顺利进行，才能达到互助互惠的谈判目标。可以说，平等原则是商务谈判的基础。

2. 互利原则

互利原则是指谈判达成的协议对于各方都是有利的。互利是平等的客观要求和直接结果。商务谈判不是竞技比赛，一方盈利一方亏本。因为，谈判如果只有利于一方，不利方就会退出谈判，这样自然导致谈判破裂，谈判的胜利方也就不复存在。同时，谈判中所耗费的劳动也就成为无效劳动，谈判各方也就都只能是失败者了。坚持互利，就要重视合作。没有合作，互利就不能实现。谈判各方只有在追求自身利益的同时，也尊重对方的利益追求，立足于互补合作，才能互谅互让，争取互惠"双赢"，才能实现各自的利益目标，获得谈判的成功。

满足需求的条件下互通有无，经济利益互惠互利，不等于利益均等。谈判所取得的结果应该对双方都有利，互惠互利是谈判取得成功的重要保证，但这并不是说双方从谈判中获取的利益必须是等量的，互利并不意味着利益的相等。

事实上，谈判双方可以共同努力来增加可以切割的利益总数。如果双方联合起来做更大的蛋糕，尽管其相对的份额保持不变，但各自的所得却增加了。这是一种典型的"赢—赢"式的谈判，其重点是合作，而不是冲突。例如，与美国摩托公司谈判的美国联合汽车工人工会领导人发现，如果坚持原来的立场将迫使公司大幅度停工，甚至破产，员工的利益也将受到损害。由于认识到了这是一个共同利益，双方达成了一项长期协议。根据这一协议，双方各自做出让步以便在未来取得更多利益。当然，在谈判中，50%对50%的做法仅仅是一种可能的结果，更为常见的是谈判各方都力图从那一块较大的蛋糕中取得较多的一份。尽管商务谈判强调合作更甚于强调冲突，但在任何一项谈判中又都存在冲突的因素。一个出色的谈判者应该善于合理地运用合作和冲突，在平等互利的基础上，努力为本方争取最大利益。

3. 合法原则

合法原则是指商务谈判必须遵守国家的法律、政策。国际商务谈判还应当遵循有关国际法和对方国家的有关法规。商务谈判的合法原则，具体体现在以下三个方面：一是谈判主体合法，即谈判参与的各方组织及其谈判人员具有合法的资格；二是谈判议题合法，即谈判所要磋商的交易项目具有合法性，对于法律不允许的行为，如买卖毒品、贩卖人口、走私货物等，其谈判显然违法；三是谈判手段合法，即应通过公正、公平、公开的手段达到谈判目的，而不能采用某些不正当的，如行贿受贿、暴力威胁等手段来达到谈判的目的。总之，只有在商务谈判中遵守合法原则，谈判及其协议才具有法律效力，当事各方的权益才能受到法律保护。因此，合法原则是商务谈判的根本。

4. 信实原则

信实原则即守信与诚实原则，进行谈判，诚实、守信至关重要。所谓守信，就是"言必信，行必果"；所谓诚实，是说任何谈判，没有诚心诚意，言而无信，出尔反尔，朝令夕改，势必失信于人，破坏双方的合作，谈判必将失败。俗话说诚招天下客，在商务谈判中尤其如此。诚心实意，坦率守信，这既是一条谈判原则，又是谈判成功的有效法宝之一。

为了在谈判中遵循这一原则，谈判者应该做到以下几个方面。

（1）讲信用，遵守谈判中的诺言。正所谓"一诺千金"，此乃取信于人的核心。

（2）信任对方，此乃守信的基础，也是取信于人的方法。只有信任对方，才能得到对方的信任。

（3）不轻诺，此乃守信的重要保障，轻诺寡信，必将失信于人。

（4）以诚相待，此乃取信于人的积极方法。

诚实与保守商业机密并不矛盾，诚实的意义在于不欺诈，所以谈判人员应该明白这个道理。

5. 求同原则

求同原则也叫协商的原则，是指谈判中面对利益分歧，从大局着眼，努力寻求共同利益。求同原则要求谈判各方首先要立足于共同利益，要把谈判对象当作合作伙伴，而不仅视为谈判对手。同时，要承认利益分歧，正是由于需求的差异和利益的不同，才可能产生需求的互补和利益的契合，才会形成共同利益。贯彻求同原则，要求在商务谈判中善于从大局出发，要着眼于自身发展的整体利益和长远利益的大局；要善于运用灵活机动的谈判策略，通过妥协寻求协调利益和解决冲突的办法，构建和增进共同利益；要善于求同存异，不仅应当求大同存小异，也可以为了求大同而存大异。可以说，求同原则是商务谈判成功的关键。善于求同，历来是谈判高手具有智慧的表现。

要解决双方"想法"的差异，就必须互相站在对方的角度去考虑问题，适当调整自身的想法。需要注意的是，理解对方的观点并不等于完全同意其观点。理解对方有利于缩小冲突范围，消除双方的分歧，这样就会带来对方的理解。同时，在适当的时候向对方发出与其想法不同的信息，或采取出乎对方意料的行动，常是改变对方想法的最好方法。

另外，在谈判中，还应注意照顾对方的面子，当对方改变原来的看法的时候，要给其台阶，对方觉得不丢面子，有利于其做出让步。如果双方把精力都放在情绪对立上，无助于问题的解决，谈判易陷入僵局。

解决分歧，处理好谈判中的"情绪"问题，应注意以下四个方面。

（1）在商务谈判中若出现情绪激动、心烦意乱、跟对方赌气的迹象，应及时分析原因并设法加以控制。

（2）当对立情绪表现出来时，应坦诚地与对方展开讨论，进行相互交心，以消除对立情绪。

（3）容许对方发泄怨气。在商务谈判中，处理怨气和其他消极情绪的最有效方法是让其发泄出来；最佳策略是静闻其言，而不出口反击。让对方把话说完，注意倾听对方意见往往有助于其怒气全消。

（4）善于运用友好姿态。在商务谈判实践中，一项同情的表示，一句谦逊的言辞，一次礼节性的拜访，一个友好的微笑，一次欢悦的聚会，都可能是以最小的代价改善对立情绪的好方法。在许多场合，表示歉意也可以有效地使对方的不满情绪烟消云散。

6. 事人有别原则

由于商务谈判所涉及的是有关双方利益的事物，而不是谈判者个人的利益，参加谈判的人只是事物的载体，谈判桌上发生冲突的是事物。所以，对事应是强硬的，当仁不让、坚持原则；而对人则应是友好的、温和的，关系融洽。这就是人事分离的理念。

在商务谈判过程中，当双方互不了解，出现争执，以及因人论事时，想解决问题达成协议是极其困难的。这是因为参加谈判的是有血有肉、有感情、有自我价值观的人。谈判双方可以经由信任、了解、尊敬和友谊建立起良好的关系，从而使一项谈判活动变得顺利有效。相反，愤怒、沮丧、疑惧、仇视和抵抗心理，会将个人的人生观与现实问题结合在一起，使双方产生沟通障碍，从而导致双方相互误解加深，强化成见，最后使谈判破裂。因此，将谈判个人的因素与谈判所涉及的目标分离开，是商务谈判获得成功的重要原则之一。

1）处理人的问题时，应注意的事项

把人与问题分开，并不意味着可以完全不考虑有关人性的问题。事实上谈判者要避免的是把人的问题与谈判的问题混杂在一起。在处理人的问题时，应该注意以下三个方面的事项。

（1）每一方都应设身处地地去理解对方观点的动因，并尽量弄清这种动因所包含的感情成分，谈判者站在对方的立场而不是自己的立场上去看待对方的观点，就不难发现在他们的观点背后，包含了多少理性的思考和感情的成分，离开了对人性问题的深刻理解和把握，便很难处理好人的问题。

（2）谈判者应明确哪些问题掺杂了个人的感情，并设法进行疏通。人们总是在一定的情绪、情感状态下参与谈判，人们的情绪、情感又随谈判行为的发展而发生变化。任何一方都不能无视对方的情感体验，任何一方都应该对他方的情感要求做出积极反应。直率地讨论双方易动感情的问题，而对过激的情绪不做出直接反应，都有助于防止谈判陷入毫无成效的相互指责。

（3）谈判双方之间必须有清晰的沟通。双方都应该以积极的姿态来对待对方，主动地听取和注意对方的言谈，互相沟通对问题的看法，寻找彼此的共同点，而不是指责对方的缺点。沟通的目的不是让人倾听你的谈话，而是讲清双方的利益关系。

2）把人和事分开，应注意的事项

（1）将谈判者的两种利益区分开。从商务谈判实践看，每位谈判者参加谈判都想取得两个方面的利益：一是能达成满足自身利益的协议，这是谈判的实质利益，也是谈判者进行谈判的直接动机；二是想谋求谈判双方的合作关系，这是谈判的长远利益。从谈判的眼前利益来看，为了能达到满足自身利益的协议，每位谈判者至少会与对方处理好目前的工作关系。为了谋求长期的合作关系，还必须注意维护持久的关系。因此，要把二者分开。

（2）谈判双方应做到相互信任。在交往中，你对别人信任，别人也会给你更多的信任，这样才能建立互相信任的谈判关系。

总之，把人与问题分开，就意味着谈判双方肩并肩地处理问题。这对于消除情感因素可能引发的不利影响，变消极因素为积极因素，有着非常重要的现实意义。

7. 把立场与利益分开的原则

谈判者所持的立场与其所追求的利益是密切相关的。利益在许多情况下是内隐的，而个人的立场则由他自己决定，并常常通过自己的言谈举止显现出来。

人们持有某种立场为的是争取他所期望的利益，立场的对立无疑源于利益的冲突。如某一方的利益追求在谈判一开始就得以实现，那他就没有必要继续坚持他的立场，双方很快就可以达成一致。而如果谈判者所持的立场无助于他对利益的追求，他就会重新审视这一立场，进行适当的修改和调整，甚至放弃这一立场。

在商务谈判中，谈判者的立场服从于他对利益的追求。就立场相互对立的双方来说，重要的不是调和双方的立场，而是调和彼此的利益。当然，在某些情况下，双方也完全可以通过合作来消除立场的对立，把注意力集中于相互的利益而不是立场，对谈判双方来说都是十分有益的。其原因如下。

（1）谈判者追求某一利益的意愿，可以通过不同的立场来体现。例如，某一项谈判追求的利益是取得尽可能大的销售收入，谈判者的立场可能是坚持在价格上不做或少做让步，也可以是坚持要对方在本方认可的某一个较低的价格水平上增加订货量。上述两种立场都是为谋求某种利益服务的，都有可能满足本方对利益的追求。如果谈判者过于看重立场，尤其是在与对方发生严重冲突的情况下，仍一味地坚持自己的立场，就可能动摇双方共同合作的基础，从而丧失原本可以获取的利益。

（2）在互相对立的立场背后，可能隐藏着双方共同的和一致的利益。例如，某一谈判的立场可能是坚持合同必须包括一项对延期发运货物给予严厉处罚的条款，双方在这一立场上各不相让。但如果透过双方对立的立场，我们就不难发现，双方的利益又有一致的方面，卖方希望取得源源不断的订单，买方则想要保证原材料的不断供应。因此，立场的对立并不代表利益的完全对立。

当然，谈判某方在关心自己利益的同时，也应关注对方的利益，这样在你阐述自己的利益时，才可能减少对方的抵触情绪。同样，还必须向对方解释他的利益，这样才能使对方意识到，即使双方在立场上存在冲突，但仍然是可以争取共同利益的。

谈判的重点应放在利益上而非立场上，这就是通常所说的利益至上理念。贯彻这个理念，应注意以下几点。

① 要显得重视对方的利益。要想使对方注意并满足自身所期望的利益，首先就应表明我方是很重视和理解对方利益的。

② 磋商时想让对方考虑我方的利益，就应先说出理由，后提出建议。

③ 应用长远眼光看问题。

④ 磋商时应推出多种具体而灵活的方案。

⑤ 对利益硬，对立场软。

8. 坚持客观标准的原则

商务谈判中面对存在的分歧，有些谈判者往往持强硬的态度，试图迫使对方不断让步。有些谈判者则过分突出情感的因素，在对方的压力面前不断退让。靠压力来达成协议可能给谈判者带来一时的利益，但不可能只凭借强大的压力来获取长久的成功。同样，宽厚大方的做法虽然维系了双方的良好关系，但自己却陷于微利甚至是无利可图的境地，谈判的效率是低下的。

谈判要解决的问题应该以客观的标准为依托。坚持客观标准的原则，就是坚持协议中必须反映出不受任何一方立场所左右的公正的客观标准。

可供双方用来作为协议基础的客观标准是多种多样的，可以是市场价格、专业标准、道德准则、价格指数等。选择的客观标准应该是独立于双方意志力之外的，并且为双方所认可和接受的。如果双方认为每个问题都需要双方共同努力去寻求客观标准，每一方就都应在对待最能反映客观性标准的问题上理智从事。如果要修改某些标准，必须在提出了更好的建议后才可考虑。

谈判时依据某一客观标准应注意以下几个方面的问题。

（1）确定客观标准。双方所寻求的客观标准应是独立于各方主观意志之外，而且应合法、合情、合理，并切合实际，为双方都能接受。

（2）以其矛攻其盾。对方提出的每个标准，都可以成为用来说服对方的工具。如果采用对方提出的标准作为客观标准，那么对方一般是很难予以拒绝或反对的。

（3）注意哪种标准最合适。在谈判中，坚持协议应根据客观标准，并不意味着只以一方所提出的标准为基础。一个合情、合理、合法的标准，往往可以找到其他可以取而代之的合法标准。如果双方提出的标准不同，就会寻求更为公正的客观标准。例如，双方过去曾经用过的标准，或普遍都在应用的标准。若最后双方仍不能达成一致协议，则可共同邀请双方认定的公证人进行裁决，请其提出哪种标准最公平，最切合实际。

（4）坚持原则，不屈服于压力。谈判中的压力有许多表现形式，其中包括贿赂、威胁、求助于信任或拒绝让步等。对此，应坚持原则，让对方说明理由，并提出己方所能适用的客观标准。除非以此为基础，否则不予让步，绝对不能屈服于压力。

9. 时间与地位的原则

时间与地位的原则是指在谈判过程中时间和地位这两个因素非常重要，谈判者应该加以重视。

　　谈判的时间越充裕，思考的时间就越多，时间越紧张就越容易出错，尤其是在谈判结尾的时候更为突出。时间的因素造成谈判的最终结果是急者败，稳者胜。所以谈判人员应该知道在不同的时间约束下，应如何做。

　　地位是指自己在谈判对手心中的位置。地位有时与权利有关，有时无关。谈判人员的地位是靠自己在谈判过程中表现出的知识、谈判水平等因素决定的。提高自己在对方心中的地位可以从以下几个方面入手。

　　（1）人为地制造竞争对手。要注意自然，最好由第三者告知。

　　（2）显露自己的身份。最好通过间接的方式由他人说出。

　　（3）人为地提高自己坚持到底的韧性。

　　（4）显示放松的心态。

10. 信息原则

　　信息决定谈判的地位和力量，谈判是一个由信息不对称到对称的过程。在使用信息原则时应该注意以下几个方面。

　　（1）注意收集谈判的信息。

　　（2）对获得的信息做出正确的反映。

　　（3）在平时生活中积累，做有心人。

　　（4）注意对信息的保密。

　　（5）善于制造假信息。

11. 注重心理活动的原则

　　谈判是和人在谈判，人的心理活动直接影响其行为。所以要善于把握对方的心理活动，很好地利用对方的心理活动规律，使谈判向有利于自己的方向发展。谈判者要从以下几个方面来思考事情。

　　（1）满足他人不同层次的需要。

　　（2）善于调动别人的心理活动。

　　（3）利用人的"不求所用，但求所有"的心理。

　　（4）在对谈判不重要的事上，自己承担责任。

12. 科学性与艺术性相结合的原则

　　商务谈判是一门科学，同时又是一门艺术，是科学性与艺术性的有机结合。一方面商务谈判必须从理性的角度对所涉及的问题进行系统的分析研究，根据一定的规律、规则来制订谈判的方案和对策。另一方面，商务谈判活动是由特定的谈判人员进行的，人是有复杂情感的，所以与人交流更需要艺术手段。

　　在商务谈判过程中，谈判者应当既坚持科学，又讲究艺术，才能及时化解谈判中可能出现的各种问题，灵活地调整自己的行为，从而使自己在面对不断变化的环境因素时，能保持反应的灵敏性和有效性。

1.3.3 商务谈判的内容

商务谈判的基本内容应包括：商务谈判的基本原理、原则与任务；商务谈判心理研究；商务谈判的组织与管理；谈判过程的描述与分析；商务谈判的战略决策及谈判策略与技巧；谈判协议的履约；商务交际与礼仪等。但不同商务活动其谈判的内容不尽相同。

1. 货物买卖谈判

1) 货物买卖谈判的概念和特点

货物买卖谈判是指针对有形商品即货物的买卖而进行的谈判。

与其他一些商务谈判相比，货物买卖谈判有以下特点。

（1）难度相对较小。货物买卖谈判的难度相对较小，一是大多数货物均有通行的技术标准；二是大多数交易均属重复性交易；三是谈判内容大多围绕与实物商品有关的权利和义务。

（2）条款比较全面。货物买卖是商品交易的基本形式，货物买卖谈判也是商务谈判的基本形态。在货物买卖的谈判中，通常包括货物部分的谈判，如标的、品质、数量、包装、检验等；商务部分的谈判，如价格、交货、支付、索赔等；法律部分的谈判，如不可抗力、仲裁与适用的法律等。

2) 货物买卖谈判的主要内容

（1）品质条件。

每一种交易的商品，都表现为一定的质量。商品质量的优劣，关系到商品的使用效能。它是决定商品价格高低的一个重要因素，同时也影响到商品的销路和信誉。因此，货物买卖谈判双方都十分重视商品的质量问题，在洽谈买卖时，他们都要针对一定的商品，按质论价，并且在合同的质量条款中，声明对商品质量的具体要求，以及买卖双方对于商品质量的权利与义务。

在货物买卖谈判中，通常涉及的买卖方法有凭规格、等级或标准的买卖，凭说明书的买卖，凭牌号或商标的买卖，凭样品买卖和凭商品的产地买卖等几种。

小思考 6

对于机器设备、电器、仪器等货物产品的买卖，一般凭什么进行？

答：对于机器设备、电器、仪器等产品，一般是凭说明书买卖。

因为其性能和结构比较复杂，难以用几个简单指标来表示其质量的全貌，因此，凭说明书来具体说明其性能、构造、用材和使用时的操作方法，简单可行，必要时还可以辅以图纸和照片等解说。

（2）数量条件。

数量条件也是货物买卖谈判的主要条件之一。它是买卖双方交接货物的依据，如卖方所交货物的数量小于或大于合同规定的数量，买方有权拒收货物。货物买卖中通常使用的计量单位包括重量、个数、长度、面积、容积和体积等。国际货物买卖采用的度量衡制度主要有公制、英制和美制三种。我国国内货物买卖采用的是公制。在国际货物买卖中，为了照顾对方，有时也可采用对方惯用的计量单位。

（3）包装条件。

包装条件一般应视商品的性能、特点及其所采用的运输方式而定，不同运输方式和不同商品，其包装的规定也各不相同。有些简单的包装条款，也可以同数量条款合并。为了便于履行合同，在包装条款中，一般应对包装的方式、包装的用料和规格、每件包装的重量或数量、填充的物料和加固的设备、包装的标志、包装的供应和包装费的负担等内容做出明确具体的规定。

在国际货物买卖中，各国对进口包装用料、包装重量、包装标记，都有不同的规定和要求；同时，各国对包装的造型、包装装潢的图形、色彩的文字说明等的喜好，也有很大差异。在洽谈中应充分考虑这些有关包装问题的法令规定和消费习惯。

（4）价格条件。

国内货物买卖双方在洽谈价格条件时，可以根据不同情况，分别采用固定价格、浮动价格、暂定价格等作价办法。

在国际货物买卖中，为了能够简洁明了而又完整地将价格的内容表达出来，便于交易，通常用价格术语来表示。

（5）交货条件与支付条件。

怎样使货物按合同规定及时完整地交付给买方，这是卖方的重要责任和义务，也是双方进行谈判时的内容之一。交货条件的谈判主要包括运输方式、交货时间、装运地和目的地等内容。

无论是国内还是国际货物买卖，经常采用的支付方式主要有汇付、托收、信用证三种方式。

另外，还有检验与索赔条件、不可抗力与仲裁条件也是货物买卖谈判要考虑的内容。

3）货物买卖谈判的程序

无论是国际货物买卖谈判，还是国内货物买卖谈判，无论是面对面的直接谈判方式，还是以信件、函电形式进行的间接谈判方式，货物买卖谈判的程序均可抽象为：询盘、发盘、还盘、接受及签订合同。

2. 技术贸易谈判

技术贸易区别于商品贸易，技术贸易类型多样，谈判涉及的内容也更广泛。

1）技术作为商品的特点

在不同的研究领域中，技术一词含义不尽相同。它可以概括为：技术是人们在生产活动中，创造某种产品、应用某种方法制造产品或提供服务的系统性知识。技术的表现形态既可以是文字、表格、数据、公式、配方、图纸、技术资料、操作等有形形态，也可以是实际生产经验、个人技能或头脑中的观念等无形形态。

技术商品具有普通商品的基本属性，但与普通商品相比，技术有其独自的特点。

（1）知识性。技术是人类高级脑力劳动的结晶，是人类智力活动的成果，是人们在长期生产实践和科学实验的基础上不断积累起来的一整套系统知识和经验总结。它包含着从构思到产品概念，从设计到生产实施，从生产领域到销售领域的全部知识、技艺和经验，因而具有很强的知识性。

（2）具有商品的属性。技术可供发明者使用，也可以通过交换供他人使用。用于交换的技术就如同一般商品一样，具有价值、使用价值和交换价值。

（3）可传授性。不论技术是以文字、公式、配方等有形形态存在，还是以实际生产经验、个人技能或头脑中的观念等无形形态存在，都应该能够通过一定的方式进行传授和传播。

（4）开发和持有的风险性。技术商品的开发是高风险投入。由于技术的快速发展和高度竞争，技术开发的成本越来越高。如果技术开发后没有得到市场的认同，技术开发的成本无法收回。

2）技术贸易谈判中涉及技术的种类

从不同的角度划分，技术有以下几种类型。

（1）从技术的形态划分，可分为软件技术与硬件技术。

软件技术是一种无形的技术知识，它包含着人们的知识和技能（例如专利、商标、专有技术等）。这些知识和技能是通过教育和培训形成，或经过长期生产实践和科学实验所累积的，也可能是通过技术贸易获得的。

硬件技术，也称物质形态技术，是指在生产过程中以物质形态出现的智能技术，是实施一项软件技术不可或缺的手段，如机器设备、测试仪器等技术装备。

（2）从技术的公开程度划分，可分为公开技术、半公开技术和秘密技术。

公开技术是指公开发表的科学技术理论或研究成果。受法律保护的专利等属于半公开技术。秘密技术是指要靠保密手段加以保护的、处于秘密状态的技术，它不受法律保护，主要指专有技术。

（3）从是否属于工业产权来划分，可分为工业产权技术与非工业产权技术。

属于工业产权的技术，主要指专利技术和商标权，法律授予其所有者的财产独占权。不属于工业产权的技术，主要指专有技术、提供服务的技能等。

（4）从技术的功能划分，可分为产品技术、生产技术、管理技术等。

产品技术是指技术被用来改变某一产品的性能，这种技术可能是一个全新产品的发明，也可能是局部产品设计上的改进，如增加一部分功能，提高产品的使用功能，或扩大产品的使用范围，提高产品的质量或降低产品的生产成本等。

生产技术是指技术被用于产品的制造过程。如一项新的工艺、新的流程、新的测试手段、新的加工设备和手段。

管理技术是指整个研究、开发、生产、销售和服务活动的组织。

随着国际贸易的发展，专利权、商标权、版权、专有技术等技术转让与技术贸易发展迅速，技术转让交易持续的时间长，谈判涉及的内容要比商品贸易广泛，也越来越受到重视。

3. 工程承包、租赁业务谈判

1）工程承包业务

工程承包业务，是指一个工程建筑企业（承包人）通过国际通行的投标或接受委托等方式，与兴办一项工程项目的另一个厂商企业或个人（发包人或业主）签订合同或协议，以提供技术、劳务、设备、材料等，负责承担合同所规定的工程设计、建造和机械设备安装等任务，并按合同规定的价格和支付条款向发包人收取费用及应得的利润。在工程承包业务中，如果当事人分属不同的国家时，就称为国际工程承包。

工程承包方式通常有两种：一种是委托；另一种是招标。工程承包是一种综合性的交易，它涉及劳务、技术、设备、材料、商品以及资金等许多方面，因此，它具有交易内容和程序复杂，工程时间长、金额大、风险也大等特点。

2）租赁业务

租赁业务，是指出租人（租赁公司）按照契约规定将其从供货人（厂商）处购置的资本货物在一定时期内租给承租人（用户）使用，承租人则按规定付给出租人一定的租金。在租赁期间，出租人对出租的设备拥有所有权；承租人享有使用权和受益权。租赁期满后，租赁设备则退还出租人或按合同规定处理。

租赁业务从其性质上来讲，是典型的贸易与信贷、投资与筹资、融资与融物相结合的综合性交易。目前常用的有融资租赁、经营租赁、衡平租赁、维修租赁和综合租赁等方式。

小思考 7

商务谈判的基本内容应包括哪些？

答：商务谈判的基本内容应包括：商务谈判的基本原理、原则与任务；商务谈判心理研究；商务谈判的组织与管理；谈判过程的描述与分析；商务谈判的战略决策及谈判策略与技巧；谈判协议的履约；商务交际与礼仪等。

本 章 小 结

本章讲授的是谈判与商务谈判概述。主要涉及了解谈判的含义、特征、原则，理解商务谈判的含义、特征、原则、构成要素及类型。

第一节讲授的是谈判的内涵与实质。具体涉及国内外的专家、学者对谈判概念的认识，以及谈判的基本原则。第二节讲授的是什么是商务谈判。商务谈判的动因、特征、要素及商务谈判的成果价值评价标准。第三节涉及商务谈判的类型和原则，以及商务谈判的主要内容。

关键术语

谈判　谈判特征　商务谈判　谈判主体　谈判议题　商务谈判的原则　求同原则　主场谈判　客场谈判　软式谈判　硬式谈判　原则式谈判

复习思考题

1. 什么是谈判？双赢的谈判应符合什么标准？
2. 什么是商务谈判，你是如何理解的？
3. 商务谈判的动因有哪些？
4. 商务谈判的构成要素有哪些？

5. 什么样的谈判才是成功的谈判？评判商务谈判成败的标准有哪些？

6. 商务谈判应该遵循哪些原则？你是如何理解的？

案例分析与讨论

案例1   分橙子的谈判

有一个妈妈把一个橙子给了邻居的两个孩子。这两个孩子便讨论起来如何分这个橙子。两个人最终达成了一致意见，由一个孩子负责切橙子，而另一个孩子选橙子。结果，这两个孩子按照商定的办法各自取得了一半橙子，高高兴兴地拿回家去了。

第一个孩子把半个橙子拿到家，把皮剥掉扔进了垃圾桶，把果肉放到果汁机上打果汁喝。另一个孩子回到家把果肉挖掉扔进了垃圾桶，把橙子皮留下来磨碎了，混在面粉里烤蛋糕吃。

从上面的情形，我们可以看出，虽然两个孩子各自拿到了看似公平的一半，然而，他们各自得到的东西却没有物尽其用。这说明，他们在事先并未做好沟通，也就是两个孩子并没有申明各自利益所在。没有事先申明价值导致了双方盲目追求形式上和立场上的公平，结果，双方各自的利益并未在谈判中达到最大化。

如果我们试想，两个孩子充分交流各自所需，或许会有多个方案和情况出现。可能的一种情况，就是两个孩子想办法将皮和果肉分开，一个拿到果肉去喝汁，另一个拿皮去做烤蛋糕。然而，也可能经过沟通后是另外的情况，恰恰有一个孩子既想要皮做蛋糕，又想喝橙子汁。这时，如何能创造价值就非常重要了。

结果，想要整个橙子的孩子提议可以将其他的问题拿出来一块谈。他说："如果把这个橙子全给我，你上次欠我的棒棒糖就不用还了。"其实，他的牙齿被蛀得一塌糊涂，父母上星期就不让他吃糖了。

另一个孩子想了一想，很快就答应了。他刚刚从父母那儿要了五块钱，准备买糖还债。这次他可以用这五块钱去打游戏，才不在乎这酸溜溜的橙子汁呢。

两个孩子的谈判思考过程实际上就是不断沟通，创造价值的过程。双方都在寻求对自己有最大利益的方案的同时，也满足对方的最大利益的需要。

好的谈判者并不是一味固守立场，追求寸步不让，而是要与对方充分交流，从双方的最大利益出发，创造各种解决方案，用相对较小的让步来换得最大的利益，而对方也是遵循相同的原则来取得交换条件。在满足双方最大利益的基础上，如果还存在达成协议的障碍，那么就不妨站在对方的立场上，替对方着想，帮助扫清达成协议的一切障碍。这样，最终的协议是不难达成的。

问题：结合案例分组讨论，对谈判的认识与理解。

案例2   中法某公司技术转让费的谈判

中国某公司与法国某公司谈判技术转让费。

法方：产品的技术经过5年的研制才完成，今天要转让给中方，中方应付费。

中方：有道理，但该费用应如何计算呢？

法方：我方每年需投入科研费 200 万美元，5 年为 1 000 万美元，考虑仅转让使用权，我方计提成费，以 20%的提成率计，即 200 万美元，仅收贵方五分之一的投资费，该数不贵，对贵方是优惠的。

中方听后，表示研究后再谈。中方内部进行了讨论，达成如下共识：分头去搜集该公司的产品目录，调查该公司近几年来新产品的推出速度如何，如推出的新产品多，说明他们每年的科研投入不仅为一个产品，可能是多个产品。搜集该公司近几年的年报，调查其资产负债状况和损益状况，若利润率高，说明有资金投入科研开发；若利润率低，大量资金投入科研就没有能力，否则，就应借钱搞开发；若负债率不高，说明没有借钱，负债高才有可能借钱。此外，请海外机构的代表查询该公司每年交纳企业所得税的情况，纳税多，说明利润高，纳税少，说明利润低。

各路人员查了这几方面的信息，分析发现：

(1) 该公司每年有 5 种新产品推上市场；

(2) 该公司资产负债率很低，举债不高；

(3) 该公司利润率不高，每年的利润不足以支持开发费用。

结论是法方每年的投入量是虚的，若投入量为真，该企业必须逃税漏税才有钱。

在继续谈判会上，中方就上述的资料和推断，请法方表态。法方还坚持其数为真实数据。中方问对方，怎么解释低负债，怎么解释低利润呢？法方无法解释低负债、低利润和高投资的关系，又不能在中方面前承认有逃税，只好放弃原价的要求，双方最终以低于原来的价格成交。

问题：这类谈判进行的动因是什么？双方讨论，是以哪些事实来引导对方，达成共识的？

实训练习与操作

实训练习1

【实训目标】

解读谈判的特征与本质，加深理解与认识。

【实训内容】

结合下面的小故事，学生分组，每组 5~6 人，设组长一名，讨论对谈判本质的认识。安排两组中的 1~2 名学生进行发言总结，时间为 15~20 分钟。

达尼尔·斯瓦罗斯基家族的玻璃制造在奥地利享有盛名。不幸的是，它在第二次世界大战期间曾奉纳粹德国之命制造军需用品。更不幸的是，一个叫罗恩斯坦的美国人（原本为犹太商人）知悉上情后，立即与达尼尔·斯瓦罗斯基家族交涉："我可和法国交涉，不接收你的公司（法军不能接收美国人财产），不过条件是交涉成功后，请将贵公司的代销权让给我，直到我死为止，阁下以为如何？"

斯瓦罗斯基家族大发雷霆，但冷静思考后还是接受了罗恩斯坦的要求。罗恩斯坦未花分文便设立了赚大钱的代销公司，而斯瓦罗斯基家族两害相权择其轻，也是有利的。

　　谈判的本质便是通过不同的利益交换来满足自己的需要，或者交换自己不需要的东西而得到自己需要的东西。

实训练习 2

【实训目标】

理解与认识谈判在我们生活中的重要性。

【实训内容】

选择分好的 2～3 个小组，提前一天安排 2～3 名学生，在全班就谈判存在于学生日常生活的哪些领域进行交流分析说明。分析自我对谈判持有的态度，加深对谈判的理解。

时间为 20～25 分钟。注意：

（1）如何主动寻找谈判的合作机会；

（2）如何运用谈判解决问题，维护关系；

（3）如何运用谈判进行观点的阐述。

实训练习 3

【实训目标】

测试学生的谈判能力。

【实训内容】

在规定的时间内（一般是 25～30 分钟），要求学生凭第一感觉和印象，在未进行过多的思考和分析的状态下，完成商务谈判能力自测题（见教材附录 A），选择 1～2 个分数偏高的学生，安排 5～6 分钟的自我谈判能力分析。

第 2 章

商务谈判的组织管理与谈判心理

内容简要

　　商务谈判是科学的，它需要完整的计划、组织准备，才能使可能的商机确定下来。商务谈判是谈判者代表不同的利益组织和个人判断对方是否具备合作条件，合理确定谈判各方权利和义务，确定谈判各方共同遵守的协议的过程。这个过程大体上可分为谈判前期准备、正式谈判和谈判结束三个阶段。在每个阶段都会因双方目标的不一致而产生许多有待解决的问题。谈判者的任务就是针对不同阶段所出现的问题，准备好解决问题的方法，巧妙地缓和矛盾，有效地解决面临的一切问题。谈判准备工作做得充分可靠，谈判者就会增强自信，从容应对谈判过程中的变化，处理好各种问题，在谈判中处于主动地位，为取得谈判成功奠定基础。

学习目标

　　通过本章的学习，使学生了解和掌握以下知识点：
1. 了解谈判计划内容及制订谈判计划要考虑的因素；
2. 掌握制订谈判计划的过程；
3. 掌握谈判队伍的构建，了解选择谈判人员的方法；
4. 掌握谈判人员的分工与相互支持；
5. 了解对谈判的管理和控制。

　　事实证明，大部分重要的谈判工作是在准备阶段完成的。商务谈判准备工作一般包括谈判背景调查、谈判计划的制订和谈判组织准备等工作。

　　商务谈判者如果希望能通过谈判达到预期目标，首先就要做好周密的准备工作，对自身状况与对手状况都有较为详尽的了解，并对这些情况进行充分的分析，确定科学合理的谈判方案，选择有针对性的谈判策略，从而在谈判中处于主动地位，获得较为满意的结局。因此，完整全面的谈判计划是谈判成功的保证。

2.1　商务谈判的组织管理

要使谈判取得成功，不仅要组建一支优秀的谈判队伍，还要通过有效的管理使谈判团队提高谈判能力，实现谈判的最终目标。所以需要建立一支人员齐备、相互协调、适应各种谈判的团队，并且要调动其积极性，提高谈判效率，把握每个可能的商机。

2.1.1　谈判组织的结构和规模

1. 谈判小组的结构

1）谈判小组人员构成的原则

（1）知识具有互补性。

知识互补包含两层意思：一是谈判人员各自具备自己专长的知识，都是处理不同问题的专家，在知识方面互相补充，形成整体的优势。二是谈判人员书本知识与工作经验的知识互补。谈判队伍中既有高学历的青年知识学者，也有身经百战具有丰富实践经验的谈判老手。高学历学者专家可以发挥理论知识和专业技术特长，有实践经验的人可以发挥见多识广、成熟老练的优势，这样知识与经验互补，才能提高谈判队伍整体的战斗力。

（2）性格具有互补性。

谈判队伍中的谈判人员性格要互补协调，将不同性格的优势发挥出来，互相弥补其不足，才能发挥出整体队伍的最大优势。性格活泼开朗的人，善于表达、反应敏捷、处事果断，但是性情可能比较急躁，看问题可能不够深刻，甚至会疏忽大意。性格稳重沉静的人，办事认真细致，说话比较谨慎，原则性强，看问题比较深刻，善于观察和思考，理性思维比较明显，但是他们不够热情，不善于表达，反应相对比较迟钝，处理问题不够果断，灵活性较差。如果这两种性格的人组合在一起，分别担任不同的角色，就可以发挥出各自的性格特长，优势互补，协调合作。

（3）分工明确。

谈判班子每一个人都要有明确的分工，担任不同的角色。每个人都有自己特殊的任务，不能工作越位，角色混淆。遇到争论不能七嘴八舌地发言，该谁讲就谁讲，要有主角和配角之分，要有中心和外围之分，要有台上和台下之分。谈判队伍要分工明确、纪律严明。当然，分工明确的同时要注意大家都要为一个共同的目标而通力合作，协同作战。

2）谈判小组的人员构成

这是一个如何搭配班子的问题。要使谈判小组高效率地工作，一方面，参加谈判的人员都应具有良好的专业基础知识，并且能够迅速有效地解决随时可能出现的各种问题；另一方面，参加谈判的人员必须关系融洽，能求同存异。谈判小组的人员应专家齐备，否则将影响谈判的质量。谈判小组应由以下人员构成。

（1）谈判队伍领导人。

负责整个谈判工作，领导谈判队伍，有领导权和决策权。有时谈判领导人也是主谈人。

（2）商务人员。

由熟悉商业贸易、市场行情、价格形式的贸易专家担任。商务人员要负责合同条款和合同价格等条件的谈判，帮助谈判方确定合同文本，负责经济贸易的对外联络工作。

（3）技术人员。

由熟悉生产技术、产品标准和科技发展动态的工程师担任。在谈判中负责对有关生产技术、产品性能、质量标准、产品验收、技术服务等问题的谈判，也可为商务谈判中价格决策做技术顾问。

（4）财务人员。

由熟悉财务会计业务和金融知识，具有较强的财务核算能力的财务人员担任。主要职责是对谈判中的价格核算、支付条件、支付方式、结算货币等与财务相关的问题把关。

（5）法律人员。

由精通经济贸易各种法律条款，以及法律执行事宜的专职律师、法律顾问或本企业熟悉法律的人员担任。法律人员的职责是做好合同条款的合法性、完整性、严谨性的有关工作，也负责涉及法律方面的谈判。

（6）翻译人员。

由精通外语、熟悉业务的专职或兼职翻译人员担任。主要负责语言与文字翻译工作，沟通双方意图，配合谈判运用语言策略。在涉外商务谈判中翻译的水平将直接影响到谈判双方的有效沟通和磋商。

除了以上几类人员之外，还可配备一些其他辅助人员，但是人员数量要适当，要与谈判规模、谈判内容相适应，尽量避免不必要的人员设置。

2. 谈判小组的规模

从实践经验来看，由于商务谈判涉及内容较多，所以大多数较为重要的设备谈判均由多人组成。那么谈判小组应由多少人组成较为合适呢？国内外谈判专家普遍认为，一个谈判小组的理想规模以 4 人左右为宜。

1）工作效率高

一个集体能够高效率工作的前提是内部必须进行严密的分工和协作，而且要保持信息交流的畅通。4 人左右谈判小组的工作效率高，如果人数过多，成员之间的交流和沟通就会发生障碍，需耗费更多的精力统一意见，从而降低工作效率。从大多数谈判情况看，4 人左右时工作效率是较高的。

2）最佳的管理幅度和跨度

管理学研究表明，一个领导能够有效地管理其下属的人数是有限的，即存在有效管理幅度。管理幅度的宽窄与管理工作的性质和内容有关。在一般性的管理工作中，管理幅度以4～7 人为宜，但对于商务谈判这种紧张、复杂、多变的工作，既需要其充分发挥个人独创性和独立应付事变的能力，又需要其内部协调统一、一致对外，故其领导者的有效管理幅度在 4 人左右才是最佳的。超越这个幅度，内部的协调和控制就会发生困难。

3）能满足一般谈判所需的知识范围

多数商务谈判涉及的业务知识领域大致包括下列四个方面：第一，商务方面，如确定价格、交货风险等；第二，技术方面，如确定质量、规格、程序和工艺等；第三，法律方面，如起草合同文本、合同中各项条款的法律解释等；第四，金融方面，如确定支付方式、信用保证、证券与资金担保等。参加谈判的人员主要是这四个方面的人员，如每个人是某一方面的专家，恰恰是 4 人左右。

4）便于小组成员调换

参加谈判的人员不是一成不变的，随着谈判的不断深入，所需专业人员也有所不同。如在洽谈的摸底阶段，生产和技术方面的专家作用大些；而在谈判的签约阶段，法律方面的专家则起关键性作用。这样，随着谈判的进行，小组成员可以随时调换。因此，谈判小组保持 4 人的规模是比较合理的。

上述谈判小组 4 人的规模，只是就一般情况而言，并且只是一种经验之谈。有些大型的谈判，领导和各部门的负责人都可能参与，再加上工作人员，如秘书等，队伍可能达 20 人左右。在这种情况下，可以进行合理的分工，可大致由 4 人组成正式谈判代表，与对方展开磋商，其余人只在谈判桌外向其提供建议和服务。

2.1.2　商务谈判人员的配备

为了使谈判小组高效率地工作，谈判人员之间应该紧密配合，精诚合作。谈判人员的选择应十分慎重，他们不仅要符合一定的素质要求，而且要形成各方面互补的结构，达到最优组合。尤其是组长应该是心胸开阔、立场坚定、知识广博、经验丰富、善于随机应变富有创造能力和组织能力的人，其他代表原则上应根据各自的专长，能够互相配合。

在现代社会中，谈判所涉及的面很广。从它所涉及的知识领域来讲，包括商业、贸易金融、技术、法律、保险和海关等多方面的内容。谈判所处的环境是错综复杂的，面对谈判对手的挑战，需要收集多方面的资料，这些是个人的精力、能力难以胜任的。因此，在大多数情况下采用小组谈判。小组谈判的好处在于可以有许多不同知识和背景的人参与谈判，取得知识结构上的互补和综合的整体优势，能够集思广益，使对方感到有更多的压力。

1. 谈判人员的配备

从国内、国际贸易的实务看来，一般情况下，商务谈判需要的人员包括商务人员、技术人员、财务人员、法律人员和翻译人员。

2. 配备谈判人员时应注意的问题

配备谈判人员时应注意以下三个方面的问题。

（1）应尽量选择"全能型的专家"。所谓"全能"是指通晓技术、商务、法律、金融和语言知识的人员。作为谈判人员，特别是经常参与重大项目谈判的人员，应努力将自己培养成具备这几个方面知识的全才，同时又特别精通其中的某一方面。如果一个谈判人员只知商务和法律方面的知识，而对技术方面一窍不通，在谈判时涉及技术条款内容，就会显得很被动，己方谈判人员之间的配合也就比较困难，无疑降低了己方的谈判实力。如果己方技术人员、商务人员、法律人员各持己见，谈判工作就更加难以协调，对谈判工作极为不利。

（2）谈判小组中配备一名懂业务和技术术语的翻译也十分重要。即使己方其他人员均精通对方语言最好也配备一名专职翻译。因为谈判是一项十分紧张、耗费大量脑力的活动。

谈判的整个过程是不断根据临场的信息组织调整思路的过程，尽管谈判人员通晓外语且在谈判前有较充分的准备，但仍会在谈判中遇到一些语言问题。配备翻译使谈判人员可以得到改正失误的机会或借口，再者利用翻译复述的这段时间观察对方的反应，决定下一段的措辞和验证己方运用策略的效果。有经验的谈判专家认为翻译复述这段时间正是主谈进行观察、思考的有利时机。

（3）在配备人员时，还应从业务洽谈实际情况出发，配备一名领导人员负责协调整个谈判工作。此人往往是在公司的业务经理中产生的。他应具备两个条件；一是应有的专业技术知识，而且他的领导能力要强；二是对谈判出现的利害得失具有高度责任心。谈判小组的负责人并不一定要是所谈业务的技术专家，但他必须尽可能全面掌握谈判所涉及的各方面的知识，这样才能有自己独到的见解，并采取更有效的工作方法。

3. 确定谈判小组的规模、人员选派时，应依据的原则

1）依据项目的大小和难易程度来确定谈判小组的阵容

在确定谈判小组阵容时，应着重考虑谈判主题的大小、难易程度和重要性等因素以决定选派的人数。如果是一对一谈判，那么对于参与谈判的人来讲要求很高。谈判人员应将自己训练成为多方面的专家，一旦谈判项目需一人上阵，就可发挥作用。但是当项目很大时，应考虑选派一个小组来参与谈判。至于谈判阵容及参加人员的多少及成分，可因项目不同而定。通常情况下，有关商品交易的谈判，可由主管该项目的业务人员参加。如果是重要的交易应由总经理作为主谈。对于技术引进的谈判，可由业务人员、技术人员、法律工作者共同组成谈判小组，在统一领导下，分工负责，协同工作，完成任务。

2）依据项目的重要程度组织谈判小组

一些内容复杂的大型交易，如技术引进项目、合资经营项目和外地投资项目等，必须组织一个强有力的谈判小组。

3）依据对手的特点配备谈判人员

一般对手的谈判成员是由雇主聘请技术咨询顾问，负责审查欲购商品的质量、技术性能指标，并提出修改意见，以满足其特殊要求；同时聘请法律顾问洽谈商务条件，然后运筹出最佳方案提交雇主裁定。所以，己方配备的谈判人员必须与之匹配，聘请精通技术的工程技术人员和精通各种贸易和商务条款的专业人员，负责运筹技术、商务和法律方面的业务。对专业化谈判小组的人员来讲，必须懂技术、精通国际贸易，并能用英语直接与客商谈判。

4）依据谈判的分工特点配备谈判人员

在通常情况下，参加谈判小组中人数不宜过多。作为一个高效的谈判集体，其内部必须进行适当而严密的分工协作，内部的意见交流必须畅通无阻。要达到这种要求，谈判小组的规模过大是不行的。在谈判中，既需要充分发挥个人的独创性和独立应变能力，又需要内部协调统一、一致对外。此外，过往的谈判经验告诉我们，即使是大型项目的谈判，其所涉及的专业知识很广，但在谈判的不同阶段，牵涉到的主要知识种类是有限的，这意味着谈判并不需配备具有各种专业知识的人同时参加，只要对谈判小组成员进行调整，就可以完成任务。有时也可以请某方面的专家、学者作为谈判小组的顾问，这样更能提高谈判的效率。

2.1.3　谈判人员的选择

1. 选择谈判人员的要求

选择谈判人员主要有以下几个方面的要求。

1）选用品质可靠的人员

商务谈判工作多数是在单独一人主谈的情况下进行的，谈判中所涉及的很多购销条件，在一定限度内可由谈判人员自己掌握。因此，谈判者必须忠诚可靠，并能赢得客户对他的信任。如果一位商务人员欺诈客户和自家企业，而从中使自己获得好处，其后果是可以想象的。但是，这类人的品质事先却难以衡量，道德和个人的人格问题，必须要经过一定时间的接触才能有所认识。一般的办法是征询过去与他有关人的看法，如他的介绍人、同事及领导等，在可能的情况下，应向他以前的老客户询问。

2）选用具有独立工作能力而又具有合作精神的人员

商务谈判人员能依靠自身的力量解决问题，是一项必不可少的品质，他需要独立工作，上司很少会给他以直接的帮助和指导。所以要能不受外界干扰，顶住压力，独立做出自己的决断。商务谈判人员是否具有积极主动、自愿肯干的精神，是一项十分重要的条件。谈判是一项团队性的工作，需要相互配合，才能形成战斗力。因此，谈判人员既要有独立工作的能力，又要有团队合作精神，这两者是缺一不可的。

3）选用具有相当智力水平与谈判能力的人员

商务谈判人员的知识范围、智力水平和谈判能力，是选用谈判人员应考核的重要条件。例如谈判者要有相当程度的记忆力，相当广泛的知识面，必须对公司的每项产品或服务有深入的认识，对各种可能的客户有深切的了解，还必须谈吐自如、举止适度。因此，在选用谈判人员时，必须要考核在这几个方面是否能与他所担当的工作相适应。

4）选用愿去各地出差的人员

很多人都知道商务工作是件美差，但却不知道它的辛苦，特别是长时间出差在外。在选用商务谈判人员时，须向其说明要出差时间是多久，特别是外埠出差。如果忽略了这一点，很可能使谈判者产生一些个人问题（如产生家庭纠纷），他的工作也将受到严重影响。有的人不能或不愿出差，这对商务工作无益；但有的人特别愿意出差，尤其是长期在外。不过在这方面也是会出问题的，这类人闲不住，遇事就往外跑，不管是否有必要或不管事情大小，必然要增加成本。

5）选用具有良好的判断力而且可以听取各方意见的人员

参加谈判的人员要能够洞悉问题的症结所在，并且能够注意到可能影响谈判结果的潜在因素。有忍受冲突和面对暧昧态度的耐心，对待事物能分清主次，抓住重点，合理掌握时间进度。

6）选用身体健康的人员

商务谈判人员必须具备健康的体魄和充沛的精力，以应对旅途奔波和连续的工作。

2. 什么样的人不宜选用

1）不能选用遇事相要挟的人

很多企业和公司的领导人，常以某人手里是否有客户、有关系为条件而选用商务人员，实际上这是很片面的。这类人员确实能够在短期内给公司带来可观的收入，但这类人却常常居功自大，无限向上边要条件，如果不能如愿，随时可能离去，并将他的客户带走。

2）不能选用私心过重的人

由于商务谈判人员对企业的里里外外所知甚多，工作性质比较特殊，因此容易产生个人私利。如果商务谈判人员发展到这种程度，管理者便无法掌控了，他甚至可以把商业秘密转卖给竞争者。此类事件在国内外企业界经常发生，因此一定要注意这方面。

3. 对谈判人员的正确认识

一般情况下，企业所选择的谈判人员总是很有才干的，但是不应期望他一夜之间就给公司带来很多好处，这样想往往是危险的。被选用的商务人员不论有多么丰富的经验，也需相当的时间来了解公司的情况，并探寻解决问题的方法。如果领导者期望自己的谈判者成为一流的人才，就不要忘了给他以支持、激励和有效的训练，这是最现实的做法，否则期待必然落空。

2.1.4　谈判小组的负责人

谈判小组的负责人（组长）一般情况下也是主谈，或称谈判首席代表，是谈判小组的核心，是谈判工作能否达到预期目标的关键性人物。

1. 谈判小组负责人的条件

谈判小组的负责人应当根据谈判的具体内容、参与谈判人员的数量和级别，从企业内部有关部门中挑选，可以是某一个部门的主管，也可以是企业最高领导。谈判小组的负责人有时并不一定是己方主谈人员，但他是直接领导和管理谈判队伍的人。谈判小组负责人应具备以下几个方面的条件。

（1）有高尚的人品。

高尚的人品是最重要的条件，可以保证企业的安全和最根本的利益的实现。

（2）具备果断的决策能力。

指挥员的能力对谈判的成败具有至关重要的作用。如果己方领导人的能力低于对方的领导人，必然会处于被动地位。谈判负责人要能够敏锐地利用机遇解决问题，做出果断的判断和正确的决策；同时要能够分清主次，知人善任，善于倾听各方面的意见，善于与各种人打交道。

（3）具备较全面的知识。

谈判小组的负责人本身除应具有较高的思想素质和业务素质之外，还必须掌握整个谈判涉及的多方面知识。只有这样才能针对谈判中出现的问题提出正确的见解，制订正确的策略，使谈判朝着正确的方向发展。

（4）有感召力。

谈判小组的负责人能够通过自身的行为感召团队的成员，使整个集体更具有凝聚力，这是现代谈判的要求，也是克服困难的保障。因此，谈判小组负责人的工作方式必须与本企业的工作方式相一致，整个谈判小组才能更好地工作。

（5）具备一定的权威地位。

谈判小组的负责人要具备权威性，有较大的权力，如决策权、用人权、否决权和签字权等；要有丰富的管理经验和领导威信，能胜任对谈判队伍的管理。谈判小组的负责人一般由高层管理人员或某方面的专家担任，最好与对方谈判小组的负责人具有相对应的地位。

（6）具有激励团队的能力。

谈判经常面临巨大的压力和困难，这个时候就需要有人能够激励整个团队渡过难关，所以谈判小组的负责人必须能承受压力而不表现出来，而且还要让大家看到未来的希望。

2. 谈判小组负责人的职责

（1）负责挑选谈判人员，组建谈判小组，并对谈判过程中的人员变动与上层领导进行协调。

（2）管理谈判队伍，协调谈判队伍各成员的心理状态和精神状态，负责振奋大家的精神，使大家在任何情况下都能以高昂的士气参加谈判。处理好成员间的人际关系，增强队伍凝聚力，团结一致，共同努力，实现谈判目标。

（3）制订谈判计划，确定谈判各阶段目标和策略，并根据谈判过程中的实际情况灵活调整。

（4）总管谈判进程，组织谈判策略的实施，负责具体的让步时间、幅度，掌握谈判节奏、决策的时机。

（5）负责向上级或有关的利益各方汇报谈判进展情况，贯彻执行上级的决策方案。

2.1.5　谈判人员的分工与相互支持

1. 谈判人员的分工与配合

谈判人员的分工是指每一个谈判者都有明确的分工，都有自己适当的角色，各司其职。谈判人员的配合是指谈判人员之间思路、语言、策略的互相协调，行为步调一致。要明确各类人员之间的主从关系、呼应关系和配合关系。

1）在谈判时主谈与其他人员（辅谈）的配合

主谈是谈判工作能否达到预期目标的关键性人物，其主要职责是确保已确定的谈判目标和谈判策略在谈判中得以实现。主谈必须与辅谈密切配合才能真正发挥主谈的作用。

（1）在谈判中，己方一切重要的观点和意见都应主要由主谈表达，尤其是一些关键的评价和结论更得由主谈表述。辅谈不能随意谈个人观点或说与主谈不一致的结论，辅谈要配合主谈，起到参谋和支持的作用。

（2）在主谈发言时，辅谈自始至终都应支持，可以通过口头语言或肢体语言做出赞同的表示，并随时拿出相关证据证明主谈观点的正确性。

（3）当对方集中火力多人多角度攻击主谈时，辅谈要善于使主谈摆脱困境，从不同角度反驳对方的攻击，加强主谈的谈判地位。

（4）辅谈充当"黑脸者"的角色。"黑脸者"的主要任务是在谈判过程中，根据不同的情况，采取强硬的态度，有意去激怒对方，使对方怒中失态，怒中出错。特别是当有些问题不便由主谈者或负责人出面拒绝或否定时，"黑脸者"就应挺身而出，毫不留情地加以拒绝或否定。尤其是当己方主谈处于被动或困境时，"黑脸者"采取强硬立场，"引火烧身"，转移对方的视线，以解脱主谈的困境。

（5）辅谈充当调和者的角色。调和者就应把握时机和分寸，为防止僵局扩大，以调和的姿态，缓和的口气，再借助"诚恳"的态度，温和的言辞，提出似乎"合情合理"的条件，这种做法是很明智和策略性的。要知道在商务谈判中如果在出现僵局之前能及时采取措施挽救，不但可以避免不愉快事情的出现，有时还可"因祸得福"，获取对方以让步或优惠条件作为报答。因为双方都不希望出现僵局，你如果能采取措施避免对方的不快，对方当然会表示感谢。

（6）当主谈提到辅谈所熟知的专业问题时，辅谈应给予主谈更详尽、更充足的证据支持。例如，在进行合作商务谈判时，专业技术人员和法律人员应从技术的角度和法律的角度对谈判问题进行论证并提供依据，给予主谈有力的支持。主谈与辅谈的身份、地位、职能不能发生角色越位，辅谈不可以因为自己在某一方面的特长而喧宾夺主；否则，谈判就会因为己方乱了阵脚而陷于被动。

（7）运用"游击战"的策略进行人员间的配合。在谈判中各个角色应有意识地调换使对方捉摸不透，也免于己方某一角色成为对方的众矢之的。在谈判中如果一个人的长处被对方设法避开了，弱点却被对方死死抓住，即使是一个天才也是不难被攻破的。防线一旦被攻破，要么冲动、愤怒而失态，要么气馁而消沉。所以在对方尚未攻破己方组员前及时调换其所充任的角色是十分必要的。

2）"台上"和"台下"的配合

在比较复杂的谈判中，为了提高谈判的效果，可组织"台上"和"台下"两套班子。台上人员是直接在谈判桌上谈判的人员，台下人员是不直接与对方面对面地谈判，而是为台上谈判人员出谋划策或准备各种必需的资料和证据的人员。台下人员有以下几种情况。

（1）台下人员是负责该项谈判的主管领导，可以指导和控制台上人按既定目标和准则行事，也可以是台上人员的幕后操纵者。台上人员在大的原则和总体目标上接受台下班子的指挥，敲定谈判成交时也必须得到台下人员认可，但是台上人员在谈判过程中仍然具有随机应变的战术权力。

（2）台下人员是各种专业参谋，如法律专家、贸易专家和技术专家等，他们主要向台上人员提供专业方面的参谋建议，台上人员有权对其意见进行取舍或选择。当然台下人员不能过多、过滥，也不能过多地干预台上人员，要充分发挥台上人员的职责权力和主观能动性，争取实现谈判目标。

2. 调换组员所充任的角色

组员所充任的角色应根据以下几个方面进行调换。

（1）当对方对本次谈判欠诚意，或是对方有求于己方，而己方对本次贸易谈判兴趣不太大时，可适当加强"黑脸者"攻势，并适当调换充任"黑脸者"这一角色的组员。

（2）根据谈判的议题，充分考虑每个人的专长和业务能力。当谈判技术条款时，应以技术人员为主谈，商务、法律人员处于辅谈的位置，以确保合同技术条款的准确性；而当涉及合同法律条款时，律师等法律人员成为主谈；在商务条款的谈判中，商务人员应作为主谈。例如，日本人在进行较大型的商务谈判时，往往根据不同的议题由不同的专家充当主谈，其他的角色也相应地有所变换，这个策略使日本商人受益匪浅。

3. 谈判小组成员相互支持经常采用的方法

谈判小组成员相互支持经常采用以下几种方法。

（1）夸大地介绍本组成员，但要注意分寸。

（2）必须肯定本组成员提出的问题。

（3）对主谈表示尊重和支持，如不断地点头、目光注视、不时传递信息等。

（4）组内互相通气。

（5）己方成员出现错误时想办法为其开脱。

2.1.6　对谈判的管理和控制

谈判是一个复杂的过程，要使谈判成功，需要对谈判的计划执行情况进行管理和控制才能不偏离方向。对谈判的管理、控制就是对谈判人员的管理与控制，所以需要对谈判人员的心理和行为有充分的了解。

1. 满足谈判人员的心理需要

谈判人员的行为是由其心理决定的，其行为表现的类型主要包括：进取型（以取得成功为满足）、关系型（以与别人保持良好关系为满足）和权力型（以对别人和谈判局势施加影响为满足）。因此，可以把谈判人员分为以下三类，并在谈判中给他们安排不同的角色，满足他们的需要，有利于谈判的成功。

1）对成功的期望很高、对关系的期望很低、对权力的期望很高的人员

在谈判中，这种类型的人，凡是他个人认为重要的东西，都无所顾忌地争取，有功则沾沾自喜。此外，他还采取强权的办法求得利益，极力地向对方施加压力。对这种人可以让他负责谈判的进程，让他第一个陈述，以满足他对权力的需求，从而使他觉得自己获得了一种特权。但同时还必须策略地控制谈判的进程。所以管理者要注意把目标定得相对合理，此类人员受成功愿望的驱使，就可以让其经过艰苦努力后，达到一定的目标，从而使他得到获胜心理的满足。

2）对成功的期望很高、对关系的期望很高、对权力的期望很低的人员

这种人也渴望获得值得让人骄傲的成功，希望与领导和同事们共同分享成功的快乐，他不仅求得与领导和同事们友好相处，也较多地注重与对方人员保持友好关系。由于他热衷于关系而不追求权力，这就意味着他在谈判过程中更容易处于被动地位，与这种人谈判成功的概率极大。如果他与一个权力型的人谈判，他极可能被操纵。所以此类人员可以做调和人员。

3) 对成功的期望一般、对关系的期望一般、对权力的期望一般的人员

这种人认为对权力要求过高可能使对方产生敌对情绪，所以只希望能够影响对方而不能够有力控制谈判过程，能把自己的意志体现在谈判内容和谈判过程中；他的成功只要人们满意而不期望特别的赞赏；他随时有可能在高压下做出让步，他愿意有个较为满意的结果而不愿意使谈判破裂。在谈判领域，这种人被认为最为理想和具有潜力。在受过良好的训练和他本人有足够智慧的前提下，可以作为谈判的负责人。

2. 对谈判人员的激励

对商务谈判的管理应该以激励谈判人员为主。对谈判人员的激励有精神和物质两种。精神方面是指内在报酬，如表扬、提升；物质方面是指外在报酬，如奖金或实物等。

对谈判人员的激励方法主要有以下几种。

（1）对取得的成果进行肯定和鼓励，如对谈判人员给予表扬、公布成绩、授予荣誉称号等。

（2）安排更重要的工作。

（3）提供提升、学习的机会。

（4）给予物质上的奖励。

（5）提高福利、增加假期等。

3. 对谈判人员的监督

为了使谈判能够向成功的方向发展，需要对商务谈判的过程和人员进行监督和控制，监督和控制的手段有很多，常见的有以下几种。

（1）对现场的直接监督与控制。

（2）对通信进行监督与控制。

（3）通过完善的制度进行自动监督与控制，如报酬制度、地域分派制度、销售配额制度和费用控制制度等。

（4）通过商务谈判人员的工作报告来控制。

（5）通过定期集会来控制。

（6）通过内部舆论进行监督与控制。

4. 提高谈判队伍团队意识的管理

实践告诉我们，在实际谈判工作中，商务谈判人员由于目的不同、需求不同、经历不同及观察事物的方法不同，因而会常常产生矛盾和冲突。为了使谈判团队人员之间能很好地合作，应该做好以下几个方面的工作。

（1）使谈判人员认识到共同的职责和职权。

（2）树立企业精神。要信任谈判人员，给予其较大的自主权与灵活性，让谈判人员掌握谈判中的问题、机会和目标，这样会使谈判人员更具有责任感。

（3）尊重所有的谈判参与人员。

（4）加强信息交流。保持辅助人员与一线谈判人员之间的联系，使他们在谈判过程中相互支持，彼此监督，协调相互间的利益问题，并根据谈判形势的变化而修订计划。

5. 在谈判过程中对谈判人员进行指导和调控

高层领导应与谈判人员保持密切联系，随时给予谈判人员指导和支持。谈判内外的情况在不断发展变化，谈判桌上有些重要决策需要高层领导批准。有时谈判外部形势发生变化，企业决策有重大调整，高层领导要给予谈判者及时指导或建议，对谈判队伍进行指挥。

（1）谈判桌上出现重大变化，与预料的情况差异很大，交易条件变化已超出授权界限时，需要高层领导做出策略调整，重新确定目标和策略。

（2）企业本部或谈判班子获得某些重要的新信息，需要对谈判目标、策略做重大调整时，高层领导应及时根据新信息做出决定，授权给谈判班子执行。

（3）谈判队伍人员发生变动时，尤其是主谈发生变动时，要任命新的主谈，并明确调整后的分工职责。

（4）谈判的关键时刻，高层领导应该适当干预谈判。

（5）当谈判陷入僵局时，高层领导可以主动出面干预，可以会见谈判对方高层领导或谈判班子，表达友好合作意愿，调解矛盾，创造条件使谈判走出僵局，顺利实现理想目标。

2.2　谈判人员应该具备的素质与能力

在现代社会中，一场商务谈判往往比较复杂，涉及的范围较广。就涉及的知识而言，包括产品、技术、市场、金融、运输、保险和法律等许多方面。若是国际商务谈判，还涉及海关条例、外语等知识。这些知识绝非个人的精力、能力所能胜任。所以，商务谈判除了一对一的单人谈判外，更多情况下是在谈判团体、谈判小组之间进行。这个谈判团体或小组就是商务谈判组织，它是指为实现一定的谈判目标，依照某种方式结合的集体。商务谈判组织放大了个人力量，并且形成一种新的力量，这种新的力量同个体的力量有着本质的差别。它是组织的总体效应，仅仅依附于组织的存在。组织力量的来源，一方面是组织成员的个人素质和能力，另一方面是组织成员之间的协作能力。

2.2.1　谈判人员应该具备的素质

不具备良好素质的谈判人员，就不可能胜任艰苦复杂的谈判工作。谈判人员在掌握专业技能知识的同时，还应具备良好的综合素质。谈判人员的素质结构大体分为三个层次：核心层——识；中间层——学；外围层——才（见图2-1）。

古人云："学如弓弩，才如箭镞，识以领，方能中鹄。"这段话形象地说明了这三个层次之间的辩证关系。

1. 谈判人员的"识"

"识"是谈判人员素质结构中最核心的内容，对谈判人员整体素质起着决定性的作用，主要包括：气质性格、心理素质、思想意识、知识方面、身体素质等内容。

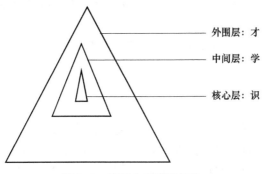

外围层：才

中间层：学

核心层：识

图 2-1　谈判人员素质结构

1）气质性格

谈判人员应具备适应谈判需要的良好的气质性格。有些性格特征是不利于谈判的，例如性格内向，孤僻多疑，不善表达，冷漠刻板，急躁粗暴，唯我独尊，嫉妒心强，心胸狭窄等。良好的气质性格应具备以下特征：大方而不轻佻，豪爽而不急躁，坚强而不固执，果断而不粗暴，自重而不自傲，谦虚而不虚伪，活泼而不轻浮，严肃而不呆板，谨慎而不拘谨，老练但不世故，幽默但不庸俗，热情但不多情。

2）心理素质

在谈判过程中会遇到各种阻力和对抗，也会发生许多突变，谈判人员只有具备良好的心理素质，才能承受住各种压力和挑战，取得最后的成功。

（1）自信心。

自信心是谈判者最重要的心理素质。所谓自信心是指谈判者相信自己企业的实力和优势，相信集体的智慧和力量，相信谈判双方的合作愿意和光明前景，具有说服对方的自信和把握谈判的自信。没有自信心，就不可能在极其困难的条件下坚持不懈地努力，为企业争取最佳的谈判成果。自信心的获得是建立在充分调查研究的基础上，建立在对谈判双方实力科学分析的基础上，而不是盲目的自信，更不是藐视对方、轻视困难、固执己见错误的自信。

（2）自制力。

自制力是指人们能够自觉地控制自己的情绪和行动。既善于激励自己勇敢地去执行采取的决定，又善于抑制那些不符合既定目的的愿望、动机、行为和情绪。自制力是坚强的重要标志。自制力主要表现在两个方面：一方面是在实际工作、学习中努力克服不利于自己的恐惧、犹豫、懒惰等；另一方面应善于在实际行动中抑制冲动行为。

自制力对人走向成功起着十分重要的作用。与之相反是任性，对自己持放纵态度，对自己的言行不加约束，任意胡为，不考虑行为的后果。

相关链接 1

红狐狸的自制力

有一本专门描写打猎的书，其中写到有一只红狐狸，它为了捕获野鸭子，常常可以连续几天潜伏在冰天雪地的沼泽地。它是那样顽强而有耐心，慢慢地毫无声息地贴在地上接近野鸭子。当野鸭子无意中游开了，红狐狸就用舌头舔一下嘴唇，失望地退回原处等候着。为了填饱饥饿的肚子，红狐狸可以这样往返几十次，直到野鸭子由于一时疏忽，终于被它逮住为止。这只红狐狸是很善于控制自己的行为吗？实际上，这只是狐狸在漫长的进化过程中逐步形成的一种猎获食物的本能。

分析：如果说连动物有时候为了达到某种目的都能控制自己，对于有思想感情的人来说，不更应该善于驾驭自己吗？

（3）尊重。

在谈判中只有互相尊重，平等相待，才可能保证合作成功。所以谈判者首先要有自尊心，维护己方的尊严和利益，面对强大的对手不妄自菲薄、奴颜婢膝，更不会出卖尊严换取交易。尊重是谈判者正确对待自己，正确对待谈判对手的良好心理。但同时谈判者还要尊重对方，尊重对方的利益，尊重对方的意见，尊重对方的习惯，尊重对方的文化观念，尊重对方的正当权利。在谈判中只有互相尊重，平等相待，才可能保证合作成功。

（4）坦诚。

坦诚的谈判者善于坦率地表明自己的立场和观点，真诚地与对方合作，赢得对方的了解和信任。虽然谈判双方都有自己的机密和对策，但是谈判的前提是双方都有合作的愿望。谈判就是通过坦诚、合理的洽谈和协商使合作的愿望变成现实。开诚布公，真诚待人的态度是化解双方矛盾的重要因素。坦诚应该是一切谈判的前提，也是双方差异最终消除的必要条件，更是双方长期合作的重要保证。

（5）能够承受压力。

谈判是一个较量的过程，双方都将面对各方面的压力，所以要有相当高的能承受压力的心理素质，尤其是面对拖延、时间紧张、失败的时候更是如此。

3）思想意识

（1）政治思想素质。

忠于祖国，坚决维护国家主权，坚决维护民族尊严，分清内外，严守国家机密，严格执行保密规定，在经济活动中严格按照党的方针政策办事，正确处理好国家、企业和个人三者之间的利益关系。

（2）信誉意识。

把信誉看作商务活动的生命线，高度重视并维护企业良好形象，反对背信弃义谋取企业利益的做法。

（3）合作意识。

自觉地将真诚的合作看作一切谈判的基础，以互惠互利作为谈判原则，善于借助一切可借助的力量实现自身利益，善于将竞争与合作有机统一起来。

（4）团队意识。

谈判者具备对本企业的认同感、归属感和荣誉感，谈判组织成员之间具备向心力、凝聚力，团结一致，齐心协力。

（5）效率意识。

谈判者视时间为金钱，效益为生命，以只争朝夕的精神，力争花最少的时间和精力取得最好的谈判结果。

4）知识方面

谈判人员应该具有各方面的知识，如商务知识、技术知识和人文知识等。有时谈判并不局限于商务、技术和法律等方面的内容，可能还涉及其他方面，这就要求谈判人员具有多方面的知识。

5）身体素质

谈判是既消耗体力又消耗脑力的人类活动，没有健康的身体是很难胜任谈判工作的。根据上述要求，选择谈判人员应考虑适当的年龄跨度。谈判人员应该有充沛的精力，一般在35～55岁年龄段，正是思路敏捷、精力旺盛阶段。其特点是已积累了一定经验，事业心、责任心和进取心较强。当然，由于谈判内容、谈判要求不同，年龄结构可灵活掌握。

以上为谈判人员在素质方面应具备的条件，一个具有良好素质的谈判人员，对于完成谈判有好处，是谈判取得成功的基石。

2. 谈判人员的"学"

"学"是指谈判人员应具备的良好的知识结构和工作经验。

谈判人员要具备较高的知识水平和科学的知识结构，并且要积累丰富的谈判经验。

1）知识结构

（1）商务知识。

谈判人员要系统掌握商务知识，如国际贸易、市场营销、国际金融、商检海关、国际商法等方面的知识。

（2）技术知识。

谈判人员要掌握与谈判密切相关的专业技术知识，如商品学、工程技术知识、各类工业材料科学知识、计量标准、食品检验、环境保护知识等。

（3）人文知识。

谈判人员要掌握心理学、社会学、民俗学、语言学、行为学知识，要了解对方的风俗习惯、宗教信仰、商务传统和语言习惯。

2）谈判经验

谈判没有千篇一律的，每一次谈判都有谈判的共性和特殊性。要尽量挑选有多次谈判经验的人作为主谈人，并且要大胆选拔青年骨干，在实践中积累谈判经验。

3. 谈判人员的"才"

"才"是指谈判人员应具备的适应谈判需要的各种才能、能力。

1）社交能力

谈判实质是指人与人之间思想观念、意愿情感的交流过程，是重要的社交活动。谈判人员应该善于与不同的人打交道，特别要善于应对各种社交场合。这就要求谈判人员塑造良好的个人形象，掌握各种社交技巧，熟悉各种社交礼仪知识。

2）表达能力

谈判人员应该有较强的文字表达和口语表达能力，要精通与谈判相关的各种公文、协议合同、报告书的写作，要掌握电脑技术，同时要善于言谈、口齿清晰、思维敏捷、措辞周全，善于驾驭语言，有理、有利、有节地表达己方观点。在涉外谈判中要有较强的外语听、说、写、译能力。

3）组织能力

谈判是一项需要密切配合的集体活动，每个成员都要在组织之中发挥出自己的特殊作用。谈判组织要求严格管理、协调一致、有机统一地凝聚在一起，才能发挥出最大的战斗力。

4）应变能力

谈判中会发生各种突发事件和变化，谈判人员面对形势，要有冷静的头脑，正确分析、迅速决断，善于将原则性和灵活性有机结合，机敏地处理好各种矛盾，变被动为主动，变不利为有利。

5）创新能力

谈判人员要具备丰富的想象力和创造力，勇于开拓创新，拓展商务谈判的新思路、新模式，创造性地提高谈判工作水平。

小思考 1

怎样提高自制力？

答：1. 加强思想修养；2. 提高文化素养；3. 稳定情绪；4. 强化自我意识；5. 强化实践锻炼；6. 强化意志力量；7. 调整好需要结构；8. 强化积极思维。

2.2.2 谈判人员应该具备的能力

1）敏锐的洞察力

谈判人员在谈判的过程中应该注意观察对方的行为，从而了解对方的想法。一般就手势来说，张开双手表示接纳；紧握双拳意味着防范；当对方的手使劲握着桌边，证明你的观点击中其要害，或表明你的观点将遭攻击。就面部表情来说，如嘴唇紧闭、眉角下垂、瞪大眼睛盯着你，则表明对方充满敌意并且极具攻击力；若眼睛突然往下看，脸部转向旁边，多表明拒绝或厌烦你的讲话。需要指出的是，判断言行举止是一个十分复杂的问题，要结合当时的具体情况作综合判断。因此，需要谈判人员自身具有敏锐的洞察力，否则单凭经验判断会得出错误的结论。

2）独立自主地处理问题的能力

谈判人员要有随时与谈判伙伴协调配合的本领。谈判小组是由个人组成的集体，因此既要表达自己，又要通过自己表达集体。谈判场上风云变幻，可能出现各种意想不到的事情，要求谈判人员要处变不惊，沉着冷静，具有大将风度，这样才能妥善、理智地处理好问题。否则，感情用事将使得谈判人员做出不合理的决策，也给对方以可乘之机。

3）坚定不移的毅力和忍耐力

谈判人员应具有百折不挠的精神及不达目的决不罢休的自信心和决心。讨价还价、磋商活动也是毅力和耐力的拉锯战，谈判人员的这种个性特征将使己方的利益得到最大的保证。一般刚强型的谈判人员具有这种个性，他们在取得谈判经验后发挥会越来越好。

4）社交能力和表达能力

谈判实质上是人与人之间思想观念、意愿感情的交流过程，是重要的社交活动。谈判人员应该善于与不同的人打交道，也要善于应对各种社交场合。这就要求谈判人员塑造良好的个人形象，掌握各种社交技巧，熟悉各种社交礼仪知识，所以谈判人员应该有较强的文字表达和口语表达能力，要精通与谈判相关的各种公文、协议合同、报告书的写作，要掌握电脑技术，同时要善于言谈、口齿清晰、思维敏捷、措辞周全，善于驾驭语言，有理有利、有节地表达己方观点。在涉外商务谈判中要有较强的外语听、说、写、译能力。

谈判者要善于了解不同地区的谈判人员的特点，掌握他们在谈判风格上的差别，宗教信仰方面的异同，针对这些方面的不同情况与谈判对手和平共事。同时，要富有幽默感，谈判经常会出现低潮或僵局，谈判人员的风趣幽默则能淡化僵局，缓和气氛，使谈判顺利进行。

5）逻辑思维和判断能力

谈判者要思路开阔敏捷，判断力强，决策果断。对方往往会用许多细枝末节的问题纠缠你，而把主要的或重要的问题掩盖起来，或故意混淆事物之间的前后、因果关系。作为谈判人员就应具备抓住事物的主要矛盾和主要方面的能力，同时要思路开阔，不要为某一事物或某一方面所局限，而要从多个方面去考虑问题。提高这方面的能力就要善于倾听对方的意见并把握对方的意图。谈判是双方相互交换意见，但有些人思维敏捷，冲动性强，往往对方的话刚说一半，他就自以为领会了对方的意思，迫不及待地发表自己的意见，这也是不可取的，容易误解对方，反而给对方提供一些可乘之机。

6）组织、应变的能力

谈判是一项需要密切配合的集体活动，每个成员都要在组织中发挥出自己的特殊作用。所以谈判人员要有组织、协调的能力，分清主次，抓住重点，合理掌握时间，才能发挥出最大的战斗力；谈判中会发生各种突发事件和变化，谈判人员面对突变的形势，要有冷静的头脑，正确分析，迅速决断，善于将原则性和灵活性有机结合，机敏地处理好各种矛盾，变被动为主动，变不利为有利。

7）创新能力

谈判人员要具备丰富的想象力和创造力，勇于开拓创新，拓展商务谈判的新思路、新模式，创造性地提出新的谈判方法和思路。

总之，合格的谈判人员必定具备上述的多种素质和能力，一个完美的谈判家，应该心智机敏，且具有无限耐性，能巧言掩饰，但不欺诈行骗，能取信于人，而不轻视他人；能谦恭节制，但又刚毅果断；能施展魅力，而不为他人所惑；拥巨富，藏娇妻，而不傲。

2.2.3 谈判组织的管理

要使谈判取得成功，不仅要组建一支优秀的谈判队伍，还要通过有效的管理，使谈判组织提高谈判力，使整个队伍朝着正确的方向有效地工作，实现谈判的最终目标。谈判组织的管理包括谈判组织负责人对谈判组织的直接管理、高层领导对谈判过程的宏观管理和确定谈判小组成员。

1. 谈判组织负责人对谈判组织的直接管理

1）谈判组织负责人的挑选和要求

谈判组织负责人应当根据谈判的具体内容、参与谈判人员的数量和级别，从企业内部有关部门中挑选，可以是某一个部门的主管，也可以是企业最高领导。谈判组织负责人并不一定是己方主谈人员，但他是直接领导和管理谈判队伍的人。在选择谈判组织负责人时要考虑以下几点。

（1）具备较全面的知识。

谈判负责人本身除应具有较高的思想政治素质和业务素质之外，还必须掌握整个谈判涉及的多方面知识。只有这样才能对谈判中出现的问题提出正确的见解，制订正确的策略，使谈判朝着正确的方向发展。

（2）具备果断的决策能力。

当谈判遇到机遇或是遇到障碍时，能够敏锐地利用机遇，解决问题，做出果断的判断和正确的决策。

（3）具备较强的管理能力。

谈判负责人必须具备授权能力、用人能力、协调能力、激励能力、总结能力，使谈判队伍成为具备高度凝聚力和战斗力的集体。

（4）具备一定的权威地位。

谈判负责人要具备权威性，有较大的权力，如决策权、用人权、否决权、签字权等；要有丰富的管理经验和领导威信，能胜任对谈判队伍的管理。谈判负责人一般由高层管理人员或某方面的专家担任，最好与对方谈判负责人具有相对应的地位。

2）谈判组织负责人管理职责

（1）负责挑选谈判人员，组建谈判班子，并就谈判过程中的人员变动与上层领导取得协调。

（2）管理谈判队伍，协调谈判队伍各成员的心理状态和精神状态，处理好成员间的人际关系，增强队伍凝聚力，团结一致，共同努力，实现谈判目标。

（3）领导制订谈判执行计划，确定谈判各阶段目标和战略策略，并根据谈判过程中实际情况灵活调整。

（4）主管己方谈判策略的实施，对具体的让步时间、幅度，谈判节奏的掌握，决策的时机和方案做出决策安排。

（5）负责向上级或有关的利益各方汇报谈判进展情况，获得上级的指示，贯彻执行上级的决策方案，圆满完成谈判使命。

2. 高层领导对谈判过程的宏观管理

1）确定谈判的基本方针和要求

在谈判开始之前，高层领导人应向谈判负责人和其他人员指出明确的谈判方针和要求，使谈判人员有明确的方向和工作目标。必须使谈判人员明确这次谈判的使命和责任。谈判的成功或失败将会给企业带来的影响。明确谈判的必达目标、满意目标。了解谈判的期限，每个谈判者根据实际情况掌握自行裁决的权限范围及明确有些问题必须请示上级才可以决定。

2）在谈判过程中对谈判人员进行指导和调控

高层领导应与谈判者保持密切联系，随时给予谈判人员指导和调控。谈判内外的情况在不断发展变化，谈判桌上有些重要决策需要高层领导批准，有时谈判外部形势发生变化、企业决策有重大调整，高层领导要给予谈判者及时指导或建议，发挥出指挥谈判队伍的作用。

3）关键时刻适当干预谈判

当谈判陷入僵局时，高层领导可以主动出面干预，可以会见谈判对方高层领导或谈判班子，表达友好合作意愿，调节矛盾，创造条件使谈判走出僵局，顺利实现理想目标。

小思考 2

一般在遇到哪些问题时，高层领导应与谈判人员进行联系？

答：1. 谈判桌上出现重大变化，与预料的情况差异很大，交易条件变化已超出授权界限时，需要高层领导做出策略调整，确定新的目标和策略。

2. 企业本部或领导班子获得某些重要的新信息，需要对谈判目标、策略做重大调整时，高层领导应及时根据新信息做出决定，授权谈判班子执行。

3. 谈判队伍人员发生变动时，尤其是主谈发生变动时，要任命新的主谈，并明确调整后的分工职责。

3. 确定谈判小组成员

由于人的素质的差别，决定了不同的人组成的谈判小组其工作效率和谈判结果大不相同。为此，就必须精心挑选谈判小组成员，保证其高质量。

1）谈判小组成员选择应根据谈判内容和重要性而定

每一项谈判都有其特定的内容，其重要程度也各异。因此，在选择谈判小组成员时，一方面要充分考虑谈判内容涉及的业务知识面，使得谈判小组的知识结构满足谈判内容的需要；另一方面，如果谈判对企业至关重要，谈判小组的负责人应由企业决策层的有经验的谈判高手担任。

2）谈判小组成员的选择还应考虑谈判的连续性

如果某些成员已与对方打过交道，并且双方关系处理良好，则这项谈判还应选派这些人员参加。由此，可以增加对对方的了解和赢得对方的信任，大大缩短双方的距离和谈判的时间。

3）谈判小组成员在素质上要形成群体优势

谈判小组成员的组合，在性格、气质、能力及知识方面应优势互补，形成群体优势。

4）谈判小组成员之间应形成一体化气氛

要想赢得谈判的成功，在组成高质量的谈判小组的基础上，最重要的工作就是小组内通力合作，关系融洽，形成合力。否则，内耗必将导致谈判的失败。因此，选择谈判小组成员应避免曾经或正在闹矛盾或冲突的人选。

2.3 商务谈判心理的运用技巧

商务谈判心理直接影响商务谈判过程和结果，经验丰富的谈判者往往善于利用商务谈判心理，并且在谈判中讲究谈判技巧的运用。

2.3.1 谈判期望心理的利用

商务谈判活动直接与谈判双方的谈判期望密切相关。谈判期望对谈判方谈判的积极性和谈判的策略选择均具有一定的指导意义，因此作为谈判者应该掌握谈判期望心理的分析技巧。

1. 谈判期望的含义

谈判期望是指商务谈判者根据以往的经验在一定时间内希望达到一定的谈判目标或满足谈判需要的心理活动。

我们知道，人的需要是多种多样的，许多时候由于主客观条件的限制，人的某些需要并不能一下子全部获得满足，但也不会因为没有得到满足而因此消失。一旦发现可以满足自己需要的目标时，就会受需要的驱使在心中产生一种期望。

期望心理活动直接与人的需要相联系。也就是说期望产生于需要，也是对实现需要的期待。人的期望是有方向和目标的，期望的强弱与目标价值的高低有密切的联系。谈判期望是谈判者根据自己以往经验对达到目标的可能性进行分析判断后形成的。达到目标的可能性越大，期望也越大。例如，某企业商务采购采取公开招标采购商品的消息公布之后，不少企业都想参加此次投标。其中有的企业认为有可能中标，对投标抱很大的期望；而有的企业认为中标较为困难，而对此次投标抱较小的期望。

2. 谈判期望分析的意义

在商务谈判中可以通过对谈判期望的分析，来指导谈判活动的进行。

1）谈判期望水平分析

谈判期望水平存在高低之分。期望目标水准高称为期望水平高，期望目标水准低称为期望水平低。期望水平高与低是受到人的能力、经验、抱负、自我估价等多方面因素的影响的。期望水平的高低反映出人的自我评价的高低。

期望水平如何直接影响着期望者潜能的发挥？期望水平高，对期望者的潜能激发程度也高，成功可能性就高。专家通过研究分析表明，期望水平高的人，所取得的成就往往会更大。他们往往会为取得较优异的成绩付出较大的意志努力和耐心，不会轻易放弃自己定下的标准。而期望水平低的人，对追求的目标通常缺乏充分的信心和意志努力，所取得的成绩往往不会理想。

根据这一期望心理特征，谈判中考虑到调动我方谈判者的积极性，事先所设定的谈判最优期望目标可以高些，以激发谈判者的想象力、创造力，充分挖掘其潜能。而对对手的谈判最优期望目标、一般期望目标和最低限度目标要进行预测和研究分析，使自己在谈判中能争取主动，对出现的情况有应对的策略。

期望水平有两面性的特点。期望水平的高低，要根据实际情况来决定，要考虑人的能力、经验、实际条件和心理素质。期望水平过高，而自身能力、经验欠缺，心理素质低，不仅会因为实现期望的可能性小而造成积极性降低，而且会因为期望目标不能如愿实现而造成心理挫折，这样对谈判是不利的。

谈判是一个复杂的过程，要防止对手对我方谈判策略实行反制措施，谈判者的期望目标及其水平不宜过早暴露，在谈判中要事先适当掩饰，同时设法转移对方的注意力。例如，我方作为买方，重视的是对方货物的价格，而对方的兴趣在我方订货的数量和交货期上，这种情况下，为了掩饰我方心理，在谈判中可先将双方讨论的问题引到货款支付方式、包装运输上，以分散对方的注意力。

考虑到人的需要不断发展变化的特点和期望心理满足方面的机能作用，在谈判过程中不要轻易许诺，且遵循许诺就兑现的原则。

2）谈判中效价的分析

在商务谈判中，要利用效价和期望值对谈判行为动机的影响，巧妙运用谈判策略，诱导对方，并刺激和维持对方参与谈判的积极性。在谈判双方眼里，同样的东西其价值可能是不一样的，这就是我们所说的期望目标效价问题。商务谈判必须注重研究目标对象对双方的效价，并以此解决双方谈判中的利益分配问题，使商务谈判的双方共同受益，达到谈判双赢的目的。

在谈判中，成功的商务谈判人员，要能够准确判断出哪一种目标是对方最关心、最期望的，哪些是对方不那么看重的。在讨价还价中，结合商务情况和期望心理来决定自己的报价与反报价。

通常与对方期望目标或期望水平偏差太大的报价，刺激不起谈判的欲望，容易引致谈判的破灭。同时注意还价也不能让对方过于失望，让步方式和幅度要讲究，不要诱发对方过高的期望，否则在后来的谈判中如果做出的让步小，就会造成与对方的期望相距太远，形成"期望越大，失望越大"的心理落差而导致心理挫折，影响谈判工作的顺利进行。

一般情况下，效价高的目标对象总是比效价低的目标对象容易受到谈判者的欢迎。谈判要结合双方的情况，找出那些对对方是重要的，而对我方是不重要的东西来做出让步，以满足对方的期望。当所提出的目标对对方缺乏效价时，可以提出另外一个对对方具有效价的目标，激发对方的谈判动机。如果谈判对手所提出的谈判条件我方不能做出让步，为了防止对方产生挫折感而做出对我方不利的行动，我方可以主动提出另外一些对方认为有价值的东西，改变其期望目标，使谈判能够顺利过渡。此外，由于效价往往是个主观判断，为了让对方对我方所做出的让步感到有价值，认为是我方所做出的重大的让步，在一开始我方就应做出十分重视的姿态，以诱导对方。

商务谈判必须注重研究目标对象对双方的效价，并且在谈判协商中根据这去解决双方谈判中的利益分配问题，使商务谈判的双方共同受益，做到双赢。

相关链接 2

期 望 理 论

美国心理学家弗鲁姆（Victor H. Vroom）在其《工作与激励》一书中，阐述了期望理论。他认为激励程度与期望值及效价的关系可以用下面的数学模式表示：M（期望程度）$= E$（期望值）$\times V$（效价）。期望值是指预期目标和结果的判断，可用 $0 \sim 1$ 之间的概率来衡量；效价就是对预期目标的重视程度。

2.3.2　商务谈判中感觉和知觉的运用

当客观事物出现的时候，人都会做出反应，这种反应就是从感觉和知觉开始的，正确运用商务谈判中的感觉和知觉，对于商务谈判的成功具有重要意义。

1. 商务谈判中的感觉和知觉

感觉和知觉是密切关联的两种心理现象。感觉和知觉都是外界事物作用于人的感觉器官所产生的反映。感觉是人的大脑凭借感官对事物个别属性（如颜色、气味、温度）的反映，是人对客观事物认识的初级阶段。人们通过感觉，获得对客观事物的有关信息。人的头脑中运用这些信息，经过复杂的心理活动，进而取得对客观事物更深入的认识。因此商务谈判者必须注重运用自己的感觉器官去获取有关的信息，如谈判对手的一颦一笑、一举手、一投足。

知觉则是人对事物各种属性所构成的整体的反映。如我们感觉到梨的颜色、滋味、软硬度、温度、大小和形状，在综合这些方面的基础上构成了我们对"梨"的整体的映像，这就是我们对梨的知觉。

2. 知觉的选择性

人的知觉对客观事物的反映不是消极的和被动的，而是一种积极能动的认识过程。这种知觉的能动性的主要表现是知觉的选择性。在同一时间，有许多客观事物同时作用于人的感官，人不能同时反映这些事物，而只对其中的某些事物有清晰的知觉，这就是知觉的选择性。

（1）影响知觉的选择性的因素。人的知觉的选择性受客观因素的影响，同时也受人本身主观因素的影响。客观因素主要是知觉对象的特点、与背景的差别等。主观因素是知觉者的兴趣、需要、个性特征和过去的经验。

（2）知觉的个别差异。知觉的选择性使得不同的人对同一事物往往会产生不同的知觉，表现出个别差异。人们对他喜欢的事物易形成注意，对他们讨厌和不喜欢的事物易产生回避，这会形成知觉的差异。不同神经类型的人，知觉的广度和深度有个别差异。多血质的人知觉速度快，但不稳定，不细致；黏液质的人知觉速度慢，但相对稳定和细致。对某一事物有经验和无经验，知觉有较大的差别，"内行看门道，外行看热闹"就是一个典型的例子。

3. 知觉习惯

人的知觉有社会性，表现在对别人的知觉、对人际的知觉和对自我的知觉。人的社会知觉使人产生一些习惯行为，如第一印象、晕轮效应等。这些知觉习惯有助于提高人们知觉的效率，但也会引发对人的各种偏见，因此在对人的知觉上要注意防范人的知觉习惯的不良影响，以实现对人的正确知觉。

1）第一印象

在对人的知觉过程中，对陌生的人都会产生第一印象。第一印象对商务谈判存在较大影响，因此谈判者必须十分重视谈判双方的第一次接触。第一印象往往比较鲜明、深刻，会影响到人们对某个人的评价和对其行为的解释。在许多情况下，人们对某人的看法、见解、情感、态度，往往产生于第一印象。如果对一个人第一印象好，就可能对其形成积极的态度；若第一印象不好，就可能对其形成否定的态度。第一印象是认识人的过程中出现的一种常见的现象，它有助于人们对人的知觉，但又可能由于对人的知觉不全面、停留在表面而不深人，形成一些影响对人正确知觉的偏见。第一印象的形成主要取决于人的外表、着装、言谈和举止。在正常情况下，仪表端庄、言谈得体、举止大方的人较易获得良好的第一印象，得到人们的好感。所以作为谈判者要努力在初次接触中给对方留下好的印象，赢得对方的好感和信任；同时，也要注意在初次接触后对对方多做些了解。

2）晕轮效应

晕轮效应在谈判中的作用既有积极的一面，也有消极的一面。晕轮效应也叫以点概面效应，它是指人们在观察某个人时，对于他的某个品质特征有清晰明显的知觉，这一从观察者看来非常突出的品质、特征，妨碍了观察者对这个人其他品质、特征的知觉。也就是说，这一突出的品质、特征起到一种类似晕轮的作用，使观察者看不到他的其他品质、特征，从而从一点做出对这个人整个面貌的判断。如若谈判一方给另一方留下某个方面的良好的、深刻的印象，那么他提出的要求、建议往往容易引起对方积极的响应，提出的条件也常常能得到满足；如果能引起对方的尊敬或崇拜，那就易掌握谈判的主动权。如若给对方某方面的看法或印象特别不好，即使他提出的是对双方有利的建议也会受到怀疑，不被信任，不被赞同。

3）先入为主

先入为主指先听进去的话或先获得的印象往往在头脑中占有主导地位，以后再遇到不同的意见时，就很难接受，先入为主直接影响人的知觉和判断。例如，当人们在未认识某一个人时，就听到有关此人的一些传言，当见到此人时，就很可能根据传言对此人的某些言行做出相应的理解和解释。

先入为主的存在是由于人们惯于接受日常生活经验、定向思维和习惯的影响，这些影响造成了人们对新的信息的排斥。

人们最先获得的信息，有准确的和不准确的，凭据这些信息对事物做出判断，有正确和错误两种结果。先入为主的一个重要问题是它往往妨碍和影响人们对事物进行进一步的了解认识，使判断带有主观性。先入为主的影响在谈判中通常表现为主观武断地猜测对方的心理活动，如对方的意图、对方关注的焦点问题、对方的心理期望等。这些主观猜测一旦失误，就会直接或间接影响谈判活动的进行。

由于存在着先入为主的心理知觉状况，在谈判中对人们的先入为主的知觉规律要予以注意。在商务谈判的前几分钟，谈判双方的交流对谈判气氛会产生重要的影响，会产生先入为主的效应。这时，在言谈举止方面要谨慎。一般来说，在寒暄之后选择有共同兴趣的中性话题为宜，对于令人不愉快的话题尽可能不谈，也不要一见面就开门见山直奔正题。因为人们对谈判有"漫天要价，就地还钱"的先入为主的认识，所以对商务谈判对手（除长期的交易伙伴外）最初的开价都有不实的感觉，必定会讨价还价。受此认识的影响，反过来，出价的人也会出于经济动机和考虑到人们讨价还价的习惯，最初报价也比实价上浮，做出了应对讨价还价的心理准备。

4）刻板

人的知觉有刻板的习惯，也就是说人会存在着对某类人的固定印象。这是在过去有限经验基础上对他人做结论的结果。刻板最常见的是在看到某个人时把他划归到某一群体之中。但通过改变知觉者的兴趣、注意力，给知觉者增加更多的感知信息，就有可能改变这一刻板的印记。

认识感觉和知觉的规律性，有助于提高谈判中的观察和判断能力。在商务谈判中，谈判对手是不会轻易让你了解商业秘密或某些事实的真实情况的，而且还会故意制造一些假象来迷惑你。这样，就需要"眼观六路，耳听八方"，注意观察从他的言行举止中偶尔流露出来的真实自我和一些信息，运用敏锐的洞察力，透过现象看本质，弄清对方的真实状况和意图。

2.3.3　商务谈判中情绪的调控

在商务谈判中出现的情况是复杂多变的，谈判双方的情绪也会随之波动，任情绪在谈判场上像脱缰的野马一样随意狂奔，无益于谈判的进行。作为谈判一方，为使商务谈判能按预期的方向发展，就需运用相应的措施，对双方参加商务谈判人员的情绪进行有效的调控。

1. 商务谈判情绪

情绪是人脑对客观事物与人的需要之间关系的直接反映。它是人在认识客观事物的基础上，对客观事物能否满足自己的需要而产生的一定态度表现。人的情绪对人的活动有着相当重要的影响。能够敏锐地知觉他人的情绪，控制自己的情绪，善于处理人际关系的人，才更容易取得事业的成功。

商务谈判情绪是参与商务谈判各方人员的情绪表现。在谈判活动中，谈判双方的需要和期望满足的情况会千变万化，谈判者的情绪心理也往往会随之波澜起伏。在错综复杂的商务谈判中，避免不了会出现各种情绪的变化和情感波动。当异常的情绪波动出现时，要善于采用适当的策略办法对情绪进行控制，而不能让情绪对谈判产生负面影响。在谈判桌上，过激的情绪应尽量地避免。当有损谈判气氛、谈判利益的情绪出现之后，应尽量缓和、平息或回避，防止有害的僵局出现，导致谈判的破裂。

2. 商务谈判情绪的调控

谈判者在谈判中要不断对自己的情绪加以调整，对谈判对手的情绪也应做好相应的防范和引导。商务谈判者个人的情绪要服从商务谈判的整体利益，要进行情绪的调控，不能让情绪随意宣泄。这就要求谈判者有良好的意志力，对自身的情绪有较强自控能力，不管谈判是处于顺境还是处于逆境，都能很好地控制自己的理智和情绪，而不是被谈判对手所控制。当然，这并不是说什么时候都要表现出谦恭和温顺，而是要在保持冷静清醒头脑的情况下灵活地调控自己，把握分寸，适当地表现强硬、灵活、友好或妥协。

1）情绪策略

在商务谈判过程中，谈判对手可能会有意运用攻心术或红白脸策略来扰乱我方的情绪，牵制我方并干扰我方的策略思考，对此必须有所防范。攻心术是谈判对手常用的一种策略。所谓攻心术就是谈判一方利用使对方心理上不舒服（如使对方有负罪感）或感情上的软化来使对方妥协退让的策略。常见的形式有以下几种：① 以愤怒、指责的情绪态度使谈判对方感到强大的心理压力，在对方惶惑之际迫使其做出让步；② 以人身攻击来激怒对手，严重破坏谈判对方的情绪和理智，扰乱其思路，引诱对方陷入圈套；③ 以眼泪或可怜相等软化方式引诱谈判对方同情、怜悯而让步；④ 诌媚讨好谈判对方，使对方在意乱情迷之下忘乎所以地做出施舍。而红白脸策略就是红脸、白脸心理策略的一种具体形式。红脸通常表现出温和友好、通情达理的谈判态度，以换取对方的让步；白脸通常喜欢吹毛求疵与争辩，提出苛刻的条件纠缠对方，极力从对方手中争夺利益。

2）情绪调控的原则

由于随时都需要应对对手的心理战，谈判人员在参加谈判时，要做好以下的调控心理情绪的思想准备。

（1）注意保持冷静、清醒的头脑。保持清醒的头脑就是保持自己敏锐的观察力、理智的思辨能力和言语行为的调控能力。当发现自己的心绪不宁、思路不清、反应迟钝时应设法暂停谈判，通过休息、内部相互交换意见等办法使自己得以恢复良好的状态。

（2）要始终保持正确的谈判动机。商务谈判是追求谈判的商务利益目标的，而不是追求虚荣心的满足或其他个人实现，要防止因对手的挖苦、讽刺或恭维迷失了方向。

（3）将人事分开。处理问题遵循实事求是的客观标准，避免为谈判对手真真假假、虚虚实实的手腕所迷惑，对谈判事务失去应有的判断力。

3）调控情绪的技巧

处理谈判问题要注意运用调控情绪的技巧。在与谈判对手的交往中，要做到有礼貌、通情达理，要将谈判的问题与人划分开来。在阐述问题时，侧重实际情况的阐述，少指责或避免指责对方，切忌意气用事而把对问题的不满发泄到谈判对手个人身上，对谈判对手个人指责、抱怨，甚至充满敌意。当谈判双方关系出现不协调、紧张时，要及时运用社交手段表示同情、尊重，弥合紧张关系，清除敌意。

在谈判中，考虑到人的尊重需要，要注意尊重对方。尊重对方是指态度、言语和行为举止上具有礼貌且使对方感到受尊重。尊重就是要注意自己言谈举止的风度和分寸。谈判时见面不打招呼或懒得致意，脸红脖子粗地争吵、拍桌子，当众摔东西或闭起眼睛跷起二郎腿不理不睬，这些行为都会伤害对方的感情，甚至使对方感到受到侮辱，不利于谈判。考虑到对手的尊重需要，即使在某些谈判问题上占了上风，也不要显出我赢了你输了的神情，并在适当的时候给对手台阶可下。然而，尊重对方并不是屈从或任对方侮辱，对于无礼的态度，侮辱的言行应适当地反击。但这种反击不是"以牙还牙"的方式，而是以富有修养的针对性的批评、反驳和严肃的表情来表明自己的态度和观点。

在谈判过程中提出我方与对方不同的意见和主张时，为了防止对方情绪的抵触或对抗，可在一致的方面或无关紧要的问题上对对方的意见先予以肯定，表现得通情达理，缓和对方的不满情绪，使其容易接受我方的看法。当对方人员的情绪出现异常时，我方应适当地加以劝说、安慰、体谅或回避，使其缓和或平息。情绪调控要注意防止出现心理挫折，如出现心理挫折则要按照心理挫折调控方法进行调控。

精明的谈判人员，都有一种小心调控自我情绪的习惯，并能对别人谈话中自相矛盾和过火的言谈表现出极大的忍耐性，能恰当地表达自己的意见。他们常用"据我了解""是否可以这样""我个人认为"等委婉的说法来阐述自己的真实意图。这样的态度会使本来相互提防的谈判变得气氛融洽、情绪愉快。

本 章 小 结

　　商务谈判是科学和艺术的统一，因此需要进行计划、管理和控制。要很好地完成谈判任务，首先要对谈判制订完善的可行性计划；其次，对商务谈判的管理需要考虑的因素很多，包括谈判人员的选择与配置、队伍的规模、内部的分工与合作、激励与控制等问题都需要进行全面的分析研究。只有这样，才能针对实际情况，采用合理的管理方式，使谈判向有利于成功的方向发展。

　　第一节讲授的是商务谈判的组织管理与谈判心理，分析了谈判人员的选择对谈判的影响。第二节讲授了谈判人员应该具备的素质和能力。第三节论述了商务谈判心理的运用技巧，分析了期望心理、感觉和知觉、情绪的运用。

关键术语

商务谈判的组织结构　素质与能力　谈判心理　谈判情绪

复习思考题

1. 制订谈判计划时要考虑哪些因素？
2. 谈判人员应该具备哪些素质和能力？对主谈来说需要具备哪些条件？
4. 较大型的商务谈判应由哪些人员构成？
5. 谈判人员之间如何分工？谈判人员之间如何相互支持？
6. 你认为应如何使用成功型、关系型和权力型的谈判人员？怎样发挥他们的作用？
7. 如何确定谈判目标？
8. 晕轮效应在商务谈判中的影响有哪些？

案例分析与讨论

案例1　如何应对突发事件

　　你是公司的一个部门的负责人。一天，公司中的某位同事偷偷告诉你说，公司经理对近期内的业绩有意见，准备把你调离现岗位。

　　问题：面对这种突发的事件，你应该怎么办？

　　(1) 充耳不闻、顺其自然，以不变应万变。

　　(2) 私下向一些交情较好的同事打听一下，看是否是真的。

　　(3) 直接找经理解释。

　　(4) 做好离开公司的准备。

　　(5) 向领导递交辞呈。

（6）消极怠工，发牢骚。

案例2　面对客户的不利反馈

你和销售部门的同事去深圳拜访客户并争取订单。途中顺便拜访北京、上海和广州的客户。北京的客户告诉你："你们的报价过高。"上海的客户说："我们可以买到比你家更便宜的产品。"广州的客户说："经销你们的产品利润太小，正在与同类生产商联系经销事宜。"

问题：你们所得到的客户们的反应对你们都是不利的，面对这种情况你应该怎么办？

（1）立即与公司联系、汇报，说明此行计划可能出了毛病，望公司给予答复。

（2）按原计划继续拜访深圳客户。

（3）要求公司降低计划价格。

（4）取消去深圳的行动计划，重新制订计划。

案例3　应聘遇到意料之外的情况

你在做好充分准备后去应聘某企业的销售主管。你提前于该企业指定时间半小时到达该企业人事部门，准备面谈。结果你发现会客室内已坐满前来应聘的人。

问题：此时你会怎么办？

（1）觉得被录用的机会较小，所以准备应付面谈。

（2）觉得被录用的机会没变，按照在家里准备的内容进行。

（3）觉得被录用的可能性更大，准备借此机会展示自己。

（4）与前来应聘的人员交流，然后调整自己的面谈计划。

案例4　准备不充分之旅

一位香港女装连锁店的采购商，给其一家总公司在巴黎的供应商打电话，要求来人到香港做秋装展示洽谈。两家公司在过去几年里不断有生意往来。巴黎公司派女设计师罗斯去香港。到香港的第二天，公司安排好做展示。罗斯想，既然以前有合作往来，直接坐下来谈生意不会有问题了。于是，客套话之后，罗斯立即放幻灯片做展示，接着报价，谈完价钱又谈如何促销。说了半天后她发现香港听众，上自老板下至业务员，一个个都呆若木鸡，面无表情地看着她。一阵沉默之后，香港老板开口了，并突如其来地问罗斯许多问题，问她是在哪里学服装设计的，过去的工作经验，她念的时装学校怎么样，嗜好是什么，在巴黎公司工作多久等与生意无关的事情。由于话题转折太快，起初她还吞吞吐吐地不愿意说，之后，她想既然是聊天，就有问必答。香港老板又说了些他与法国公司关系如何的成功，两者合作的计划如何，以及法国公司最高级主管来访时如何陪他们走访香港的一些琐事。最后香港老板再三叮嘱罗斯，要切记所谈的一切，等她回巴黎见到上司时一定用得着。后来，她打电话回巴黎，把事情的始末一五一十地说给上司，并表示对洽谈的生意不觉乐观。

问题：你觉得为什么会这样？

（1）罗斯对香港之行，准备不够充分。

（2）香港的听众对罗斯的展示说明不感兴趣，所以香港老板改变话题。

（3）罗斯不该用幻灯片做秋装展示，应该用活生生的模特。

（4）罗斯没有了解与香港合作的历史。

（5）文化和商业习惯不同。

（6）其他原因，请说明。

案例5　素质和能力决定成功

1918年的一天，希尔顿酒店的创始人老希尔顿带着5 000美元，越过州界，进入得克萨斯州，决定到充满石油发财机会的锡施戈镇去冒险。他走进靠近火车站的一家银行，问经理："你们这家银行要多少钱才出售？"对方答："75 000美元。"75 000美元对5 000美元的差额竟是如此悬殊。然而希尔顿似乎并没有为手中的钱不够而烦恼，他顾不得同对方讨价还价，就急忙来到火车站拍电报给那家银行的业主，表示准备以75 000美元的价格购买该银行。

电报发出后，希尔顿悠然自得地漫步在大街上，想象着今后自己如何经营这家银行，梦想着成为"银行业王国"的国王。然而，当他重新踏进银行大门时，迎接他的并不是银行业主的允诺，而是报务员交给他的一份电报，电文说："售价已涨到80 000美元，不必争论。"这无异于当头一棒。希尔顿气得涨红了脸，差点儿把电报纸朝报务员脸上摔过去。最后，他强忍住怒火，对那脸上充满惊异之色的报务员说了一句："他可以保留他的银行。"然后大踏步地走了出去。

夜色降临了，他横过街道向一座写着"莫希利旅店"的两层红砖楼房走去，想在这里住宿一夜。希尔顿跨进旅店大门，看到走廊里站满了人，挤到柜台前，争着让值班员办理住宿登记手续。正当他准备开口要一个房间时，只见那个值班员猛然合上他的旅店登记簿说："客满了！"顿时，许多人目瞪口呆，没等希尔顿想出办法，就看到那些人像小孩抢座位一样，争夺着走廊里仅有的几张椅子。等他也想挤进这行列时，座位已经被占满了。希尔顿只好靠着一根褪了漆的柱子站着，盘算着下一步该怎么办。一位板着面孔的绅士出现了，他推推这个，又推推那个，力图赶走坐在椅子上的人。最后，他走到希尔顿面前说："朋友，请在8个小时后，当我们腾空这个地方的时候再来。"希尔顿几乎要发火，短短的几个小时，一连串倒霉的事都发生在他身上，他刚想发作，却又灵机一动地问："你的意思是说，你让他们睡8个小时，就做第二轮生意吗？""是的，一天到头，每24小时做3轮生意，如果我允许，他们可以付款，睡在工具室的餐桌上。"他平静地问："你是这家旅店的主人吗？这家旅店是否准备出售？""是的，何人付出50 000美元现金，就可以获得这家旅店，连同这里所有设备。"希尔顿马上接口说："先生，你已经找到一个买主了！"用了3个小时，希尔顿查阅了莫希利旅店的账簿，发现这个想要发石油财的人是个十足的傻瓜。经过一番唇枪舌剑，最后店主愿以45 000美元的价格出售，比原来的开价降低了10%。

希尔顿对形势的准确把握和临场的紧急策划与决定，使他从此一步步走上了旅店国王的宝座。他的机遇是偶然的，他现场的正确发挥却是必然的。他虽然没有预先计划，但他所拥有的这份素养却发挥了作用。

（案例来源：刘文广. 商务谈判. 北京：高等教育出版社，2000）

问题：

（1）老希尔顿成功的决定因素是什么？

（2）老希尔顿的谈判计划和决策考虑了哪些因素？

（3）谈判人员的素质和能力是怎样培养的？

（4）你得到了什么启示？

案例6　合格的谈判组长

中国某公司与伊朗某公司谈判出口陶瓷品的合同。中方给伊方提供了报价，伊方说还需要研究，约定明天早8:30到某饭店咖啡厅继续谈判。8:20，中方小组到了伊方指定的饭店，等到9:00还未见伊方人影，咖啡喝了好几杯。这时有人建议离开，也有人抱怨太过分了。组长认为既然来了，就等下去吧。一直等到9:30，伊方人员才晃晃悠悠来了，一见中方人员就握手致敬，但未讲一句道歉的话。

在咖啡厅双方谈了一个钟头，没有结果，伊方要求中方降价。组长告诉对方，按照约定8:20来此地，我们已等了一个小时。桌上的咖啡杯可以作证，说明诚心与对方做生意，价格没有太多让步的余地了。对方笑了笑，说昨天睡得太晚了。中方建议认真考虑后再谈，伊方沉思了一下，提出下午2:30到他家来谈。

下午2:30中方小组准时到了他家，并带了几件高档丝绸衣料作礼物，在对方西式的客厅坐下后，他招来他的三个妻子与客人见面。三个妻子年岁不等，脸上没有平日阿拉伯妇女带的面纱。中方组长让翻译表示问候，并送上事先准备好的礼品，三位妻子很高兴。

伊方代表说："我让她们见你们，是把你们当朋友，不过，你们别见怪，我知道在中国是一夫一妻制，我还有权按穆斯林的规定再娶一个，等我赚钱再说。"中方人员趁机祝他早日如愿，并借此气氛将新的价格条件告诉对方。对方高兴地说："贵方说研究考虑下，这么快就拿出了新方案。"于是，他也顺口讲出了自己的条件。中方一听该条件虽与自己的新方案仍有距离，但已进入成交范围。

翻译看着中方组长，组长自然地说："贵方也很讲信用，研究了新方案，但看来双方还有差距。怎么办呢？我有个建议，既然来了您的家，我们也不好意思只让你让步，我们双方一起让如何？"伊方看了中方组长一眼讲道："可以考虑。但价格外的其他条件呢？"中方："我们可以先清理然后再谈价。"于是双方把合同的产品规格、交货期的文本等清理了一下。伊方说："好吧，我们折中让步吧，将刚才贵方的价与我的价进行折中成交。"中方说："贵方的折中是个很好的建议，不过该条件对我还是过高些，我建议将我方刚才的价与贵方同意折中后的价再进行折中，并以此价成交。"伊方大笑，说："贵方真能讨价还价，看在贵方等我一个小时的诚意上，我接受！"

问题：

（1）为什么中方人员对对方迟到的处理是继续等待？

（2）伊方把中方请到家里的做法意味着什么？

（3）为什么给伊方带礼物？

（4）你认为中方组长在此次谈判中表现得怎么样？

实训练习与操作

实训练习1

【实训目标】

通过实训，使学生学会了解双方的谈判需求，为寻找双赢的谈判方法和途径做准备。

【实训内容】

一条龙花生厂家派出了以杨副厂长为首的谈判队伍，一行三人，去与合作方谈判，吉祥地培训基地（公司）派出了以办公室秦主任为首的谈判队伍。为了能够贯彻双赢的谈判指导思想，培训基地代表三人重新对厂家进行了认真的调查和分析，对厂家的需求再次进行确认。

双方需求预测的程序

1. 了解双方的基本现状

通过调查已经掌握的双方的基本状况，请学生加以重复。

一条龙花生厂家：属新的生产经营外资企业，地处某市郊区，主要生产以花生为主的小食品，加工生产花生、薯片、蚕豆、瓜子等20多个品种，面对四川、广东等地14个品牌的竞争，需要通过广告、促销、市场开发等手段占据市场，价格属于中下水平，目前只限于南宁市范围出售，销售返利为1%，目前正投入大量人力、财力进行终端铺货。

吉祥地培训基地（公司）：属一所进行短期培训为主的技术学校，每年培训学生10 000人左右，需要与厂家合作为学生提供实训机会，但资金紧缺，没有商店、没有仓库。计划通过谈判免费代销该企业的食品。

2. 分析原因

通过调查发现生产厂家产品形象还没有树立，一是知名度不高，消费者不熟悉该产品；二是竞争产品太多。请学生具体加以分析。

3. 找出解决问题的办法和途径（需求分析）

秦主任认为生产厂家下一步要做的工作：一是加大宣传力度；二是继续进行终端铺货。根据以往的经验，秦主任把厂家的需求分为两个部分：一是个人的需求，根据马斯洛需求层次理论，个人的需求主要包括解决衣食住行的生理需求，对方的尊重与安全的需求；二是企业的需求，包括扩大知名度及销售量、降低铺货费用、货物货款的安全需求，回避价格上涨与下跌的风险。

4. 进一步解决问题的方法

我方在谈判中如何帮助对方满足这些需求并且实现己方的需求？为很好地解决这个问题，秦主任拿出自己的谈判方案深入进行思考。

模 拟 训 练

学生按照以上四个预测步骤，根据个人和企业需求两个方面的内容对吉祥地的需求进行分析归纳。要求：每个学生把自己的想法写出来，然后请2～3名学生上台讲解。

实训练习 2

【实训目标】

1. 要求学生认识和了解谈判者心理，掌握不同谈判阶段中的谈判者心理过程和心理效应。

2. 结合五个小案例分析心理过程的变化。

3. 结合案例分析不同的谈判心理对谈判行为与谈判过程的影响。

【实训内容】

（一）使顾客满意的艺术

一天，北京某书画古玩商店来了两位香港顾客，接待他们的营业员凭借自己的经验判断他们购物是为了经商。果然这两位顾客说明他们是批发货物回港出售。这位营业员对他们说：“我们一定让您满意。从我们商店买回去的商品赚了钱，我们也高兴。”顾客听了很舒服，心理距离一下子拉近了不少。他们选了一种绿色玉炉，营业员却对他们说：“据我们了解这种货物在香港销路不太好，我给你们挑一种粉红色的，既便宜，又好销。”顾客见他诚心诚意，又是内行，就信任地委托他选了 7 000 元的商品。客人回港后，只用了 4 天时间就将所购货物一销而空，随即就打电话托他再挑 2 万元的商品，速发香港。

（二）面对忘了付款的顾客

一个小店的一位营业员，一次接待一位近花甲的老大娘买牙刷。老大娘买了两把牙刷后，营业员忙着接待另一位顾客，老大娘在道谢后忘记付钱就往外走。营业员侧头看到这种情况，便略提高声音，十分亲切地说：“大娘，你看……”老大娘以为什么东西忘在柜台上了便返回来，营业员举着手里的包装纸说：“大娘，真对不起您老人家，您看我忘了把您的牙刷包好了，让您那么拿着容易落上灰尘，这入口的东西多不卫生呀。”说着，接过大娘的牙刷熟练地包装起来，边包装边说：“大娘，这牙刷每支一元三角，两支二元六角。”

老大娘反应过来了：“呀！你看看，我还忘记给钱了，真对不起！”“大娘，没事的，我妈也有您这么大年纪了，她也什么都爱忘！”

（三）如何让顾客买得高兴

有一天，一位北方客人来到上海绣品商店，他是为好友来购买绣花被面的。面对五彩缤纷的绣花被面，他被其中一对白头翁的被面吸引住了，但又显得有点犹豫，目光盯住这对白头翁，自言自语地说：“这鸟的姿态很好，就是嘴巴太长了点，以后夫妻会吵嘴。”营业员听到后，笑眯眯地向他介绍道：“您看见了吗？这鸟头上发白，象征夫妻白头偕老。它们的嘴巴伸得长，是在说悄悄话，是相亲相爱的表示。”这位北方顾客听了，连说：“有道理，有道理！”高兴地为朋友买下了这条绣花被面。

（四）一问就走

某位女顾客正在一家商场的服装柜前观看几件服装，还没有拿定主意要什么颜色、什么款式时，一位营业员走过来，说道：“您好，请问您喜欢什么颜色的？”顾客看看她，无从回答，只好到别处看看。

（五）越 买 越 贵

一对颇有名望的外国夫妇，在我国一家商店选购首饰时，太太对一枚8万元的翡翠戒指很感兴趣，两只眼睛看过来看过去，一双手拿着摸了一遍又一遍，但因价格昂贵而犹豫不决。这时一个善于察言观色的营业员走过来介绍说："某国总统夫人来店时也曾看过这枚戒指，而且非常喜欢，但由于价格太贵，没有买。"这对夫妇听完后，为了证明自己比那位总统夫人更有钱，就当即购买下了这枚戒指，高高兴兴离开了。

【实训练习3】

【实训目标】

1. 要求学生掌握和认识谈判者的基本性格类型及不同的性格类型对谈判活动的影响。
2. 要求学生掌握性格类型测试的方法和必要性。

【实训内容】

性格类型测试。

性格类型测试题

1. 你感觉最好的时间是_____。

(a) 早晨　　　　　　　(b) 下午及傍晚　　　(c) 夜里

2. 你走路时是_____。

(a) 大步快走　　　　　　　　　(b) 小步快走

(c) 不快，仰着头面对着世界　　　(d) 不快，低着头

(e) 很慢

3. 和人说话时，你_____。

(a) 手臂交叠地站着　　　　　　　(b) 双手紧握着

(c) 一只手或两只手放在臀部　　　(d) 碰着或推着与你说话的人

(e) 玩着你的耳朵、摸着你的下巴或用手整理头发

4. 坐着休息时，你的_____。

(a) 两膝并拢　　　　　　　　(b) 两腿交叉

(c) 两腿伸直　　　　　　　　(d) 一腿蜷在身下

5. 碰到你感到发笑的事时，你的反应是_____。

(a) 开怀大笑　　　　　　　　(b) 笑着，但不大声

(c) 轻声咯咯地笑　　　　　　(d) 羞怯地微笑

6. 当你去一个派对或社交场合时，你_____。

(a) 很大声地入场以引起注意

(b) 安静地入场，找你认识的人

(c) 非常安静地入场，尽量保持不被注意

7. 当你非常专心工作时，有人打断你，你会_____。

(a) 欢迎他　　　　(b) 感到非常恼怒　　　(c) 在上两极端行为之间

8. 下列颜色中，你最喜欢的颜色是_____。

(a) 红色或橘红色　　　　　　　(b) 黑色

(c) 黄色或浅蓝色　　　　　　　(d) 绿色

(e) 深蓝色或紫色　　　　　　　(f) 白色

(g) 棕或灰色

9. 临入睡的前几分钟，你在床上的姿势是_____。

(a) 仰躺，伸直　　　　　　　　(b) 俯卧，伸直

(c) 侧躺，微蜷　　　　　　　　(d) 头睡在一手臂上

(e) 被子盖过头

10. 你经常梦见你在_____。

(a) 落下　　　　　　　　　　　(b) 打架或挣扎

(c) 找东西或找人　　　　　　　(d) 飞或漂浮

(e) 平常不做梦　　　　　　　　(f) 你的梦都是愉快的

现在将所有分数相加，再对照后面资料进行分析。

分数：

1. (a) 2 (b) 4 (c) 6；

2. (a) 6 (b) 4 (c) 7 (d) 2 (e) 1；

3. (a) 4 (b) 2 (c) 5 (d) 7 (e) 6；

4. (a) 4 (b) 6 (c) 2 (d) 1；

5. (a) 6 (b) 4 (c) 3 (d) 5；

6. (a) 6 (b) 4 (c) 2；

7. (a) 6 (b) 2 (c) 4；

8. (a) 6 (b) 7 (c) 5 (d) 4 (e) 3 (f) 2 (g) 1；

9. (a) 7 (b) 6 (c) 4 (d) 2 (e) 1；

10. (a) 4 (b) 2 (c) 3 (d) 5 (e) 6 (f) 1。

【低于21分：内向的悲观者】你是一个害羞、神经质的、优柔寡断的人，是一个需要人照顾、永远要别人为你做决定、不想与任何事或任何人有关的人，是一个杞人忧天者、一个永远看到不存在的问题的人。有些人认为你令人乏味，只有那些深知你的人知道你不是这样的人。

【21～30分：缺乏信心的挑剔者】你的朋友认为你勤勉刻苦、很挑剔，认为你是一个谨慎、十分小心的人，是一个缓慢而稳定地辛勤工作的人。如果你做任何冲动的事或无准备的事，都会令他们大吃一惊。你的这种行为是因为你小心的天性所引起的。

【31～40分：以牙还牙的自我保护者】你是一个明智、谨慎、注重实效的人，也是一个伶俐、有天赋、有才干且谦和的人。你不会很快、很容易和人成为朋友，但你是一个对朋友非常忠诚的人，同时要求朋友对你也有忠诚的回报。那些真正有机会了解你的人会知道，要动摇你对朋友的信任是很难的，但一旦这种信任被破坏，你会很难熬过。

【41～50分：平衡的中道】你是一个新鲜的、有活力的、有魅力的、好玩的、讲究实际的、永远有趣的人，你经常是群众注意力的一个焦点。但是你是一个足够平衡的人，不至于因某些事而昏了头。你亲切、和蔼、体贴、能谅解人。你是一个永远会使人高兴起来并会帮助别人的人。

【51～60分：吸引人的冒险家】你是一个令人兴奋的、高度活泼的、相当易冲动的人。你是一个天生的领袖，是一个会很快做决定的人，虽然你的决定不总是对的。你大胆、冒险，愿意尝试做任何事，别人喜欢跟你在一起。

【60分以上：傲慢的孤独者】别人认为对你必须"小心处理"。在别人的眼中，你是自负的、以自我为中心的，是个极端有支配欲、统治欲的人。别人可能钦佩你，希望能多像你一点，但不会永远相信你，会对与你更深入地来往有所踌躇及犹豫。

第3章

商务谈判的准备

内容简要

　　商务谈判是一种综合性很强的活动，其准备工作也是内容庞杂、范围广泛。谈判前的准备工作做得如何，将决定谈判能否顺利进行，以及能否达成有利于己方的协议。本章讲授的内容，包括谈判前的调研、谈判方案与谈判议程和模拟谈判等。

学习目标

　　通过本章的学习，使学生了解和掌握以下知识点：

1. 谈判前的调研；
2. 商务谈判的信息资料收集与整理；
3. 谈判方案与谈判议程制定；
4. 模拟谈判。

　　俗话说得好，不打无准备之仗。商务谈判是一项综合性很强的活动，其准备工作也是内容庞杂、范围广泛。谈判之前和谈判之中的信息与情报决定了你对自己取得谈判成功的把握。你手中掌握的资料多一点，你的把握就大点，胜算亦大一点，反之亦然。《孙子兵法》中"知彼知己，百战不殆"就是最好的说明。

　　商务谈判是人们运用资料和信息获取所需利益的一种活动。获取谈判信息是商务谈判准备的重要一环。掌握充分适用的有关信息资料，是取得谈判成功的重要保证。谈判信息是指那些与谈判活动有密切联系的条件、情况及其属性的一种客观描述，是一种特殊的人工信息。不同的谈判信息对于谈判活动的影响是极其复杂的。有的信息直接决定谈判的成败，而有的信息只是间接地发挥作用。掌握一定的谈判信息，就能够从扑朔迷离的信息中，发现机会与风险，捕捉达成协议的共同点，使谈判活动从无序到有序，消除不利于双方的因素，促使双方达成协议。

相关链接 1

中日农机贸易谈判

中国某公司意欲购买一批农业加工机械设备，经初步调查，确定了日本某公司为主要谈判对象。在谈判的准备阶段，中日双方都准备了精干的谈判班子。特别是作为买方的中方，在谈判之前，已做好了充分的国际市场行情调研，摸清了这种农业机械加工设备的国际行情和变化情况及趋势。

谈判一开始，由卖方先报价。日方的首次报价为 1 000 万日元，这一报价与实际卖价偏高许多。日方之所以这样做，是因为他们以前的确卖过这个价格，而且如果中方不了解谈判当时的国际行情，就会依此作为谈判的基础，日方就可能获得厚利。由于中方事先已经摸清了情况，深知日方的报价是在放"试探气球"。于是中方单刀直入，直截了当地指出该报价不能作为谈判的基础。日方见此便转换话题，介绍起产品的特点及其优良的质量，以求能以迂回前进的方法来支持自己产品的报价。但中方一眼看穿了对方是在唱"空城计"，因为在谈判之前，中方不仅摸清了国际市场行情，而且研究了日方产品的性能、质量、特点及其他同类产品的有关情况，于是中方不动声色地说："不知贵国生产此产品的公司有几家？贵公司的产品优于 A 国、B 国的依据是什么？"此问实际上点了对方两点：其一，中方非常了解所有此类产品相关的情况；其二，此类产品绝非日方公司独有，中方是有选择权的。中方点到为止的问话，彻底摧毁了日方企图，中方话未说完，日方就领会了其中含义，顿时陷入答也不是，不答也不是的境地。但他们毕竟是生意场上的老手，其主谈人为避免难堪的局面借故离席，副主谈也装作找材料，埋头不语。过了一会儿，日方主谈神色自若地回到桌前，向他的助手问道："这个报价是什么时候定的？"接着他笑着解释说："时间太久了，不知这个价格有否变动，我们只好回去请示总经理了。"老练的日本人给自己找到了退路，而中方此时也深知此轮谈判不会有什么结果了，如果追紧了，反而有可能导致谈判的破裂，于是中方就顺着日方的台阶，主动提出休会。

第二轮谈判开始后，日方再次报价："我们请示了总经理，又核实了一下成本，同意削价 100 万日元"。同时他们还夸张地表示，这个让步幅度是不小的，要中方还价。中方一面通过电话核实了该产品国际市场的最新价格，一面对日方的二次报价进行分析。根据分析，中方认为这个价格虽然日方表明是总经理批准的，但根据情况看此次降价是主谈人自行决定的。由此可见，日方报价中的水分仍然不小，弹性很大。于是中方还价 750 万日元，日方立即回绝，认为这个价格不能成交。于是，中方主谈人使出具有决定意义的一招，郑重向对方指出，这次引进，我们从几家公司中选中了贵公司，这说明我们成交的诚意。中方还价虽比贵公司销往 A 国的价格低一些，但由于运往上海口岸的运费比运往 A 国的运费低，所以利润并没有减少。此外，根据我国外汇管理的规定，这笔生意允许我们使用的外汇只有这些。要增加，需要再审批。如果这样，那只好改日再谈。同时，中方又进一步透露："A 国和 C 国的公司还在等着我们的邀请。"到此，日方坚持继续讨价还价的决心被彻底摧毁了，陷入必须"竞卖"的困境，要么压价握手成交，要么谈判就此告吹。日方一再举棋不定：握手成交吧，利润不大，有失所望；告吹回国吧，跋山涉水，兴师动众，花费了不少人力、物力和财力，最后空手而归，不好向公司交代。最后日方还是与中方达成了交易。

中方与日方斗智斗勇，最终迫使日方让步并取得了谈判的胜利。中方取胜的关键点在于准备充分，事先掌握了大量国际市场的行情资料及生产同类产品的公司的动态情况。因此在谈判中，中方对日方的报价、策略都能做到了然于胸。日方企图利用中方信息闭塞的高报价策略，由于我方已掌握相关国际市场行情而无法得手。同时，中方还利用手中掌握的情报给日方施加竞争压力，从而最终使谈判达成了的协议。由此，从该案例中可以得到这样一个启示：谈判活动绝不是即兴发挥，谈判中一方良好的表现是和其在谈判前充分的准备工作密不可分的。

知己知彼，百战不殆；凡事预则立，不预则废。进行一场商务谈判，前期准备工作非常关键。谈判准备工作做得充分可靠，谈判者就会增强信心，从容应对谈判过程中的变化，处理好各种问题，在谈判中处于主动地位，为取得谈判成功奠定基础。事实证明，大多数重要的谈判工作是在准备阶段完成的。商务谈判准备工作一般包括谈判前的调研、谈判方案与谈判议程和模拟谈判等。

3.1　谈判前的调研

在你的手中有谈判的项目时，你就要着手收集信息了。你要收集的信息资料的内容要相当广泛，更要精确。如果你能掌握所有信息的话，你可以把条件开在对方的底线上，然后不论对方如何挣扎，你只静观其变，那最后的协议就会和当初预料的一模一样。但是这样的情况一般不存在。正因为信息的不足，才使得谈判富有挑战性。

3.1.1　商务谈判制订计划需要考虑的因素

谈判需要一份好的计划，好的计划来自对环境的准确认识及适应，依赖于对谈判各方所具有的针对性分析。只要计划具有适应性和针对性，不管它是烦琐还是简单，是精心的准备或是紧急筹划，它都是一份好的计划。制订计划和执行计划，不但是对计划本身和谈判者的考察，而且谈判人员只有在占有足够多的相关信息的基础上，知己知彼，才能做到有理、有据、有节地进行谈判。因此，要组织好谈判，必须对谈判的环境因素、谈判对手进行调研，进行信息的收集、传递和保密工作。这也是对谈判综合管理能力的检验。制订一份科学合理的谈判计划需要考虑以下几个方面的因素。

1. 谈判环境

商务谈判是在特定的社会环境中进行的，社会环境中的各种因素，如政治环境、经济环境、社会文化环境、自然资源环境、基础设施条件、气候条件和地理位置等都会直接或间接地影响谈判。谈判人员必须对上述各种环境因素进行全面系统正确的调查和分析，才能制订出合理的、有针对性的谈判计划。

一般对谈判环境因素的分析，可以作为商务谈判，特别是国际商务谈判环境分析的基础。具体来讲，谈判环境分析的内容包括以下几个方面。

1）政治因素

（1）政府对企业的管理程度。

这涉及参加谈判的企业自主权大小的问题。如果政府对企业管理程度较高，那么政府就会干预或限定谈判内容及谈判过程，关键性问题可能要由政府部门人员做出决定；如果政府对企业管理程度较低，企业就会有较大的自主权。

（2）经济运行机制。

政府采取何种经济运行机制对谈判有着重要影响。其中，主要看对方所在国是否实行市场经济体制。

（3）谈判项目政治上的联系情况。

谈判项目如果有政治上的联系，程度如何？哪些领导人对此比较关注？这些领导人各自的权力如何？商务谈判通常是纯商业目的的，但有时可能会受到政治因素的影响。如果政府或政党的政治目的参与到商务谈判中，政治因素将影响甚至直接决定谈判的结果。涉及关系国家大局的重要贸易项目，涉及影响两国外交的敏感性很强的贸易往来，都会受到政治因素的影响，尤其是集权程度较高的国家，领导人的权力将会制约谈判结果。

（4）谈判对手当局政府的稳定性（主要是对外谈判）。

在谈判项目执行期间，政局是否会发生变动？国家元首大选的日子是否在谈判期间？国家主要领导人的变更是否会影响所谈项目？谈判国与邻国关系如何？是否处于敌对状态？有无战争风险？

国家政局的稳定性对谈判有重要的影响，一般情况下如果政局发生动乱或者爆发战争，都将使谈判被迫中止，又或者使已达成的协议变成一张废纸，不能履行合同，造成极大的多方面的损失。

（5）合作双方政府之间的政治关系（主要是对外谈判）。

如果两国政府关系友好，那么合作双方的贸易是受欢迎的，谈判将是顺利的；如果两国政府之间存在敌对矛盾，那么合作双方的贸易会受到政府的干预甚至被禁止，谈判中的障碍会很多。

（6）该国（地区）是否将一些间谍手段运用到商务谈判中的情况。

有些国家和公司在商务谈判中采取一些间谍手段，如在客人房间安装窃听器，偷听电话，偷录谈话内容，用各种利害关系来诬陷某人等。谈判人员应该提高警惕，防止对方采用各种手段窃取信息，设置陷阱，造成己方谈判陷入被动局面。

2）宗教信仰因素

（1）该国家（地区）占主导地位的宗教信仰。

首先要搞清楚该国家或地区占主导地位的宗教信仰是什么；其次要研究这种占主导地位的宗教信仰对谈判人的思想行为会产生哪些影响。

（2）该宗教信仰是否对下列事物产生重大影响。

① 政治事务。例如，该国政府的施政方针、政治形势、民主权利是否受该国宗教信仰的影响。

② 法律制度。有些受宗教影响很大的国家，其法律制度的制定须依据宗教教义，人们行为的认可，要看是否符合该国宗教的精神，如信奉伊斯兰教的国家。

③ 国别政策。由于宗教信仰不同，一些国家在对外贸易上制定国别政策。对于宗教信

仰相同的国家实施优惠政策；对于宗教信仰不同的国家，尤其是有宗教歧视和冲突的国家及企业施加种种限制和刁难。

④ 社会交往与个人行为。宗教信仰对社会交往的规范、方式、范围都有一定的影响，对个人的社会工作、社交活动、言行举止都有这样或那样的鼓励或限制。这些都会对谈判者形成思维、价值取向、行为方式上的宗教影响。

⑤ 节假日与工作时间。不同宗教信仰的国家都有自己的宗教节日和活动。谈判日期不应与该国的宗教节日、礼拜日等相冲突，应该尊重对方的宗教习惯。

3）法律制度因素

（1）该国（地区）的法律制度是什么？是依据何种法律体系制定的？是英美法还是大陆法？或是自己制定的？

（2）在现实生活中，法律的执行程度。法律执行情况不同将直接影响到谈判成果能否受到保护。实际中，要研究对方所在的国家或地区是否法制健全、是否有法可依、是否依法办事。有的地方与当权者关系如何将直接影响法律制度的执行。

（3）该国法院受理案件的时间长短。当谈判双方在交易过程中及合同履行过程中出现问题，不能进行协商解决，递交法院，是否可以得到及时解决。

（4）该国对执行国外的法律仲裁判决的程序。国际商务谈判活动必然会涉及两国法律适用问题，必须清楚该国执行国外法律仲裁判决需要哪些条件和程序。因此须弄清，在某一国家裁决的纠纷拿到对方国家是否具有同等的法律效力，如不具有同等法律效力，那么需要什么样的条件和程序才能生效。

（5）该国（地区）法院与司法部门是否独立。要研究地方法院与司法部门是否各自独立，是否不受行政的影响。

（6）该国（地区）当地是否有完全可以信任的律师。如果必须在当地聘请律师，一定要考虑能否聘请到公正可靠的律师。因为律师在商务谈判过程中始终起着重要的参谋和辩护作用。

4）商业习惯因素

（1）该国企业的经营制度。看对方有没有真正的权威代表，例如，阿拉伯国家公司大多数是由公司负责人说了算；而日本企业的决策必须经过各级人员互相沟通，共同参与达成一致意见后再由高级主管拍板。弄清谈判对手所在国企业的这种决策程序、差异是首先应了解的商业习惯。

（2）是不是做任何事情都必须见诸文字，或是只有文字协议才具有约束力。有些国家的商业习惯必须以合同文字为准，另一些国家有时也以个人信誉和口头承诺为准。

（3）在谈判和签约过程中，律师等专业顾问是不是像美国一样始终出场，负责审核合同的合法性并签字，还是仅仅起到一种附属作用。

（4）正式的谈判会见场合，双方领导及陪同人员的讲话次序如何？其他出席陪同的成员是否只有当问到具体问题时才能讲话？如果是这样，那么谈判成员的职权不是很大，领导人的意志对谈判会产生较大影响。

（5）该国（地区）有没有商业间谍活动。

（6）在商务往来中是否有贿赂现象？方式如何？条件如何？尽管在大部分国家坚决反对通过行贿做生意，行贿和受贿是违法的；但有一些国家认为交易中的行贿受贿是正常现象，是交易的润滑剂，不行贿就难以成交。因此，我们应搞清楚对方这方面的商业做法，以便采取对策。调查这些问题的目的在于防止由于不正当的贿赂，使己方人员陷入圈套，使公司利益蒙受损失。

（7）一个项目是否可以同时与几家公司谈判，以选择最优惠的条件达成协议。如果一个项目可以同时与几家公司谈判，谈判的选择余地就大得多；如果能够抓住保证交易成功的关键因素，就可以为达成交易寻找最佳伙伴。

（8）业务谈判常用的语种。谈判语言是非常关键的交流表达手段，要争取使用熟悉的语言进行谈判，翻译一定要可靠。合同文件如果使用双方两种语言文字，两种语言应该具有同等法律效力，如为了防止争议，也可使用第三国文字来签约。

5）社会习俗因素

谈判者必须了解和尊重该国、该地区的社会风俗习惯，不同地区有不同的社会习俗，它们会自然或不自然地影响着业务洽谈活动。要善于利用这些社会习俗为己方服务。例如该国家或地区人们在称呼和衣着方面的社会规范标准是什么？是不是只能在工作时间谈业务？在业余时间和娱乐活动中是否也能谈业务？社交场合是否携带妻子？社交款待和娱乐活动通常在哪里举行？赠送礼物有哪些习俗？当地人在大庭广众之下是否愿意接受别人的批评？人们如何看待荣誉、名声等问题。当地人民公开谈话不喜欢哪些话题？妇女是否参与经营业务？这些社会习俗都会对人们的行为产生影响和约束力，必须了解这些。

6）财政金融因素

（1）对手外汇储备情况。

（2）对手的外债情况。如果对手的外债过高，就有可能因为外债紧张而无能力支付交易的款项，必然使商务谈判成果不能顺利实现。

（3）结算的货币是否可以自由兑换。如果交易双方国家之间的货币不能自由兑换，就要涉及如何完成兑换，要受到哪些限制的问题。汇率变动也会对双方造成一定风险，这也是需要认真考虑和协商的。

（4）对手在支付方面的信誉。了解对手支付方面的信誉情况是必要的，如果对方信誉不佳，就要考虑用何种手段控制对方，以免延误支付。

（5）取得外汇付款是否方便。这些问题会涉及商务交易中支付能否顺利实现，怎样避免不必要的障碍。

（6）该国（地区）适用的税法。该国（地区）是根据什么法规进行征税的？该国是否签订过避免双重征税的协议？如果签订过，是哪些国家？这些问题都会直接影响支付双方最终实际获利的多少。

（7）公司在当地赚取的利润是否可汇出境外，有什么规定？搞清楚该问题可使交易双方资产形成跨国间的顺利流动，保证双方经济利益不受损失。

7）基础设施与后勤供应系统因素

基础设施与后勤供应系统是指该国的人力、物力、财力情况及当地运输条件、网络邮电通信状况。该国人力方面必要的熟练工人和非熟练工人、专业技术人员情况如何？该国的建筑材料、建筑设备、维修设备情况如何？在财力方面有无资金雄厚、实力相当的分包商？在聘用外籍工人、进口原材料、引进设备等方面有无限制？当地的运输条件如何？这些也都需要加以考虑。

8）气候因素

气候因素对谈判也会产生多方面的影响。例如，该国家的季节特点，雨季的长短、冬季的冰雪霜冻情况、夏季的高温情况、潮湿度情况，以及台风、风沙、地震等情况，都是气候状况因素。

以上几种环境因素，从各个方面制约和影响着谈判工作，是谈判前准备工作中重要的调查分析因素。

2. 自身情况

在谈判前的准备工作中，不仅要分析客观环境，而且要了解和评估谈判者自身的状况。"欲胜人者，必先自胜；欲知人者，必先自知"。谈判者一定要客观准确地评估自己，但是自我评估很容易出现两种倾向：一是过高估计自身的实力，看不到自身的弱点；二是过低评估自身实力，看不到自身的优势。这两种情况都可能使谈判取得不理想的结局。要对谈判参与者的有关情况进行分析，主要应围绕以下几个方面展开。

1）谈判信心的确立

谈判信心来自对自己实力和优势的了解，也来自谈判准备工作是否做得充分。谈判者应该了解自己是否准备好了说服对方的足够的依据，是否对可能遇到的困难有充分的思想准备，一旦谈判破裂是否会找到新的途径实现自己的目标。如果对谈判成功缺乏足够的信心是否可以寻找到足够的确立信心的条件，还是需要修正原有的谈判目标和方案。谈判信心的确立是谈判取得成功的心理保障。

2）自我需要的认定

清楚理智地认识到自身的各方面需要，才能制订出切实可行的谈判目标和谈判策略。谈判者应该认清以下几个问题。

（1）谈判需要满足己方的需要。

买方分析自己到底需要什么样的产品和服务，需要多少，要求达到怎样的质量标准，价格可以出多少，必须在什么时间内购买等；卖方应该分析愿意向对方出售哪些产品，是配套产品还是拆零产品，卖出价格最低限是多少，可以接受的支付方式和时间如何等。

（2）各种需要的满足程度不同。

己方的各种需要重要程度并不一样，要搞清楚哪些需要必须得到全部满足，哪些需要可以降低要求，哪些需要在必要情况下可以不必考虑。

3. 对手情况

在正式谈判前，不仅要对与谈判有关的环境因素进行分析，而且要分析对手的情况，因为谈判对手是己方谈判中面对面的交锋对手。如果对谈判对手的情况一无所知，则谈判的结果是对己方极为不利的。谈判对手的情况是复杂多样的，主要调查分析对手的身份、对手的资信状况、对手参加谈判人员的权限和对手的谈判时间安排等情况。对不同的对手采用不同的谈判策略与方式。

1）对手的身份

对谈判对手属于哪一类客商要了解清楚，避免错误估计对方，使自己失误甚至受骗上当。目前，商业界的客商基本上可以归纳为以下几种情况。

（1）在世界上享有一定声望和信誉的跨国公司。这类公司资本比较雄厚，往往有财团作为自己的后台力量，通常都有自己的技术咨询机构，并聘请法律顾问。一般情况下，对方要求我方提供准确完整的各种数据、令人信服的信誉证明。谈判前要对对手进行研究，谈判中要求有较高超的谈判技巧，要有充足的自信心，不能一味为迎合对方的条件而损害自己的根本利益。这类公司是很好的合作对象。

（2）享有一定知名度的客商。对方资本雄厚、比较讲信誉，技术服务和培训工作都比较成熟。对潜在合作方在技术方面和合作生产方面的条件比较易于接受，可采取合作式的谈判策略。这样的对手是较好的合作对象。

（3）没有任何知名度的客商。只要确认其身份地位，深入了解其资产、技术、产品等方面的情况，也是我们很好的合作伙伴。因为其知名度不高，谈判条件不会太苛刻。他们也希望多与我方合作，不断扩大合作范围。

（4）专门从事交易中介的中间商。要认清他们所介绍的客商的资信地位，防止他们打中介的旗号实行欺骗的手段。这类客商在东南亚和香港特别行政区较为多见，美国、日本也有一些。

（5）挂靠的公司（对手）。不要被其母公司的光环所迷惑，对其应持慎重态度。如果是子公司，要求其出示母公司的授权，并提交承担子公司一切风险的授权书。母公司拥有的资产、商誉并不意味着子公司也如此，要警惕这样的公司打着母公司招牌，虚报资产的现象。如果是分公司，它不具备独立的法人资格，公司资产属于母公司，它无权独自签约。

（6）各种骗子型和有劣迹的客商（对手）。这类客商往往在某公司任职，但他往往是以个人身份进行活动，关键时刻打出其所在公司的招牌，干着纯属自己额外的买卖，以谋求暴利或巨额佣金。我们一定要调查清楚其真实面目，谨防上当，尤其不要被对方虚假的招牌、优惠的条件和所获得的巨大利益、给个人的好处所迷惑，使自己受骗上当。

（7）实属骗子的"客商"。目前这类"客商"为数不少，他们自己私刻公章，搞假证书、假名片、假地址，从事欺骗活动。这类人往往是无固定职业，专门利用关系，采取交友、行贿、请客送礼等手段，先给受骗者一个"好感"，然后骗取其利益。对于这类客商，我们应保持冷静的头脑，辨别其本来面目。

2）对手的资信状况

调查研究谈判对手的资信状况是谈判前准备工作极其重要的一步，缺少必要的资信状况分析，谈判对手主体资格不合格或不具备合同要求的基本的履约能力，那么所签订的协议就是无效协议或者是没有履行协议的保障，谈判者将蒙受巨大损失。

对谈判对手资信状况的调查包括两个方面：一是对手的主体的合法资格；二是对手的资本信用与履约能力。

（1）客商（对手）主体的合法资格。

作为参加商务谈判的企业组织必须具有法人资格。法人应具备三个条件：一是法人必须有自己的组织机构、名称与固定的营业场所；二是法人必须有自己的财产；三是法人必须具有权利能力和行为能力。对对方法人资格的审查，可以要求对方提供有关文件，如法人成立地注册登记证明、法人所属资格证明、营业执照；详细掌握对方企业名称、法定地址、成立时间、注册资本、经营范围等；还要弄清对方法人的组织性质，是有限责任公司还是无限责任公司，是母公司还是子公司或分公司，因为公司组织性质不同，其承担的责任是不一样的，还要确定其法人的国籍，即其受哪一国家法律的管辖。对于对方提供的证明文件首先要通过一定的手段和途径进行验证。

对客商合法资格的审查还应包括对前来谈判的客商的代表资格或签约资格进行审查。在对方当事人找到保证人时，还应对保证人进行调查，了解其是否具有担保资格和能力。在对方委托第三者谈判或签约时，应对代理人的情况加以了解，了解其是否有足够权利和资格代表委托人参加谈判。

（2）对手资本信用与履约能力。

对谈判对手资本审查主要是审查对方的注册资本、资产负债表、收支情况、销售状况、资金状况等有关信息。

通过对谈判对手商业信誉及履约能力的审查，主要调查该公司的经营历史、经营作风、产品的市场声誉、在金融机构的财务状况，以及在以往的商务活动中是否具有良好的商业信誉。因此，在实际谈判中应该对老客户的资信状况也要定期调查，特别是当其突然下大订单或有异常举措时，千万不要掉以轻心。无论是何方来的大老板，打交道前要先摸摸底细，即使是资信好的大公司也不能保证其下属的公司有良好的资信。

3）对手参加谈判人员的权限

谈判绝对不能与没有决策权的人进行。首先，要清楚谈判对手在公司的身份，从法律的角度看，只有董事长和总经理才能代表某企业对外签约，而公司或企业对其工作人员超越授权范围或根本没有授权而对外所承担的义务是不负任何责任的。不了解谈判对手的权利范围，将没有足够决策权的人作为谈判对象，不仅浪费时间，甚至可能会错过更好的交易机会。一般来说，对方参加谈判人员的规格越高，权限也越大；如果对方参加谈判的人员规格较低，就应该了解对方参加谈判人员是否得到授权；对方参加谈判的人员在多大程度上能独立做出决定，有没有决定权，是否有让步的权利等。

4）对手的谈判时间安排

谈判时间多少与谈判任务多少、谈判策略、谈判结果都有重要关系。时间越短，对谈判者而言，用以完成谈判任务的选择机会就越少，哪一方可供谈判的时间越长，他就拥有较大的主动权。了解对方谈判时限，就可以了解对方在谈判中会采取何种态度、何种策略，己方就可制订相应的策略。因此，要注意搜集对手的谈判时限信息，辨别表面现象和真实意图，做到心中有数，针对对方谈判时限制订谈判策略。

必须设法了解对方的谈判期限。任何谈判都有一定的期限。最后期限的压力常常迫使人们不得不采取快速行动，立即做出决定。了解对方的谈判期限，以便针对对方的期限，控制谈判的进程，并针对对方的最后期限，施加压力，促使对方接受有利于己方的交易条件。

相关链接 2

了解对方的谈判期限

一个美国代表被派往日本谈判。

日方在接待的时候得知对方需于两个星期之后返回。日本人没有急着开始谈判，而是花了一个多星期的时间陪客人在国内旅游，每天晚上还安排宴会。谈判终于在第 12 天开始，但每天都早早结束，为的是让客人能够去打高尔夫球。终于在第 14 天谈到重点，但这时候美国人已经该回去了，已经没有时间和对方周旋，只好答应对方的条件，签订了协议。

5）对手的真正需求

应尽可能摸清本次谈判对手的目的，谈判对手要求达到的目标及对我方的特殊需求，当前面临的问题或困难，对手可能接受的最低界限等。

摸清对手的真正需求，必须透过表面现象去辨别、发现。只有认真了解对手的需求，才能有针对性地激发其成交的动机。在商务谈判中，越是有针对性地围绕需求谈判，交易就越有可能取得成功。

相关链接 3

掌握环境情报，以静制动，静观其变

1987年6月，济南市第一机床厂厂长在美国洛杉矶同美国卡尔曼公司进行推销机床的谈判。双方在价格问题的协商上陷入了僵持的状态，这时我方获得情报：卡尔曼公司原与台商签订的合同不能实现，因为美国对日、韩、台提高了关税的政策使得台商迟迟不肯发货。而卡尔曼公司又与自己的客户签订了供货合同，对方要货甚急，卡尔曼公司陷入了被动的境地。我方根据这个情报，在接下来的谈判中沉着应对，卡尔曼公司终于沉不住气，在订货合同上购买了150台中国机床。

分析评点：在谈判中，不仅要注重自己方面的相关情报，还要重视对手的环境情报，只有知己知彼知势，才能获得胜利。

6）对手的谈判作风和个人情况

谈判作风指的是在反复、多次谈判中所表现出来的一贯风格。了解对手的谈判作风可以更好地采取相应的对策，以适应对手的谈判风格，尽力促使谈判成功。另外，还要尽可能了解谈判对手的个人情况，包括品格、业务能力、经验、情绪等方面。

7）谈判对手人员其他情况

谈判对手的其他情况，比如，谈判对手的谈判班子的组成情况，即主谈的背景、谈判班子内部的相互关系、谈判班子成员的个人情况（包括谈判成员的资历、能力、信念、性格心理类型、个人作风、爱好与禁忌等）、谈判对手的谈判目标、所追求的中心利益和特殊利益。

4. 市场资料

市场资料是商务谈判可行性研究的重要内容。市场情况瞬息万变、构成复杂、竞争激烈。对此必须进行多角度、全方位、及时的了解和研究。与谈判有关的市场信息资料主要有以下几个方面。

（1）交易商品市场需求量、供给量及发展前景。

（2）交易商品的流通渠道和习惯性销售渠道。

（3）交易商品市场分布的地理位置、运输条件、政治和经济条件等。

（4）交易商品的交易价格、优惠措施及效果等方面。

市场情况对企业的商务谈判活动产生重大影响，谈判者要密切注视市场的变化，根据市

场的供求运动规律，选择有利的市场，并在谈判中注意对方的要价及采取的措施。

掌握情报，后发制人

在某次交易会上，我方外贸部门与一客商洽谈出口业务。在第一轮谈判中，客商采取各种招数来摸我们的底，罗列过时行情，故意压低购货的价格。我方立即中止谈判，搜集相关的情报，了解到日本一家同类厂商发生重大事故停产，又了解到该产品可能有新用途。在仔细分析了这些情报以后，谈判继续开始。我方根据掌握的情报后发制人，告诉对方：我方的货源不多；产品的需求很大；日本厂商不能供货。对方立刻意识到我方对这场交易背景的了解程度，甘拜下风。在经过一些小的交涉之后，乖乖就范，接受了我方的价格，购买了大量该产品。

分析与点评：在商业谈判中，口才固然重要，但是最本质、最核心的是对谈判的把握，而这种把握常常是建立在对谈判背景的了解上的。

5. 交易条件资料

交易条件资料是商务谈判准备的必要内容。交易品资料一般包括商品名称、品质、数量、包装、装运、保险、检验、价格、支付等方面的资料。

1）商品名称的资料

（1）交易品在国际上的通称和在各地的别称。了解这一点可避免因名称叫法不一而导致失去交易机会或发生误会。

（2）品名在运费方面、关税及进出口限制的有关规定。

（3）世界各地消费者对商品名称的喜好与忌讳。

2）商品品质的资料

（1）商品在品质表示方法上的通用做法和特殊做法。

（2）世界各地对交易品品质标准的最新规定。了解这一点，以便在合同中能明确规定欲交易的商品品质以什么地方、何时颁布的何种版本中的规定为依据，以避免日后发生误解或造成不必要的损失。

3）商品数量的资料

（1）世界各地以同一计量单位所表示的数量差异与习惯做法。弄清这些情况，才能在合同中明确规定，避免日后发生纠纷。

（2）世界各地在计量概念上的不同解释。了解这一点，可以避免因实际交货量和原订货量有差异而发生争议。

4）商品包装的资料

（1）国际市场上同类商品在包装的种类、性质、材料、规格、费用及运输标志等方面的规定和通用做法。

（2）交易品包装装潢的发展趋势。了解商品包装在所用材料、装潢设计上出现的新趋势，改进包装，适应市场，增强己方商品的竞争能力。

（3）世界各地对商品包装的喜好与忌讳。了解各国和各地区的消费者对包装在式样、构图、文字、数字、线条、符号、色彩的设计上的不同心理联想与要求，改进包装以迎合其喜好，避免其忌讳，增强竞争力。

5）商品装运的资料

（1）世界各主要运输线路营运情况和有关规定，以便选择合理的运输方式和避免违反法规。

（2）世界各种运输方式的最新运费率、附加费用及运输支付方式，以便确定己方的报价及划清双方费用的界限。

（3）世界各地关于商品装运时间和交货时间的规定及有关因素，以便在不影响成交的前提下，订出切实可行的装运时间和交货时间，避免纠纷和影响信誉。

6）商品保险的资料

（1）国际上同类商品在保险的险别、投保方式、投保金额等方面的通用做法。

（2）世界各地对交易商品在保险方面的特殊规定及世界各主要保险公司的有关规定。

（3）世界各地对保险业务用语在叫法上的差异和不同的解释，以便在谈判中争取有利条件，避免损失。

7）商品检验的资料

（1）世界各国主要检验机构的权限、信誉、检验设施等情况，事先了解清楚检验机构的有关情况，才能在谈判中选择较有利的交易商品的检验机构。

（2）同类商品在检验内容、检验标准、检验方法、检验时间和地点等方面的做法和规定，以便事先掌握交易商品顺利通过检验的各种因素，防患于未然。

8）商品价格和支付的资料

（1）世界各主要市场同类商品的成交价和影响因素及价格变动情况，以便制订己方的价格策略。

（2）国际上对与价格术语有关问题的规定和不同解释，以避免日后发生误解和纠纷。

（3）世界各地商人在报价还价上的习惯和技巧，特别是交易对方在报价中的水分量，以便己方有针对性地采取有效的讨价还价的技巧。

（4）商品交易的主要方式和信用等情况，以便谈判中确定货款支付方式及支付货币等事项，避免造成损失。

6. 竞争对手资料

竞争对手资料是谈判双方力量对比中一个重要的"砝码"，会影响谈判天平的倾斜度。竞争对手资料主要包括以下几个方面。

（1）现有竞争对手的产品因素。产品数量、品种、质量、性能、包装方面的优缺点。

（2）现有竞争对手的定价因素。竞争对手的价格策略、让价策略、分期付款等方面。

（3）现有竞争对手的销售渠道因素。竞争对手的有关分销、储运的实力对比等方面。

（4）现有竞争对手的信用状况。竞争对手的企业的成长史、履约、企业素质等方面。

（5）现有竞争对手的促销因素。竞争对手的推销力量、广告宣传、营业推广、服务项目等方面。

通过对以上情况的了解分析，找出主要竞争对手及其对本企业商品交易的影响，认清本企业在竞争中所处的地位，并制订相应的竞争策略，掌握谈判的主动权。

7. 有关货单、样品资料

这主要包括货单、样品，双方交换过的函电抄本、附件，谈判用的价格目录表、商品目录、说明书等资料。货单必须做到具体、正确，每个谈判人员对此必须心中有数。谈判样品必须准备齐全，特别是注意样品必须与今后交货相符。

以上几种影响因素，从各个方面制约和影响着谈判工作，是谈判前准备工作中重要的调查分析内容。

3.1.2　商务谈判信息资料的搜集与整理

商务谈判信息资料调查工作应该坚持长期一贯性，企业应该不间断地搜集各种信息，为制订战略目标提供可靠依据；同时，面对某一具体谈判，又要有针对性地调查具体情况。调查要寻求多种信息渠道和调查方法，使调查的结果全面、真实、准确地反映现实情况。

1. 商务谈判调查的信息渠道

1）印刷媒体

主要是通过报纸、杂志、内部刊物和专业书籍中登载的消息、图表、数字、照片来获取信息。这个渠道可提供比较丰富的各种环境信息、竞争对手信息和市场行情信息。谈判者可以通过这些渠道获得比较详细而准确的综合信息。

2）电脑网络

电脑网络是 21 世纪非常重要的获取资料的渠道。在电脑网络上可以非常方便快捷地查阅国内外许多公司信息、产品信息、市场信息及其他多种信息。

3）电波媒介

电波媒介即通过广播、电视播发的有关新闻资料，如政治新闻、经济动态、市场行情、广告等，来获取信息。其优点是迅速、准确、现场感强；缺点是信息转瞬即逝，不易保存。

4）统计资料

统计资料主要包括各国政府或国际组织的各类统计年鉴，也包括各银行组织、国际信息咨询公司、各大企业的统计数据和各类报表。特点是材料详尽，可提供大量原始数据。

5）各种会议

通过参加各种商品交易会、展览会、订货会、企业界联谊会、各种经济组织专题研讨会来获取资料。特点是信息非常新鲜，要善于从中捕捉有价值的东西。

6）各种专门机构

各种专门机构包括商务部、对外经济贸易促进会、各类银行、进出口公司、本公司在国外的办事处和分公司、驻各国的大使馆等。

7）知情人士

例如，各类记者、公司的商务代理人、当地的华人、华侨、驻外使馆人员、留学生等。

2. 商务谈判调查的方法

1) 访谈法

调查者直接面对访问对象进行问答，包括个别对象采访，也包括召集多人举行座谈。在访谈之前，应准备好一份调查提纲，有针对性地设计一些问题。访谈对象回答问题可录音或记录，以便事后整理分析。访谈对象一般包括以下几类人员。

（1）对方企业内部知情人。如对方现在或过去的雇员、对方领导部门的工作人员、对方内部受排挤人员等。

（2）与对方有过贸易往来的人。如对方的客户、对方的供货商。

（3）对方的有关人员。如在会议或社交场合，通过与对方的重要助手或顾问的交往探取情报等。

这种方法特点是可以有针对性地抽样选择访谈对象，可以直接感受到对方的态度、心情和表述。

2) 问卷法

调查者事先印刷好问卷，发放给相关人士，填写好后收集上来进行分析。问卷的设计要讲究科学性和针对性，既有封闭式问题又有开放式问题。

这种方法的特点是可以广泛收集相关信息，利于实现调查者的主导意向，易于整理分析，难点在于如何调动被调查者填写问卷的积极性，以及保证填写内容的真实性。

3) 文献法

文献法是用于调查第二手资料的方法。可以从公开出版的报纸、杂志、书籍中收集，也可以从未公开的各种资料、文件、报告中收集。文献法的资料搜集的途径很广，主要可以从以下几个方面入手。

（1）统计资料。主要包括我国、对方国家及国际组织的各类统计月刊或统计年鉴，以及各国有关地方政策的各类年鉴或月刊。

（2）报纸、杂志和专业书籍。如我国的《国际商务研究》《国际经贸消息》《外贸调研》等杂志都刊登有与贸易谈判活动有关的资料。

（3）各专门机构的资料。如政府机关、金融机构、市场信息咨询中心、对外贸易机构等提供的资料。

（4）谈判对方公司的资料。如经对方专任会计师签字的资产负债表、经营项目、报价单、公司预算财务计划、公司出版物和报告、新闻发布稿、商品目录与商品说明书、证券交易委员会或政府机关的报告书、官员的公开谈话与公开声明等。

文献法的特点是可以收集到比较权威、比较准确的信息，但是要注意信息是否陈旧、过时。

4) 电子媒体收集法

电子媒体指电话、网络、广播等媒体。电子媒体收集信息的作用越来越重要，通过电子媒体收集信息有许多优点，它传播速度快，可以及时获取最新信息；它传播范围广，可以毫不费力地收集到各个国家的重要信息；它表现力生动，网络媒体，可以提供声音、图像、文字，提供真实的现场情景，储存的信息相当丰富。

5）直接观察法

直接观察法是指调查者亲临调查现场收集情景动态信息。这种方法可以弥补以上几种方法的不足。通过亲自观察得到最为真实可靠的信息。直接观察法的形式主要有以下几种。

（1）参观对方生产经营场地。如参观对方的公司、工厂等，以明了对方实情。

（2）安排非正式的初步洽谈。通过各种预备性的接触，创造机会，当面了解对方的态度，观察对方的意图。

（3）购买对方的产品进行研究。将对方的产品拆开后进行检验，分析其结构、工艺等，以确定其生产成本。

（4）搜集对方关于设计、生产、计划、销售等资料。

小思考 1

直接观察法有哪些局限性？

可能受交通条件限制，有些现场不能亲自去观察；受观察者自身条件限制，观察难免不全面，也难免受主观意识的影响而带有偏见等。

6）实验法

实验法即对调研内容进行现场实验的方法。如通过商品试销、试购，谈判模拟等方法来收集动态信息。这种方法比直接观察法又进一步，可以发现一些在静态时不易发觉的新信息。

3. 信息资料的加工整理

信息资料的加工整理一般分为下面几个阶段。

1）筛选阶段

筛选就是检查资料的适用性，这是一个去粗取精的过程。

2）审查阶段

审查就是识别资料的真实性、合理性，这是一个去伪存真的过程。

这两个阶段是剔除某些不真实的信息，某些不能有足够证据的信息，某些带有较多主观臆断色彩的信息，保存那些可靠的、有可比性的信息，避免造成错误的判断和决策。

3）分类阶段

分类就是按一定的标准对资料进行分类，使之条理化。要在已经证明资料可靠性的基础上将资料进行归纳和分析。将原始资料按时间顺序、问题性质、反映问题角度等要求分门别类地排列成序，以便于更明确地反映问题的各个侧面和整体面貌。可以说，不做好分类，就不可能充分利用资料。分类的方法有项目分类法和从大到小的分类法。

（1）项目分类法。

这种分类法既可以和工作相联系，按不同的使用目的来分类，如可以把信息资料分成商务开发资料、销售计划资料、市场预测资料等；或按照"谈判必备资料"的原则分为市场信息资料、技术信息资料、金融信息资料、交易对象资料、有关政策法规等；还可以根据资料的内容，按不同性质来分，如可以根据不同产业或经营项目进行分类，分成机械设备、纺织设备、信息产品等类别。

（2）从大到小的分类法。

从设定大的分类项目开始，在经过一段时间的使用后，若认为有必要再细分时，可以把大项目再进行细分，但不要分得太细，以免出现重复。比如在机械设备的贸易谈判中，我们可以把有关项目分成技术标准、融资手段、市场情况、政策法规等方面，再根据具体的项目收集相关的信息。比如融资手段项目，我们可以按照出口卖方信贷、进口买方信贷、政府资助等子项目分别收集相关信息。

4）评价阶段

评价就是对资料做比较、分析、判断，得出结论。将提出的问题做出正确的判断和结论，并对谈判决策提出有指导意义的意见，供企业领导和谈判者参考。

3.2　谈判方案与谈判议程

谈判准备得越周全、越充分，谈判场上掌握主动的可能性就越大。然而，由于时间、精力、费用等的限制，一个和实际发展过程完全一样的计划是不存在的。所以谈判的计划是指导谈判实际进程的一个纲领性计划，也需要一定的灵活性。商务谈判是一个复杂多变的过程，所以任何准备工作都有一个适度的问题。谈判准备的适度就是指在各种客观约束条件下的"相对充分"，当谈判过程中出现一些始料不及的情况时，也能使谈判者依然镇定自如，从容应对。

3.2.1　为什么要制订谈判计划

谈判是一项非常复杂的工作，很容易受到谈判者的主观因素和客观环境等可控与不可控因素的影响。因此，谈判桌上往往形势多变，令人难以应付。要适应这种局势并在错综复杂的局势变化中把握谈判的发展，使自己处于有利地位，这就要求事先周密地搜集整理各种信息，精心制订谈判计划，在精神上、物质上和组织上充分准备，预测可能出现的各种问题，提出对策，做到从容不迫，成竹在胸。只有这样，谈判人员才能在谈判过程中驾轻就熟，从容应对，使谈判取得成功。

谈判的各项准备工作做得如何，在于是否有一个较完善的谈判计划。谈判计划是一份关键性的指导实际工作的文件，是在思想上、物质上和组织上为谈判的发展而进行的筹划，是谈判成功的基础。在谈判桌前，谈判的实力一方面来源于其地位，另一方面取决于谈判人员的知识、智慧。计划之所以成为谈判中最重要的方面，就在于它的全面分析和且有针对性的应对策略。

在实际工作中，谈判双方的知识结构有很大差别。买卖双方中，一般买主对所涉及的产业知识远不如对手，而卖主在本产业领域内却具有明显的知识优势，并且通晓成本和利润等各类细节问题。相对而言，买主便处于不利的地位。精细的谈判计划可以纠正这种知识差距，使双方有可能在同等的水平上进行竞争。

正是基于上述原因，许多谈判者总是根据谈判项目内容的不同，或详或疏地制订谈判计划。当然，有时谈判很仓促，不一定有足够时间去制订详细计划。一般来讲，如果准备时间不足，就尽可能避免谈判。如果有可能，在计划未形成之前拖延谈判；如果必须进入谈判，那么先谈点小合同，大的合作放在详细计划之后再谈。

不同类型的商务谈判对计划工作有不同的要求。一般来说，商务谈判计划工作主要包括以下几个方面。

（1）对谈判对象的研究。

（2）做好谈判可行性研究。

（3）确定谈判的基本原则。

（4）确定谈判的目标和策略。

（5）确定谈判的组织队伍。

（6）模拟谈判。

（7）确定好谈判地点。

（8）确定谈判的礼品及排定议事日程等。

3.2.2　商务谈判方案的制订

在正式谈判前，必须制订具体的谈判方案。制订周密、细致的谈判方案，可使谈判人员各负其责，协调工作，有计划、有步骤地展开谈判。它是保证谈判顺利进行的必要条件，也是取得谈判成功的基础。所以任何一方都不应忽视谈判方案的制订，而必须认真对待，做到严谨、周密、明确、具体。

1. 商务谈判方案制订的要求

商务谈判方案是在谈判开始前对谈判目标、谈判议程、谈判策略预先所做的安排。谈判方案是指导谈判人员行动的纲领，在整个谈判过程中起着非常重要的作用。

由于商务谈判的规模、重要程度不同，商务谈判内容有所差别。内容可多可少，要视具体情况而定。尽管内容不同，但其要求都是一样的。一个好的谈判方案要求做到以下几点。

1）简明扼要

简明就是要尽量使谈判人员很容易记住其主要内容与基本原则，使他们能根据方案的要求与对方周旋。

2）明确、具体

谈判方案要求简明、扼要，也必须与谈判的具体内容相结合，以谈判具体内容为基础，否则，会使谈判方案显得空洞和含糊。因此，谈判方案的制订也要求明确、具体。

3）富有弹性

谈判过程中各种情况都有可能发生突然变化，要使谈判人员在复杂多变的形势中取得比较理想的结果，就必须使谈判方案具有一定的弹性。谈判人员在不违背根本原则情况下，根据情况的变化，在权限允许的范围内灵活处理有关问题，取得较为有利的谈判结果。谈判方案的弹性表现在：谈判目标有几个可供选择的目标；策略方案根据实际情况可供选择某一种方案；指标有上下浮动的余地；还要把可能发生的情况考虑在计划中，如果情况变动较大，原计划不适合，可以实施第二套备选方案。

2. 商务谈判方案制订的内容

商务谈判方案主要包括谈判目标、谈判策略、谈判议程，以及谈判人员的分工职责、谈判地点等内容。其中，比较重要的是确定谈判目标、制订谈判策略和安排谈判议程等内容。

1) 确定谈判目标

谈判目标是指谈判要达到的具体目标，它指明谈判的方向和要求达到的目的、企业对本次谈判的期望水平。商务谈判的目标主要是以满意的条件达成一笔交易，确定正确的谈判目标是保证谈判成功的基础。

（1）谈判目标的三个层次。

① 最低目标。最低目标是谈判必须实现的最基本的目标，也是谈判的最低要求。若不能实现，宁愿谈判破裂，放弃商贸合作项目，也不愿接受比最低目标更低的条件。因此，也可以说最低目标是谈判者必须坚守的最后一道防线。

② 可以接受的目标。可以接受的目标是谈判人员根据各种主客观因素，经过对谈判对手的全面估价，对企业利益的全面考虑、科学论证后所确定的目标。这个目标是一个诚意或范围，即已方可努力争取或做出让步的范围。谈判中的讨价还价就是在争取实现可接受目标，所以可接受目标的实现，往往意味着谈判取得成功。

③ 最高目标。最高目标，也叫期望目标。它是本方在商务谈判中所要追求的最高目标，也往往是对方所能忍受的最高程度，它也是一个难点。如果超过这个目标，往往要冒谈判破裂的风险。因此，谈判人员应充分发挥个人的才智，在最低目标和最高目标之间争取尽可能多的利益，但在这个目标难以实现时是可以放弃的。

谈判中只有价格这样一个单一目标的情况是很少见的，一般的情况是存在着多个目标，这时就需考虑谈判目标的优先顺序。在谈判中存在着多重目标时，应根据其重要性加以排序，确定是否所有的目标都要达到，哪些目标可舍弃，哪些目标可以争取达到，哪些目标又是万万不能降低要求的。

小思考 2

谈判的价格目标确定

日商举办的农业加工机械展销会上，展出的正是国内几家工厂急需的关键性设备。于是某公司代表与日方代表开始谈判。按惯例，卖方首先报价：1 000 万日元。我方马上判断出其价格的"水分"，由于对这类产品的性能、成本及在国际市场上销售行情了如指掌，暗示生产厂家并非你独此一家。最终我方主动提出休会，给对方一个台阶。当双方重又坐在谈判桌旁时，日方主动削价 10%，我方据该产品近期在其他国家行情，认为 750 万日元较合适，日商不同意，最后我方根据掌握的信息及准备的一些资料，让对方清楚，除他外还有其他一些合作伙伴，在我方坦诚、有理有据的说服下，双方最终 750 万日元握手成交。

请指出日方的三个目标层次是什么？

答：基本目标，750 万日元；争取目标，900 万日元；期望目标，1 000 万日元。

知识点 1

谈判目标，就是谈判主题的具体化，它是对谈判所要达到结果的设定，是指导谈判的核心。

例：商品贸易谈判的谈判目标

1. 商品品质目标：买方或卖方对要购进或销售的商品在品质、规格、等级等方面的具体规定。

2. 商品数量目标：买方或卖方对要购进或销售商品数量的规定。

3. 商品价格目标：买方或卖方对要购进或销售商品的可接受单价和理想成交单价的规定。

4. 支付方式目标：买方或卖方对要购进或销售商品理想的可接受的货款支付方式的规定。

5. 保证期目标：买方或卖方对要购进或销售商品在质量和数量上的保证。

6. 交货期目标：买方或卖方对要购进或销售商品的质量和数量在交货时间上可变动范围的规定。

7. 商品检验目标：买方或卖方对要购进或销售商品的检验标准、检验机构、检验时间和检验方法的规定。

（2）谈判目标的估量。

商务谈判目标的估量，指谈判人员对所确立的谈判目标在客观上对企业经济利益和其他利益（如：新市场区域的开拓，知名度的提升等）的影响及所谈交易在企业经营活动中的地位等所做的分析、估价和衡量。内容见表3-1。

表3-1　谈判目标的估量与评议

谈判目标影响企业利益的因素	项目估量分	估分	评　议
该谈判项目是否与本企业经营目标一致	10	10	一致
该项目的交易是否是企业业务活动的主流	10	8	属于企业目前的主要业务活动
该项谈判的交易对本企业现有市场占有率的影响	10	7	这笔交易的达成在一定程度上扩大企业现有市场占有率
该项谈判的交易机会是否是目前最有利的	10	5	经调查近期做这笔交易的有利机会还有一个
该项谈判目标的达成对降低企业经营成本的影响	10	8	有利于降低企业经营成本
预计价格目标的达成其利润率是否符合经营目标利润率	10	10	利润率符合经营目标利润率
达成谈判的交易是否会提高企业的知名度	10	6	能在一定范围内提高企业知名度
总计	70	54	
估分占项目估量总分的比率	（54/70）×100%＝77.14%		

比率大于50%，则这一谈判目标的确立有利于增加本企业利益；反之，必须修正，重订谈判目标或放弃谈判目标。

2）制订商务谈判策略

制订商务谈判的策略，就是要选择能够达到和实现己方谈判目标的基本途径和方法。谈判不是一场讨价还价的简单的过程。实际上是双方在实力、能力、技巧等方面的较量。因此，制订商务谈判策略前应考虑一些影响因素：对方的谈判实力和主谈人的性格特点；对方和我方的优势所在；交易本身的重要性；谈判时间的长短；是否有建立持久、友好关系的必要性等。

通过对谈判双方实力及以上影响因素的细致而认真的研究分析，谈判者可以确定己方的谈判地位，即处于优势、劣势或者均势，由此确定谈判的策略，如报价策略、还价策略、让步与迫使对方让步的策略、打破僵局的策略等。

3）安排谈判议程

谈判议程的安排对谈判双方非常重要，议程本身就是一种谈判策略，必须高度重视这项工作。谈判议程一般要说明谈判时间、谈判议题、讨论议题的先后顺序及讨论各议题的时间安排。谈判议程可由一方准备，也可由双方协商确定。议程包括通则议程和细则议程，通则议程由谈判双方共同使用，细则议程供己方使用。

4）确定谈判地点

商务谈判地点的选定一般有三种情况：一是在己方国家或公司所在地谈判；二是在对方所在国或公司所在地谈判；三是在双方之外的国家或地点谈判。不同地点均有其各自的优点和缺点，需要谈判者充分利用地点的优势，克服地点的劣势，变不利为有利，变有利为促使谈判成功的因素。

（1）在己方地点谈判。

① 对己方的有利因素。谈判者在家门口谈判，有较好的心理态势，自信心比较强；己方谈判者不需要耗费精力去适应新的地理环境、社会环境和人际关系，从而可以把精力更集中地用于谈判；可以选择己方较为熟悉的谈判场所进行谈判，按照自身的文化习惯和喜好布置谈判场所；作为东道主，可以通过安排谈判之余的活动来主动掌握谈判进程，并且从文化上、心理上对对方施加潜移默化的影响；"台上"人员与"台下"人员的沟通联系比较方便，谈判队伍可以非常便捷地随时与高层领导联络，获取所需资料和指示，谈判人员心理压力相对比较小；谈判人员免去车马劳顿，以逸待劳，可以以饱满的精神和充分的体力去参加谈判；可以节省去外地谈判的差旅费用和旅途时间，提高经济效益等。

② 对己方的不利因素。由于自身在公司所在地，不易与公司工作彻底脱钩，经常会由于公司事务需要解决而干扰谈判人员，分散谈判人员的注意力；由于离高层领导近，联系方便，会产生依赖心理，一些问题不能自主决断而频繁地请示领导，也会造成失误和被动；己方作为东道主要负责安排谈判会场以及谈判中各种事宜，要负责对客方人员的接待工作，安排宴请、游览等活动，所以己方负担比较重等。

（2）在对方地点谈判。

① 对己方的有利因素。己方谈判人员远离家乡，可以全身心投入谈判，避免主场谈判时来自工作单位和家庭事务等方面的干扰；在高层领导规定的范围，更有利于发挥谈判人员的主观能动性，减少谈判人员的依赖性和频繁地请示领导；可以实地考察一下对方公司的产品情况，获取直接信息资料；己方省却了作为东道主所必须承担的招待宾客、布置场所、安排活动等事务。

② 对己方的不利因素。由于与公司本部相距遥远，某些信息的传递、资料的获取比较困难，某些重要问题也不能及时磋商；谈判人员对当地环境、气候、风俗、饮食等方面出现不适应，再加上旅途劳累、时差不适应等因素，会使谈判人员身体状况受到不利影响；在谈判场所的安排、谈判日程的安排等方面处于被动地位，己方也要防止对方过多安排旅游景点等活动而消磨谈判人员的精力和时间等。

（3）在双方地点之外的第三地谈判。

① 对双方的有利因素。由于在双方所在地之外的地点谈判，对双方来讲是平等的，不存在偏向，双方均无东道主优势，也无作客他乡的劣势，策略运用的条件相当。

② 对双方的不利因素。双方首先要为谈判地点的确定而谈判，地点的确定要使双方都满意也不是一件容易的事，在这方面要花费不少时间和精力。

第三地点谈判通常被相互关系不融洽、信任程度不高的谈判双方所选用。

（4）在双方所在地交叉谈判。

有些多轮谈判可以采用在双方所在地轮流交叉谈判的办法。这样的好处是对双方都是公平的，也可以各自考察对方的实际情况，各自都担当东道主和客人的角色，对增进双方了解，融洽感情是有好处的。

相关链接 5

"忠诚和信用"

一家日本公司想与另一家公司共同承担风险、进行经营，但困难的是双方都不太了解对方的信誉。为了解决这个问题，有关人员请两家公司决策人在一个特别的地点会面商谈。这是个火车小站，车站门口有一座狗的雕塑，在它的周围站满了人，但几乎没有人看这件雕塑，只是在等人。为什么都在这儿等人呢？原来这儿有个传说故事。故事中有一只犬名叫"八公"，对主人非常忠诚，有一次主人出门未回，这只狗不吃不喝，一直等到死。后来被人们称为"忠犬八公"，把它当成了"忠诚和信用"的象征，并在这传说的地方为它塑了像。所以，许多人为了表示自己的忠诚和信用，就把这儿当成了约会地点。当两家公司的决策人来到这里时，彼此都心领神会，不需太多的言语交流，就顺利地签订了合同。

5）布置谈判场景

（1）商务谈判场所的选择。

商务谈判场所的选择应该满足以下几个方面的要求：

① 谈判室所在地交通、通信方便，便于有关人员来往，便于满足双方通信要求；

② 环境优美安静，避免外界干扰；

③ 生活设施良好，使双方在谈判中不会感到不方便、不舒服；

④ 医疗卫生、安保条件良好，使双方能精力充沛、安心地参加谈判；

⑤ 作为东道主应当尽量征求客方人员的意见，达到客方满意。

（2）商务谈判场所的布置。

较为正规的谈判场所可以有三类房间：一是主谈室；二是密谈室；三是休息室。

① 主谈室布置。

主谈室应当宽大舒适，光线充足，色调柔和，空气流通，温度适宜，使双方能心情愉快、精神饱满地参加谈判。谈判桌居于房间中间。主谈室一般不宜装设电话，以免干扰谈判进程，泄露有关的秘密。主谈室也不要安装录音设备，录音设备对谈判双方都会产生心理压力，难以畅所欲言，影响谈判的正常进行。如果双方协调需要录音，也可配备。

② 密谈室布置。

密谈室是供谈判双方内部协商机密问题单独使用的房间。它最好靠近主谈室，有较好的隔音性能，室内配备黑板、桌子、笔记本等物品，窗户上要有窗帘，光线不宜太亮。作为东道主，绝不允许在密谈室安装微型录音设施偷录对方密谈信息。作为客户在对方场所谈判，使用密谈室时一定要提高警惕。

③ 休息室布置。

休息室是供谈判双方在紧张的谈判间隙休息用的。休息室应该布置得轻松、舒适，以便能使双方放松一下紧张的神经。室内最好布置一些鲜花，放一些柔和的音乐，准备一些茶点，以便于调节心情，舒缓气氛。

（3）谈判双方座位的安排。

谈判双方座位的安排对谈判气氛、对内部人员之间的交流、对谈判双方便于工作都有重要的影响。谈判座位的安排也要遵循国际惯例，讲究礼节。通常可安排以下两种方式就座。

① 双方各居谈判桌一边，相对而坐。

谈判桌一般采用长方形条桌。按照国际惯例，以正门为准，主人应坐背门一侧，客人则面向正门而坐；若谈判桌窄的一端面向正门，则以入门的方向为准，右边坐客方人员，左边坐主方人员。主谈人或负责人居中而坐，翻译安排在主谈人右侧紧靠的座位上，其他人员依职位或分工分为两侧就座。

这种座位安排方法适用于比较正规、比较严肃的谈判。它的好处是双方相对而坐，中间有桌子相隔，有利于己方信息的保密；一方谈判人员相互接近，便于商谈和交流意见，也可形成心理上的安全感和凝聚力。它的不利之处在于人为地造成双方对立感，容易形成紧张、呆滞的谈判气氛，对融洽双方关系有不利的影响，需要运用语言、表情等手段缓和这种紧张对立气氛。

② 双方人员混杂交叉就座。

可用圆形方桌或不用桌子，对方在围成一圈的沙发上混合就座。这种就座方式适合于双方比较了解、关系比较融洽的谈判。它的好处是双方不表现为对立的两个阵营，有利融洽关系，活跃谈判气氛，减轻心理对立情绪。不利之处是双方人员被分开，每个成员有一种被分割被孤立的感觉。同时也不利于己方谈判人员之间协商问题和资料保密。

总之，谈判场景的选择和布置要服从谈判的需要，要根据谈判的性质、特点，根据双方之间的关系、谈判策略的要求而决定。

小思考3

谈判场所如何选择？

答：一般来讲，谈判场所要环境幽静，不要过于嘈杂和喧闹，通信设施要完备，要具备一定的灯光、通风和隔音条件。最好在举行会谈的主谈室旁边备有一两间小房间，以利谈判人员协商机密事情。医疗、卫生条件较好，安全防范工作要好。

3.2.3　商务谈判议程

谈判议程就是关于谈判的主要议题、谈判的原则框架、议题的先后顺序、时间安排和通则议程及细则议程。谈判之初，一般应首先将谈判议程确定下来。谈判议程的商定，实质上也是谈判的内容，因为议程本身如何将会决定谈判者在以后的工作中是否有主动性，将会决定谈判的最终成果。

1. 确定谈判议题

谈判议题就是谈判双方提出和讨论的各种问题。确定谈判议题首先须明确己方要提出哪些问题，要讨论哪些问题。要把所有问题全盘进行比较和分析：哪些问题是主要议题，要列入重点讨论范围；哪些问题是非重点问题；哪些问题可以忽略。这些问题之间是什么关系，在逻辑上有什么联系。此外，还要预测对方会提出什么问题，哪些问题是己方必须认真对待、全力以赴去解决的；哪些问题可以根据情况做出让步；哪些问题可以不予讨论等。

知识点 2

确定议题的顺序

谈判议题确定以后，还应确定谈判中双方解决问题的原则框架。所谓原则框架，就是在整个谈判过程中遵守的解决问题的准则和框架性方案，它可以为以后问题的解决提供大方向和制约条件。原则框架确定以后，双方就应着手讨论各个细节议题的先后顺序。一般情况下，议题顺序的商定有三个基本原则，即逻辑原则、捆绑原则和先易后难原则。所谓逻辑原则是指如果议题间存在逻辑关系的话，排序应该按照逻辑关系的先后进行。由于议题太多，如果部分议题间存在非常强的相关性或类似性，就可以将这几个相关的议题放在一起谈，这就是捆绑原则。先易后难原则是在议题间不存在上述关系的情况下，先从容易的议题开始谈，待双方进入状态以后再讨论比较难的议题，这一原则强调与议题的重要程度无关，可能先谈重要的议题，也可能先谈不重要的议题。

需要注意的是，议题先后顺序的三个原则也是有逻辑性的，即三个原则发生矛盾的时候，第二个原则服从于第一个原则，第三个原则服从于前两个原则。

---

2. 时间安排

时间的安排即确定在什么时间举行谈判、多长时间、各个阶段时间如何分配、议题出现的时间顺序等。谈判时间的安排是议程中的重要环节。如果时间安排得很仓促，准备不充分，匆忙上阵，心浮气躁，就很难沉着冷静地在谈判中实施各种策略；如果时间安排得很拖延，不仅会耗费大量的时间和精力，而且随着时间的推延，各种环境因素都会发生变化，还可能会错过一些重要的机遇。每个谈判议题需要多少时间进行谈判是议程商定中的一个问题。一般情况下，对我方有利的议题应该尽可能留出充裕的时间，对我方不利的议题应该尽可能安排较少的时间。

3. 拟订通则议程和细则议程

1）通则议程

通则议程是谈判双方共同遵守使用的日程安排，一般要经过双方协商同意后方能正式生效。在通则议程中，通常应确定以下内容。

（1）谈判总体时间及分段时间安排。

（2）双方谈判讨论的中心议题，问题讨论的顺序。

（3）谈判中各种人员的安排。

（4）谈判地点及招待事宜。

2）细则议程

细则议程是己方参加谈判的策略的具体安排，只供己方人员使用，具有保密性。其内容一般包括以下几个方面。

（1）谈判中统一口径。比如发言的观点、文件资料的说明等，对谈判过程中可能出现的各种情况的对策安排。

（2）己方发言的策略。何时提出问题？提什么问题？向何人提问？谁来提出问题？谁来补充？谁来回答对方问题？谁来反驳对方提问？什么情况下要求暂时停止谈判？

（3）谈判人员更换的预先安排。

（4）己方谈判时间的策略安排、谈判时间期限。

4. 己方拟订谈判议程时应注意的问题

（1）谈判的议程安排要依据己方的具体情况，在程序安排上要扬长避短，也就是在谈判的程序安排上，保证己方的优势能得到充分的发挥。

（2）议程的安排和布局要为己方出其不意地运用谈判策略埋下契机。对一个谈判老手来说，是决不会放过利用拟订谈判议程的机会来运筹谋略的。

（3）谈判议程内容要能够体现己方谈判的总体方案，统筹兼顾，引导或控制谈判的速度，以及己方让步的限度和步骤等。

（4）在议程的安排上，不要过分伤害对方的自尊和利益，以免导致谈判的过早破裂。

（5）不要将己方的谈判目标、特别是最终谈判目标通过议程和盘托出，使己方处于不利地位。

当然，议程由己方安排也有短处。己方准备的议程往往透露了自己的某些意图，对方可分析猜出，在谈判前拟订对策，使己方处于不利地位。同时，对方如果不在谈判前对议程提出异议而掩盖其真实意图，或者在谈判中提出修改某些议程，容易导致己方被动甚至谈判破裂。

5. 对方拟订谈判议程时己方应注意的问题

（1）未经详细考虑后果之前，不要轻易接受对方提出的议程。

（2）要给自己留有充分的思考时间。

（3）详细研究对方所提出的议程，以便发现是否有什么问题被对方故意摒弃在议程之外，或者作为用来拟订对策的参考。

（4）千万不要显出己方的要求是可以妥协的，应尽早表示己方的决定。

（5）对议程不满意，要有勇气去修改，决不要被对方编排的议程束缚住手脚。

（6）要注意利用对方议程中可能暴露的对方谈判意图，后发制人。

谈判是一项技术性很强的工作。为了使谈判在不损害他人利益的基础上达成对己方更为有利的协议，可以随时卓有成效地运用谈判技巧，但又不为他人觉察。一个好的谈判议程，应该能够驾驭谈判，这就好像双方作战一样，成为己方纵马驰骋的缰绳。你可能被迫退却，你可能被击败，但是只要你能够左右敌人的行动，而不是听任敌人摆布，你就仍然在某种程度上占有优势。更重要的是，你的每个士兵和整个军队都将感到自己比对方高出一筹。

当然，议程只是一个事前计划，并不代表一个合同。如果任何一方在谈判开始之后对它的形式不满意，那么就必须有勇气去修改，否则双方都负担不起因为忽视议程而导致的损失。

小思考 4

简述确定谈判议题的步骤

答：1. 把与本谈判有关的所有问题罗列出来，尽可能不遗漏。

2. 根据对己方利益是否有利的标准，将所列出的问题进行分类。

3. 尽可能将对己方有利和对己方危害不大的问题列入谈判的议题，而将对己方不利或危害大的问题排除在谈判的议题之外。

3.3　模 拟 谈 判

模拟谈判是商务谈判，尤其是大型商务谈判、国际商务谈判准备工作的不可或缺的重要组成部分。所谓模拟谈判，就是将谈判小组成员一分为二，或在谈判小组外再建立一个实力相当的谈判小组，由一方实施己方的谈判方案，另一方以对手的立场、观点和谈判作风为依据，进行实战操练、预演或彩排。

模拟谈判是在谈判正式开始前，选出某些人扮演谈判对手的角色，提出各种设想和臆测，从对手的谈判立场、观点、风格等出发，进行谈判的想象练习和实际演习，是正式谈判前的"彩排"。它是商务谈判准备工作中的最后一项内容。

知识点 3

模拟谈判的作用

（1）模拟谈判能使谈判人员获得一次临场的操作与实践，经过操练达到磨合队伍、锻炼和提高己方协同作战能力的目的。

（2）在模拟谈判中，通过互相扮演角色会暴露己方的弱点和一些可能被忽略的问题，以便及时找到出现失误的环节及原因，使谈判的准备工作更具有针对性。

（3）在找到问题的基础上，及时修改和完善原订方案，使其更具实用性和有效性。

（4）通过模拟谈判，使谈判人员在互相扮演中找到自己所充当角色的比较真实的感觉，可以训练和提高谈判人员的应变能力，为临场发挥做好心理准备。

3.3.1　模拟谈判的必要性

在谈判准备工作的最后阶段，本企业有必要为即将开始的谈判举行一次模拟谈判，以检验自己的谈判方案，而且也能使谈判人员提早进入实战状态。只要正确地进行想象练习和实际演习，就能获得功效，提高谈判能力。模拟谈判的必要性表现在以下几个方面。

1. 提高应对困难的能力

模拟谈判可以使谈判者获得实际性的经验，提高应对各种困难的能力。很多成功谈判的实例和心理学研究成果都表明，正确的想象练习不仅能够提高谈判者的独立分析能力，而且在心理准备、心理承受、临场发挥等方面都是很有益处的。在模拟谈判中，谈判者可以一次又一次地扮演自己，甚至扮演对手，从而熟悉实际谈判中的各个环节。这对初次参加谈判的人来说尤为重要。

2. 检验谈判方案是否周密可行

谈判方案是在谈判小组负责人的主持下，由谈判小组成员具体制订的。它是对未来将要发生的正式谈判的预计，这本身就不可能完全反映出正式谈判中出现的一些意外事情。同时，谈判人员受到知识、经验、思维方式、考虑问题的立场、角度等因素的局限，谈判方案的制订就难免会有不足之处和漏洞。事实上，谈判方案是否完善，只有在正式谈判中才能得到真正检验，但这毕竟是一种事后检验，往往发现问题为时已晚。模拟谈判是对实际正式谈判的模拟，与正式谈判比较接近。因此，能够较为全面严格地检验谈判方案是否切实可行，检查谈判方案存在的问题和不足，及时修正和调整谈判方案。

3. 训练和提高谈判能力

模拟谈判的对手是自己的人员，对自己的情况十分了解，这时站在对手的立场上提问题，有利于发现谈判方案中的错误，并且能预测对方可能从哪些方面提出问题，以便事先拟订出相应的对策。对于谈判人员来说，能有机会站在对方的立场上进行换位思索，是大有好处的。正如美国著名企业家维克多金姆说的那样："任何成功的谈判，从一开始就必须站在对方的立场来看问题。"这样角色的扮演，不但能使谈判人员了解对方，也能使谈判人员了解自己，因为它给谈判人员提供了客观分析自我的机会，注意到一些容易忽视的失误。例如在与外国人谈判时使用过多的本国俚语、缺乏涵养的面部表情、争辩的观点含糊不清等。

相关链接 6

模 拟 谈 判

1954 年，我国派出代表团参加日内瓦会议。因为是新中国成立以来第一次与西方打交道，没有任何经验，在代表团出发前，进行了反复的模拟练习。由代表团的同志为一方，其他人分别扮演西方各国的新闻记者和谈判人员，提出各种问题"刁难"代表团的同志。在这种对抗中，及时发现问题，及时给予解决。经过充分的准备，我国代表团在日内瓦会议期间的表现获得了国际社会的一致好评。

3.3.2　模拟谈判的任务与方法

1. 模拟谈判的主要任务

（1）检验己方谈判准备工作是否到位，各项安排是否妥当，计划方案是否合理。

（2）寻找己方忽略的环节，发现己方的优劣势，提出如何发挥优势、弥补劣势的策略。

（3）准备各种应变对策。在模拟谈判中，须对各种可能发生的变化进行预测，并在此基础上制订各种相应的对策。

（4）在以上工作的基础上，制订出谈判小组合作的最佳组合及谈判策略等。

模拟谈判的内容就是实际谈判中的内容。但为了更多地发现问题，模拟谈判的内容往往更具有针对性。模拟谈判的内容的选择与确定，不同类型的谈判也有所不同。如果这项谈判对企业很重要，谈判人员面对的又是一些新的问题，以前从未接触过对方谈判人员的风格特点，并且时间又允许，那么，模拟谈判的内容应尽量全面一些。相反，模拟谈判的内容也可少一些。

2. 模拟谈判的方法

1）全景模拟法

这是指在想象谈判全过程的前提下，企业有关人员扮成不同的角色所进行的实战性排练。这是最复杂、耗资最大但也往往是最有效的模拟谈判方法。这种方法一般适用于大型的、复杂的、关系到企业重大利益的谈判。在采用全景模拟谈判法时，应注意以下两点。

（1）合理地想象谈判全过程，如谈判的气氛、对方可能提出的问题、己方的答复、双方的策略、技巧等问题。合理的想象有助于谈判的准备更充分、更准确。所以，这是全景模拟法的基础。

（2）尽可能地扮演谈判中所有会出现的人物。这有两层含义：一方面是指对谈判中可能会出现的人物都有所考虑，要指派合适的人员对这些人物的行为和作用加以模仿；另一方面是指主谈人员（或其他在谈判中准备起重要作用的人员）应该扮演一下谈判中的每一个角色。

2）讨论会模拟法

这种方法类似于"头脑风暴法"。它分为两步：第一步，企业组织参加谈判人员和一些其他相关人员召开讨论会，请他们根据自己的经验，对企业在本次谈判中谋求的利益、对方的基本目标、对方可能采取的策略、己方的对策等问题畅所欲言。不管这些观点、见解如何标新立异，都不会有人指责，有关人员只是真实地记录，再把会议情况上报领导，作为决策参考。第二步，请人针对谈判中种种可能发生的情况、对方可能提出的问题等提出疑问，与谈判组成员——加以解答。

3）列表模拟法

这是最简单的模拟方法，一般适用于小型、常规性的谈判。通过对应表格的形式在表格的一方列出己方经济、科技、人员、策略等方面的优缺点和对方的目标及策略；在另一方则相应罗列出己方针对这些问题在谈判中所应采取的措施。这种模拟方法的最大缺陷在于它实际上还是谈判人员的一种主观产物。

3.3.3　模拟谈判的拟定假设

要使模拟谈判做到真正有效，还有赖于拟定正确的假设条件。

拟定假设是指根据某些既定的事实或常识，将某些事务承认为事实，不管这些事务现在（及将来）是否发生，但仍视其为事实进行推理。依照假设的内容，可以把假设条件分为三类，即对客观世界的假设、对谈判对手的假设和对己方的假设。

在谈判中，常常由于双方误解事实真相而浪费大量的时间，也许曲解事实的原因就在于一方或双方假设的错误。因此，谈判者必须牢记，自己所做的假设只是一种推测，如果把假设奉为必然去谈判，将是非常危险的。

拟定假设的关键在于提高假设的精确度，使之更接近事实。为此，在拟定假设条件时要注意以下几点。

（1）让具有丰富谈判经验的人做假设，这些人身经百战，提出假设的可靠度高。

（2）必须按照正确的逻辑思维进行推理，遵守思维的一般规律。

（3）必须以事实为基准，所拟定的事实越多、越全面，假设的准确度就越高。

（4）要正确区分事实与经验、事实与主观臆断，只有事实才是靠得住的。

3.3.4　模拟谈判的方式

模拟谈判的方式主要有下列两种。

1. 组成代表对手的谈判小组

如果时间允许，可以将自己的谈判人员分成两组，一组作为己方的谈判代表，一组作为对方的谈判代表；也可以从本企业内部的有关部门抽出一些职员，组成另一谈判小组。但是，无论用哪种办法，两个小组都应不断地互换角色。这是正规的模拟谈判，此方式可以全面检查谈判计划，并使谈判人员对每个环节和问题都有一个事先的了解。

2. 让一位谈判成员扮演对手

如果时间、费用和人员等因素不允许安排一次较正式的模拟谈判，那么小组负责人也应坚持让一位人员来扮演对方，对本企业的交易条件进行磋商、盘问。这样做也有可能使谈判小组负责人意识到是否需要修改某些条件或者增加一部分论据等，而且也会使本企业人员提前认识到谈判中可能出现的问题。

3.3.5　模拟谈判的总结

模拟谈判的目的在于总结经验，发现问题，提出对策，完善谈判方案。所以，模拟谈判的总结是必不可少的。

模拟谈判的总结应包括以下内容：对方的观点、风格、精神；对方的反对意见及解决办法；自己的有利条件及运用状况；自己的不足及改进措施；谈判所需情报资料是否完善；双方各自的妥协条件及可共同接受的条件；谈判破裂与否的界限，等等。

可见，谈判总结涉及各方面的内容，只有通过总结，才能积累经验，吸取教训，完善谈判的准备工作。

本 章 小 结

本章对商务谈判开始前的准备工作的内容进行了介绍。比较详细地介绍了商务谈判信息的分类和谈判信息搜集的内容；指出商务谈判的组织准备、谈判议程、时间和地点的选择及商务谈判方案制订的方法与技巧；表述了商务谈判的会务准备和现场布置；对模拟谈判的必要性、模拟谈判的内容、模拟谈判的拟定假设及其组织方法都给予了理论的阐述。从某种意义上说，谈判准备工作的充分与否将直接影响到谈判能否成功。为了成功地进行商务谈判，必须充分做好谈判前的各项准备工作。

关键术语

谈判环境信息　谈判对方信息　竞争对手资料　问卷法　谈判方案　谈判议题　通则议程　细则议程　模拟谈判

复习思考题

1. 谈判信息在商务谈判中的作用有哪些？

2. 如何搜集谈判对手的信息资料？

3. 如何做好商务谈判信息传递和保密工作？

4. 如何确定谈判目标？选择谈判时间的长短应考虑哪些因素？

5. 你是如何认识模拟谈判的必要性的？模拟谈判方式有哪些？

6. 测试题：测试你的自制力。

根据下列问题回答：　A. 是　　　B. 否　　　C. 从不

（1）你是否常常会因为一件小事而产生新的想法？

（2）你是否对某件事下决心时不做充分思考？

（3）你是否特别关心别人的某种暗示？

（4）你是否对一件事先热后冷最终放弃？

（5）你是否对他人的看法很在意？

（6）你是否对细小的刺激很敏感？

（7）你是否对有兴趣的事立即表现为行为？

（8）你是否很容易被别人发动起来？

（9）你在做某件事时是否带有机械性？

（10）你是否会一瞬间做出一些莫名其妙的事来？

（11）你是否为一点点不满发很大牢骚？

（12）你是否在做事情时情感色彩很浓？

（13）你是否为一个还未弄清楚的观点而做事情？

（14）你在学习中稍遇阻力时是否总叫嚷："我不懂，真没意思。"

（15）尽管看起来达不到目的，你是否仍然要蛮干下去？

（16）你是否总凭刹那间的印象来生活？

（17）你是否把恼气或反抗认为是不屈不挠、有骨气？

（18）你是否在要好同学身边甘做附庸？

（19）考试成绩不理想时你是否埋怨老师教学水平低而不认为自己有不足之处？

（20）你对不称心的事是否根本就不想干？

说明：每一题选择 A 得 0 分，选择 B 得 1 分，选择 C 得 3 分，累计总得分。

得分在 8 分以下者，说明你缺乏自制力，不是通常所说的"没长劲"那种，是自以为是、非常愿意钻牛角尖的那种。

得分 9～15 分者，说明你具有正常的自制力，稍加辅导和鼓励，你就会建立起持之以恒的恒心。

得分 16 分以上者，说明你具有超常的自制力，这种情况下不再需要更多的压力，相反，应该多调节你的课外活动。

案例分析与讨论

案例 1　确定目标

中国香港的丝绸市场长期以来是中国内地、日本、韩国、中国台湾和中国香港几大制造商的天下。然而中国内地生产的丝绸产品由于花色品种和质量等问题在香港的市场份额大幅度下降。企业的生存面临着极大的挑战。为改变这一不利状态，苏州丝绸厂决定开发新产品，拓展新市场，向欧美市场进军。在经过一番周密的市场调研后，苏州丝绸厂根据消费者的喜好、习惯和品位及新的目标市场的特点和文化背景，开始小批量地生产各种不同花色、不同风格、不同图案的丝绸产品，力求满足不同层次、不同背景的人群需要。

苏州丝绸厂的产品平均成本价的构成为：原料坯绸的价格是每码（1 码＝0.914 4 米）5 美元，印染加工费是每码 2.48 美元。同类产品在欧洲市场上的最高价格可以卖到每码 30 美元，在香港的平均零售价是每码 15 美元左右。现有一位法国商人预购进一批丝绸产品，前来苏州丝绸厂洽谈购买事宜。

问题：

1. 结合案例，分析你设定的最低目标、可以接受的目标、最高期望目标各是多少？

2. 说明理由并进行结果评议。

案例 2　信息的搜集

20 世纪 60 年代中国与日本进行石油设备贸易谈判。60 年代中期，中国发现了大庆油田，但当时我国对外是严格封锁消息的。1966 年 7 月，《中国画报》封面上刊登了大庆石油工人艰苦创业的照片。画面上，工人们身穿棉袄，冒着鹅毛大雪奋战在钻井平台上。据此，日本人得出结论，大庆油田可能在东北三省北部某地，因为中国其他地区很难下这么大的雪。接着，日本人又注意到《人民日报》报道，王进喜到了马家窑，豪迈地说：好大的油海啊，我们要把中国石油落后的帽子扔到太平洋里去。于是，日本人找来地图，发现马家窑是位于黑龙江省海伦县（今海伦市）东南的一个村子。以后日本人又根据日文版的《人民中国》介绍，中国工人阶级发扬"一不怕苦，二不怕死"的精神，肩扛人抬将设备运到现场，推断石油钻井离马家窑很近，又根据当年王进喜出席第三届人民代表大会，推断大庆油田出油了。最后，日本人又根据大庆油田钻塔的照片，推算出油井的直径，由当时的中国全国石油总产量减去原有产量，算出大庆油田的石油总产量。在此基础上，日本人设计了适合大庆油田操作的石油设备，当我国突然向外界宣布在国际上征求石油设备设计方案时，日本人由于准备充分而一举中标。

问题：

1. 从案例讨论中你得到怎样的启示？

2. 与本次谈判有关的政治、经济、文化及行业信息主要有哪些？

3. 日方了解更多我方内部情况的途径有哪些？

实训练习与操作

实训练习 1

【实训目标】

谈判相关环境的调查模拟。

【实训内容】

宁波牛奶集团是一家生产乳制品的地方知名企业。你的公司是一家生产包装材料的厂家。公司准备派你开发宁波市场，希望能成为宁波牛奶集团公司的供货商。你的公司并没有与该公司发生过业务关系，对该公司并不了解。宁波是你公司准备新开拓的市场，拿下这家集团公司的订单对你们意义重大。

假设你的生产成本是 5 000 元/吨，市场平均价格是 5 700 元/吨。

要求：1. 通过中国乳制品协会了解近几年乳制品行业的发展状况，行业的行规、惯例等，顺便查询该企业是否为该协会会员。如果是，尽可能查询更多的信息资料，如年产量、年产值等。

2. 通过近几年的《宁波市政府工作报告》及《浙江省统计年鉴》了解浙江省近几年的

经济发展状况，特别是与乳制品生产相关的制造业数据。通过《浙江省统计年鉴》查询浙江省乳制品年产量、年产值等。

3. 通过"中国质量技术监督局"网站了解乳制品质量技术标准，重点了解与我们相关的包装标准部分。

4. 学生分组，每组 5～6 人，设组长 1 名，安排 2 组做好充分的谈判准备工作，以确保谈判的成功。安排 1 组学生进行点评。时间 30 分钟。

提示：了解对方情报并加以分析对谈判非常重要。

实训练习 2

【实训目标】

通过互联网搜索查询浙江省主要城市的发展状况，为模拟谈判准备资料。

【实训内容】

1. 通过互联网搜索引擎输入"杭州""宁波""温州"等查询，可找 3 个城市的一些知名网站，如浙江省政府网站，杭州、宁波、温州等市政府网站等。通过这些网站了解宁波的相关政治、经济、文化、风俗、礼仪、习惯等。

2. 查询与 3 个城市相关的地方法规、投资优惠政策、税收优惠政策等。

3. 提前一周安排学生分组，每组 5～6 人，设组长 1 名，3 组做好资料查询的准备工作。分别安排另外的 3 组学生进行提问与分析点评。时间 25～30 分钟。

实训练习 3

【实训目标】

信息的准备与整理，拟订模拟谈判方案。

【实训内容】

若你是某公司的谈判人员，国外 A 公司是第一次与你公司做交易，准备购买你公司的产品，领导要求你搜集有关的谈判信息，你需要搜集哪些信息？通过哪些渠道搜集？对这些信息怎样进行分析、整理呢？请你写出一个方案来。

要求：提前一周安排学生分组，每组 5～6 人，设组长 1 名，安排 2 组做好充分的信息搜集准备、分析与整理工作，设计一个谈判方案。可以参考教材附录 B 部分。另安排 2 组学生进行点评。时间 30 分钟。

实训练习 4

【实训目标】

模拟谈判实训操作演练。

【实训内容】

1. 要求：

(1) 学生分成 A 组和 B 组的谈判队伍，人员安排自我讨论决定。

(2) 谈判者做好谈判前的谈判方案准备（书面化），设计若干组问题，并评价其有效性。

（3）提前 3 周安排 2 组学生进行准备，安排 2 学时进行模拟谈判演示。评议表参考教材附录 B 部分。

2. 规程：

1）开局阶段

此阶段为谈判的开局阶段，双方面对面，但一方发言时，另一方不得抢话头发言或以行为进行干扰。开局可以由一位选手来完成，也可以由多位选手共同完成，剩 1 分钟时有铃声提示。发言时，可以展示支持本方观点的数据、图表、小件道具和 PPT 等。

开局阶段，双方应完成以下内容。

（1）入场、落座、寒暄都要符合商业礼节。相互介绍己方成员。

（2）有策略地向对方介绍己方的谈判条件。

（3）试探对方的谈判条件和目标。

（4）对谈判内容进行初步交锋。

（5）不要轻易暴露己方底线，但也不能隐瞒过多信息而延缓谈判进程。

（6）在开局结束的时候最好能够获得对方的关键性信息。

（7）可以先声夺人，但不能以势压人或者一边倒。

（8）适当运用谈判前期的策略和技巧。

2）谈判中期阶段

此阶段为谈判的主体阶段，双方随意发言，但要注意礼节。

此阶段双方应完成以下内容。

（1）对谈判的关键问题进行深入谈判。

（2）使用各种策略和技巧进行谈判，但不得提供不实、编造的信息。

（3）寻找对方的不合理方面及可要求对方让步的方面进行谈判。

（4）为达成交易，寻找共识。

（5）获得己方的利益最大化。

（6）解决谈判议题中的主要问题，就主要方面达成意向性共识。

（7）出现僵局时，双方可转换话题继续谈判，但不得退场或冷场超过 1 分钟。

（8）双方不得过多纠缠与议题无关的话题或就知识性问题进行过多追问。

（9）注意运用谈判中期的各种策略和技巧。

3）最后谈判（冲刺）阶段

本阶段双方应完成以下内容。

（1）对谈判条件进行最后交锋，必须达成交易。

（2）在最后阶段尽量争取对己方有利的交易条件。

（3）谈判结果应该着眼于保持良好的长期关系。

（4）进行符合商业礼节的道别，互相表示感谢。

3. 演习内容：

<h2 style="text-align:center">保健品项目合资合作</h2>

谈判 A 方：某品牌绿茶公司（卖方）

谈判 B 方：某建材公司（买方）

谈判 A 方背景资料：

1. 品牌绿茶：产自美丽而神秘的某省，它位于中国的西南部，海拔超过 2200 米。在那里优越的气候条件下生长出优质且纯正的绿茶，它的茶多酚含量超过 35%，高于其他（已被发现的）茶类产品。茶多酚具有降脂、降压、减少心脏病和癌症的发病概率的功效。同时，它能提高人体免疫力，并对消化、防御系统有益。

2. 已注册生产某一品牌绿茶，品牌和创意都十分不错，品牌效应在省内正初步形成。

3. 已经拥有一套完备的策划、宣传战略。

4. 已经初步形成了一系列较为顺畅的销售渠道，在全省某一知名连锁药房及其他大型超市、茶叶连锁店都有设点，销售状况良好。

5. 品牌的知名度还不够，但相信此品牌在未来几年内将会有非常广阔的市场前景。

6. 缺乏足够的资金，需要吸引资金，用于：

（1）扩大生产规模；

（2）扩大宣传力度。

7. 现有的品牌、生产资料、宣传策划、营销渠道等一系列有形资产和无形资产，估算价值 300 万元人民币。

（除以上内容外，谈判代表还应自行查找一些相应的茶产品、茶叶市场等资料，以供谈判使用）

谈判 A 方谈判内容：

1. 要求 B 方出资额度不低于 50 万元人民币；

2. 保证控股；

3. 对资产评估的 300 万元人民币进行合理的解释（包含：品牌、现有的茶叶及制成品、生产资料、宣传策划、营销渠道等）；

4. 由己方负责进行生产、宣传及销售；

5. B 方要求年收益达到 20% 以上，并且希望 A 方能够拿出具体方案保证其能够实现；

6. B 方要求 A 方对获得资金后的使用情况进行解释；

7. 风险分担问题（提示：例如可以购买保险，保险费用可计入成本）；

8. 利润分配问题。

谈判 B 方背景资料：

1. 经营建材生意多年，积累了一定的资金。

2. 准备用闲置资金进行投资，由于近几年来保健品市场行情不错，投资的初步意向为保健品市场。

3. 投资预算在 150 万元人民币以内。得知 A 方要求出资额度不低于 50 万元人民币。

4. 希望在一年内能够见到回报，并且年收益率在 20% 以上。

5. 对保健品市场的行情不甚了解，对绿茶的情况也知之甚少，但 A 方对其产品提供了相应资料：该绿茶产自美丽而神秘的某省，它位于中国的西南部，海拔超过 2 200 米，在那里优越的气候条件下生长出优质且纯正的绿茶，它的茶多酚含量超过 35%，高于其他（已被发现的）茶类产品。茶多酚具有降脂、降压、减少心脏病和癌症的发病概率的功效。同时，它能提高人体免疫力，并对消化、防御系统有益。

6. 据调查得知 A 方的绿茶产品已经初步形成了一系列较为畅通的销售渠道，在全省某一知名连锁药房销售状况良好，但知名度还有待提高。

（除以上内容外，谈判代表还应自行查找一些相应的茶产品、茶叶市场等资料，以供谈判使用）

谈判 B 方谈判内容：

1. 要求由 A 方负责进行生产、宣传及销售；

2. 要求 A 方对资产评估的 300 万元人民币进行合理的解释；

3. 如何保证资金的安全，对资金的投入是否会得到回报及其保障措施进行相应的解释；

4. B 方要求年收益达到 20% 以上，并且希望 A 方能够拿出具体方案保证其能够实现；

5. B 方要求 A 方对获得资金后的使用情况进行解释；

6. 风险分担问题（提示：例如可以购买保险，保险费用可计入成本）；

7. 利润分配问题。

双方共同谈判目标：

1. 解决双方合资（合作）前的疑难问题。

2. 达到合资（合作）目的。

第4章

商务谈判的沟通

内容简要

    沟通是将某一信息（或意思）传递给客体或对象，以期取得客体做出相应反应效果的过程。本章讲授的谈判沟通内容，包括谈判的说、听、问方面的语言沟通技巧和神态、举止方面的非语言沟通技巧。

学习目标

    通过本章的学习，使学生了解和掌握以下知识点：

    1. 了解沟通的重要性，熟悉商务谈判中的语言沟通；

    2. 掌握如何把习惯语言转换成专业语言，学会利用语言实现有效的沟通；

    3. 学习非语言沟通在商务谈判中的运用；

    4. 学习如何在谈判中充分利用行为、声音、神态去发掘谈判对手的意图和意向，并在谈判中恰当地使用行为语言正确传递我方意愿。

    沟通（communication）是人与人之间通过语言、文字、符号或其他的表达形式，进行信息传递和交换的过程。沟通也是人与人之间思想感情的交流。传达的主要内容包括信息、感情、思想等。沟通是一种具有反馈功能的程序，沟通的特点表现为被传送的不仅是语言文字，还包括动作、行为，以及思想、观点、态度和其他各种信息，目的是说明事物，通过陈述事实，引起对方思考，从而达到影响对方见解的目的。或者为了增进彼此双方的了解，表达情感，建立问候，增进群体的和谐。沟通的形式有对话、书信、肢体语言等。

    沟通讲究准确性、完整性、及时性、策略性的原则，准确性即表达的意思要准确无误；完整性是指表达的内容要全面完整；及时性强调沟通要及时、迅速、快捷；策略性要求注意表达的态度、技巧和效果。

    沟通有人际沟通、工作沟通、商务沟通。人际沟通，目的是建立良好关系，核心是关系导向；工作沟通，目的是做好工作，核心是准确与效率；商务沟通，目的是赢得顾客，核心是目的导向。商务谈判中的沟通涵盖了这三者的内容，谈判中的沟通更复杂，要求就更高。

在商务沟通中，谈判人员应该多采用建设性沟通。所谓建设性沟通，是指在不损害、甚至在改善和巩固人际关系的前提下，帮助人们进行确切、诚实的人际沟通方式。

建设性沟通的本质是进行换位思考，站在对方立场思考问题，以"对方需要什么"作为思考的起点，不但有助于问题的解决，而且能更好地建立并强化良好的人际关系。谈判人员不要简单地认为所有人都和自己的认识、看法是一致的，对待不同的人，要采取不同的模式，要用听得懂的"语言"与别人沟通。商贸往来就是和客户沟通，沟通就等于销售，销售的过程就是如何和客户建立关系的过程。有关专家统计过，整个销售成功的过程，语言占38%，谈话时的动作占55%，谈话的内容只占7%。也就是说生意成功的关键在于语言和动作。营销人员应该认真想想商务谈判中语言内容的分配。有关专家统计，整个谈话的过程，80%是和客户闲聊，只有20%的语言是用于谈业务。如果我们要走访客户，一定要做好语言的准备，客户时间紧的时候，如何在5分钟内把自己的来意说清楚，和客户交谈半个小时需要准备哪些语言，和客户交谈一个小时需要准备哪些语言。所以一个专业的商务人员一定要检查自己有没有专业化的着装、专业化的修饰和专业化的语言。

相关链接1

有效沟通的九项行为技巧

1. 目光交流 2. 姿势 3. 面部表情 4. 衣着和装扮 5. 声音变化 6. 语言和停顿的运用 7. 聆听者的积极参与 8. 幽默 9. 自我风格

良好沟通不仅使组织内部能有效地衔接、形成合力、较好地发挥企业整体力量，而且是与外部合作、和谐共处，并取得外部支持的润滑剂，也是获得外部环境信息、进行决策的保障。

商务谈判的沟通是谈判双方或多方主体以追求利益最大化为目的，不断地交换相互需求信息，并做出决策的过程。其沟通主要方式是语言沟通（含电话）和非语言沟通，本章主要介绍的是这两部分内容。

小思考1

沟通中应用换位思考的技巧

1. 不要强调你为对方做了什么，而要强调对方能获得什么或能做什么。例如，非换位方式：今天下午我们会把你们9月21日的订货装船发运。换位方式：你们订购的两集装箱服装将于今天下午装船，预计在9月30日抵达贵处。

2. 涉及褒奖内容时，多用"你"而少用"我"，把叙述重点放在对方，而不是你或你的公司。例如，非换位方式：我们为所有的员工提供健康保险。换位方式：作为公司的一员，你会享受到健康保险。

3. 涉及贬义的内容时，避免使用"你"为主语，以保护对方的自我意识。例如，非换位方式：你在发表任何以在该机构工作经历为背景的文章时，必须要得到主任的同意。换位方式：本机构的工作人员在发表以在此工作经历为背景的文章时，必须要得到主任的同意。

4.1 谈判中的语言沟通

4.1.1 认识语言沟通

语言沟通是指通过对语言的处理，从语言的文化环境、记录、行为、方式等方面进行分析和筛选，以缩小交流障碍和协调关系，使信息得以被目标受众传播和理解。在语言交流中我们可以获得很多我们需要的信息，而且语言可以反映一个人的道德修养、学识水平、思辨能力，通过语言沟通，很多难题可以找到解决方法。所以要想使自己获得较强的语言沟通能力就要从细节开始入手。

随着市场经济的发展，企业之间的商务谈判越来越多。企业的繁荣、萧条，很大程度上取决于谈判桌上的成败得失。所以现在很多企业都有专业的谈判人员或营销人员从事该项业务。因为专业的谈判人员可以使企业获得更多的机会，创造更多的利润。相反，一个人讲话时条理不清、思路紊乱，这样很难打动听众，因为人们会认为他几乎说不出什么值得大家注意的东西，更不要说靠语言实现利润了。所以在谈判桌上，谈判者除了具有事业心和责任感外还要具有巧妙的谈判技巧和口才。

为了追求相对利益的最大化，谈判的主体深深地隐蔽其真实意图和目的，以获取最佳的交易机会。即使你的报价是最低的或者是对方可以接受的最低的水平，他仍然可能以拒绝接受你的报价来进行讨价还价。这种隐蔽性导致顺利沟通和相互理解变得十分困难。要越过这个障碍，若纯靠气势和优势来压人，则虽胜不荣，必须借助语言的魅力进行沟通，将赤裸的利益之争，通过心智与语言的较量，赢得伟大而又光荣，让对方诚服，此为谈判之"精髓"。所以语言沟通有灵活而不失原则，创新而又不忘规范，内容与形式并重的特点。语言沟通讲究得体、准确、委婉、通俗、简洁、礼貌、尚美的基本原则。

1. 商务谈判语言的类型

（1）依据语言的表达方式不同，商务谈判语言可以分为有声语言和无声语言。

（2）按语言表达特征，商务谈判语言可分为专业语言、法律语言、外交语言、文学语言、军事语言等。

2. 语言艺术在商务谈判沟通中的作用

（1）语言艺术是商务谈判中表达自己观点的有效工具。

（2）语言艺术是通向谈判成功的桥梁。

（3）语言艺术是实施谈判策略的主要途径。

（4）语言艺术是处理商务谈判中人际关系的关键。

小思考 2

商务谈判沟通中运用语言艺术的原则

（1）客观性原则　　　（2）针对性原则　　　（3）逻辑性原则

（4）隐含性原则　　　（5）规范性原则　　　（6）说服力原则

知识点 1

语言的沟通漏斗

语言的沟通漏斗如图 4-1 所示。

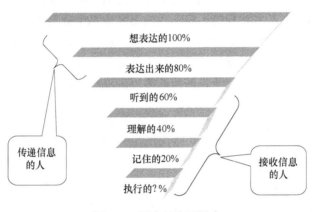

图 4-1　语言的沟通漏斗

---

3. 商务谈判语言沟通表达方式与要点

在谈判中，语言表达能力十分重要，因为叙事清晰、论点明确、证据充分的语言表达，能够有力地说服对方，取得相互之间的谅解，协调双方的目标和利益，保证谈判的成功。正如谈判专家指出的那样：谈判技巧的最大秘诀之一，就是善于将自己要说服对方的观点一点一滴地渗进对方的头脑中去。

在商务谈判中，运用语言进行沟通的技巧包括："听""问""答""叙""辩""说服"六大要诀与技巧。在以上六大技巧中，本节主要分析的语言沟通技巧包括说与陈述技巧，发问与提问技巧，说服的技巧，倾听技巧和回答的技巧。

1）谈判中的语言表达基本要求

在谈判中，双方的接触、沟通与合作都是通过语言表达来实现的，说话的方式不同，对方接受的信息，做出的反应也都不同。这就是说，虽然人人都会说话，但说话的效果却取决于表达的方式。

（1）准确无误地陈述谈判者的意图，表达双方各自的目的与要求。

谈判双方代表聚在一起，讨论某项交易内容，首先要介绍各自的观点、要求。能否运用语言把它明确、清晰简要地表达出来，这就要看谈判者的说话艺术了。

（2）说服对方，达成一致。

在谈判中，谈判者常常为各自的利益争执不下，这时，谁能说服对方接受自己的观点，做出让步，谁就获得了成功。反之，不会说服，就不能克服谈判中的障碍，也就不能取得谈判的胜利。

当你提出一个论点要对方理解和接受时，首先必须清楚地说明它的作用，特别是对对方的好处。许多实际经验表明，强调双方处境的相同、愿望的一致，要比强调双方的差异、分歧更能使人理解和接受。当你认为某一问题十分重要，必须要取得对方的谅解与合作时。可以试验着从多个角度去阐述。正面不行，侧面进攻；直接不行，迂回进攻，使对方在不知不觉中接受了你的观点。

需要指出的是，讲话时尽量避免以辩解的口气说话，如果这样做，就会显得比对方矮一截而失去气势。所以，在谈判中保持不卑不亢的态度也是十分重要的。

首先，要说服对方就必须认真听取对方的要求，进而明确哪些要求可以理解，哪些要求可以接受，哪些要求必须拒绝，寻找机会把正在争论的问题和已经解决的问题联系在一起。这样，既可以使对方认识到不能让争执的问题影响协议的达成，又可以促使对方改变坚持的立场，做出妥协。

其次，要说服对方，运用实例证明或逻辑分析也十分有效。善于劝说的人大都清楚人们做事主要受个人的具体经验影响，抽象地讲大道理远不如运用经验和实例更有说服力。

最后，要说服对方，必须要寻找对方能接受的谈话起点，即寻求与对方思想上的共鸣。先表示出自己对对方的理解，然后步步深入，把自己的观点渗透到对方的头脑中，不能急于求成，否则，往往事与愿违。

（3）缓和紧张气氛，融洽双方关系。

谈判是双方面对面的交锋，它自始至终受谈判气氛影响。气氛是随双方的交谈而不断变化的，形成一个和谐融洽的谈判气氛，往往需要双方的艰苦努力，而要破坏它，可能仅仅是一两句话。所以，精明的谈判者，往往在语言表达、措辞上都十分谨慎、小心。即使是讨论双方的分歧问题，也决不会轻易发火、指责，当然，更不会出现污辱人格、伤害感情的语言。

创造良好的谈判气氛，开局也很重要。一般来讲，不能双方刚一接触，就马上开始谈正题，弄不好会适得其反，在进入正题前，要选择一些其他话题，中性话题是大家公认的较好的话题。

中性话题的范围很广，一切和正题不相干的话题都是中性的，这里我们把它归纳为四个方面：一是来访者旅途的经历；二是体育新闻或文娱消息；三是个人的爱好；四是双方熟悉的有关人员等。通过对题外话的简单交谈，双方的心理距离就比较接近了，气氛也融洽了，再谈正题就显得自然、不唐突。但是，中性话题也有积极、消极之分，谈判人员应设法避免令人沮丧的话题。

2）谈判中语言沟通的表达方式

（1）委婉表达。

有些不宜直接说出来的话，需采取委婉、含蓄的表达方式，因委婉表达能有效地融和紧张的谈判气势，打破僵局，摆脱窘迫、尴尬的局面和避免矛盾。它并不意味着说话音调和态度的软弱。如善用温和的言辞，善用感情移入法，善于用提供"台阶"给他人"留面子"等。

（2）模糊表达。

模糊表达不仅能够改善谈判气氛，使谈判能顺利地进行，还能试探出对方的真正意图和问题所在，寻求和扩大共同点，以期达到最后的共识。

（3）得体表达。

谈判双方常喜欢宣讲自己的优点、优势和所取得的成就等，往往过激，且咄咄逼人。为此，谈判双方应遵循得体和礼貌的表达原则。

（4）辩论表达。

辩论的关键在于"说"和"陈述"。陈述要明确，论据要充分，论证要有逻辑性。

3）谈判中语言沟通的表达要点

说话总要表达某种内容、观点，传达一些信息。在这个前提下，说话技巧就是关键因素。小则可能影响谈判者个人之间的人际关系，大则关系到谈判的气氛及谈判的成功与否。语言表达是非常灵活、非常有创造性的。因此，几乎没有特定的语言表达技巧适合所有的谈话内容，就商务谈判这一特定内容的交际活动来讲，语言表达应注意以下几个方面。

（1）准确、正确地应用语言。

谈判就是协商合同条款，明确双方各自的权利、义务，因此，不要使用模棱两可或概念模糊的语言。当然，在个别的时候，出于某种策略需要则另当别论。

在谈判中，运用准确的语言，还可以避免出现误会与不必要的纠纷，掌握谈判主动权。

（2）不伤对方的面子与自尊。

在谈判中，维护面子与自尊是一个极其敏感而又重要的问题。许多专家指出，在洽商中，如果一方感到失了面子，即使是最好的交易，也会留下不良后果。当一个人的自尊受到威胁时，他就会全力防卫自己，对外界充满敌意，有的人反击，有的人回避，有的人则会变得十分冷淡。这时，要想与他沟通交往，则会变得十分困难。

在多数情况下，丢面子、伤自尊心都是由于语言不慎造成的。最常出现的情况是由双方对问题的分歧，发展到对对方的成见，进而出现对个人的攻击与指责。

当对方提出某种观点，而你并不同意时，你可以说："根据你的假设，我可以推知你的结论，但是你是否考虑到……"而不是直接说："你们的意见是建立在片面考虑自身利益的基础上，我们不能接受。"前者既指出了对方用意的偏颇，表明了我方的态度，又避免了直接正面冲突，从而避免了招致对方不满的可能。而后者，虽然维护了己方立场，但很可能激怒对方。

小思考 3

在谈判中应避免的语言主要包括几个方面？

第一，极端性的语言。第二，针锋相对的语言。第三，涉及对方隐私的语言。第四，有损对方自尊心的语言。第五，催促对方的语言。第六，赌气的语言。第七，言之无物的语言和无意识的口头禅习惯。第八，以我为中心的语言。第九，威胁性的语言。第十，模棱两可的语言。

（3）注意说话的方式与技巧。

讲话过程中的一些细节问题，如停顿、重点、强调、说话的速度等，往往容易被人们忽视，而这些方面都会在不同程度上影响说话的效果。

一般来讲，如果说话者要强调谈话的某一重点时，停顿是非常有效的。试验表明，说话时应当每隔 30 秒停顿一次，一是加深对方印象，二是给对方机会，对提出的问题进行思考或加以评论。当然，适当的重复，也可以加深对方的印象。有时，还可以运用加强语气或提高说话声音以示强调或显示说话者的信心和决心。这样做要比使用一长串的形容词效果要好。

说话声音的改变，特别是如能恰到好处地抑扬顿挫，会使人消除枯燥无味的感觉，吸引听者的兴趣。此外清晰、准确的发音，圆润动听的嗓音，也有助于讲话的效果。

在商务洽谈中，应注意根据对方是否能理解你的讲话，以及对讲话重要性的理解程度，控制和调整说话的速度。在向对方介绍谈判要点或阐述主要议题时，说话的速度应适当减慢，要让对方听清楚，并能记下来。同时，也要密切注意对方的反应。如果对方感到厌烦，那可能是因为你过于详细地阐述了一些简单易懂的问题，说话啰唆或一句话表达了太多的意思。如果对方的注意力不集中，可能是你说话的速度太快，对方已跟不上你的思维了。

总之，你要收到良好的说话效果，就必须注意说话的方式。

此外，谈话中的随机应变也是十分重要的。语言的运用要达到说服人的效果，针对说话对象、客观环境的变化灵活调整是十分重要的。语言的魅力或艺术性，就在他的创造性。只有创造性的语言，才具有鲜活的生命力，才能很好地发挥作用。

4.1.2　说与陈述的技巧

陈述是谈判的开篇，所以陈述的好与坏关系到谈判是否能够顺利进行。陈述阶段，词语、语意、语态的表达一定要准确，而且尽量讲述事实，不要掺杂太多的情感因素。尽量做到客观、有理有据。同时，要陈述的有目的性，清晰明了地表明我方观点。

1. 商务谈判中"说"的四要点

（1）讲究语言表达的基本功，关注语法、词汇、修辞、语气、语调的作用。

（2）讲究"词语"之美。多说商量、尊重的话；多说宽容、谅解的话；多说关怀、体贴的话；多说赞美、鼓励的话。

（3）选择"说"的环境。环境嘈杂时不说；环境于己方不利时不说；善于营造最佳环境。

（4）选择"说"的时机。对方心情不好时不说；对方专注于其他事情时不说；对方抗拒时不说；善于把握最佳时机。

相关链接 2

电话中说与陈述的沟通技巧

1. 打电话注意要点

（1）理清自己的思路；（2）养成随时记录的习惯；（3）立即表明自己的身份；（4）确

定对方是否有时间；（5）表明打电话的目的；（6）给对方足够时间反应；（7）避免与身边的人交谈；（8）设想对方要问的问题；（9）简洁道歉；（10）不要占用对方过多时间。

2. 接电话注意要点

（1）随时记录；（2）自报家门；（3）转入正题；（4）避免电话中止时间过长。

3. 电话沟通四戒

（1）出言不逊——"伤人"；（2）故弄玄虚——"吓人"；（3）没话找话——"烦人"；（4）没完没了——"害人"。

---

2. 说与陈述语言的基本要求

1）陈述时尽量使用愉快用语

陈述我方观点时主要是为了与对方找到解决问题的答案，所以尽量要使用愉快的语言。比如："如果我讲错的话，请您给予纠正。""我们很感谢你方的努力工作。"这样富有弹性的语言可以给对方留下好印象，而且也给我们一个语言空间。

2）陈述时要考虑对方的感受

陈述时应该换位思考，站在对方的立场上考虑以下几个问题：我怎么陈述他们才能肯定我方？如何说才能使对方情绪放松？哪个方面是陈述的重点，应该放在前面陈述还是放在最后陈述？这样才能避免我们的陈述走极端，不会在谈判的开始就制造敌对气氛。

3）简明扼要、准确且有条理

开场陈述阶段，是对方能否对我方的问题感兴趣的重要阶段，所以不适合长篇大论。第一次陈述问题就要说准确了，因为开始就错误的话只会把自己陷入不利的境地。而且陈述阶段，问题的先后顺序要考虑清楚，人们的注意力在问题开始时会比较集中，那么我们争议最大的问题最好不要放在前面来说。先寻找容易解决的，而且双方易于接受的来说。条理性是非常重要的，只有条理清楚对方才能够听清楚我方的立场、意愿。

4）发言紧扣主题

陈述阶段不应该有与主题无关的问题出现，所以陈述阶段不要把与本次谈判无关的问题牵扯到谈判桌上，这只是在浪费双方的时间，而且消磨了对方的耐心。

总之，陈述阶段我方需要做的就是表明我方的立场、原则，让对方明白我方此次谈判的意图。

3. 谈判陈述要点

在谈判中，陈述表达要阐述自己的观点及具体方案、方法、立场，因此必须注意以下几点。

（1）尽量使对方能够听懂你的叙述，少用生僻、晦涩的专业术语，以简明语言解释、表达。

（2）谈判中间，不谈与主题没有多大联系的事，避免显得没有诚意。

（3）叙述的内容要与资料相符合，切忌风马牛不相及，以免给对方造成乱说一气的印象。

（4）在叙述中，特别注意数字的表达，如价值、价格、兑换率、日期、增长率等，不要使用"大概""可能""也许"等词语。

4. 在陈述中，巧妙发挥专业用语的优势

1) 专业用语的优势

谈判在保持一个积极的态度时，沟通用语也应当尽量选择体现正面意思的词。如果一个客户就产品的一个问题几次向你询问，你想表达你一定会处理好这个问题，于是你说："我不会再让您重蹈覆辙。"这里"重蹈覆辙"的表达就不好，仿佛是你发现了对方曾经的错误行为。这样表达更好："我这次有信心，这个问题不会再发生。"对于对方来讲，你是朋友，也是重要的合作伙伴。又比如，你想给客户以信心，说："这次的产品并不比上次的那个差。"这样的表达方式说明的是两次都存在缺陷。而换一种说法："这次比上次的情况好。"这就感觉有优势，效果也就不一样了。

谈判中用专业用语简洁明了，更容易被对方接受，体现了一定的专业态度，能够增加好感和印象。

下面的例子，在习惯用语和专业用语的表达中，专业用语表达的优势很明显。

（1）习惯用语：问题是那个产品都卖完了。

专业表达：由于需求很高，我们暂时没货了。

（2）习惯用语：你怎么对我们公司的产品老是有问题。

专业表达：看上去这些问题很相似。

（3）习惯用语：我不能给你他的手机号码。

专业表达：您最好向他本人询问他的手机号。

（4）习惯用语：我不想给您错误的建议。

专业表达：我想给您正确的建议。

（5）习惯用语：你没有必要担心这次修后又坏。

专业表达：你这次修后尽管放心使用。

2) 专业表达善用"我"代替"你"

有些专家建议，在下列的例子中尽量用"我"代替"你"，可以增加对方的好感。

（1）习惯用语："你叫什么名字？"

专业表达："请问，我可以知道你的名字吗？"

（2）习惯用语：" 你必须……"

专业表达："我们要为你那样做，这是我们的工作职责。"

（3）习惯用语："你怎么就不明白呢，不是你想的那样的！"

专业表达："对不起，是我没说清楚，我是想说它运转的方式有些不同。"

（4）习惯用语："如果你需要我的帮助，你必须……"

专业表达："我愿意帮助你，但首先你要帮我一个小忙……"

（5）习惯用语："你做错了……"

专业表达："我的结果好像和你的不一致，让我们一起来看看到底怎么回事。"

（6）习惯用语："听着，那没有坏，本来就是这样的，你不懂。"

专业表达："这样啊，你先别急，我们一起找一下问题所在吧。"

（7）习惯用语："听着，你必须今天做好！"

专业表达："如果您今天能完成，我会感激不尽。"

（8）习惯用语："你不把姓名、地址给我，我怎么给你寄啊。"

专业表达："当然我会立即发送给你一个，我能知道你的名字和地址吗？"

（9）习惯用语："你没有弄明白，这次听好了。"

专业表达："也许我说得不够清楚，请允许我再解释一遍。"

语言表达技巧是一门学问，虽然现在提倡个性化服务，但如果我们能提供专业水准的个性化服务，相信会更增进与客户的沟通。不要认为只有口头语才能让人感到亲切，我们对表达技巧的熟练掌握和娴熟运用，可以在整个与客户的通话过程中体现出最佳的企业形象。

4.1.3　提问、发问的技巧

要了解对方的想法和意图，掌握更多的信息，发问则成为谈判要研究的内容。

在与客户沟通过程中，时间一长，对方可能无话可说，这时就要善于发问，其目的在于打开话匣，以使沟通顺利进行。发问可以达到汇集资料、透视对话者的动机、提供资料、鼓励对方意见之参与、测定双方想法是否趋于一致等多项目的。

1. 问话的作用

1）引起他人的注意、为他人的思考提供既定的方向

例如："你好吗？""今天天气很好，是不是？""你能否告诉我……"，这是最为普遍、应用十分广泛的问话。由于这种问话往往得到的是期望之内的回答，问话的内容也比较明确，很少会引起别人的紧张和焦虑。许多时候是为谈话做铺垫的。

2）获取自己所需要的信息

发问人通过问话，希望对方提供自己不了解的情况。

3）传达消息，说明感受

有许多问题表面上看起来似乎是为了取得自己希望的消息或答案，但事实上，也同时把自己的感受或已知的信息传达给对方。例如："你真有把握保证质量符合标准吗？"这句问话像是要对方回答保证质量的依据，但同时也向对方传达了问话人担心质量有问题的信息，如果再加重语气，就说明你十分重视这一问题。这样的问题也给对方一定的压力，但切忌要形成威胁。

4）引起对方思考

这种问话常是："你是否曾经……？""现在怎么……？""这是指哪一方面？""我是否应该……？"

5）鼓励对方继续讲话

当你觉得对方的话还没有说完，或有些问题你还不清楚，那么，可以用提问的形式鼓励对方继续讲下去，如："你说完了吗？""还有什么想法？"进而了解更详细的情况。

6）提问打破沉默

当出现冷场或僵局时，可运用提问打破沉默，如："我们换个话题好吗？"

7）做出结论

借助问话使话题归于结论，例如："我们难道还不应该采取行动吗？"

谈判的过程是一个争取统一答案的过程，而在这个过程中，矛盾重重，只有巧妙地说出问题才能在最大程度上获得利益。提问和发问技巧是一个智慧环节的体现，有技巧的谈判人员在谈判时往往都会有目的地提出问题，并得到想要的答案。

知识点 2

提问的相关原则

（1）不要随便提出问题，也不要提出有敌意的问题。（2）不要提出指责对方是否诚实的问题。（3）先准备好你的问题并写出，如果急着想要提出问题，也不要停止倾听对方的谈话，等待合适的时机。（4）要有勇气询问对方的业务状况。（5）以谦卑的态度提出问题，不要以大法官的态度来询问对方。（6）提出问题后就要闭口不言，等待回答。（7）对方回避问题或回答不完整，要有耐心和毅力继续追问。（8）提出某些你已经知道答案的问题，这会帮助你了解对方的诚实程度。

2. 提问的种类

在谈判中，问话可以引转对方思路方向，引起对方注意，控制谈的方向，提问的方式有很多，主要包括以下几种。

1）引导式提问

引导式提问，是指发问本身已包含我方观点的暗示性发问。如："违约要受惩罚，你说是不是？"再如："假设我们能够满足您的三个要求，您方能否让更大的利？"该问句对结论具有强烈暗示性，以吸引对方思考你的引导性语言，以探听他的内心思想。

2）间接式提问

间接式提问是借着第三者意见以影响对方意见的一种提问，如："某先生也认为你们的产品质量可靠吗？"问句中的第三者必须是对方很熟悉或很尊敬的人。

有些时候，由于信息不对称，所以买方不知道卖方的价格信息，从而很难确定还价的具体数额。这就需要借用间接式提问，间接式提问的答案没有明确的范围，回答中包括事实、观点和评价。比如："你觉得这个产品的价钱合理吗？为什么？"间接式提问需要一些技巧，尤其是如何把你的提问目的很好地隐藏在你的问题中。

3）直接提问

针对某一特定人员提出问题，目的在于窥测他的反应，根据这些反应获得必要信息。

4）挑战式提问

挑战式提问是有价值且危险的提问方式。应在深思熟虑之后认为冲突是必要时才提出的。

5）突然提问

迫使对手对某一问题必须做出答复。

6）澄清式提问

也可以称为证实式提问。澄清式的提问方式在谈判中的使用率很高，在我们没有听清，或者对方采用的是含糊策略时，我们用澄清的方法可以明确问题的答案。比如：对方说我们很快就能安排装运了。这时我们可以问："贵方所说的很快可以理解为这个月底吗？也就是

3月31日之前，是吗?"如搞不清对方所说的话或此话模棱两可时，可以用他所说的话，反问对方，如："您说情况的变动，指的是在什么范围内的变动?"以使对方重新解释，以此来满足您的语言反馈，重新思考一遍他所说的内容。或者是针对对方的答复，重新措辞以使对方澄清或补充原先答复的一种问句。如："你刚刚说上述情况没有变动，这是不是说你们可以如期履约了?"

7）探索式提问

探索式提问是针对对方的答复要求引申或举例说明的一种提问方式，如："你有什么保证能证明贵方可如期履约呢?"

8）选择式提问

采用这种提问方式时，要注意语调和措辞的得体，如："原定的协议，你们是今天实施还是明天实施?"这样，对方会被套入圈套中被迫产生选择意愿，并会给以明确答复。比如："贵方是想要蓝色还是红色?"这样的提问方式看似给对手做决定的机会，其实是把对手引到我们想要的结果中，在我方的计划内选择而已。

9）多内容式提问

多内容式提问通常使用含有多种主题的问句，一般情况下不用，如："你是否将你方关于产品质量、价格、交货期、售后保证及违约责任等谈一谈?"

10）坦率式提问

比如："贵方能接受的最低价是多少? 可以告诉我吗?"坦率式提问是在对方不能给出明确的答复时，为了得到明确的答案而直接提出来问题。

其中，我们常见的提问方式，除了有澄清式提问、引导式提问、选择式提问外，还有启发式提问、延伸式提问。对于这些经常用到的提问方式要注意区别它们的适宜范围和特点，见表4-1。

表4-1 谈判提问的主要方式及其应用

提问类型	特点	适宜范围
启发式提问	开发性	适宜于鼓励对方表达的议题
选择式提问	限制性	适宜于需要对方回答或证明的议题
证实式提问	证明性	适宜于需要证实我方是否理解准确的议题
延伸式提问	扩散性	适宜于需要进一步探求对方信息的议题
引导式提问	可控性	适宜于需要对方认同的议题

总之，问话方式很多，语言要适合谈判进程中的气氛，注意观察对方的内心世界，避免使用威胁或讽刺语言。

3. 提问的技巧

谈判中要掌握提问的技巧，应注意以下三个方面。

1）明确提问内容

提问首先应明确问的内容。如果你要对方明确地回答你，那么你的问话也要具体明确。例如："你们的运费是怎样计算的? 是按每吨重计算，还是按交易次数估算的?"提问一般只是一句话，因此，一定要用语准确、简练，以免含混不清，产生不必要的误解。

问话的措辞也很重要，因为发问容易使对方陷入窘境，引起对方的焦虑与担心。因此，在措辞上一定要慎重，不能有刺伤对方、为难对方的表现。即使你是谈判中的决策人物、核心人物，也不要显示自己的特殊地位，表现出咄咄逼人的气势，否则，问话就会产生相反的效果。

要更好地发挥问话的作用，问话之前的思考、准备是十分必要的。思考的内容包括我要问什么？对方会有什么反应？能否达到我的目的？等等。必要时也可先把提出问题的理由解释一下，这样就可避免许多意外的麻烦和干扰，达到问话的目的。

2）选择问话的方式

问话的方式很重要，提问的角度不同，引起对方的反应也不同，得到的回答也就不同。在谈判过程中，对方可能会因为你的问话而感到压力和烦躁不安。这主要是由于提问者问题不明确或者给对方以压迫感、威胁感。这就是问话的策略没有掌握好。例如："你们的报价这么高，我们能接受吗？"这句话似乎有挑战的意思，它似乎告诉对方，如果你们不降价，那么我们就没什么可谈的了。但如果这样问："你们的开价远超出我们的估计，有商量的余地吗？"很显然，后一种问话效果要比前一种好，它使尖锐对立的气氛缓和了。

小思考 4

提问的方式

提问的方式有直接性提问和间接性提问两大类。

直接性提问也就是要提开门见山的问题，而且希望获得明确的答案。直接性提问可以选择的种类有：① 选择式提问，② 坦率式提问，③ 澄清式提问。

间接性提问可以采用以下的方式：① 启发思维的提问② 别有用意的提问③ 含糊其辞的提问。

在提问时，要注意不要夹杂着含混的暗示，避免提出问题本身使你陷入不利的境地。例如：当你提出议案，对方还没有接受时，如果问："那你们还要求什么呢？"这种问话，实际上是为对方讲条件，必然会使己方陷入被动，应绝对避免。

有些时候，所提出的问题，并不是为了从对手那儿获得利益，而是在澄清疑点。因此，提出的问题要简明扼要，一针见血，指出关键所在。

3）提问的时机

提问的时机也很重要。如果需要以客观的陈述性的讲话作开头，而你则采用提问式的讲话，就不合适。就谈判讲，双方一接触就说："大家已经认识了，交易内容也都清楚，有什么问题吗？"显然，这是不合适的。因为这时需要双方代表各自阐述自己的立场、观点，提出具体条件，过早提问使人摸不着头脑，也使人感到为难。

把握提问的时机还表现为，交谈中出现某一问题时，应该等对方充分表达之后再提问，过早过晚提问会打断对方的思路，而且显得不礼貌，也影响对方回答问题的兴趣。

掌握提问的时机，还可以控制谈话的引导方向。如果你想从被打岔的话题中回到原来的话题上，那么，你就可以运用发问。如果你希望别人能注意到你提的话题，也可以运用发问，并借连续的提问，把对方引导到你希望的结论上。

此外，考虑问话对象的特点也很重要。对方坦率耿直，提问就要简洁；对方爱挑剔、善抬杠，提问就要周密；对方羞涩，提问就要含蓄；对方急躁，提问就要委婉；对方严肃，提问要认真；对方活泼，提问可诙谐。

知识点3

商务谈判中的"善问"要诀与注意事项。

1. 要诀

① 注意提问的对象；② 明确提问的内容；③ 选择提问的时机；④ 巧用提问的方式。

2. 善问"注意事项

① 预先准备好问题；

② 避免提出那些可能会影响对方让步的问题；

③ 既不要以法官的态度来询问对方，也不要问起问题接连不断；

④ 提出问题的句式应尽量简短；

⑤ 提出问题后应闭口不言，专心地等待对方的回答。

4. 提不出好问题的障碍

（1）常常为了避免显露自己的无知而不愿意多问。

（2）担心被别人认为观察力不够。

（3）天生就不愿意了解和探察对方的秘密。

（4）曾想到了一些好问题，但在讨论时又都忘记了。

（5）不了解对方时，往往宁愿独自冥想，而不愿意发问。

（6）无法适时地提出某些问题。

（7）大多数人都想避免提出令对方困窘的问题。

（8）有的人只喜欢讲话，而不愿意倾听。

（9）缺乏毅力去继续追问答案不够完整的问题。

（10）常常没有足够的时间思考出好问题，事先准备不充分。

5. 提问时应该注意的问题

提问除了要掌握语言技巧外，还需要掌握时机技巧。提问可以在对方发言之后，也可以在对方发言停顿、间歇时，还可以在规定的辩论时间提问。无论何时提问我们都要考虑对方的心境，这样的问题这个时机说出是否能够引起足够的重视等。

1）不要问对抗性的问题

这是制造矛盾冲突的捷径，绝对不是能力的展示。为了增加筹码，你可以问几个你已经有了答案的问题，它能帮助你来检验对方的可信度。

2）要等待时机

适当的时候才抛出你的问题，以免过早地被对手看穿。

3）不要用怀疑的口气或者不尊敬的口气

如采用审问的口气提问题，只会使事情更复杂。

4）提问之前一定要听清楚对方的问题

如果有问题，但对方还未陈述完毕，不要打断对方，记下问题后等待时机再发问。

5）提问是为了得到你想要获得的答案

不要有太多的个人色彩，不要过分地表现自己多么精明能干。事先要准备好问题，并且尽量用温和的语气提出问题。

4.1.4 回答与说服的技巧

当对方向我们发问时，我们要善于答复。答复有一问一答法、一问多答法、不完全回答法、条件回答法等多种选择。谈判高手须牢记的是，在谈判中正确的答复未必是最好的答复；答复的艺术在于知道什么应该说，什么不应该说，而不在于答复的对错。

1. 答话原则

谈判是由一系列的问答所构成，答话的不合适比问话的不合适更容易陷于被动，下列答话原则有助于答话效果的改善。

（1）回答对方问话之前，一定要使自己有一定的思考时间。

（2）在没有听清问题的真正含义之前不要回答问题。

（3）有些问题纯属无须回答的问题。

（4）有时只需对整个问题的某一部分做出回答。

（5）回避问题，答非所问或顾左右而言他。

（6）寻找某一借口（如：资料不全）拖延作答。

（7）让对方将问题的确切意思说清楚。

（8）如果有人打岔或受到某种干扰，就将这一时刻静候过去。

（9）在谈判中，问什么，答什么，未必是最好的答复，答复的艺术在于知道应该说什么，不应该说什么。

2. 答话的方法

回答的要诀在于知道应说什么和不应说什么，而不必考虑回答得是否对题，常用方法有以下几种。

1）心里默答

提问者可能有意使问题含糊不清，面对这种情况可以不作回答，或进一步搞清对方的真实意图再答。

2）彻底答话

主要有两种形式：第一，将问题的范围缩小后作部分回答，如一方向另一方了解产品质量，另一方只介绍几种重要指标而不是全部；第二，不正面回答，如一方询问价格，另一方可先介绍性能或作示范表演，而暂时回避这一问题。有些答话要模棱两可，富有弹性，不要把话说定说死，例如："如果你的订货数量多的话，我的价格还可下降。"

3）阻止追问的答话

有些问题对自己不利，答话者在答话时积极采取措施，阻止对方的追问。

4）用模糊语言回答

模糊语言一般是在不想对问题作正面、确切回答的情况下运用，它可以使作答者既不泄露有关的秘密，又能对问题做出回应，使言语行为保持一定的进退弹性，具有灵活性。通常可运用似是而非、顾左右而言他、隐喻暗示、概括性、反问的语言，甚至是用模棱两可的点头、摇头等无声语言来表达。如在一次记者招待会上，一位西方记者问周恩来总理："中国人民银行有多少资金?"很明显，这个问题涉及国家机密，周总理是这样回答的："中国人民银行发行面额为 10 元、5 元、2 元、1 元、5 角、2 角、1 角、5 分、2 分、1 分的 10 种主辅币人民币，合计为 18 元 8 角 8 分。"总理的回答既没有泄露机密，又极风趣，赢得了在场观众的热烈掌声。

知识点 4

商务谈判中的"巧答"法

（1）顺应前提答复法。（2）更正前提答复法。（3）更换前提答复法。（4）否定前提答复法。

---

3. 巧妙地回答对方提问的技巧

正像提问是交谈中必需的一样，回答也是交谈中不可缺少的一部分。通常人们认为，提问是主动的，回答是被动的。如果你仅仅这样认为，那么你就不会很好地掌握和运用回答的技巧，发挥它的作用。美国心理学家钱德勒·华欣本教授曾提出了回答问话的一些技巧，有些很值得我们借鉴。

1）不要彻底回答

不要彻底回答，就是指答话人将问话的范围缩小，或只回答问题的某一部分。有时对方问话，全部回答不利于我方。如果对方问："你们对这个方案怎么看，同意吗?"这时，若马上回答同意，时机尚未成熟，你可以说："我们正在考虑、推敲，关于付款方式只讲两点，我看是否再加上……"这样，就避开了对方问话的主题，同时，也把对方的思路引到你讲的内容上来。

2）不要马上回答

对于一些问话，不一定要马上回答。特别是对一些可能会暴露我方意图、目的的话题，更要慎重。例如，对方问："你们准备开价多少?"如果时机还不成熟，就不要马上回答。可以找一些其他借口谈些别的，或是闪烁其词，所答非所问，如产品质量、交货期限等，等时机成熟再摊牌，这样，效果会更理想。

3）不要确切回答

模棱两可、弹性较大的回答有时很有必要。许多谈判专家认为，谈判时针对问题的回答并不一定就是最好的回答。回答问题的要诀在于知道该说什么和不该说什么，而不必考虑所答的是否对题。例如，对方问："你们打算购买多少?"如果你考虑到先说出订数会不利于讲价，那么就可以说："这要根据情况而定，看你们的优惠条件是什么。"这类回答通常采用比较缓和的语气，如："据我所知……""那要看……而定。""至于……就看你怎么看了。"

在许多场合下，提问者会采取连珠炮的形式提问，这对回答者很不利。特别是当对方有准备时，会诱使答话者落入其圈套。因此，巧妙的回避或设法阻止其追问应该是谈判人员要熟练掌握的技巧。罗斯福在当选美国总统之前，曾在海军担任要职。有一天，一位朋友向他打听海军在加勒比海一个小岛上建立潜艇基地的计划。罗斯福向四周看了看，压低声音问："你能保守秘密吗？"那位朋友回答道："当然能。"罗斯福笑着说："那么我也能。"因此，要尽量使问话者找不到继续追问的话题和借口。比较好的方法是，在回答时，可以说明许多客观理由，但却避开自己的原因。例如："我们交货延期，是由于铁路运输……许可证办理……"但不说自己公司方面可能出现的问题。

有时，可以借口无法回答或资料不在，回避难以回答的问题，冲淡回答的气氛。此外，当对于对方所提的问题不能予以清晰、有条理的回答时，可以降低问题的意义，如："我们考虑过，情况没有你想的那样严重。"

小思考 5

答复的注意要点

（1）让自己获得充分思考的时间。

（2）恰当地运用模糊的语言——不答而答。

（3）以反问的形式回答异议。

（4）以美化的方式回答难题。

（5）不要彻底回答所提的问题。

（6）有时可以利用沟通中的误解将错就错。

（7）适当的沉默。

---

4. 稳妥回答问题时，可以参照以下建议

（1）在尚未了解问题之前，千万不可以贸然回答。可以想办法争取时间思考或者弄清楚对方的真实意图后再回答。

（2）对待问题不要马上给出正确答案，也许正是这个正确的答案使自己陷入僵局。此刻可以答非所问，也可以借口吸烟或者接听电话来拖延时间。

（3）只回答问题的一部分，不一定要答得太圆满。彻底答复对方的问题只能使局面更加不利于自己。应该把回答问题作为提问的交换条件。每回答一个小问题都要想办法让对方回答更多。

（4）面对问题先思考这个问题是否值得回答，如果不值得回答则可以不答。但是拒绝回答时一定要注意语气、态度及礼貌。

（5）如果问题过于苛刻，可以用"不了解"或者"不是特别清楚"来搪塞。

（6）回答问题时肯定的词语尽量少用，可以使用一些含蓄的答法，比如把"毫无疑问"改成"我想应该"等。

（7）在感情因素很重的谈判场合，说话的语气可能成为不利谈判的导火索，所以这种时候可以让别人翻译或者解释你的回答。回答问题时，尽量不要使用伤人的语言，即使对方提出的是有挑衅意味的问题。

17世纪的英国哲学家弗朗西斯·培根曾说："谈判是个发现的过程。提问、解答、陈述、辩驳，我们要承受巨大压力去对问题进行快速陈述和明智的回答。"问题在于在没有几个人能迅速地回答出最优的答案，我们常常是在机会过去了以后才想出最好的答案。在谈判中很少有明确的答案，或者很难说什么是正确的答法。在谈判中回答问题的艺术在于知道该说什么，不该说什么。

5. 说服的方法与技巧

在谈判中，双方观点不一致是常见的情形，这时需要我们有理有据地向对方做说服工作。要说服他人，必须先建立彼此的信赖关系，然后阐述当前方案的利弊得失，简化接纳提议的手续以让对方行动起来成为轻而易举的事。说服的方法主要有现身说法、比喻法等。鲁迅先生说："如果有人提议在房子墙壁上开个窗口，势必会遭到众人的反对，窗口肯定开不成。可是如果提议把房顶扒掉，众人则会相应退让，同意开个窗口。"当提议"把房顶扒掉"时，对方心中的"秤砣"就变小了，对于"在墙壁上开个窗口"这个劝说目标，就会顺利答应了。所以要改变对方的行为，首先要改变对方的态度。把对方预先的设想、已有的信念朝着有利于我方的观点推动。也就是说如果你想让对方接受"一盆温水"，为了不使他拒绝，不妨先让他试试"冷水"的滋味，再将"温水"端上，如此他就会欣然接受了，这也被称之为"冷热水效应"。

1）说服的工具

说服是一种设法改变他人初衷并使他人心甘情愿接受你意见的谈判技巧。一般来说，面对面的交谈要比用书信的方式好些，另外，也应当恰当地运用说服工具。可以利用的说服工具包括以下几种。

（1）印刷品

成本、技术、统计表格和文本等各类参考资料。

（2）可视媒介物

示范表演、电影、图片、幻灯和灯光效果等。

（3）模型及样品

实际物体模型和可随身携带的各种样品。

（4）宣传

电话、录音带、广播、热线联络及故意喧哗。

（5）环境和时间

东西的摆设位置，座位的安排，以及时间的运用效果。

（6）证明

方案研究、会晤、实验、事实或权威结论。

每种媒介的选择都有说服对方的作用，但说服效果有差别，如严肃的报告比一般发行物有说服力，领导者或专家的话要比普通人的话更有说服力。

知识点4

有效说服的三项原则

（1）建立融洽的人际关系。

（2）搞好利益分析：① 要向对方阐明接受你的意见的利弊；② 要向对方说明为什么要选择他为说服对象，以示你的提议并不是任何人都可以得到的；③ 对方接受了你的意见后，你将得到什么好处。

(3) 简化接受手续，以免对方中途变卦。

2) 说服的要领与方法

(1) 谈判开始时，要先讨论容易解决的问题，再讨论容易引起争论的问题。

(2) 如果能把正在讨论的问题与已经解决的问题联系起来，就较有希望达成协议。

(3) 适时传递信息给对方，可以降低对方的期望，影响对方的决策，进而影响谈判结果。

(4) 传递信息的时候，首先要将悦人心意的信息传过去。

(5) 强调双方的一致，比强调彼此的差异更能使对方接受。

(6) 先透漏一个使对方感兴趣的消息，然后再设法满足他的需要。

(7) 说出问题的两个方面，比单单说出一个方面更有效。

(8) 听者通常在首尾两个时刻注意力最集中，抓住这两个时刻。

(9) 讨论过正反两方面的意见后，再提出你的意见。

(10) 一个消息或观点重复多遍，更能使对方了解和接受。

3) 说服的注意事项

为了使对方改变原来的想法、看法或打算，甘愿接受你的意见与建议，要注意方式方法。

(1) 说服前，要化解对方异议，应该注意认真地分析解读对方回答的内容，见表4-2。

表4-2   异议问题与解读

异 议	分析解读
太贵了	我动心了，我想买一个，但我不想花那么多的钱。我不是买不起，只是价格超出了我的预算，我需要更多的信息，然后再买
让我想一想	我喜欢它，我被它吸引了，但我拿不准，我有些担心。我需要花点时间想一下不买的理由。我需要更多的沟通与说服工作。我需要更多的相关信息
我想比较一下	好的，我动心了，我想要一个，但我需要确信我能买到最好的，我想知道别人的产品怎么样。我需要更多的说服工作。我需要更多的信息比较
我想同我的同事商量一下	我有兴趣，我就要买了，但我不着急，我需要商量一下。我需要更多的同事提供的意见与信息
我买不起	我喜欢它，但我不想用我的钱买这种高价值的东西。再拿几件一般价位的让我挑挑，我需要更多的信息

(2) 说服前，要考虑以下几个方面。

① 向对方阐明，一旦接纳了你的意见，将会有什么样的利弊得失。一方面，给人感觉比较客观，现实；另一方面，如果接受了你的意见，果真有问题出现后，你可以说明事先已经讲明了的。

② 向对方讲明，为什么你要和他合作，为何来说服他，以示对他的尊重与善交，而不是其他每一个人都有这样一个机会，使对方认真思考被选择的机会，从而在心理上接受你说服他。

③ 应公开你的意见被采纳后，你自己所要得到的好处，以使对方免去神秘性与猜疑性，

哪怕其中有些水分也要表示出来。

④ 强调双方立场的一致性。暗示合作后的双方益处，给对方以鼓励和信心。

4）说服对手的几种技巧

（1）压力与反压力。

谈判的过程是双方互相考验、互相试探的过程。这时要密切注视对方的任何信息，也可以告诉对方你所知道的或者你听说的信息，给对手施加压力，击垮对方所设置的陷阱。

人们在判断事物时，无意中要进行相互比较。有时为了让某人接受某事，不妨用另一件更困难的事作反衬，出于趋利避害、两难当中取其易的本能，他会痛快地接受你想让他接受的事。

如果想在谈判中把握谈判的总方向和讨论范围的话，必须准备充分的相关资料并且在心理上给对方制造压力。

张先生打算给他的妻子买一辆汽车，但是他没有挑节假日，而是等到市场冷清的时候，他才开始在代理商中找寻着，看谁有所需型号的汽车存货。他先后给三位汽车代理商打电话，询问他们最优惠的价格。张先生在多方打探后，自己断定压价 4 000 元是没问题的。然后，张先生打破了"如果要想得到的多，就要去找最上头"的原则，他随便走进一处只有一位店员负责的分店。在打探完价格后，他向那位店员说道，他决定和一位给他特殊优惠的竞争者签约。这位竞争者有些多余的存货，急于把他们脱手。张先生还告诉店员，随着利率上升，在库房中保留一辆汽车会付出很大代价。他说他相信不会找到比这更好的买卖了。张先生尽力使谈话的气氛轻松、愉快。这位店员问他究竟想便宜多少，他回答说："8 000元。"店员请他暂时别做决定，等他请示一下经理后再决定。最后，张先生如愿以偿地以比通常价格便宜 7 000 元的价格买下了他想要的汽车。

（2）折中处理。

如果对方觉得我方出的价格偏低，我们可以采取折中策略，取得一个中间价格，比如 A 出价 9 000 元，我方出价 7 000 元，那么可以双方各让 1 000 元，以 8 000 元的价格说服对手。

（3）换种思维方式。

有些时候我们顺向思维也许并不能说服我们的对手，那么我们可以换种思维方式，只要能够达到最终的目的，手段是可以多种多样的。

相关链接 3

路易十一是欧洲 15 世纪最狡诈的君主。当英格兰的君主爱德华四世派军队跨越英吉利海峡争夺法国的领土时，法国国王考虑到自己的势力较弱，于是决定谈判解决。与一场费时耗资的战争相比，路易十一的最佳替代方案是与爱德华四世达成一个更安全的交易。于是，路易十一在 1475 年与英国国王爱德华签订了一个和平条约，答应先向英国支付 50 000 克朗（英国旧币，1 克朗相当于 5 先令），并在爱德华的余生（事后证明这段日子很短）里每年支付 50 000 克朗。为了敲定这笔交易，路易十一款待爱德华和英国军队整整两天两夜的宴乐狂欢。为了表示诚意，路易十一还委派波旁王朝的红衣大主教陪同爱德华玩乐。当爱德华和英国军队晃晃悠悠地回到船上，结束了"百年大战"时，路易十一做了如下评论："我轻易地将英国人赶出了法国，而且比我父亲做得都容易。他是用军队把英国人赶走的，而我是用肉饼和好酒把他们赶走的。"

（4）使对方深信。

说服对手的最好方法就是想办法使对方深信他们已经获了最佳的条件。这样做需要我们事先做好收益分析，通过我们的计算，得出让对方满意的收益率。这样对方就会从心理上放松警惕。这样的做法要求我们事先就带着合作的精神，本着互利的原则，保证大家都能按需获利。

4.1.5　倾听的技巧

倾听就是耐心地听取。

倾听是谈判者必须具备的一种修养，是"耳到、眼到、心到、脑到"四种综合效应的听（listening），而不是运用耳朵、听觉器官的听（hearing）；不仅要听出对方话语中的"情报"，甚至还要听出对手没有讲出的情报；同时注重创造和谐的沟通氛围，确保沟通持续进行和发展。所以，外国有句谚语："用十秒时间讲，用十分钟时间听。"可见，倾听在谈判中的意义非同一般。

谈判中要掌握对方的意图，倾听和提问都是必要的，这两者相辅相成。倾听也是为了发问，而发问则可以更好地倾听。谈判就需要我们了解、掌握倾听的一般技巧与方法。

谈判的成功，很大程度上取决于双方的信息交流过程是否流畅。在面对面的谈判场合，倾听是我们发掘事实的真相、探索对手动机的有效武器。在听的过程中，我们要学会运用自己的眼睛去观察对手的动作与表情，运用自己的心去为对手的话语作设身处地的构想，以及运用自己的脑去研判对手的话语背后的动机。

倾听和讲话一样具有说服力。谈判专家麦科马克认为：如果你想给对方一个丝毫无损的让步，你只要注意倾听他说话就成了，倾听就是你能做的一个最省钱的让步。

倾听是人们交往活动的一项重要内容。据专家调查，人在醒着的时候，至少有 1/3 的时间花在听上，而在特定条件下，倾听所占据的时间会更多。

1. 为什么要倾听

倾听，既是对谈判对方的尊重，也是对商务谈判信息进行积极主动的搜寻。商务谈判，谈在前、判在后，但都以听到的信息为前提、为基础。从这个意义上说，"听"比"说"更具有重要意义。因为"听"可以更真实地了解对方的立场、观点、态度，明白对方的意图和需要。

2. 倾听的类型与方式

在交际中的倾听可以分为积极和消极的两种。在重要的交谈中，倾听者会聚精会神，调动知识、经验储备及感情等，使大脑处于紧张状态。接收信号后，立即加以识别、归类、编码，做出相应的反应，表示出理解或疑惑，支持或反对、愉快或痛苦等。这种与谈话者密切呼应的听，就是积极倾听。积极倾听既有对语言信息的反馈，也有对非语言信息，即表情、姿势等的反馈。听一番思想活跃、观点新颖、信息量大的谈话，倾听者甚至比谈话者还要疲劳。因为倾听的人总要不断调动自己的分析系统，修正自己的见解，以便与说话人同步思维。而对一般性质的谈话，倾听者会处于比较松弛的状态中，如闲谈、一般性介绍等，这时，人们都在一种随意状态中接受信息，这就是消极倾听。

一般来讲，积极倾听有助于我们更多地了解信息，启发思考。但在多数情况下，消极倾听也是一种必要的自我保护形式。人们由于生理上的限制，不可能在任何情况下都能做到全力以赴、全神贯注地倾听，人们的注意力集中的时间是有限度的，所以，消极倾听会有助于人们放松神经、更好地恢复体力、精力。此外，人们在积极倾听的时候，要受到各种因素的干扰，在一定程度上影响了倾听的效果，使信息传递受到阻碍，这点应适当注意。

良好倾听的方式有以下几种。

（1）迎合式。让对方滔滔不绝地将他的意见和想法和盘托出。

（2）引诱式。适时提出恰当的问题，诱使对方说出他的全部想法。

（3）劝导式。用恰当的语言把对方从偏离谈判主题拉回到主题上来。

3. 倾听的作用

倾听是了解对方需要，发现事实真相的最简捷的途径。

谈判是双方沟通和交流的活动，掌握信息是十分重要的。一方不仅要了解对方的目的、意图、打算，还要掌握不断出现的新情况、新问题。因此，谈判的双方十分注意收集整理对方的情况，力争了解和掌握更多的信息，但是没有什么方式能比倾听更直接、更简便地了解对方的信息了。

倾听使你能更真实地了解对方的立场、观点、态度，了解对方的沟通方式、内部关系，甚至是小组内成员的意见分歧，从而使你掌握谈判的主动权。

不能否认，谈话者也会利用讲话的机会，向你传递错误的信息或是对他有利的情报，这就需要倾听者保持清醒的头脑，根据自己所掌握的情况，不断进行分析、过滤，确定哪些是正确的信息，哪些是错误的信息，哪些是对方的烟幕，进而了解对方的真实意图。

倾听是给人留下良好印象，改善双方关系的有效方式之一。因为专注地倾听别人讲话，则表示倾听者对讲话人的看法很重视，能使对方对你产生信赖和好感，使讲话者形成愉快、宽容的心理，变得不那么固执己见，更有利于达成一个双方都妥协的协议。

倾听和谈话一样具有说服力，它常常使我们不花费任何力气，取得意外的收获。

倾听还会使我们了解掌握许多重要语言的习惯用法。这些习惯用法在谈判中，往往会成为人们运用谈判策略的技巧之一。例如，我们经常听到有人说："说来……"这表示说话者故意给人一种印象是他刚想到什么，但十之八九，他所要说的是重要内容，却以随便的口吻伪装成不重要，掩人耳目。再如，一个人说话之前可能会用"坦白地说"，"说实在的"，这很可能表示他根本不坦白、不实在，用这种说话方式，也属于一种掩饰。

我们理解和应用上述惯用语，不仅仅限于其语言上的意义，更要注意其心理上的意义。许多情况下，它都是暗示说话者心中所想的问题。因此，我们要仔细倾听对方说什么、怎么说。这样，对方比较隐蔽的动机和企图一旦流露出来，你就能立刻捕捉到，为你所用。

倾听对方的谈话，还可以了解对方态度的变化。有些时候，对方态度已经有了明显的改变，但是出于某种需要，却没有用语言明确地表达出来，但我们可以根据对方"怎么说"来推导其态度的变化。

4. 影响倾听的因素

（1）大部分谈判人员认为只有说话才是自己表白、说服对方的唯一有效方式。

（2）谈判人员在对方讲话时，只注意与己有关的内容，或只顾考虑自己头脑中的问题，而无意去听。

（3）谈判人员精神不集中或思路跟不上对方，或在某种观点上与对方的看法不一致时，不愿听。

（4）谈判人员受知识、语言水平的限制，特别是专业知识水平的限制而听不懂、听不明白等。

（5）定势思维方式常常妨碍人们去很好地倾听。

（6）由于谈判日程安排紧张或长时间磋商，谈判人员得不到充分休息，导致精神不佳、注意力下降，而影响听的效果等。

许多人忽略了倾听对方，但却常常自我安慰，没有什么，他讲的没有什么内容，重要的我们已掌握了或以后会掌握的。不幸的是，他并没有掌握，而且以后也不会再掌握了。这种花费最小、最直接、最方便的信息来源渠道不去利用，那么，他只能付出更大的代价。

小思考 6

怎 样 倾 听

（1）多听。（2）全听。（3）恭听。（4）记录。（5）适时复述与提问。

---

5. 倾听的方法技巧

倾听他人表达是吸纳信息的手段，做一个好的听者，养成倾听的习惯，认识到倾听的重要性，是谈判者一项至关重要的工作。倾听的技巧包括以下几个方面。

1）从肯定对方的立场去倾听

谈判者积极倾听的态度是："我对你很感兴趣，我认为你的感觉很重要；我尊重你的想法，即便我不赞同，我知道这些想法对你是合适的；我相信你是有理由这么做的，我认为你的想法值得听听。"

2）给对方以及时的、合适的反应

建设性倾听者的标志是能对他人的话做出合适的反应，通过反应来鼓励他讲下去，同时也加强了人际关系。

3）"洗耳恭听"

用内心真诚的态度，配合外在体态的良好反映，如用微笑、和善的面部，眼神专注真诚地看着对方，上身前倾式的积极坐态，同时点头和认同，给对方鼓励，伴以"是""嗯"等以示在专注听。

4）学会倾听

要很好地倾听对方谈话，并非像人们想象的那样简单。专家的实验证明，倾听对方的讲话，大约有1/3的内容是按原义理解，1/3被曲解地听取了，1/3则丝毫没听进去。

首先，要求倾听者一定要心胸开阔，要抛弃那些先入为主的观念。只有这样，才能尽可能正确地理解对方讲话所传递的信息，准确把握讲话者的重点，才能很好地与对方沟通和交流。

其次，要全神贯注，努力集中注意力。倾听对方讲话，必须集中注意力，同时，还要开动脑筋，进行分析思考。注意力是指人对一定事物的指向和集中。由于心理上的原因，人的注意力并不总是稳定、持久的，它要受到各种因素的干扰。在一般情况下，人们总是对感兴趣的事物才加以注意，同时，还要受到人们的信念、理想、道德、需求、动机、情绪、精神状态等内在因素的影响，外界因素的影响就更多了，如讲话者的讲话内容。人们说话并不总是套在一定的框架里，有时，出于某种需求，要掩饰主要内容，强调不重要内容；有时条理不清，内容杂乱，这些都会干扰和分散听者的注意力。因此，要认真倾听对方讲话，必须善于控制自己的注意力，克服各种干扰，始终保持自己的思维跟上讲话者的思路。

最后，倾听对方讲话，还要学会约束自己、控制自己的言行。如不要轻易插话或打断对方的讲话，也不要自作聪明地妄加评论。通常人们喜欢听赞扬的语言，不喜欢听批评、对立的语言。当听到反对意见时，总是忍不住要马上批驳，似乎只有这样，才说明自己有理。还有的人过于喜欢表露自己。这都会导致与对方交流时，过多地讲话或打断别人讲话。这不仅会影响自己倾听，也会影响对方对你的印象。

下面三种方法对提高倾听技巧很有帮助。

（1）鼓励。

面对讲话者，尤其是没有经验、不善演讲的谈话者，需要用微笑、目光、点头等赞赏的形式表示呼应，显示出对谈话的兴趣，促使对方继续讲下去。

（2）理解。

这种方式比较常见，也比较自然。在对方讲话时，以"是""对"等表示肯定，在停顿处，也可以指出讲话者的某些观点与自己一致，或者运用自己的经历、经验，说明对讲话者的理解，有时可以适当复述。这些方式都是对讲话者的积极呼应。

（3）激励。

适当地运用反驳和沉默，也可以激励谈话。这里的反驳不是指轻易打断对方讲话或插话，有时对方在讲话时，征求你的意见或停顿，只有这时，反驳才是适宜的。

相关链接4

倾听中的禁忌

（1）不礼貌

A. 半听半不听　　　B. 不看着对方，东张西望

C. 始终没有回应　　D. 摆弄物品，抖晃四肢

（2）轻慢对方

A. 继续自己的工作　B. 中途接待他人

C. 打电话　　　　　D. 走来走去

（3）粗暴对待

A. 插话打断　　　　B. 提问误导

C. 过早评论　　　　D. 粗暴中止

6. 倾听的注意事项

倾听不但可以挖掘事实的真相，而且可以探索对方的动机，掌握了对方的动机，就能调整自己的应变策略。

1）倾听的专注性

常人听话及思考问题的速度比讲话要快4倍，所以，要把听放在首位，并认真思考。

2）"听话听声，锣鼓听音"

要认真分析对方话语中所暗示的用意与观点，以及他要从什么方面来给你施加混乱。

3）话语的隐蔽性

要特别注意对方的晦涩语言，模棱两可的语言，要记录下来，认真咨询对方，观察伴随动作，也许是他故意用难懂的语言，转移你的视线与思路。

4）同步性

当在倾听时，就要思考他的语言，准备询问对方，要考虑你出击的角度与力度，以及语言的表述明暗程度，这要在倾听时同步完成，否则容易在思考问题时，忽略对方所说的内容。

4.2　谈判中的非语言沟通

随着经济国际化的加强，谈判也越来越国际化，来自世界各国不同文化、不同背景的人工作在一起，如何实现有效的沟通成为商务谈判的另一个难题。语言的沟通是一项艰难的过程，它要求将不同文化的语言通过一种乐于被接受的形式来表现，例如姿态、行为、声音和神态，来实现有效沟通和对不同文化的理解。心理学研究发现，在两人面对面的沟通中，百分之五十五以上的信息交流是通过无声的身体行为语言来实现的，这种行为语言也称为非语言行为。人的四肢、五官及整个身体都是信息交流的工具。握手、互换名片、交流时的神情举止都具有加强信息交流的作用。同样，错误的动作和态度就会引起不必要的误会甚至发生冲突。

商务谈判的行为语言沟通是相对于有声语言而言的，是指通过人的形体、姿态、个人整体形象、声调特点等方面，不用文字而单独传递信息，表示态度的过程。

4.2.1　充分利用行为语言

行为语言是人们交往中的语言补充，主要包括身体语言，如眼神交流、面部表情、身体姿势、手势和身体距离；使用的语气、语调、音量、声调特点等。在无声的世界里，利用语言以外的其他身体功能传达我们的意愿，也可以很好地交流。

由于行为的无意识性，很多时候，语言可以欺骗人，而行为却较难产生欺骗性。所以，认真地观察你周围的人，也许你就会发现，人们的行为是有规律可循的。

1. 五官

在人际交往中，面部表情是人们态度的重大反映区域。美国学者戴维斯在《怎样识别形体语言》一书中指出："信息总效果＝7%的文字＋38%的声音＋55%的面部表情。"要巧用人体的五官表达恰当的态度。

在谈判场合我们不喜欢的态度与喜欢的态度都可以通过我们的五官明确表达出来。见图4-2、图4-3。

图4-2　谈判中令人生厌的态度

图4-3　谈判中赢得好感的态度

1）眼睛

通常人们说话的时候，单靠语言，不能代表他的全部思想情感。因为人们的语言是可以带有欺骗性的。但是人们的神态很难掩盖人的内心世界，多多少少都会泄露一些说话者内心的秘密。尤其在与语言不同的人聊天时，加入了一定的神态和动作才能更容易理解他的真正意思。所以在谈判过程中，眼睛成为精神交流的重要工具。眼神交流时间需要适当，时间太长会让人感觉很不自在，时间短了则达不到效果。据统计，与客户交流时，眼神交流的时间比例控制在 30%～50% 比较合适。还有一个问题是交流时，眼神注视的范围，目光对目光的交流一般会让人感到不舒服，那我们的注视点应该在什么地方呢？人的面部分为两部分，以两眼连线为下底边，额头为上定点形成的三角形叫"谈判注视区"。你以有力的目光注视对方这块区域时，传达的是强硬、自信的信号。当与客户谈判进入最关键的价格谈判时，为了表示你的态度坚决不让步，你就可以利用眼神注视对方的"谈判注视区"。

以我们的眼睛为一条线，以我们的下巴为顶点，这样画出来的倒三角形我们叫"沟通注视区"，它的作用是向对方表示友好的态度，这样做可以让对方感觉很舒服自然。在谈话中，对方的视线要是经常停留在你的脸上或与你对视，说明对方对谈判内容很感兴趣，期待了解你的态度和诚意。如果你也期待成交，那就应该积极回应。如果觉得不合意的话，眼神就应该回避对方的试探。但是不要用闪烁不定的眼神，这是虚伪或撒谎的人常有的眼神。如果你对对方的话题也很有兴趣的话，可以直接睁大眼睛热情地肯定对方。当然，适当地使用眼神，才能传递信息，不要刻意地为了迷惑对方传递错误的信息或者使用混乱，当你有了相同的感觉自然地流露出你的想法就可以了。

2）嘴巴

通常人们会不自觉地动动嘴巴，就是这种细微的动作可以观察出一些人的心理状态。比如嘴巴紧紧抿住，往往表示此人意志坚决，很难动摇他的观念，但这样的人又是可靠的伙伴。他轻易不愿承诺，一旦承诺，就会认真地去做。嘴角稍微向后拉或向上翘起表示对方正在认真的倾听，而且正在思考你所讲述的内容。嘴角向下往往是不满或固执的表现。也许对你所讲的内容他有异议，所以此刻正在思考如何反驳你。那么你就要小心你的措辞了。嘴唇微动，是对方有意见或有其他见解的表现。嘴部的动作是微妙的，如果对方刻意地动动嘴角，那么说明他已经有了想法，需要与你沟通。所以观察嘴部动作时，要配合对方的神态、面部表情，这样才能保证信息判断正确。

3）耳朵

这里所讲的耳朵，不是看其外形或动作，而是指在听的时候应该有的沟通行为。据心理学家统计证明，一般人说话的速度为每分钟 120 到 180 个字，而听话及思维的速度，则大约要比说话的速度快 4 倍。因此，往往是说话者话还没有说完，听话者就大部分都能够理解了。这样一来，听者常常由于精力的富余而"开小差"。那么万一这时对方讲话的内容与我们理解的内容有偏差，或是传递了一个重要信息，这时真是聪明反被聪明误，后悔已是来不及了。所以谈判的时候一定要集中精神，专心致志。在倾听时注视讲话者，主动地与讲话者进行目光接触，并做出相应的表情，以鼓励讲话者。比如可扬一下眼眉，或是微微一笑，或是赞同地点点头，抑或否定地摇摇头，也可不解地皱皱眉头等，这些动作配合，可帮助我们精力集中，帮助起到良好的收听效果。

需要特别注意的是，在商务谈判过程中，当对方的发言有时我们不太理解、甚至令人难以接受时，万万不可塞住自己的耳朵，表示出拒绝的态度，因为这样的做法对谈判非常不利。作为一名商务谈判人员，应该养成有耐心地倾听对方讲话的习惯，这也是一个良好的谈判人员个人修养的标志。

同时，也可以采用记笔记的方式来总结听到的信息，在自己发言的时候也可以有理有据。另外，通过记笔记，给讲话者印象是重视其讲话的内容，当停笔抬头望望讲话者时，又会对其产生一种鼓励的作用。

2. 手势

手势可以帮助我们判断对方的心理活动或心理状态，同时也可帮助我们将某种信息传递给对方。手势是因人而异的，不同的人有不同的手势习惯，有些规律是具有共性的，是可以参考的。

知识点5

"体态语言"透露出的无声信息

谈判者的面部表情，直接展示着人们的内心世界。在谈判桌前，一个极端具有攻击性敌意的谈判者，往往是睁大眼睛瞪着对方，嘴唇紧闭，眉角下垂，有时甚至嘴唇不太动却含混地从牙缝中挤出话来；另一种人是挨着谈判桌，摆出一副纯洁无辜的姿态，半闭或低垂着眼睑，露出淡淡的笑意，态度温厚平和，然而他可能是一个很有能力而颇具竞争性的人，他相信合作是一种强而有力的过程。听话或说话时，不敢直视对方的人，必然想隐瞒什么；毫无表情的"扑克脸"，则表示不带感情，深藏不露，等等。

双臂交叉于胸前，这往往表示防备心理，或表示对对方的意见持否定的态度。若同时还攥紧拳头，则表示否定的程度更为强烈。

两腿经常挪动或不时地来回交叉，表示不耐烦或有抵触。

向后仰靠在椅背上，这是不信任、抵触、不愿继续深谈的迹象。如果再伴之以两臂交叠于胸前的姿势，上述含义的可能性更大。

解开衣扣，甚至于脱掉外衣，这是一种开诚布公的姿态。有人提到："在一个商业会议上，当人们开始脱掉外套时，便可以知道，他们在谈论的某种协定，会有达成的可能；不管气温有多高，当一个商人觉得问题尚未解决，或尚未达成协议时，他是不会脱掉外套的。"

两手手指的顶端对贴在一起，掌心则分开，形似尖塔，这通常表示高傲、自信、踌躇满志的心情。

咳嗽、清清嗓音、变换声调，这是紧张不安的表现，是借此稳定情绪；或是以此来掩饰谎话。

当问题逐渐接近解决，隔阂或障碍进一步消除时，双方谈判者就会自然而然地凑近对方，坐得靠拢一些，以显示合作的默契与成功。

由于谈判时没有太多的时间让你真正了解谈判对手，所以行为语言的沟通就变成了大家沟通情感的最好方式。

1）握手与递名片

在谈判场合，男士如果需要握手的话，在女士和尊长面前要等待对方是否有此意愿，不要贸然主动。如果对方无握手的意愿的话，也可以微笑着点头来表示敬意。态度尽量庄重温和，彬彬有礼。握手的原始意义不仅表示问候，也表示一种保证、信赖和契约。标准的握手姿势应该用手指稍稍用力握住对方的手掌，对方也应该用手指稍稍用力回握，握的时间在 3～5 秒之间。在商务谈判中，握手除问候与礼貌以外，以下几种情况包含附加的其他意义。

（1）握手时对方手掌出汗，表示对方处于兴奋、紧张或情绪不稳定的心理状态。

（2）若某人用力回握对方的手，表明此人具有好动、热情的性格，凡事比较主动。美国人大都喜欢采用这种方式握手；反之不用力握手的人，若不是个性懦弱、缺乏气魄，便是傲慢矜持，摆架子。

（3）先凝视对方再握手，是想将对手置于心理上的劣势地位。先注视一下对方，相当于审查对方是否有资格与其握手的意思。

（4）手掌向下握手，表示想取得主动、优势或支配地位，有居高临下的意思；相反，手掌向上，是性格软弱，处于被动、劣势或受人支配的表现。而且手掌向上有一种向对方投靠的含义。所以我们的握手方式很容易泄露我们的性格弱点。

（5）用两只手握住对方的一只手并上下摆动，往往是热情欢迎、真诚感谢、有求于人、肯定契约关系等意义。在日常生活中，我们常常可以看到，为了表示感谢对方或欢迎对方，或恳求对方等，一方会用两只手去握住对方的一只手。

谈判场合，在双方互递名片时，应该遵循名片礼仪的基本规范，名片应该自上而下递出，不要上下、左右摇晃，要坚定地正对着对方。同时自报姓名，以防名字中的生僻字引起尴尬。不能把名片放在桌子上或者在桌子上推过去，这是不礼貌的表现。

接收名片时尽可能双手去接，接过名片后不要随手乱放，应该迅速看清内容，然后诚恳地收入上衣口袋或公文包里，不要放入裤袋或随意地乱丢。

递送名片是很好的开场方式，通过大家互道姓名可以增进合作的意愿。

2）手的其他动作信号

（1）握拳是表现向对方挑战或自我紧张的情绪。握拳的同时使手指关节发出响声或用拳击掌，都是向对方表示无言的威吓或发起攻击的信号。握拳使人肌肉紧张、能量集中，一般只有在遇到外部的威胁和挑战而准备进行抗击时才会产生。

（2）用手指或铅笔敲打桌面，或在纸上乱涂乱画，表示对对方的话题不感兴趣、不同意或不耐烦的意思。这样一是打发消磨时间；二是暗示和提醒对方快点结束这个话题。

（3）两手手指并拢并置胸的前方呈尖塔状，这表明此人充满信心。这种动作多见于西方人，特别是会议主持人、领导者、教师在主持会议或上课时，用这个动作以示独断或高傲，以起到震慑学生或与会者的作用。在谈判中见到这样的手势要视情况而定，但是多少暗示了一些人的身份、地位。

（4）手与手连接放在胸腹部的位置，是谦逊、矜持或略带不安心情的反映。这样的手势在亚洲人中非常常见。受儒家礼仪的影响，人们在表示谦逊时都会摆出这样的手势。这样的手势也代表了此人擅长思考，喜欢深思熟虑，做事谨慎的作风。

（5）两臂交叉于胸前，表示防卫或保守，两臂交叉于胸前并握拳，则表示怀有敌意。这样的姿势往往是由于人们的王者思想影响，不喜欢别人超过自己。希望在任何时刻都保持自己的优势。这样的姿势表明了不容侵犯的严肃气质。

商务人员运用手势时，要注意关注区域性的差异和手势的美感两个方面。

第一要注意手势的区域性差异。

手势在不同的国家、不同的地区代表不同的含义。甚至同一手势表达的含义也不相同。如翘直大拇指，中国人表示赞赏之意，翘起小拇指则表示蔑视。日本人则用大拇指表示"老爷子"，用小拇指表示"情人"。V形手势由第二次世界大战时的英国首相丘吉尔首先使用，表示"胜利""成功"，在亚非国家，V形手势一般表示两件事或两个东西。而V形手势如果掌心向内，就变成骂人的手势了。伸出一只手，将食指和大拇指搭成圆圈，美国人用这个手势表示OK，是"同意""顺利""很好"的意思，而法国表示"零"或"毫无价值"，在日本是表示"钱"，而在巴西是表示粗俗下流。

在用手势表示数字时，中国人伸出食指表示"1"，欧美人则伸出大拇指表示"1"。中国人伸出食指和中指表示"2"，欧美人伸出大拇指和食指表示"2"。中国人伸出食指指节前屈表示"9"，日本人却用这个手势表示"偷窃"。中国人表示"10"的手势是将右手握成拳头，在英美等国则表示"祝好运"，或示意与某人的关系密切。

只有了解手势的区域性差异，才能正确了解手势表达的真实含义，不至于无事生非。

第二要注意手势的美感。

手势是一种无声的语言，如果使用得当，能够完美地丰富人的表情。

简洁明了。商务场合，不宜手势过多、过滥，否则会给人留下装腔作势、缺乏涵养的感觉。传达信息时，应稳健大方。

大小适度。除非演讲等表演场合，手势的动作不宜过大或过小，更不能手舞足蹈。要大小适度。否则会给人做作的感觉。

动静结合。手势该动则动，该静则静。静态的手势仍然可以表述人的感情。不要做一些无意识或下意识的手势，如拍拍打打、推推搡搡、勾肩搭背或抚摸对方，都会引起别人的反感。只有静动的交替和恰当的搭配才给人美感。

尊重对方。手势和表情要注意风度修养。如在谈话中谈到自己，可以把手掌放在胸口上，提到别人时，可以手掌心向上手指并拢伸展开进行表示，切勿用手指指别人。

3. 站、走、坐的仪态

在商务活动中，仪态被视为第二语言。在人际沟通中，有65%的信息是通过仪态语言表达的。仪态主要是指人的肢体动作，包括手势、坐姿、站姿、走姿等，是风度的具体体现。在商务谈判中，仪态礼仪要求美观大方、自然优雅。优美的仪态语言比口头语言更生动、真实且容易接受，而且能赢得对方的好感，获得更多合作的机会。

1）站姿

站姿的基本要领：挺直、舒展、线条优美、精神焕发。具体要求为：两脚跟相靠，脚尖分开45°~60°，身体重心在两足上，双膝并拢，收腹收臀，背脊挺直，双肩稍向后放平，双手自然下垂置于身体两侧或轻放腹部，双膝部打直，双脚并拢。男子要站得稳健，而女士要站得优美，身体微侧，呈自然的45°，斜对前方，面部朝向正前方，脚呈丁字步，人体重心落于双脚间，这样的站姿可使女性看上去美丽而有雅韵。

在商务谈判中，站姿切忌双脚叉开，交叠或呈内外八字；脚在地上不停地划弧线；交腿斜靠在墙壁或栏杆上；或者与人勾肩搭背地站着；将手插在裤袋里或环抱在胸前；站立时候单手或双手叉腰，身体重心倾斜一边。

2）走姿

美好的走姿是一种动态美，很自然地就会流露出自信、精神的气质，同时也给人以专业的信赖感，让人赞赏不已。

走姿的基本要领：头正、肩平、身挺、步位直、步幅适度、步韵平稳。女士走路，还要求步履匀称、轻盈，显示温柔之美。在商务谈判场合中，穿戴西装的多，走姿应该以直线条为主，矫健而飘逸，保持平正，行走时两腿要直，走路的步幅可略大些，手臂放松，伸直摆动，女子臀部不要左右摆动。

迎接宾客时候，步伐稳健大方；带人参观展览时候，脚步应缓慢轻柔；在办公场所，脚步应轻而稳。走姿禁忌：脚尖朝前，呈内八字或外八字。切忌走路松松垮垮或拖着脚走路，显得毫无朝气。尽量避免短而急的步伐，注意鞋跟不要发出太大声响。

3）坐姿

优雅的坐姿传递着热情、自信和友好的信息。坐姿的基本要领：脊背挺直，肩放松，两膝并拢，双手自然放膝上或椅子扶手上，上体直挺，勿弯腰驼背，也不可前贴桌边后靠椅子，上体与桌、椅应保持一拳左右距离，双膝并拢，双脚自然垂地。

在正式场合，男士的坐姿要求是坐如钟，即坐相要如钟一样端庄稳重，两脚自然分开成45°。可以跷腿，但不可跷得太高或抖动。女士要坐得优雅大方，双腿并拢，穿裙装时入座前要用手拢一下裙子再坐。

谈判开始就座时，出于礼貌，和客人一起入座或同时入座时，要分清尊卑，先请对方入座，自己不要抢先入座。应从座位左侧入座。入座要轻柔缓和，人走到座位前，转身，从容地慢慢坐下，然后把双脚跟合拢。坐下后不要随意挪动椅子。离座时，应起身缓慢，动作轻柔，尽量不要碰得桌椅叮当响。

4. 关注仪态细节与个人行为举止

商务场合，一些举止虽小，却往往反映一个人的修养。所谓"小节之处见精神，言谈举止见文化"。

1）蹲姿

在商务场合，除了捡拾地面物品、整理鞋袜外，一般很少采用蹲的姿势。商务人士尤其是女性穿套装需要下蹲时，要注意优雅的蹲姿。优雅的蹲姿主要有两种：一种是交叉式蹲姿，交叉式蹲姿适用于女士特别是穿短裙的女士，优点在于造型优美典雅。第二种是高低式蹲姿，服务人员大多采用高低式蹲姿。

蹲姿的时候注意不要毫无遮掩，尤其是身着裙装的女士，要防止大腿叉开。注意不要突然下蹲，即蹲下来的时候，不要速度过快。

2）上下楼梯

上下楼梯，上体均应保持直挺且靠右行，双眼平视正前方，勿低头看梯。落脚要轻，重心一般在脚前部。当谈判人员陪同引导客人时，上下楼梯时要走在前面。上下楼梯要注意"右上右下"原则，讲究礼仪秩序，注意停留时间等几个细节。

3）个人举止行为禁忌

谈判人员应该注意口腔卫生。消除口腔异味，生蒜、生葱和韭菜之类带刺激性气味的食物，其气味滞留时间较长，因此参加商务活动前一天，就不应吃，以免口腔异味引起对方的不悦。

避免在众人面前发出各种异常声音，公共场合不吃东西，不要当众嚼口香糖。

谈判中不应当众抓耳搔腮，剔牙、剪指甲或梳理头发皆应在洗手间进行。

切勿随便吐痰。吐痰时应该背对人，把痰抹在纸巾里，丢进垃圾箱，或去洗手间吐痰，但不要忘了清理痰迹。

总之，每位谈判者都应有意识地使用积极的行为语言，改掉消极的行为语言，让自己在举手投足中表现出谈判者的翩翩风采。

4.2.2 谈判中捕捉行为信号

在谈判之中，也许对手会使用很多的谈判技巧，这样就给我们的沟通带来了难度，那么如何判断谈判对手的真实意图，或者发现对手的秘密呢？无论多么精明的人，都会有行为疏忽的时候，所以捕捉对手的行为信号是很重要的。作为谈判员要利用心理学的知识来分析对手的行为。以下几种情形是比较典型的例子。

（1）对方开始挑商品的毛病。

这种看似反对的做法，其实他已经对产品志在必得了，所以这只是他试探商品的降价空间还有多大，任何人都希望用低价买到心仪的商品。

（2）对方开始赞扬其他公司的产品。

如果对方开始赞扬其他公司的产品并列举其他商品的优点时，他这种做法是最不聪明的，因为既然别家商品那么好，为何他还会在这里费口舌。所以坚持原定价格的成交可行性更大。

（3）对方感叹"实在拿你没办法"之类的话。

表明对方已经心甘情愿地接受了。

（4）对方开始询问周围其他人员的意见。

证明他个人已经认同了。所以如果他的同伴有反对意见的话，你可以专攻他的同伴了。

对于这些成交信号，一定要结合当时的气氛和对手的姿态，以免判断错误。比如，产品果真存在对方所说的不足之处，而你却当成了成交信号没有认真关注的话，就给自己带来麻烦了。所以，行为信号不是简单地靠视觉，还要通过经验判断来决定。

相关链接5

日本一家著名的汽车公司在美国刚刚"登陆"时，急需找一家美国代理商来为其销售产品，以弥补他们不了解美国市场的缺陷。当日本汽车公司准备与美国的一家公司就此问题进行谈判时，日本公司的谈判代表路上塞车迟到了。美国公司的代表抓住这件事紧紧不放，并想要以此为手段获取更多的优惠条件。日本公司的代表发现无路可退，于是愤怒地站起来神情严肃地说："我们十分抱歉耽误了你的时间，但是这绝非我们的本意，我们对美国的交通状况了解不足，所以导致了这个不愉快的结果，我希望我们不要再为这个无所谓的问题耽误宝贵的时间了，如果因为这件事怀疑到我们合作的诚意，那么，我们只好结束这次谈判。我认为，我们所提出的优惠代理条件是不会在美国找不到合作伙伴的。"最后美国代理商的施压行为并没有让日本退让，为了不失去这次赚钱的好机会，美国代理商只好让步。在这里日本代表的"站起来""神情严肃"这样的行为就表明了日本代表宁愿失去此次机会也不会妥协的决心，促使美国谈判代表顺势改变谈判策略，很快签订合同。

本 章 小 结

商务谈判的沟通是指买卖双方为了达成某项协议，在磋商及会谈中彼此加深理解，增进交流所使用的手段和方法。涉及商务谈判的语言沟通与非语言沟通的内容。

第一节讲授的是谈判中的语言沟通，具体涉及说与陈述的技巧，提问、发问的技巧，回答与说服的技巧和倾听的技巧。商务谈判沟通的关键是积极倾听、善于提问、巧妙回答。

第二节讲授的是谈判的中的非语言沟通。主要是通过人的形体、姿态、形象、声调等方面进行的沟通，注意把握好行为语言传达的谈判交易信号。

关键术语

沟通　语言沟通　说与陈述　间接性提问　巧答　有效说服　有效倾听　非语言沟通　行为语言

复习思考题

1. 有效沟通的行为技巧有哪些？
2. 商务谈判中，语言表达的基本要求是什么？有哪些技巧？
3. 分析商务谈判中说与陈述的要点。
4. 商务谈判中的巧答技巧有哪些？
5. 谈判中说服的工具有哪些？
6. 商务谈判中，倾听的技巧有哪些？

案例分析与讨论

美日商务谈判中的信息沟通障碍

美国的一位管理学教授用录像特写镜头详细地考察了一起美日商务谈判。他发现，当一位美商直视谈判桌对面的日本代表时，那位日商立刻低下了头；等那位美商低头做记录时，他才抬起头；而当对方再次注视他时，他又低下了头。这个现象不断地循环往复。这种潜意识的行为语言往往影响思想的沟通，也容易给双方造成误解。譬如，日商会觉得美国人这样"直率"地拿眼睛盯着他们很不礼貌，甚至有些感觉迟钝。相反，美商则怀疑日本人低下头是在耍花招。

由于文化传统的差异，日本商人和美国商人在"不"字的用法上碰到了纠缠不清的麻烦。日本商人感到，要是他回答断然否定，会让美国人丢面子。而美国商人不领会这一点，只要他认为还没有得到明确答复，就硬要继续谈下去。

问题：请结合案例分析美日商务谈判中的信息沟通障碍有哪些表现，说明原因。

实训练习与操作

【实训目标】

（1）解读各种行为语言的内涵与传递的信息。

（2）理解语言表达的沟通信息。

【实训内容】

学生分为5~8人一组，选组长一名，选择2组学生结合下面2张图示，分析说明他们的行为语言包含的信息，时间为10~15分钟。

A

B

第 5 章

商务谈判过程

内容简要

　　商务谈判是人们完整运用信息与资料，经过每个阶段的综合分析，满足双方所需利益的一种活动过程。商务谈判者能否把握好谈判过程的每个细节与内容，掌握谈判的主动权，对谈判成功与否起着至关重要的作用。本章讲授的内容，主要包括谈判的开局、磋商、结束阶段几个部分。

学习目标

　　通过本章的学习，使学生了解和掌握以下知识点：

1. 商务谈判的全过程及每一个阶段的具体内容和任务；
2. 运用开局、磋商、让步技巧，分析僵局的原因与处理策略；
3. 谈判结束的内容，把握谈判的主动权；
4. 商务谈判的各种可能结果和结束方式。

　　谈判是要解决双方在贸易条件中的不同意见，而各方的意见又是以保护本方利益为基本点，谈判的真正成功一定是建立在对双方有利的基础上的。谈判的最终目的应是双方达成平等互利的协议。商务谈判较好结果的取得，包括商务谈判开局、磋商、结束阶段的全过程内容。

5.1　商务谈判开局阶段

5.1.1　开局阶段的基本任务

　　谈判开局对整个谈判过程起着至关重要的作用，它往往关系到双方谈判的诚意和积极性，关系到谈判的格调和发展趋势，一个良好的开局将为谈判成功奠定良好基础。谈判人员在开局时切忌过分闲聊，离题太远。话题应相对集中在会谈的目的、计划、进度和成员这 4 个方面。在这一阶段，商谈的双方开始进行初步的接触、互相熟悉，并就此次会谈的目标、计划、进度和参加人员等问题进行讨论，在尽量取得一致的基础上就本次谈判的内容分别发表陈述。这一阶段的目标主要是对谈判程序和相关问题达成共识；双方人员互相交流，创造友好合作的谈判气氛；分别表明己方的意愿和交易条件，摸清对方情况和态度，为实质性磋商阶段打下基础。为达到以上目标，开局阶段主要有三项基本任务。

1. 具体问题的说明

所谓具体问题的说明，主要包括 "4P"，即目的（purpose）、计划（plan）、进度（pace）和成员（personalities）4 个方面内容。

谈判双方初次见面，要互相介绍参加谈判的人员，包括姓名、职务、谈判角色等情况。然后双方进一步明确谈判要达到的目标，这个目标应该是双方共同追求的合作目标；同时双方还要磋商确定谈判的大体议程和进度，以及需要共同遵守的纪律和共同履行的义务等问题。具体问题说明的目的就是谈判双方友好接触，统一共识，明确规则，安排议程，掌握进度，把握成功。

2. 建立适当的谈判气氛

谈判气氛会影响谈判者的情绪和行为方式，进而影响到谈判的发展。谈判气氛受多种因素的影响。客观环境对谈判的气氛有重要影响，如双方面临的政治形势、经济形势、市场变化、文化气氛、实力差距，以及谈判时的场所、天气、时间、突发事件等。对于客观环境对气氛的影响，需要在谈判准备阶段做好充分准备，尽可能营造有利于谈判的环境气氛。谈判人员主观因素对谈判气氛的影响是直接的，在谈判开局阶段一项重要任务就是发挥谈判人的主观能动性，营造良好的谈判气氛。谈判气氛一般由双方相互介绍、寒暄，以及双方接触时的表情、姿态、动作、说话的语气等方面营造。谈判气氛的营造既表达双方谈判者对谈判的期望，也表达出谈判的策略特点，因此也是双方互相摸底的重要信息。

1）要塑造良好的第一印象

事实上，从双方走到一起准备洽谈时，洽谈的气氛就已经形成了，而且将会延续下去，以后很难改变。

2）营造洽谈气氛不能靠故意做作

要建立良好的洽谈气氛，应该本着诚挚、合作、轻松而又认真的态度，并以平等互利、友好合作作为谈判的基本原则来准备谈判。否则，难以想象谈判会出现什么结果。

3）开局目标是思想协调

谈判开局的目标主要是建立良好的谈判气氛，使谈判在和谐的气氛中顺利进行；召开预备会议，使双方明确本次谈判的目标、双方共同努力的途径与方法，为以后各阶段的谈判奠定基础；谈判双方就本次谈判的内容，陈述各自的观点、立场及其建议。

要想使谈判顺利进行，首先要融洽感情、协调思想。在开局阶段，最重要的工作就是确立开局的目标。所谓开局的目标，是一种与谈判的终极目标紧密相连又相互区别的初级目标，使谈判双方能尽快地协调一致。因此，洽谈开始时的话题最好是轻松的、非业务性的。

3. 谈判角色定位

在洽谈双方的初次接触、闲谈中，通过无声信息的传递和有声信息的沟通，彼此之间会对对方形成各自的印象，如对方的表象认识、言谈举止、着装打扮、习惯等，以及本性推断：是自信还是自卑，精力旺盛还是疲惫不堪；是轻松愉快还是高度紧张等。精明的谈判人员往往依据这些印象，来确立自己在谈判中的形象，形成自己的角色定位。

在进入真正谈判之前，谈判者应做好各个方面周密、细致的工作，注意个人形象，并认真研究分析对方的行为；同时，最重要的是在谈判中以诚待人、行为端庄、谦虚、说话态度诚恳、言之有理、以理服人；平等互利、真诚合作、处世灵活、遇变不惊，始终维护来之不易的良好洽谈氛围和业已确立的己方在谈判中的地位。

4. 开好预备会议

在商务谈判中，常常需要在正式谈判前召开预备会，以确定一些贸易内容以外的双方都关心的共同问题。因此，开好预备会议也是开局阶段的主要任务。

预备会议的目的是使双方明确本次谈判的目标，以及为此目标共同努力的途径和方法，以便为此后各阶段的洽谈奠定基础。预备会议的内容一般是双方就洽谈目标、计划、进度和人员等内容进行洽商。所谓目标，是指本次洽谈的任务或目的；计划是指为了洽谈目标所设想采取的步骤与措施，其内容包括待讨论的议题及双方必须遵守的规程；进度是指双方会谈进展的速度或会谈前预计的洽谈速度；人员是指双方谈判小组的单个成员的情况，包括其姓名、职务及在谈判中的地位与作用等。上述问题必须在洽谈进入正题前就定好。

一般来讲，预备会议是由东道主主持并首先发言，但这并不意味着客方处于被动地位，实际上双方的地位是平等的，且必须依赖相互间的真诚合作，方能开好预备会议。因此，应尽量做到以下几点。

第一，在开始开会时，彼此都应设法采取措施，使会议有一个轻松的开端。

第二，享受均等的发言机会。

第三，要有合作精神，在会议期间应给对方足够的机会发表不同意见，提出不同设想。同时，要尽量多提一些使双方意见趋向一致的问题，并可反复重申已取得的一致意见。

第四，提问和陈述要尽量简练。

第五，要乐于接受对方的意见。

5. 开场陈述和报价

1）双方各自陈述己方的观点和愿望

陈述己方对问题的理解，即己方认为谈判应涉及的问题及问题的性质、地位；己方希望取得的利益和谈判的立场。陈述的目的是使对方理解己方的意愿，既要体现一定的原则性，又要体现合作性和灵活性。然后，双方各自提出各种设想和解决问题的方案，并观察双方合作的可靠程度，设想在符合商业准则的基础上寻求实现双方共同利益的最佳途径。

2）在陈述的基础上进行报价

报价就是双方各自提出自己的交易条件，报价是各自立场和利益需求的具体体现。报价分为狭义报价和广义报价。狭义报价是指一方向另一方提出己方希望成交的具体价格；广义报价是指一方向另一方提出的包括具体价格的一揽子要求。报价既要考虑对方对己方有利，又要考虑成功的可能性，报价要准确清楚。双方不受对方报价的影响，可以按自己的意图进行报价。报价的目的是双方了解对方的具体立场和条件，了解双方存在的分歧和差距，为进行磋商准备条件。

5.1.2　谈判开局气氛的营造

谈判气氛的营造应该服务于谈判的方针和策略，服务于谈判各阶段的任务，应该有利于谈判目标的实现。谈判气氛多种多样，有热烈的、积极的、友好的，也有冷淡的、对立的、紧张的；有平静的、严肃的，也有松懈的、懒散的；还有介于以上几种谈判气氛之间的自然气氛。而谈判开局阶段气氛的营造更为关键。什么样的开局气氛是比较合理的呢？根据开局阶段的性质、地位，根据进一步磋商的需要，开局气氛应该有以下几个特点。

1. 礼貌、尊重的气氛

谈判双方在开局阶段要营造出一种尊重对方、彬彬有礼的气氛。出席开局阶段谈判可以有高层领导参加，以示对对方的尊重。谈判人员服饰仪表要整洁大方，无论是表情、动作还是说话语气都应该表现出尊重、礼貌，不能流露出轻视对方、以势压人的态度，不能以武断、蔑视、指责的语气讲话，使双方能够在文明礼貌、相互尊重气氛中开始谈判。

2. 自然、轻松的气氛

开局初期常被称为"破冰"期。谈判双方抱着各自的立场和目标坐到一起谈判，极易出现冲突和僵持。谈判人员在开局阶段首先要营造一种平和、自然、轻松的气氛。例如，随意谈一些题外的轻松话题，松弛一下紧绷着的神经，不要过早与对方发生争论。语气要自然平和，表情要轻松亲切，尽量谈论中性话题，不要过早刺激对方。

3. 友好、合作的气氛

开局阶段要使双方有一种"有缘相识"的感觉，双方愿意友好合作，都愿意在合作中共同受益。因此谈判双方实质上不是"对手"，而是"伙伴"。营造友好合作的气氛不仅仅是出于谈判策略的需要，更重要的是双方长期合作的需要。尽管随着谈判的进行会出现激烈的争辩或者矛盾冲突，但是双方是在友好合作的气氛中去争辩，不是越辩越远，而是越辩越近。因此，要求谈判者真诚地表达对对方的友好愿望和合作成功的期望。此外，热情的握手、信任的目光、自然的微笑都是营造友好合作气氛的手段。

4. 积极进取的气氛

谈判者要准时到达谈判场所，仪表端庄整洁，精力要充沛，充满自信；坐姿要端正，发言要响亮有力，要表现出追求进取，追求效率、追求成功的决心；不管有多大分歧，有多少困难，相信一定会获得双方满意的结果。谈判就是在这样一种积极进取、紧张有序、追求效率的气氛中开始的。

开场陈述中，双方要做的工作主要是陈述谈判的内容与提出建议性意见。开场陈述的内容主要包括：根据己方的理解，阐明本次商务谈判应涉及的问题和主要方面；说明己方通过谈判应取得的利益，尤其要阐明哪些方面是己方至关重要的利益；对以前曾经有过的合作成果做出评价，并对双方继续合作的前景做出评估。

5.1.3 商务谈判的开局

谈判开局策略是谈判者谋求谈判开局有利形势和实现对谈判开局的控制而采取的行动方式或手段。营造适当的谈判气氛实质上就是为实施谈判开局策略打下基础。商务谈判开局策略一般包括以下几个方面。

1. 协商式开局策略

协商式开局策略是指以协商、肯定的语言进行陈述，使对方对己方产生好感，创造双方对谈判的理解充满"一致性"的感觉，从而使谈判双方在友好、愉快的气氛中展开谈判工作。协商式开局策略比较适用于谈判双方实力比较接近、双方过去没有商务往来经历的情况。第一次接触，都希望有一个好的开端。要多用外交礼节性语言、中性话题，使双方在平等、合作的气氛中开局。例如，谈判一方以协商的口吻来征求谈判对手的意见，然后对对方意见表示赞同或认可，双方达成共识。要表示充分尊重对方意见的态度，语言要友好礼貌，但又不刻意奉承对方。姿态上应该是不卑不亢，沉稳中不失热情，自信但不骄傲，把握适当分寸，顺利打开局面。

2. 坦诚式开局策略

坦诚式开局策略是指以开诚布公的方式向谈判对手陈述自己的观点或意愿，尽快打开谈判局面。

坦诚式开局策略比较适合双方过去有过商务往来，而且关系很好，互相比较了解，将这种友好关系作为谈判的基础。在陈述中可以真诚、热情地畅谈双方过去的友好合作关系，适当地称赞对方在商务往来中的良好信誉。由于双方关系比较密切，可以省去一些礼节性的外交辞令，坦率地陈述己方观点及对对方的期望，使对方产生信任感。

坦诚式开局策略有时也可以用于实力不如对方的谈判者。本方实力弱于对方，这是双方都了解的事实，因此没有必要掩盖。坦率地表明己方存在的弱点，使对方理智地考虑谈判目标。这种坦诚也表达出实力较弱一方不惧怕对手的压力，充满自信和实事求是的精神，这比"打肿脸充胖子"，大唱高调掩饰自己的弱点要好得多。

相关链接 1

某市一位党委书记在同外商谈判时，发现对方对自己的身份持有强烈的戒备心理。这种状态妨碍了谈判的进行。于是，这位党委书记当机立断，站起来对对方说道："我是党委书记，但也懂经济，并且拥有决策权。我们摊子小，实力不大，但人实在，愿意真诚与贵方合作。咱们谈得成也好，谈不成也好，至少你这个外来的'洋'先生可以交一个我这样的'土'朋友。"

寥寥几句肺腑之言，打消了对方的疑惑，使谈判得以顺利地进行。

3. 慎重式开局策略

慎重式开局策略是指以严谨、凝重的语言进行陈述，表达出对谈判的高度重视和鲜明的态度，目的在于使对方放弃某些不适当的意图，以达到把握谈判的目的。

慎重式开局策略适用于谈判双方过去有过商务往来，但对方曾有过不太令人满意的表现，己方要通过严谨、慎重的态度，引起对方对某些问题的重视。例如，可以对过去双方业务关系中对方的不妥之处表示遗憾，并希望通过本次合作能够改变这种状况。可以用一些礼貌性的提问来考察对方的态度、想法，不急于拉近关系，注意与对方保持一定的接触摸底。当然，慎重并不等于没有谈判诚意，也不等于冷漠和猜疑，这种策略正是为了寻求更有效的谈判成果而使用的。

4. 进攻式开局策略

进攻式开局策略是指通过语言或行为来表达己方强硬的姿态，从而获得谈判对手必要的尊重，并借以制造心理优势，使谈判顺利进行下去。这种进攻式开局策略只有在特殊情况下使用。例如，发现谈判对手居高临下，以某种气势压人，有某种不尊重己方的倾向，如果任其发展下去，对己方是不利的，因此要变被动为主动，不能被对方气势压倒。采取以攻为守的策略，捍卫己方的尊严和正当权益，使对方站在平等的地位上进行谈判。进攻式策略要运用得当，必须注意有理、有利、有节，不能使谈判一开始就陷入僵局。要切中问题要害，对事不对人，既表现出己方的自尊、自信和认真的态度，又不能过于咄咄逼人，使谈判气氛过于紧张，一旦问题表达清楚，对方也有所改观，就应及时调节一下气氛，使双方重新建立一种友好、轻松的谈判气氛。

采用进攻式开局策略一定要谨慎。因为在谈判开局阶段就设法显示自己的实力，使谈判开局就处于剑拔弩张的气氛中，对谈判进一步发展极为不利，可能使谈判一开始就陷入僵局。

进攻式开局策略通常只在这种情况下使用：发现谈判对手在刻意制造低调气氛，这种气氛对己方的讨价还价十分不利，如果不把这种气氛扭转过来，将损害己方的切身利益。

进攻式开局策略可以扭转不利于己方的低调气氛，使之走向自然气氛或高调气氛。但是，进攻式开局策略也可能使谈判一开始就陷入僵局。

5. 挑剔式开局策略

挑剔式开局策略是指开局时，对对手的某项错误或礼仪失误严加指责，使其感到内疚，从而达到营造低调气氛、迫使对方让步的目的。如巴西一家公司到美国去采购成套设备。巴西谈判小组成员因为上街购物耽误了时间。当他们到达谈判地点时，比预定时间晚了 45 分钟。美方代表对此极为不满，花了很长时间来指责巴西代表不遵守时间，没有信用，如果老这样下去，以后很多工作很难合作，浪费时间就是浪费资源、浪费金钱。对此巴西代表感到理亏，只好不停地向美方代表道歉。谈判开始以后美方代表似乎还对巴西代表来迟一事耿耿于怀，一时间弄得巴西代表手足无措，说话处处被动，无心与美方代表讨价还价，对美方提出的许多要求也没有静下心来认真考虑，就匆匆忙忙签订了合同。等到合同签订以后，巴西代表平静下来时才发现自己吃了大亏，上了美方的当，但为时已晚。

本案例中，美国谈判代表成功地使用挑剔式开局策略，迫使巴西谈判代表自觉理亏，在来不及认真思考的情况下匆忙签下对美方有利的合同。

6. 保留式开局策略

保留式开局策略是指在谈判开始时，对谈判对手提出的关键性问题不作彻底的、确切的回答，而是有所保留，从而给对手造成神秘感，以吸引对手步入谈判。注意在采取保留式开局策略时不要违反商务谈判的道德原则，即以诚信为本，向对方传递的信息可以是模糊信息，但不能是虚假信息；否则，会使自己陷于非常难堪的局面之中。

如江西省某工艺雕刻厂原是一家濒临倒闭的小厂，经过几年的努力，发展成为年产值200多万元的具有一定规模的雕刻厂，产品打入日本市场，战胜了其他国家和地区在日本经营多年的厂家，被誉为"天下第一雕刻"。有一年，日本三家株式会社的老板同一天接踵而至，到该厂订货。其中一家资本雄厚的大商社，要求原价包销该厂的产品。这应该说是好消息。但该厂想到，这几家原来都是经销韩国、中国台湾地区产品的商社，为什么争先恐后、不约而同到本厂来订货？他们查阅了日本市场的资料，得出的结论是本厂的木材质量上乘、技艺高超是吸引外商订货的主要原因。于是该厂采用了"待价而沽""欲擒故纵"的谈判策略。先不理那家大商社，而是积极抓住两家小商社求货心切的心理，与其争价钱、论成色，使其价格达到理想的高度。首先与小商社拍板成交，使那家大客商产生失掉货源的危机感。那家大商社不但更急于订货，更想垄断货源，于是大批订货，以致订货数量超过该厂现有生产能力的好几倍。

本案例中该厂谋略成功的关键在于其策略不是盲目的、消极的。首先，该厂产品确实好，而几家客商求货心切，在货比货后让客商折服。其次，是善于使用谈判技巧。先与小客商谈，并非疏远大客商，而是牵制大客商，促其产生失去货源的危机感。这样订货数量和价格才会大幅增加。

5.2　商务谈判磋商阶段

5.2.1　交锋

交锋阶段是实质性谈判的核心部分。贸易洽谈双方已经确定了通过协商一致而最终达成协议的方针，并且已经初步建立了诚挚、轻松的洽谈气氛，对洽谈的目标、计划等取得了一致意见，已经有了相互合作的趋势，双方洽谈人员对各自的情况已有了一定的了解，这时就应该坐下来展开对具体业务的协商洽谈。把达成协议以前的这种专门问题的谈判都归入交锋阶段。

交锋阶段一般包括摸底、重新审查洽谈方针、报价与还价、谈判议程控制等几个阶段。

一般来说，这个阶段是重要的，特别是对于以共同谋求最佳利益的方针的谈判更为重要。摸底阶段的工作主要是通过开场陈述来进行的。

1. 开场陈述内容

开场陈述，就是要把己方的观点、立场、表达的方式、陈述的内容向对方说清楚，同时还要表明对对方建议的反应。应该关注"我是否说清楚了?"在陈述自己的观点时,要采用"横向铺开"的方法,而不是深谈某一个问题。

开场陈述的内容一般应包括:己方对问题的理解;己方的利益,即我们希望通过这次会谈应取得的利益;己方的首要利益,阐明那些对己方来讲至关重要的利益;己方可以向对方做出让步的事项,即己方可以采取何种方式为双方共同获得的利益做出贡献;己方的立场,包括双方以前合作的结果、己方在对方所享有的信誉、今后双方合作中可能出现的好机会或障碍。

2. 开场陈述的特点

开场陈述的特点主要有以下几个方面。

(1)双方分别进行开场陈述。

(2)注重自身利益。

(3)原则性的而非具体的。

(4)简明扼要。

陈述的方式一般有两种:一种是由一方提出书面方案发表意见;另一种是会晤时双方口头陈述。这两种方式的实际作用要结合具体的谈判环境来分析,不能一概而论。但有一点是必须明确的,即陈述应该是很正式的,应以诚挚和轻松的方式表达出来,要让对方明白己方的意图,而不是向对方提出挑战。

3. 提出倡议

倡议是对开场陈述在共同性上的延续,开场陈述已经向各自的对方明示了个别利益与合作的愿望,接下来就应该抓住寻求这一共同利益的机会提出倡议。在倡议阶段,需要双方各自提出各种设想和解决问题的方案,然后再在设想与符合他们商业标准的现实之间,搭起一座通向最终成交道路的桥梁。

提建议应注意以下几点。

(1)提建议要采取直截了当方式。

(2)建议要简单明了,具有可行性。

(3)双方互提意见。

如果不是双方互提意见,而是一方对对方的某个建议纠缠不休,则可能导致失败或中断。假如对方不但未提出自己的建议,而且对于己方的建议一直纠缠不休,己方应设法引导对方提出他们的设想。只有双方通力合作,充分发挥各自的创造潜力,提出各种设想,然后在各种设想的基础上寻求最佳方案,才有可能使谈判顺利进行下去,否则不可能有好的结果出现。

不要过多地为自己的建议辩护,也不要直接地抨击对方提出的建议。这是因为建议的提出和下一步最佳方案的确定需要双方的共同努力,如果过多地为自己辩护,或激烈地抨击对方的建议,则会引起对方的反感或增加对方的敌意,这样会人为地给共同确定最佳方案制造障碍。双方应把前面大家提出的所有想法统统列出来,探讨一下每种设想的可行性。

4. 确认对方底细

经过一系列的开场陈述、倡议与选择可行方案,使摸底工作有条不紊地进行着。至此,通过这种"温和式"交锋，双方应该就对方的底细有一个明确的认识，这一点对于下一阶段激烈的谈判很有帮助。

一般来说，对方的底细无非分为以下三种。

1) "绿灯"

对方在入题、开场及摸底阶段中能采取合作的态度，那么，就不必担心对方别有用心了。

2) "红灯"

对方拒绝与己方合作，或者对己方的态度暧昧。尽管己方寻求各种机会与对方合作，但对方仍然无动于衷。那么，己方就有被对方利用的危险。同时，己方就看清楚了对方是想尽一切办法在谋求他们自己的利益。

3) "黄灯"

对方处于犹豫不决状态。对此，应及时地进行分析。最合适的方针是稍事休息。如果是一次性会谈，可以休息几分钟；如果是持续时间较长的大型会谈，可以利用休息时间剖析一下会谈的形势和对方的行为。

回顾洽谈的形势必须考虑以下几个问题：这笔生意的性质是什么？对方的实力在哪里？对方准备采取什么样的进攻方针？

这时，还需要对对方下列的各种行为进行评价：在开场陈述时，对方是不是对己方开诚布公？在己方进行开场陈述时，对方是不是竭力地攻击己方？对方提出的设想与采纳之比是多少？对方提供的信息及汲取的信息之比又是多少？

从这些问题的思考中，可以对对方的底细有一个清晰的了解，也确定了己方相应的对策。至此，已经圆满地完成了摸底阶段的工作，下面需要做的是报价、还价等问题（具体内容见第6章相关内容）。

5.2.2 商务谈判磋商准则

1. 把握气氛的准则

进入磋商阶段之后，谈判双方要针对对方的报价讨价还价。双方之间难免要出现提问和解释、请求和拒绝、建议和反对、进攻和防守等，甚至会发生激烈的辩论和无声的冷场。因此，在磋商阶段后仍然要把握好谈判气氛。开局阶段可能已经营造出友好、合作的气氛，进入磋商阶段后仍然要保持这种气氛。如果双方突然收起微笑，面部表情紧张冷峻，语言生硬激烈，使谈判气氛一下子变得紧张对立起来，就会令人怀疑开局阶段友好真诚的态度是装出来的，双方产生不信任。所以，磋商阶段尽管争论激烈、矛盾尖锐，但仍然要保护已经营造出来的良好的合作气氛，只有在这种良好的合作气氛中，才能使磋商顺利进行。

2. 次序逻辑准则

次序逻辑准则是指把握磋商议题内含的客观次序逻辑，确定谈判目标启动的先后次序与谈判进展的层次。

在磋商阶段中，双方都面临着许多要谈的议题，如果不分先后次序，不讲究磋商进展层次，想起什么就争论什么，就会毫无头绪，造成混乱，毫无效率可言。因此，双方要通过磋商几个重要的谈判议题，按照其内在逻辑关系排列先后次序，然后逐题磋商。可以先磋商对后面议题有决定性影响的议题，此议题达成共识再讨论后面的问题；也可以先对双方容易达成共识的议题进行磋商，将双方认识差距较大、问题比较复杂的议题放到后面磋商。次序逻辑准则也适用于对某一议题的磋商。某一议题也存在内在逻辑次序，如价格问题就涉及成本、回收率、市场供求、比价等多方面内容。选择哪一项内容作为切入点，要考虑最容易讲清楚、最有说服力的内容，避免一开始就纠缠在一些不容易说清楚的话题上，影响重要问题的磋商。

3. 掌握节奏准则

磋商阶段的谈判节奏要稳健，不可过于急促。因为这个阶段是解决分歧的关键时期，双方对各自观点要进行充分的论证，许多认识有分歧的地方要经过多次交流和争辩。对于某些关键问题一轮谈判不一定能达成共识，要多次的重复谈判才能完全解决。一般来说，双方开始磋商时节奏要相对慢一些，双方都需要时间和耐心倾听对方的观点，了解对方，分析研究分歧的性质和解决分歧的途径。关键问题涉及双方的根本利益，必然会坚持自己的观点，不肯轻易让步，还有可能使谈判陷入僵局，所以磋商是需要花费较多时间的。谈判者要善于掌握节奏，稳扎稳打，步步为营，不可急躁。一旦出现转机，要抓住有利时机，加快谈判节奏，不失时机地消除分歧，达成一致意见。

4. 沟通说服准则

磋商阶段实质上是谈判双方相互沟通、相互说服、自我说服的过程。没有充分的沟通，没有令人满意的说服，不会产生积极成果。首先，双方要善于沟通，这种沟通应该是双向的和多方面的。其次，双方要善于说服，要充满信心地去说服对方，让对方感觉到你非常感谢他的协作，而且你也非常乐意努力帮助对方解决困难。

5.2.3　商务谈判的让步技巧

在商务谈判磋商阶段，对己方条件做一定的让步是双方必然的行为。如果谈判双方都坚持自己的阵线不后退半步的话，谈判永远也达不成协议，谈判追求的目标也就无法实现。谈判者都要明确他们要求的最终目标，同时他们还必须明确为达到这个目标可以或愿意做出些让步，做多大的让步。让步本身就是一种策略，它体现谈判者用主动满足对方需要的方式换取己方需要的精神实质。如何运用让步策略，是磋商阶段最为重要的事情。

1. 让步的原则和策略

1）维护整体利益

让步的一个基本原则是：整体利益不会因为局部利益的损失而造成损害；相反，局部利益的损失是为了更好地维护整体利益。谈判者必须十分清楚什么是局部利益，什么是整体利益；什么是枝节，什么是根本；让步对全局的影响是什么等。让步只能是局部利益的退步和牺牲，而整体利益必须得到维护。因此，以最小让步换取谈判的成功，以局部利益换取整体利益是让步的出发点。

2）明确让步条件

让步必须是有条件的，绝对没有无缘无故的让步。谈判者心中要清楚，让步必须建立在对方创造条件的基础上，而且对方创造的条件必须是有利于己方整体利益的。无论如何，让步的代价一定小于让步所得到的利益。要避免无谓的让步，要用己方的让步换取对方在某些方面的相应让步或优惠，体现出得大于失的原则。

3）选择好让步时机

让步时机要恰到好处，不到需要让步的时候绝对不要做出让步的许诺。让步之前必须经过充分的磋商，时机要成熟，使让步成为画龙点睛之笔，而不要变成画蛇添足。

4）确定适当的让步幅度

让步可能是分几次进行的，每次让步都要让出自己一部分利益。让步的幅度要适当，一次让步的幅度不宜过大，让步的节奏也不宜过快。

5）不要承诺做出与对方同等幅度的让步

即使双方让步幅度相当，但是双方由此得到的利益却不一定相同。不能单纯从数字上追求相同的幅度，可以让对方感到己方也做出了相应的努力，以同样的诚意做出让步，但是并不等于幅度是对等的。

6）在让步中讲究技巧

在关键性问题上力争使对方先做出让步，而在一些不重要的问题上己方可以考虑主动做出让步姿态，促使对方态度发生变化，争取其让步。

7）不要轻易向对方让步

商务谈判中双方做出让步是为了达成协议而必须承担的义务。但是必须让对方懂得，己方每次做出的让步都是重大的让步，使对方感到必须付出重大努力之后才能得到一次让步，这样才会提高让步的价值，也才能为获得对方的更大让步打下心理基础。

2. 让步的策略

1）于己无损策略

所谓于己无损策略，是指对方所做出的让步不给己方造成任何损失，同时还能满足对方一些要求或形成一种心理影响，产生诱惑力。

假如你是一个卖主，又不愿意在价格上做出让步，你可以在以下几方面做出无损让步：

① 向对方表示本公司将提供质量可靠的一级产品；

② 将向对方提供比给予其他家公司更加周到的售后服务；

③ 向对方保证给其待遇将是所有客户中最优惠的；

④ 交货时间上充分满足对方要求。

这种无损让步目的是在保证己方实际利益不受损害的前提下使对方得到一种心理平衡和情感愉悦，避免对方纠缠某个问题迫使己方做出有损实际利益的让步。

2）以攻对攻

以攻对攻策略是指己方让步之前向对方提出某些让步要求，将让步作为进攻手段，变被动为主动。当对方就某一个问题逼迫己方让步时，己方可以将这个问题与其他问题联系在一起加以考虑，在相关问题上要求对方做出让步，作为己方让步的条件，从而达到以攻对攻的效果。

3）强硬式让步

强硬式让步策略是指一开始态度强硬，坚持寸步不让的态度，到了最后时刻一次让步到位，促成交易。这种策略的优点是起始阶段坚持不让步，向对方传递己方坚定信念，如果谈判对手缺乏毅力和耐心，就可能被征服，使己方在谈判中获得较大的利益。在坚持一段时间后，一次让出己方的全部可让利益，对方会有"来之不易"的获胜感，会特别珍惜这种收获，不失时机地握手成交。其缺点是由于开始阶段一再坚持寸步不让的策略，则可能失去伙伴，具有较大的风险性，也会给对方造成没有诚意的印象。因此，这种策略适用于在谈判中占有优势的一方。

4）坦率式让步

坦率式让步策略是指以诚恳、务实、坦率的态度，在谈判让步阶段后一开始就亮出底牌，让出全部可让利益，以达成以诚制胜的目的。这种策略的优点是由于谈判者一开始就向对方亮出底牌，让出自己的全部可让利益，率先做出让步榜样，给对方一种信任感，比较容易打动对方采取回报行为。这种策略的缺点是由于让步比较坦率，可能给对对方传递一种尚有利可图的信息，从而提高其期望值，继续讨价还价；由于一次性大幅度让价，可能会失去本来能够全力争取到的利益。这种策略适用于在谈判中处于劣势的一方或是谈判双方之间的关系比较友好，以一开始做出较大让步的方法感染对方，促使对方以同样友好、坦率的态度做出让步。

5）稳健式让步

稳健式让步策略是指以稳健的姿态和缓和的让步速度，根据谈判进展情况分段做出让步，争取较为理想的结果。谈判者既不坚持强硬的态度寸利不让，也不过于坦率，一下子让出全部可让利益。既有坚定的原则立场，又给对方一定的希望。每次都作一定程度的让步，但是让步的幅度要根据对方的态度和形势的发展灵活掌握。这种让步策略的优点是稳扎稳打，不会冒太大的风险，也不会一下子使谈判陷入僵局，可以灵活机动地根据谈判形势调整自己的让步幅度。这种策略运用需要较强的技术性和灵活性，随时观察对方的反应来调整己方让步策略。这种策略的缺点是需要耗费大量的时间和精力才能达到最后成交的目标，而且容易过于讲究技巧，却缺乏坦率的精神和提高效率的意识。当然，商务谈判多数情况习惯运用这种策略。

5.2.4 商务谈判僵局的处理

谈判僵局是商务谈判过程中出现难以再顺利进行下去的僵持局面。而在谈判中谈判双方各自对利益的期望或对某一问题的立场、观点存在分歧，很难形成共识，而又都不愿做出妥协向对方让步时，谈判过程就会出现停顿，谈判即进入僵持状态。

谈判僵局出现后对谈判双方的利益和情绪都会产生不良影响。谈判僵局会有两种后果：打破僵局继续谈判或谈判破裂，当然后一种结果是双方都不愿看到的。因此了解谈判僵局出现的原因，避免僵局出现，一旦出现僵局能够运用科学有效的策略和技巧打破僵局，重新使谈判顺利进行下去，就成为谈判者必须掌握的重要技能。

1. 谈判僵局产生的原因

1）立场观点的争执

在谈判过程中，如果双方对各自立场观点产生主观偏见，认为己方是正确合理的，而对方是错误的，并且谁也不肯放弃自己的立场观点，往往会出现争执，陷入僵局。双方真正的利益需求被这种立场观点的争论所搅乱，而双方又为了自己的面子，不但不愿做出让步，反而用否定的语气指责对方，迫使对方改变立场观点，谈判就变成了不可相容的立场对立。谈判者出于对己方立场观点的维护心理往往会产生偏见，不能冷静尊重对方观点和客观事实。双方都固执己见排斥对方，而把利益忘在脑后，甚至为了"捍卫"立场观点的正确而以退出谈判相要挟。这种僵局处理不好就会破坏谈判的合作气氛，浪费谈判时间，甚至伤害双方的感情，最终使谈判走向破裂的结局。立场观点争执所导致的僵局是比较常见的，因为人们很容易在谈判时陷入立场观点的争执不能自拔而使谈判陷入僵局。

2）面对强迫的反抗

一方向另一方施加强迫条件，被强迫一方越是受到逼迫，就越不退让，从而形成僵局。一方占有一定的优势，他们以优势自居向对方提出不合理的交易条件，强迫对方接受，否则就威胁对方。被强迫一方出于维护自身利益或是维护尊严的需要，拒绝接受对方强加于己方的不合理条件，反抗对方强迫。这样双方僵持不下，使谈判陷入僵局。

3）信息沟通的障碍

谈判过程是一个信息沟通的过程，只有双方信息实现正确、全面、顺畅的沟通，才能互相深入了解，才能正确把握和理解对方的利益和条件。但是实际上双方的信息沟通会遇到种种障碍。其主要表现为：由于双方文化背景差异所造成的观念障碍、习俗障碍、语言障碍；由于知识结构、教育程度的差异所造成的问题理解差异；由于心理、性格差异所造成的情感障碍；由于表达能力、表达方式的差异所造成的传播障碍等。信息沟通障碍使谈判双方不能准确、真实、全面地进行信息、观念、情感的沟通，甚至会产生误解和对立情绪，使谈判不能顺利进行下去。

4）谈判者行为的失误

谈判者行为的失误常常会引起对方的不满，使其产生抵触情绪和强烈的对抗，使谈判陷入僵局。例如，个别谈判人员工作作风、礼节礼貌、言谈举止、谈判方法等方面出现严重失误，触犯了对方的尊严或利益，就会产生对立情绪使谈判很难顺利进行下去，造成很难堪的局面。

5）偶发因素的干扰

在商务谈判所经历的一段时间内，有可能出现一些偶然发生的情况。当这些情况涉及谈判某一方的利益得失时，谈判就会由于这些因素的干扰而陷入僵局。

以上是造成谈判僵局的几种因素。谈判中出现僵局是很自然的事情，虽然人人都不希望出现僵局，但是僵局出现也并不可怕。面对僵局不要惊慌失措或情绪沮丧，更不要一味指责对方没有诚意，要弄清楚僵局产生的真实原因是什么，分歧点究竟是什么，谈判的形式怎样，然后运用有效的策略技巧突破僵局，使谈判顺利进行下去。

2. 打破僵局的策略与技巧

1）回避分歧，转移议题

当双方对某一议题产生严重分歧都不愿意让步而陷入僵局时，一味地争辩解决不了问题，可以采用回避有分歧的议题，换一个新的议题与对方谈判。这样做有两点好处：一是可以争取时间先进行其他问题的谈判，避免长时间的争辩，耽误宝贵的时间；二是当其他议题经过谈判达成一致之后，对有分歧的问题产生正面的影响，再回过头来谈陷入僵局的议题时，气氛会所好转，思路会开阔，问题的解决会比以前容易得多。

2）尊重客观，关注利益

由于谈判双方各自坚持己方的立场观点，由于主观认识的差异而使谈判陷入僵局。这时候处于激烈争辩中的谈判者容易脱离客观实际，忘掉大家的共同利益是什么。所以，当谈判陷入僵局时，谈判者先要克服主观偏见，从尊重客观的角度看问题，关注企业的集体利益和长远目标，而不要一味追求论辩的胜负。如果是由于某些枝节问题争辩不休而陷入僵局，这种争辩是没有意义的。即使争辩的是关键性问题，也要客观地评价双方的立场和条件，充分考虑对方的利益要求和实际情况，认真冷静地思索己方如何才能实现比较理想的目标。

3）多种方案，选择替代

如果双方仅仅采用一种方案进行谈判，当这种方案不能为双方同时接受时，就会形成僵局。实际上谈判中往往存在多种满足双方利益的方案。在谈判准备期间就应该准备出多种可供选择的方案。一旦一种方案遇到障碍，就可以提供其他的备用方案供对方选择，使"山重水复疑无路"的局面转变成"柳暗花明又一村"的好形势。谁能够创造性地提供可选择的方案，谁就能掌握谈判的主动权。当然，这种替代方案要既能维护己方切身利益，又能兼顾对方的需求，才能使对方对替代方案感兴趣，进而从新的方案中寻找双方的共识。

4）尊重对方，有效退让

当谈判双方各持己见、互不相让而陷入僵局时，谈判人员应该明白，坐到谈判桌上的目的是达成协议，实现双方共同利益。如果促使合作成功所带来的利益要大于固守己方立场导致谈判破裂的收获，那么退让就是有效的做法。

5）冷调处理，暂时休会

当谈判出现僵局而一时无法用其他方法打破僵局时，可以采用冷调处理的方法，即暂时休会。由于双方争执不下，情绪对立，很难冷静下来进行周密的思考。休会以后，双方情绪平稳下来，可以冷静地思考一下双方的差距究竟是什么性质，对前一阶段谈判进行总结，考虑一下僵局会给己方带来什么利益损害，环境因素有哪些发展变化，谈判的紧迫性如何等。经过一段时间的休会，当大家再一次坐到谈判桌前的时候，原来僵持对立的问题会比较容易沟通和解决，僵局也就随之被打破了。

6）以硬碰硬，据理力争

当对方提出不合理的条件，制造僵局给己方制造压力时，特别是在一些原则问题上表现出蛮横无理时，要以坚决的态度据理力争，因为这时如果做出损害原则的退让和妥协，不仅损害己方的利益和尊严，而且会助长对方的气焰。所以，己方要明确表决拒绝接受对方不合理的要求。这种方法首先要体现出己方的自信和威严，不惧怕任何压力，追求平等合作的原则；其次要注意表达的技巧性，用绵里藏针、软中有硬的方法回击对方，使其自知没趣，主动退让。

7) 孤注一掷，背水一战

当谈判陷于僵局时，己方认为自己的条件是合理的，无法再做出让步，而且又没有其他可以选择的方案时，可以采用孤注一掷、背水一战的方法，在谈判桌上明确表示自己没有退路，希望对方能做出让步，否则情愿接受谈判破裂的结局。当谈判陷入僵局而又没有其他方法解决的情况下，这个方法往往是最后一个可供选择的方法。

5.3　商务谈判结束阶段

5.3.1　商务谈判终结的判定

商务谈判何时终结？是否已到终结的时机？这是商务谈判结束阶段极为重要的问题。谈判终结可以从以下三个方面判定。

1. 从谈判涉及的交易条件来判定

这个方法是指从谈判所涉及的交易条件解决状况来分析判定整个谈判是否进入终结阶段。谈判的中心任务是交易条件的洽谈，在磋商阶段双方进行多轮的讨价还价，临近终结阶段要考察交易条件经过多轮谈判之后是否达到以下三条标准，如果已经达到，那么就可以判定谈判结束。

1) 考察交易条件中尚留余地的分歧

首先，从数量上看，如果双方已达成一致的交易条件占据大多数，所剩的分歧数量仅占极小部分，就可以判定谈判进入终结阶段。当达到共识的问题数量已经大大超过分歧数量时，谈判性质已经从磋商阶段转变为终结阶段，或者说成交阶段。其次，从质量上看，如果交易条件中最关键、最重要的问题都已达成一致，仅余留一些非实质性的无关大局的分歧点，就可以判断谈判已进入终结阶段。

2) 考察谈判对手交易条件是否进入己方成交线

成交线是指己方可以接受的最低交易条件，是达成协议的下限。如果对方认同的交易条件已经进入己方成交线范围之内，谈判自然进入终结阶段。

3) 考察双方在交易条件上全部或基本达成一致

首先，双方在交易条件上达成一致，不仅指价格，而且包括对其他相关问题所持的观点、态度、做法、原则都有了共识。其次，个别问题的技术处理也应使双方认可。因为个别问题的技术处理如果不恰当、不严密、有缺陷、有分歧，就会使谈判者在协议达成后提出异议，使谈判重燃战火，甚至达成的协议被推翻，使前面的劳动成果付之东流。因此，在交易条件基本达成一致意见时，才能判定终结的到来。

2. 从谈判的时间来判定

谈判的过程必须在一定时间内终结，当谈判时间即将结束，自然就进入了终结阶段。受时间的影响，谈判者调整各自的战术方针，抓紧最后的时间做出有效的成果。时间判定有以下三种标准。

1）双方约定的谈判时间

在谈判之初，双方一起确定整个谈判所需要的时间。谈判进程完全按约定的时间安排，当谈判已接近规定时间，自然进入谈判终结阶段。双方约定多长时间要看谈判规模大小、谈判内容多少、谈判所处的环境形势以及双方政治、经济、市场的需要和本企业利益。

2）单方限定的谈判时间

由谈判一方限定谈判时间，随着时间的终结，谈判随之终结。在谈判中占有优势的一方，或是出于对本方利益的考虑需要在一定时间内结束谈判；或是还有其他可选择的合作者，因此请求或通告对方在己方希望的时限内终结谈判。单方限定谈判时间无疑对被限定方施加某种压力，被限定方可以随从，也可以不随从，关键要看交易条件是否符合己方的谈判目标。

3）形势突变的谈判时间

本来双方已经约定好谈判时间，但是在谈判进行过程中形势发生突然变化，如市场行情突变、外汇行情大起大落、公司内部发生重大事件等，谈判者突然改变原有计划，如要求提前终结谈判。这是由于谈判的外部环境是在不断发展变化，谈判进程不可能不受这些变化的影响。

3. 从谈判策略来判定

谈判过程中有多种多样的策略，如果谈判策略实施后决定谈判必然进入终结，这种策略就叫终结策略。终结策略对谈判终结有特殊的导向作用和影响力，它表现出一种最终的冲击力量，具有终结的信号作用。常见的终结策略有以下几种。

1）最后立场策略

谈判者经过多次磋商之后仍无结果，一方阐明己方最后的立场，讲清只能让步到某种条件，如果对方不接受，谈判即宣布破裂；如果对方接受该条件，那么谈判成交。这种最后立场策略可以作为谈判终结的判定。

2）折中进退策略

折中进退策略是指将双方条件差距之和取中间条件作为双方共同前进或妥协的策略。折中进退策略虽然不够科学，但是在双方很难说服对方、各自坚持己方条件的情况下，也是寻求尽快解决分歧的一种方法。其目的就是化解双方矛盾差距，比较公平地让双方分别承担相同的义务，避免在残余问题上过多地耗费时间和精力。

3）总体条件交换策略

双方谈判临近预定谈判结束时间或阶段时，以各自的条件做整体一揽子的进退交换以求达成协议。双方谈判内容涉及许多项目，在每一分项目上已经进行了多次磋商和讨价还价。经过多个回合谈判后，双方可以将全部条件通盘考虑，做"一揽子交易"。例如，涉及多个内容的成套项目交易谈判、多种技术服务谈判、多种货物买卖谈判，可以统筹全局，总体一次性进行条件交换。这种策略从总体上展开一场全局性磋商，使谈判进入终结阶段。

5.3.2　商务谈判结果的各种可能

商务谈判可以得出 6 种谈判结果。

1. 达成交易，并改善了关系

双方谈判目标顺利完成，并且实现交易，双方关系在原有基础上得到改善，促进今后进一步的合作。这是最理想的谈判结果，既实现了眼前利益，又为双方长远利益发展奠定了良好基础。要想实现这种结果，双方首先要抱着真诚合作的态度进行谈判，同时谈判中双方都能为对方着想并做出一定让步。

2. 达成交易，但关系没有变化

双方谈判的结果是达成交易，但是双方关系并没有改善也没有恶化。这也是不错的谈判结果。因为双方力求此次交易能实现各自利益，并且没有刻意去追求建立长期合作关系，也没有太大的矛盾造成不良后果，双方平等对待，互有让步，实现交易成功。

3. 达成交易，但关系恶化

虽然达成交易，但双方付出了一定代价，双方关系遭到一定破坏或是产生阴影。这种结果从眼前利益来看是不错的，但是对今后长期合作是不利的，或者说是牺牲双方关系达成交易成果。这是一种短期行为，"一锤子买卖"，对双方长远发展没有好处，但为眼前利益而孤注一掷也可能出于无奈。

4. 没有成交，但改善了关系

谈判没有达成协议，但是双方关系却得到良好发展。虽然由于种种原因双方没有达成交易，但是在谈判中双方经过充分的交流和了解，实现了相互之间的理解和信任，都产生今后要继续合作的愿望。"买卖不成仁义在"，此次谈判为将来双方成功合作奠定了良好基础。

5. 没有成交，关系也没有变化

这是一种毫无结果的谈判，双方既没有达成交易，也没有改善或恶化双方关系。这种近似平淡无味的谈判没有取得任何结果，也没有造成任何不良后果，双方都彬彬有礼地坚持己方的交易条件，没有做出有效的让步，也没有激烈的相互攻击，在今后的合作中也没有进一步发展双方关系。

6. 没有成交，但关系恶化

这是最差的结果，谈判双方在对立的情绪中宣布破裂。双方既没有达成交易，又使原有关系遭到破坏；既没有实现眼前的实际利益，也对长远合作关系造成不良的影响。这种结果是谈判者不愿看到的，所以应该避免这种结果的出现。当然在某种特殊情况下，出于对己方利益的保护，对己方尊严的维护，坚持己方条件不退让，并且反击对方的高压政策和不合理要求，虽然使双方关系恶化，也是一种不得已的做法。

5.3.3　商务谈判结束的方式

商务谈判结束的方式不外乎三种：成交、中止、破裂。

1. 成交

成交即谈判双方达成协议，交易得到实现。成交的前提是双方对交易条件经过多次磋商达成共识，对全部或绝大部分问题没有实质上的分歧。成交方式是双方签订具有高度约束力和可操作性的协议书，为双方的商务交易活动提供操作原则和方式。由于商务谈判内容、形式、地点的不同，成交的具体做法也是有区别的。

2. 中止

中止谈判是谈判双方因为某种原因未能达成全部或部分协议而由双方约定或单方要求暂时终结谈判的方式。中止如果是发生在整个谈判的最后阶段，在解决最后分歧时发生中止，就是终局性中止，并作为一种谈判结束的方式被采用。中止可分为有约期中止与无约期中止。

1）有约期中止

有约期中止谈判是指双方在中止谈判时对恢复谈判的时间予以约定的中止方式。如果双方认为成交价格超过了原规定计划或让步幅度超过了预定的权限，或者尚需等上级部门的批准，使谈判难以达成协议，而双方均有成交的意愿和可能，于是经过协商，一致同意中止谈判。这种中止是一种积极姿态的中止，它的目的是促使双方创造条件最后达成协议。

2）无约期中止

无约期中止谈判是指双方在中止谈判时对恢复谈判的时间，无具体约定的中止方式。无约期中止的典型是冷冻政策。在谈判中，或者由于交易条件差距太大，或者由于特殊困难存在，而双方又有成交的需要而不愿使谈判破裂，双方于是采用冷冻政策暂时中止谈判。此外，如果双方对造成谈判中止的原因无法控制时，也采用无约期中止的做法。例如，涉及国家政策突然变化、经济形势发生重大变化等超越谈判者意志之外的重大事件时，谈判双方难以约定具体的恢复谈判的时间，只能表述为："一旦形势许可"，"一旦政策允许"，然后择机恢复谈判。这种中止双方均出于无奈，对谈判最终达成协议造成一定的干扰和拖延，是被动中止方式。

3. 破裂

谈判破裂是指双方经过最后的努力仍然不能达成共识和签订协议，交易不成，或友好而别，或愤然而去，从而结束谈判。谈判破裂的前提是双方经过多次努力之后，没有任何磋商的余地，至少在谈判范围内的交易已无任何希望，谈判再进行下去已无任何意义。谈判破裂依据双方的态度可分为友好破裂结束谈判和对立破裂结束谈判。

1）友好破裂结束谈判

友好破裂结束谈判是指双方互相体谅对方面临的困难，讲明难以逾越的实际障碍而友好地结束谈判的做法。在友好破裂方式中，双方没有过分的敌意态度，只是各自坚持自己的交易条件和利益，在多次努力之后最后仍然达不成协议。双方态度始终是友好的，能充分理解对方的立场和原则，能理智地承认双方客观利益上的分歧，对谈判破裂抱有遗憾的态度。谈判破裂并没有使双方关系破裂，反而通过充分的了解和沟通，产生了进一步合作的愿望，为今后双方再度合作留下可能的机会。应该提倡这种友好的破裂方式。

2）对立破裂结束谈判

对立破裂结束谈判是指双方或单方在对立的情绪中愤然结束，未达成任何协议的谈判。在破裂不可避免的情况下，首先要尽力使双方情绪冷静下来，不要使用过激的语言，尽量使双方能以友好态度结束谈判，至少不要使双方的关系恶化；其次，要摆事实讲道理，不要攻击对方。要以理服人，以情感人，以礼待人，这样才能体现出谈判者良好的修养和风度。

本 章 小 结

本章讲授的是商务谈判的过程，包括谈判的开局阶段、磋商阶段、商务谈判结束阶段。

第一节分析了开局的内容、结构、方式和策略安排，它直接影响到实质磋商的策略运用与布局，提供了一个较完整的开局模式；第二节为商务谈判磋商阶段，分析与探讨了商务谈判磋商的准则，商务谈判让步策略和谈判僵局的处理；第三节为商务谈判结束阶段，分析了商务谈判终结的判定，探讨了商务谈判结果的各种可能，阐述了商务谈判结束的方式。

关键术语

谈判开局　协商开局　进攻开局　保留开局　强迫让步　稳健让步　谈判僵局
折中进退策略　最后立场策略　谈判结束　谈判破裂

复习思考题

1. 谈判开局阶段的基本任务和目标是什么？
2. 为什么说磋商阶段实质上是双方相互沟通和说服的过程？
3. 谈判为什么会有让步？什么情况下选择让步？
4. 谈判为什么会出现僵局？
5. 打破僵局的关键因素是什么？
6. 谈判结果有哪几种？哪种是最可取的？

案例分析与讨论

案例 1　没有谈就圆满地结束了

金地建筑公司承包了一项古建筑的修复工程，要在指定的日期之前完工。开始工程进行得很顺利，不料在接近完工阶段，负责供应装饰用的石雕承包商突然宣布，他无法如期交货。这样一来，整个工程都要耽搁了，要付巨额罚金，要遭受重大损失。于是，长途电话不断，双方争论不休。一次次交涉都没有结果。金地公司只好派李先生前往石雕承包商所在的县城。

李先生一走进那位承包商的办公室，就微笑着说："你知道吗？在这个地方，随便一问，就有人知道你的名字。我一下火车就打听你，想找到你的地址，结果我很惊讶，哪个人都知道你的工厂，而且知道你们家族的历史，还说你的石雕刻得非常好，我就顺利地找到了你。"

"是真的吗？我一向不知道。"承包商兴致勃勃地而且有些骄傲地说："我们祖上从河北移居这里，已经有200多年了。"他继续谈论他的家族及祖先曾经为宫廷雕刻过石刻。当他说完之后李先生就称赞他居然拥有一家这么大的工厂。承包商说："这是我花了一生的心血建立起来的一项事业。我为它感到骄傲，你愿不愿到车间里去参观一下？"李先生欣然前往。在参观时，李先生一再称赞他的组织制度健全，机器设备独特，这位承包商高兴极了。他声称这里有一些机器还是他亲自发明的呢！李先生马上又向他请教："那些机器如何操作？工作效率如何？"到了中午，承包商坚持要请李先生吃饭。他说："现在我的工厂忙不过来，但是很少有人像你这样对这一行感兴趣。"

到此为止，李先生一次也没有提起此次访问的真正目的。吃完午餐，承包商说："现在，我们谈谈你的目的吧。自然，我知道你这次来的目的。但我没有想到我们的相会竟是如此愉快。你可以带着我的保证回去了，我保证你们要的材料如期运到。我这样做，虽然会给另一笔生意带来损失，不过我认了。"

李先生轻而易举地获得了他所急需的东西。那些石材及时运到，使工程在契约期限内如期完工了。

问题：

(1) 为什么电话里解决不了问题？

(2) 石雕承包商为什么主动保证按期交货？

(3) 你从中得到了什么体会？

案例 2　如何打破僵局

假设此时你身在东京，并与一家专门制造电缆的日本公司进行有关长期供应契约的谈判。该谈判已陷入僵局数天，你发觉双方翻来覆去都在维持既有的立场。

请问：此时你该怎么办？

(1) 等候对手提出新的方案。

(2) 稍作让步以打破僵局。

(3) 改变谈判主题。

（4）提议休会。

以上做法你会选择哪种？为什么？

案例3　问题出在哪了

张先生为买一台录像机，跑了几家电器商店，这几家电器店的价格都为 3800～4000 元。为了购买到更便宜一点的录像机，他又询问了几家商店，最后来到了一家门面装饰不凡的电器公司。店员十分客气地同他打了招呼。他询问了录像机的价格，店员拿一张价目表让他看，他所需要的那种型号的录像机价格是 4000 元，但店员报价 3800 元，张先生觉得比其他店价格低应该买，店员开始填写货单，这时从旁边过来另一位店员，看过货单后说价格应该是 4000 元而不是 3800 元，店员立即查看价格表，转身对张先生说："真对不起，我刚才看错了，将4000 元看成了 3800 元。"说完，就将购货单上的 3800 元改成了 4000 元。

问题：

（1）谈谈在这种情况下，张先生应该怎样做？

（2）你认为那个店员为什么这样做？

（3）你得到了什么启示？

实训练习与操作

实训练习 1

【实训目标】

（1）能够灵活运用开局的方法与技巧。

（2）解读在开局过程中谈判的开局策略。

【实训内容】

结合下面的小故事，学生分组，每组 5～6 人，设组长一名，讨论对谈判开局重要性的认识，分析谈判开局的技巧，讨论开局策略的运用。安排两组中的 1～2 名学生进行发言总结，时间为 15～20 分钟。

1972 年 2 月，美国总统尼克松访华，中美双方将要展开一场具有重大历史意义的国际谈判。为了创造一种融洽、和谐的谈判环境和气氛，中国方面在周恩来总理的亲自领导下，对谈判过程中的各种环境都做了精心而又周密的准备和安排，甚至对宴会上要演奏的中美两国民间乐曲都进行了精心的挑选。在欢迎尼克松一行的国宴上，当军乐熟练地演奏起由周总理亲自选定的《美丽的亚美利加》时，尼克松总统简直听呆了，他绝没有想到能在中国的北京听到他如此熟悉的乐曲，因为这是他平生最喜爱的并且指定在他的就职典礼上演奏的家乡乐曲。敬酒时，他特地到乐队前表示感谢，此时，国宴达到了高潮，而一种融洽而热烈的气氛也同时感染了美国客人。一个小小的精心安排，赢得了融洽、和谐的谈判气氛，这不能不说是一种高超的谈判艺术。

实训练习 2

【实训目标】

谈判气氛的掌握方法。

【实训内容】

选择分好的 2～3 个小组，模拟图 5-1 主方和客方场景，对谈判出现冷场气氛进行交流分析说明。会议室的门在该图左边，你是主持谈判人，你如何处理？另外，安排 1～2 组对模拟的小组进行点评，时间为 15 分钟。

图 5-1　谈判场景

实训练习 3

【实训目标】

(1) 了解谈判中僵局出现的原因。处理僵局的原则、打破僵局的策略及运用方法。

(2) 能够在谈判中熟练运用制造僵局和打破僵局的方法。

【实训内容】

广东玻璃厂与美国欧文斯玻璃公司在谈判引进设备过程中，在全部引进环节还是部分引进这个问题上僵住了，大家各执一词，相持不下。这时广东玻璃厂的首席代表就想："我们既要得到真正的好东西，又要省钱。要达到这个目的，就不能让事情搞僵。"为了缓和气氛，他笑了笑，换了一个轻松的话题。他说："你们欧文斯的技术、设备和工程师都是世界上第一流的，你们投进设备，搞科技合作，帮我们搞好厂，只能用最好的东西。因为这样，我们就能成为全国第一，这不但对我们有利，而且对你们更有利。"欧文斯的首席代表是位高级工程师，他听了这话很感兴趣。接着，广东玻璃厂代表话锋一转："我们厂的外汇的确有限，不能买太多的东西，所以国内能生产的就不打算进口了。现在，你们也知道，法国、日本和比利时都在跟我们中方的厂家搞合作，如果你们不尽快跟我们达成协议，不投入最先进的设备、技术，那么你们就要失去中国的市场，人家也会笑话你们欧文斯公司无能。"这样一来，濒临僵局的谈判气氛立即缓解，最后双方达成协议。广东玻璃厂为此省下一大笔费用，而欧文斯公司也因此帮助该厂成为中国同行业产值最高、能耗最低的企业而名声大噪。

结合案例分析中方在谈判中主要运用的打破僵局的方法和策略。

第 6 章

商务中的价格谈判

内容简要

　　价格谈判阶段就是谈判双方就交易的内容和条件进行一系列的讨价还价过程，是从谈判开局阶段结束开始，到最终签订协议或败局为止的阶段。价格谈判直接关系到当事方经济利益目标的实现，是商务谈判的核心，是整个谈判的主体。本章讲授的内容包括谈判报价的概念和类型、价格磋商的策略，以及谈判的价格原则。

学习目标

　　通过本章的学习，使学生了解和掌握以下知识点：
1. 谈判报价的概念和报价的先后顺序；
2. 谈判报价的类型；
3. 谈判报价的基本原则；
4. 谈判价格磋商的策略。

　　价格谈判是谈判双方就交易的内容和条件进行一系列的讨价还价过程，价格谈判直接关系到当事方经济利益目标的实现，商务谈判的核心就是价格。

6.1　谈判报价概述

　　商务谈判双方在结束了非实质性交谈之后，就要将话题转入到有关交易内容上。一经转入正题，双方即开始相互摸底。摸底的目的是了解对方对本次谈判的态度、兴趣及谈判的议题等，从而为提出己方的交易条件做准备。经过摸底之后，双方即开始报价。报价有哪些类型，应该由己方还是对方先报价，是本节要讲述的问题。

6.1.1 谈判报价的概念

所谓谈判报价，是指谈判的某一方首次向另一方提出一定的交易条件，并愿意按照这些条件签订协议的一种表示。

谈判双方在经历了最初的接触、摸底，并对所了解和掌握的信息进行相应的处理之后，往往就要将话题转向对一个个议题的磋商。在每一个议题的磋商之初，往往由一方当事人报价，另一方当事人还价，这种报价和还价的过程就是报价阶段。这里所谓的报价，除了指产品在价格方面的要求外，还包括价格在内的关于整个交易的各项条件（如商品的数量、质量、包装、价格、装运、保险、支付、商检、索赔、仲裁等）。其中价格条件具有重要的地位，是商务谈判的核心。

6.1.2 谈判报价的类型

一般情况下，谈判报价的类型主要有以下几种。

1. 抛放低球报价

这种策略又叫日式报价，是指先提出一个低于竞争者的价格，以让利来吸引对方，然后再与被引诱上钩的买方进行真正的谈判，迫使其让步，达到自己的目的的过程。

商业竞争从某种意义上可分为三大类，即买方之间的竞争、卖方之间的竞争，以及买方与卖方之间的竞争。在买方与卖方之间的竞争中，一方如果能首先击败同类竞争对手，就会占据主动地位。当对方觉得别无所求时，就会委曲求全。

抛放低球虽然最初提出的价格是最低的，但它却在价格以外的其他方面提出了最利于己方的条件。对于买方来说，要想取得更好的条件，他就不得不考虑接受更高的价格。因此，低价格并不意味着卖方放弃对高利益的追求。

2. 除法报价

该策略是一种价格分解术，以商品的数量或使用时间等为除数，以商品价格为被除数，得出一种数字很小的价格，使买主对本来不低的价格产生一种便宜、低廉的感觉。这种报价策略，主要是为了迎合买方的求廉心理，将商品的计量单位细分化，然后按照最小的计量单位报价。采用这种报价策略，能使买方对商品价格产生心理上的便宜感，容易为买方所接受。

如法律服务所为动员人们拥有私人法律顾问，宣传说："1天1元钱，你就可拥有私人法律顾问。"这种做法，用的就是该策略。

3. 加法报价

加法报价策略是指在商务谈判中，有时怕报高价会吓跑客户，就把价格分解成若干层次渐进提出，使若干次的报价最后加起来仍等于当初想一次性报出的高价。

例如，窗帘商向顾客推销窗帘，一般窗帘由窗帘布、辅料和窗帘杆组成。如果他一次报高价，顾客可能不会买。但窗帘商可以先报布价，要价很低；成交之后再谈窗帘杆价，要价也不高；待布和杆都卖出之后，接着谈辅料价，抬高价格。顾客已经买了布和杆，自然想"配套"，不忍放弃辅料，在谈判中便很难在价格方面做出让步了。

采用加法报价策略，卖方多半是靠所出售的商品具有系列组合性和配套性。

4. 差别报价

差别报价是指在商务谈判中针对客户性质、购买数量、交易时间、支付方式等方面的不同，对同一商品采取不同的报价策略。这种价格差别，体现了商品交易中的市场需求导向，在报价策略中应重视运用。例如，对老客户或大批量需求的客户，为巩固良好的客户关系或建立起稳定的交易联系，可适当实行价格折扣；对新客户，有时为开拓新市场，也可给予适当让价；对某些需求弹性较小的商品，可适当实行高价策略；对方"等米下锅"的客户，价格则不宜下降；旺季较淡季，价格自然较高；交货地点远程较近程或区位优越者，应有适当加价；一次付款较分期付款或延期付款，价格须给予优惠等。

5. 对比报价

对比报价是指向对方抛出有利于己方的多个商家同类商品报价单，设立一个价格参照系，然后将所交易的商品与这些商家的同类商品在性能、质量、服务等方面做出有利于己方的比较，并以此作为向己方要价的依据。价格谈判中，使用这一策略，往往可以增强报价的可信度和说服力。

6. 数字陷阱报价

数字陷阱是指卖方抛出自己制作的商品成本构成计算表（其项目繁多，计算复杂）给买方，用以支持己方总要价的合理性。在分类成本中"掺水分"，以加大总成本，为己方的高出价提供证明与依据。运用此策略可以为己方谋取到较大利益，击退或是阻止对方的强大攻势。

此方法一般是在商品交易内容多、成本构成复杂、成本计算方法无统一一标准，或是对方攻势太盛的情形下使用。实施时成本计算方法要有利于己方，成本分类要细化，数据要多，计算公式要尽可能繁杂，水分要掺在计算复杂的成本项中，水分要掺得适度。

6.1.3 报价的先后顺序

1. 先报价的利与弊

依照惯例，发起谈判者应该先报价，投标者与招标者之间应由投标者先报，卖方与买方之间应由卖方先报。先报价的有利之处在于：一方面，能先行影响、制约对方，把谈判限定在一定的框架内。它实际上等于为谈判划定了一个框架或基准线，最终协议将在这个范围内达成。

相关链接 1

南方一些地区的服装商贩，就大多采用先报价的方法，而且他们报出的价格，一般要超出顾客拟付价格的一倍乃至几倍。1 件衬衣如果卖到 60 元的话，商贩就心满意足了，而他们却报价 200 元。考虑到很少有人好意思还价到 60 元，所以一天中只需要有一个人愿意在200 元的基础上讨价还价，商贩就能赢利赚钱。

一位美国商业谈判专家曾和 2 000 位主管人员做过许多试验，结果发现这样的规律：如果卖主出价较低，则往往能以较低的价格成交；如果卖主喊价较高，则往往也能以较高的价格成交；如果卖主喊价出人意料地高，只要能坚持到底，则在谈判不致破裂的情况下，往往会有很好的收获。可见，该策略的运用，能使自己处于有利的地位，有时甚至会收到意想不到的效果。

需要注意的是，运作这种策略时，喊价要狠，让步要慢。凭借这种方法，谈判者一开始便可削弱对方的信心，同时还能乘机考验对方的实力并确定对方的立场。但是，卖方报价也得有个"度"，不能漫天要价，使对方不屑于谈判。

先报价虽有好处，但它也泄露了一些情报，使对方听了以后，可以把心中隐而不报的价格与之比较，然后进行调整：合适就拍板成交，不合适就利用各种手段进行杀价。由于己方先报价，对方对己方的交易条件的起点有所了解，就可以修改原先准备的报价，获得本来得不到的好处。另外，先报价后，对方还会试图在磋商过程中迫使己方按照他们的价格谈下去。如美国著名发明家爱迪生在某公司当电气技师时，他的一项发明获得了专利。公司经理向他表示愿意购买这项专利权，并问他要多少钱。当时，爱迪生想：只要能卖到 5 000 美元就很不错了，但他没有说出来，只是督促经理说："您一定知道我的这项发明专利权对公司的价值了，所以，价钱还是请您自己说一说吧！"经理报价道："40 万元，怎么样？"谈判当然是没费周折就顺利结束了。爱迪生因此而获得了意想不到的巨款，为日后的发明创造提供了资金。

2. 先报价的时机

先报价有利也有弊，那么什么时候、什么情况下先报价利大于弊呢？一般情况下，可以通过分析谈判双方实力的对比情况来决定何时先报价。

（1）如果己方的谈判实力强于对方，或者在谈判中处于相对有利的地位，那么己方先报价就是有利的。尤其是当对方对本次交易的行情不太熟悉的情况下，先报价更有利。因为这样可为谈判先划定一个基准线；同时，由于己方了解行情，还会适当掌握成交的条件，对己方无疑是利大于弊。

（2）如果己方谈判实力明显弱于对手，特别是在缺乏谈判经验的情况下，应该让对方先报价。因为这样做可以通过对方的报价来观察对方，同时扩大自己的思路和视野，然后确定应对己方的报价做哪些相应的调整。

以上仅就一般情况而言，有些国际及国内业务的谈判，谁先报价几乎已有惯例可以遵循。比如货物买卖的谈判，多半是由卖方首先报价，然后买方还价，经过几轮磋商后再告成交；由买方先出价的情况是几乎不存在的。

　　有时，谈判双方出于各自的打算，都不先报价。这时，就有必要采取"激将法"让对方先报价。

相关链接 2

　　一个优秀的推销员，见到顾客时很少直接逼问："你想出什么价？"相反，他会不动声色地说："我知道您是个行家，经验丰富，根本不会出 20 元的价钱，但你也不可能以 15 元的价钱买到。"这些话似乎是顺口说来，实际上却是报价，只用了片言只语，无形中就把价格限制在 15 至 20 元的范围之内了。这种报价方法，既报高限，又报低限，"抓两头，议中间"，传达出这样的信息：讨价还价是允许的，但必须在某个范围之内。

　　假如双方绕来绕去都不肯先报价，这时，你不妨突然说一句："噢！我知道，你一定是想付 100 元！"对方此时可能会争辩："你凭什么这样说？我只愿付 60 元。"他这么一辩解，实际上就先报了价，你尽可以在此基础上讨价还价了。

6.2　谈判的价格原则

　　价格谈判中，谈判双方应该以影响价格的各种因素、所涉及的各种价格关系、价格谈判的合理范围等为基础。同时，由于交易双方处于对立统一之中，价格谈判的过程中，不仅要以己方可能获得的利益为出发点，更必须考虑对方可能的反应和能否被对方接受。本节从报价、价格解释和价格磋商这 3 个方面分别讲述在价格谈判中应该遵循的原则。

6.2.1　报价的基本原则

　　报价的分寸把握得当，就会把对方的期望值限制在一个特定的范围，并有效控制交易双方的盈余分割，从而在之后的价格磋商中占据主动地位；反之，报价不当，就会助长对方的期望值，甚至使对方有机可乘，从而陷入被动境地。可见，报价中应该依据什么样的原则，直接影响价格谈判的开局、走势和结果。一般情况下，报价应遵循以下三个基本原则。

1. 以开盘价为"最高"或"最低"价原则

　　对于卖方来说，开盘价必须是"最高"价；与此相反，对于买方来说，开盘价必须是"最低"价，这是报价的首要原则。

　　首先，开盘价为己方要价定了一个限度。如果己方是卖方，开盘价为己方订出了一个最高价，最终双方的成交价格肯定低于此开盘价；如果己方是买方，开盘价为己方订出了一个最低价，最终双方的成交价格肯定高于此开盘价。

　　其次，开盘价会影响对方对己方提供商品或劳务的印象和评价。因为在一般情况下，价格总是能够基本上反映商品的价值。这无疑有利于实现卖方更大的利益。

　　再次，开盘价高，可以为以后磋商留下充分回旋余地，使己方在谈判中更富有弹性，以便于掌握成交时机。开盘的"高开价"和"低出价"中的策略性虚报部分，就为讨价还价过程提供了充分的回旋余地和准备了必要的交易筹码，这可以有效地造成做出让步的假象。

最后，开盘价对最终成交价具有实质性影响。开盘价高，最终成交价的水平就较高；相反，开盘价低，最终成交价的水平就较低。

2. 开盘价必须合情合理

开盘价要报得高一些，但绝不是指漫天要价、毫无道理、毫无控制，在高的同时必须合乎情理，审时度势，基于价格谈判的合理范围，否则就会失去交易机会和导致谈判失败。如果报价过高，又讲不出道理，对方必然认为缺少谈判的诚意，或者被逼无奈而中止谈判扬长而去；或者以其人之道还治其人之身，相对也来个"漫天要价"；或提出质疑，而己方又无法解释，其结果只好是被迫无条件让步。因此，开盘价过高将会有损于谈判。

3. 报价应该坚定、明确、完整，且不作任何解释说明

报价时，态度要坚决、果断，毫无保留、毫不犹豫。这样做能够给对方留下己方是认真而诚实的好印象。任何欲言又止、吞吞吐吐的行为，必然会导致对方的不良感受，甚至会产生不信任感。

开盘价要明确、清晰和完整，以便对方能够准确了解己方的期望。开盘报价的内容，通常包括一系列内容：价格、交货条件、支付手段、质量标准和其他内容。开价时，要把开盘的几个要件一一讲清楚。

6.2.2　报价解释遵循的原则

通常情况下，一方报价完毕之后，另一方会要求报价方进行价格解释。价格解释是报价之后的必要补充，是价格谈判过程中承前启后的重要环节。在作价格解释时，必须遵循一定的原则，即不问不答、有问必答、避虚就实、能言不书。

1. 不问不答

是指对方不主动问及的问题不要回答。报价时不要对己方所报价格做过多的解释、说明和辩解，对方未问到的一切问题，都不要进行解释或答复，以免造成言多有失的结果。

2. 有问必答

是指对对方提出的所有有关问题，都要一一做出回答，并且要很流畅、很痛快地予以回答。既然要回答问题，就不能吞吞吐吐，欲言又止，这样极易引起对方的怀疑，甚至会提醒对方注意，从而穷追不舍。

3. 避虚就实

是指对己方报价中比较实质的部分应多讲一些，对于比较虚的部分，或者说水分含量较大的部分，应该少讲一些，甚至不讲。

4. 能言不书

是指能用口头表达和解释的，就不要用文字来书写，因为当自己表达中有误时，口述和笔写的东西对自己的影响是截然不同的。当然，有些国家的商人，只承认笔上的信息，而不重视口头信息，因此要格外慎重。

6.2.3　价格磋商的原则

如何通过价格谈判取得整个商务谈判的成功，如何在价格谈判中获取自己的最大利益是销售人员必须熟练运用的关键谈判技巧。在价格磋商过程中可以遵循以下原则。

1. 目标包括原则

也就是说无论与对方在价格谈判上进行了多少个回合的较量，己方应该使报价逐步向对方靠拢，但一定要把自己的目标价格包括在报价之中，这样才能获取自己的最大利益。

2. 以让步换取让步的原则

在与对方的价格谈判中，己方对对方的让步应包括己方的让步能让对方给己方多大的让步的原则基础上进行。最终己方的判断并不是让步次数的多少，而是总体的让步利益的对比，己方是赚还是亏。

3. 价格分解原则

对于包含多种不同交易的谈判，己方对于价格应该进行分解式的报价，而不报给对方一个总体的感觉较高的价格，这样可以降低对方的价格敏感度，有利于成交。

4. 最后时效原则

为了吸引客户，争取客户的合同，企业所采取的优惠、免费服务、提供奖品等促销措施风行一时。是己方利用客户贪便宜的心理，采取各种服务的最后期限使他马上做出决定的方法。

5. 逐步收窄原则

在和客户的价格谈判过程中，对于每一次的让步都要保持一个原则，即每一次让步都要小于上次的让步为原则，最后的让步可以是一点一点的后退，给对方形成一种价格的确已经到了无法再大幅度压缩的地步，如果再一味进攻的话可致谈判失败的印象，最终达成一致。

6.3　谈判的价格磋商

谈判的价格磋商阶段就是讨价还价阶段，它是价格谈判具体的交锋阶段，是谈判的核心环节，也是最困难、最紧张的阶段。如果说，一方的报价规定了价格谈判中讨价还价范围的一个边界的话，那么，另一方的还价将规定与其对立的另一个边界。如此，双方即在这两条边界所规定的界区内展开激烈的讨价还价。

价格磋商既是双方求同存异、合作、谅解、让步的过程，也是在谈判实力、经验和智力等诸多方面展开具体较量的过程。价格磋商的过程及其结果直接关系到谈判双方所获利益的大小，决定着双方各自需要的满足程度。以下分别从讨价策略、还价策略、讨价还价中的让步策略和价格磋商的策略这 4 个方面展开叙述。

6.3.1　讨价策略

讨价，也称"再询盘"，指在谈判中一方首先报价之后，另外一方认为该价格离己方的期望价格比较远，或不符合自己的期望目标，从而要求报价方改善报价的行为，它是价格磋商的正式开始。这种讨价要求，既是实质性的，即可迫使报价降低，又是策略性的，即可误导对方对己方的判断，改变对方的期望值，并为己方的还价做准备。讨价策略的运用包括讨价方式、讨价次数、讨价技巧等。

1. 讨价方式

讨价方式，可以分为全面讨价、分别讨价和针对性讨价三种。

1）全面讨价

常用于价格评论之后对于较复杂的交易的首次讨价。

2）分别讨价

常用于较复杂交易，对方第一次改善报价之后，或不便采用全面讨价方式的讨价。

3）针对性讨价

常用于在全面讨价和分别讨价的基础上，针对价格仍明显不合理和水分较大的个别部分的进一步讨价。

从讨价的步骤来看，一般第一阶段采用全面讨价；第二阶段再按价格水分的大小分别讨价；第三阶段进行针对性讨价。

2. 讨价次数

所谓讨价次数，是指要求报价方改善报价的有效次数，即讨价后对方降价的次数。讨价，作为要求改善报价的行为，不能说只允许一次。究竟讨价可以进行几次，依据讨价方式及心理因素，一般有以下规律。

从全面讨价来分析，一般价格谈判的初始报价都包括一个策略性的虚报部分，同时报价方又都有愿意保持自己的"良好形象"和与客户的"良好关系"心理，因此，讨价中对方"姿态性的改善"往往是会做出的。

从分别讨价来分析，当交易内容按照价格中所含水分分为三类时，就意味着至少可以讨价三次。

从针对性讨价来分析，因为这种讨价一般是在全面讨价和分别讨价的基础上有针对性地进行的，所以无论从实际出发还是从心理因素考虑，讨价次数基本"事不过三"，即通常一两次而已。

3. 讨价技巧

1）以理服人

讨价是伴随着价格评论进行的，不是己方的还价，而是启发、诱导对方自己降价，因此应本着尊重对方和说理的方式进行，不能"硬压"对方降价。

2）相机行事

己方做出讨价表示并得到对方回应后，必须对此进行策略性分析。若首次讨价，就能得到对方改善报价的迅速反应，这可能说明报价中策略性虚报部分较大，价格中所含虚头、水分较多，或者也可能表明对方急于促成交易的心理。同时，还要分析其降价是否具有实质性内容等。这样，通过讨价后对对方反应的认真分析，判定或改变己方的讨价策略。

3）投石问路

价格谈判中，当遇到对方固守立场、毫不松动，己方无计可施时，为了取得讨价的主动权和了解对方的情况，此时不妨"投石问路"，即通过假设己方采取某一步骤，询问对方做何反应，来进行试探。

小思考 1

可供"投石问路"的方式有哪些？

如果我们与贵方签订为期一年的合同，你们的价格能优惠多少？如果我们要求对原产品做如此改动，价格上有何变化？如果我们买下你们的全部存货，报价又是多少？如果我方为贵方提供生产产品所需的原材料，那么，成品价又是多少呢？如果我方有意购买贵方其他系列的产品，价格上能否再优惠些？如果货物运输由我们解决，价格多少？等等。一般来说，任何一块"石头"都能使讨价者进一步了解对方，而且对方难以拒绝。

6.3.2　还价策略

还价，也称"还盘"，是指谈判中一方根据对方的报价，结合己方的谈判目标，提出己方的价格要求的行为。还价以讨价为基础。在谈判中，还价也是一个比较关键的阶段，它是谈判双方真正针对价格正面交锋的阶段。还价策略运用得成功与否直接关系到能否达成最后协议，以及己方目标能否实现。

还价策略的运用，包括还价前的筹划、还价方式、还价起点的确定、还价技巧等方面。

1. 还价前的筹划

还价策略的精髓在于"后发制人"。为此，就必须针对对方的报价，并结合讨价过程，对己方准备做出的还价进行周密的筹划。首先，应根据对方的报价和对讨价做出的反应，运用自己所掌握的各种信息、资料，对报价内容进行全面的分析，从中找出报价中的薄弱环节和突破口，以作为己方还价的筹码。其次，在此基础上认真估算卖方的保留价格和对己方的期望值，制定出己方接下来相应的策略。最后，根据己方的谈判目标，从还价方式、还价技法等各方面设计出几种不同的备选方案，以保证在谈判中的主动性和灵活性。

还价前的筹划，就是要通过对报价内容的分析、计算，设计出各种相应的方案、对策，以使谈判者在还价过程中得以贯彻，以发挥"后发制人"的威力。

2. 还价方式

还价中，谈判者要确保自己的利益要求和主动地位，首先就应善于根据交易内容、所报价格及讨价方式，采用不同的和对应的还价方式。

1）按照谈判中还价的依据

（1）按可比价还价。

这是指己方无法准确掌握所谈判商品本身的价值，而只能以相近的同类商品的价格或竞争者商品的价格作参照进行还价。

（2）按成本还价。

这是指己方能计算出所谈商品的成本，然后以此为基础再加上一定比率的利润作为依据进行还价。这种还价方式的关键在于计算的成本是否准确。

2）按照谈判中还价的项目

（1）总体还价。

即一揽子还价，它是与全面讨价对应的还价方式。

（2）分别还价。

是指把交易内容划分成若干类别或部分，然后按各类价格中的含水量或按各部分的具体情况逐一还价。它是分别讨价后的还价方式。

（3）单项还价。

这是指按所报价格的最小单位还价，或者对某个别项目进行还价。单项还价，一般是针对性讨价的相应还价方式。

3. 还价起点的确定

还价方式确定后，关键的问题是要确定还价的起点。还价起点，即买方的初始报价。它是买方第一次公开报出的打算成交的条件，其高低直接关系到自己的经济利益，也影响着价格谈判的进程和成败。

还价起点的确定，从原则上讲是：起点要低，但不能太低。

还价起点的确定，从量上来讲有三个参照因素。

1）报价中的含水量

价格磋商中，虽然经过讨价，报价方对其报价做出了改善，但改善的程度各不相同，因此，重新报价中的含水量是确定还价起点的第一项因素。

2）成交差距

对方报价与己方准备成交的价格目标的差距，是确定还价起点的第二项因素。对方报价与己方准备成交的价格目标的差距越小，其还价起点应当较高；相反其还价起点就应较低。

3）还价次数

这是影响确定还价起点的第三项因素。

4. 还价技巧

1）吹毛求疵

在价格磋商中，还价者为了给自己制造理由，也为了向对方表明自己是不会轻易被人蒙骗的精明的内行，常常采用"吹毛求疵"的技巧。其做法通常有以下几种。

（1）百般挑剔。

买方针对卖方的商品，想方设法寻找缺点，"横挑鼻子竖挑眼"，"鸡蛋里挑骨头"，并夸大其词、虚张声势，以此为自己还价提供依据。

（2）言不由衷。

本来满意之处，也非要说成不满意，并故意提出令对方无法满足的要求，表明自己"委曲求全"，以此为自己的还价制造借口。商务交易中的大量事实证明，"吹毛求疵"不仅是可行的，而且是富有成效的。

2）积少成多

积少成多作为还价的一种技法，是指为了实现自己的利益，通过耐心地一项一项地谈、一点一点地取，达到聚沙成塔的效果。积少成多的可行性在于：人们通常对微不足道的事情不太计较；容易寻找还价理由。

3）最大预算

通常是在还价中一方面对对方的商品及报价表示出兴趣，另一方面又以己方的"最大预算"为由来迫使对方最后让步和接受己方的出价。

运用这种技巧应注意以下几个问题。

（1）掌握还价时机。

经过多次价格交锋，对方报价中的水分已经不多，此时以"最大预算"的技法还价，最后一次迫使卖方做出让步。

（2）判断对方意愿。

一般对方成交心切，易于接受己方"最大预算"的还价。

（3）准备变通办法。

对方不管己方"最大预算"真假如何，仍坚持原有立场，须有变通办法。例如，维护"最大预算"，对方不让步，己方作适当让步，可以酌减某项交易内容或者后补价款，便于以此为台阶实现交易。

4）最后通牒

原指一国对另一国提出的必须接受其要求，否则将使用武力或采取其他强制措施的外交文书。这是一种一方向另一方施加强大压力的手段。还价中采用"最后通牒"，即指买方最后给卖方一个出价或期限，卖方如不接受，买方就毅然退出谈判。这种技法，经常为还价者所施行，但要取得成功须注意以下各点。

① 不能低于卖方的保留价格。

② 时机要恰当。

③ 发出"最后通牒"前，应设法让卖方已有所投入。

④ "最后通牒"的依据要过硬。

⑤ "最后通牒"的言辞不要过硬。

⑥ "最后通牒"要留有弹性。

5）感情投资

在讨价还价中，双方的磋商和论辩似乎只是实力和意志的较量，谈不上感情因素的作用。其实不然，许多谈判的顺利推进，以至于一些棘手问题的最终解决，往往凭借了当事双方业已存在的感情基础和良好的关系。从还价的角度来说，感情投资能够为还价被对方所接受铺平道路。还价中，感情投资的运用一般有以下要求。

（1）要正确对待谈判，正确对待对手。

整个谈判过程中，要遵循平等、互利原则，从大局出发，互谅互让。要把谈判中的各种分歧视为合作的机缘，善于寻求共同利益，求同存异。同时，对于谈判对手，必须充分尊重，而绝不应敌视。要做到台上是对手，台下是朋友。要注重展示自己的修养和人格魅力。

（2）不过分计较。

价格谈判中，对于一些较为次要的问题，可不过分计较并主动迎合对方，使对方觉得你能站在他的角度考虑问题，从而赢得好感。

（3）利用谈判中的间隙机会。

注意利用谈判中的间隙机会，谈论业务范围以外对方感兴趣的话题，如体育比赛、文艺节目、时事新闻及当地的土特产、名吃、名胜古迹等，借以增加交流、增进友情。

（4）常叙旧。

对于彼此之间有过交往的，要常叙旧，回顾以往合作的经历和取得的成功，增强此次合作的信心。

6.3.3 讨价还价中的让步策略

在价格磋商中，伴随着双方的让步，进行多次重新出价，直至互相靠拢，才能最终实现交易目标。因此，从这个意义上，不断讨价还价的过程，就是双方不断让步的过程。也可以说，谈判就是相互让步。没有让步，谈判就会失去意义和存在的可能。

知识点 1

让步策略的运用要遵循的基本原则

① 把握让步的时机。② 在重要的关键性问题上要力争使对方先做出让步。③ 不要让对方轻易从你手中获得让步的许诺。④ 不要承诺做出与对方同等幅度的让步。⑤ 让步要有明确的目标。⑥ 把握"交换"让步的尺度。⑦ 把握好让步的度。

从价格谈判来看，谈判各方不仅要明确各自追求的目标，同时应当明确为了达到这一目标必须做出的让步。可见，让步本身就是一种策略，它体现了谈判者以满足对方需要的方式来换取自身需要的满足这一实质。让步有各种不同的方式，对讨价还价过程及结果也有不同的影响。常见的卖方的让步方式有以下 8 种，见表 6-1。

表 6-1　卖方的让步方式

序号	第一阶段	第二阶段	第三阶段	第四阶段	让步方式
1	0	0	0	60	冒险型让步
2	15	15	15	15	刺激型让步
3	24	18	12	6	希望型让步
4	28	20	11	1	妥协型让步
5	40	15	0	5	危险型让步
6	6	12	18	24	诱发型让步
7	50	10	-2	+2	虚伪型让步
8	60	0	0	0	愚蠢型让步

1. 冒险型

这是一种较坚定的让步方式。这种类型的让步特点是在价格谈判的前期和中期丝毫不让步，给人一种没有讨价还价余地的感觉，而到了谈判后期才迫不得已做出大的让步。

2. 刺激型

这是一种以相等或者近似相等的幅度逐轮让步的方式。这种方式的特点是使买方每次的要求和努力都能得到满意的结果，但也会因此刺激买方坚持不懈地努力，以取得卖方的继续让步。这种方式的好处是步步为营，既不多，也不少，给人一种想达成交易的感觉。

3. 希望型

这是一种让步幅度逐轮递减的方式。这种让步方式的特点在于：一方面表现出己方的立场越来越强硬；另一方面又会使对方感到己方仍留有余地，从而始终抱有继续讨价还价的希望。这种让步在合作性较强的谈判中常常使用。

4. 妥协型

这是一种开始先做出一次大的退让，然后让步幅度逐轮急剧减少的方式。这种让步方式的特点是，它既向对方显示出己方的谈判诚意和妥协意愿，同时又巧妙地暗示出己方已做出了巨大的牺牲和尽了最大的努力，进一步的退让已近乎不可能。这种让步往往在己方实力较弱的场合中经常使用。

5. 危险型

这是一种开始让步幅度极大，接下来则坚守立场、毫不退让，最后一轮又作了小小的让步的方式。开始做出巨大让步，可能会使己方丧失在较高价位成交的机会。心理学家认为，就是这样让对方摸不着头脑的让步，在交往过程中反而能激起对方的兴趣。

6. 诱发型

这是一种让步幅度逐轮增大的方式。

7. 虚伪型

这是一种开始做出大的让步，接下来又做出让步，之后安排小小的回升，最后又被迫做一点让步的方式。这是一种较为奇特和巧妙的让步技法，往往能操纵买方心理。它既可表明卖方的交易诚意和让步已达到极限，又可通过"一升一降"使买方得到一种心理上的满足。

8. 愚蠢型（低劣型）

这是一种开始便把自己所能做出的全部让步和盘托出的方式。

从上述8种让步方式可以看出，不同的让步方式、幅度传递着不同的信息，直接关系到让步方的利益，对对方形成不同的心理作用，也对谈判进程和结果具有不同的影响。在实际的价格谈判中，较为普遍采用的让步方式，是"希望型"和"妥协型"的让步方式。它们的特点是，让步的幅度是逐轮递减的，它能做到让而不乱，成功地遏止对方产生的无限制的让步要求，以此向对方暗示正在逼近让步的极限值；同时，为顺利达到或接近双方的成交价格铺平了道路。

小思考2

在让步过程中应注意哪些问题？

答：① 不要作无谓的让步，要服务于己方的整体利益。

② 在未完全清楚让步的后果之前，不要轻易让步。盲目让步会影响双方的实力对比，让对方占有某种优势。

③ 让步要让在刀刃上，让得恰到好处，使己方以较小的让步获取对方较多的满意。

④ 在对己方重要的问题上，总是力求使对方先让步；在较为次要的问题上，根据情况，己方可能考虑先让步。

⑤ 不要承诺作同等程序的让步，如对方提出此种要求，可以己方无法承担予以拒绝。

⑥ 让步要三思而行，谨慎从事，不要过于随便，给对方留下无所谓的印象。

⑦ 如果做出的让步欠妥，要及早收回，不要犹豫。

⑧ 即使做出的让步不大，也要使对方觉得让步来之不易，倍加珍惜。

⑨ 一次让步幅度不宜过大，节奏也不宜太快，应做到步步为营。

⑩ 接受对方的让步要心安理得。不要一接受对方让步就有义务感、负债感，马上考虑是否做出什么让步给予回报，否则争取到的让步就失去了意义。

6.3.4　价格磋商的策略

1. 不开先例策略

不开先例策略，是指在磋商阶段，具有优势的当事人一方为了坚持和实现己方所提出的交易条件，以没有先例为由来拒绝让步促使对方就范，接受自己交易条件的一种强硬策略。商务谈判中采用的先例主要有三种：与对方过去谈判的先例、与他人过去谈判的先例、外界通行的谈判先例。

不开先例策略是一种保护卖方利益，强化己方谈判地位的有效方法。人们能遵从先例，主要是因为人们的习惯心理，即人们处理问题时，习惯了面对同样的事情，以前怎么做，现在就怎么做。在谈判中，当双方产生争执时，拒绝是谈判人员不愿采用的。因此，人们都十分重视研究怎样回绝对方而又不伤面子、不伤感情，不开先例就是一个两全其美的好办法。

不开先例的力量来自先例的类比性和人们的习惯心理，正是由于这个原因才使先例具有一定的约束性。采用这一策略时，必须要注意另一方是否能获得必要的情报和信息来确切证明不开先例是否属实。

2. 先苦后甜策略

先苦后甜策略，是指在谈判中先用苛刻的条件使对方产生疑虑、压抑等心态，以大幅度降低对手的期望值，然后在实际谈判中逐步给予优惠或让步，使对方的心理得到了满足而达成一致的策略。

该策略就是用"苦"降低对方的期望值，用"甜"满足对方的心理需要，因而很容易实现谈判目标，使对方满意地签订合同，使己方从中获取较大利益。

在实际应用中，先苦后甜的应用是有限度的，在决定采用时要注意"过犹不及"，也就是说所提出的条件不能过于苛刻，要掌握分寸。

3. 价格陷阱策略

价格陷阱策略表现为卖方利用价格预期上涨的信息，诱使对方上钩，达成交易。其实质是利用价格上涨的时机和人们对之普遍担心的心理，把谈判对手的注意力吸引到价格问题上来，使其忽略其他重要条款的一种讨价还价策略。

为增强该策略在使用中的成功性，可以把它与规定时限的技巧结合起来使用。规定时限是指谈判一方向对方提出达成协议的时间期限，超过这一期限，卖方将退出谈判，以此向对方施加压力，逼迫对方尽快做出答复。

4. 期限策略

是指在商务谈判中，实力强的一方向对方提出的达成协议的时间限期。超过这一限期，提出者将退出谈判，以此给对方施加压力，使其尽快做出决策的一种策略。事实上，大多数贸易谈判，特别是那种双方争执不下的谈判基本上都是到了谈判的最后期限或者临近这个期限才出现突破并进而达成协议的。

5. 抬价压价策略

在谈判中，双方要经过多次的抬价、压价，才相互妥协，确定一个一致的价格标准。由于谈判时抬价一方不清楚对方要求多少，在什么情况下妥协，所以这一策略运用的关键就是抬到多高才是对方能够接受的。一般而言，抬价是建立在科学的计算和精确的观察、判断、分析基础上的。

谈判时，双方都知道谈判的时间愈久，有耐力的一方也就愈有利。因此，不论是卖主还是买主，倘若想要对方了解他只能到此为止，不能再进一步要求了，抬价便是一种很好而且很值得采用的策略。

抬价策略是一项有争议的策略，因为它在使用过程中有时会出现不合道德的情形。例如，当买主和卖主已经讲好价钱了，第二天卖主却又把它提高了；买主虽然非常生气，也只好和卖主重新讨价还价，然后终于以较高的价格成交。还有的人，甚至在合同签订之后，也使用这个策略。

压价可以说是对抬价的破解。如果是买方先报价格，可以低于预期进行报价，留有讨价还价的余地；如果是卖方先报价，买方压价，则可以采取多种方式。

① 揭穿对方的把戏，直接指出实质。例如，算出对方产品的成本费用，挤出对方报价的水分。

② 制定一个不断超过预算的金额，或是一个价格的上下限，然后围绕这些标准进行讨价还价。

③ 用反抬价回击，如果在价格上迁就对方，就必须在其他方面获得补偿。

④ 召开小组会议，集思广益思考对策。

⑤ 在合同没有签订以前，要求对方做出某种保证，以防反悔。

⑥ 使对方在合同上签署的人越多越好，这样，对方就难以改口。

6. 蚕食策略

尼伦伯格在《谈判的艺术》中这样界定"蚕食"："意欲取其尺利，则每次谋其毫厘，一口一口，最后全部到手。"蚕食策略是指谈判中一方针对某个谈判条件，一点一点向对方施加压力，迫使对方一点一点做出让步，最终得到很大实惠的策略。蚕食策略就是利用了人们心理上对微小让步的承受能力，步步为营，在对方不经意间，取得了对方的较大让步。

相关链接 3

从下面买卖双方的这一段谈话中我们可以更好地体会到蚕食策略的益处。

"你这种机器要价750元一台，我们刚才看到同样的机器标价为680元，你对此有什么话说吗？"

"如果你诚心想买的话，680元可以成交。"

"如果我是批量购买，总共买35台，难道你也一视同仁吗？"

"不会的，我们每台给予60元的折扣。"

"我们现在资金较紧张，是不是可以先购 20 台，3 个月以后再购 15 台？"

卖主很是犹豫了一会儿，因为只购买 20 台，折扣是不会这么高的。但他想到最近几个星期不甚理想的销售状况，还是答应了。

"那么，你的意思是以 620 元的价格卖给我们 20 台机器。"买主总结性地说。

卖主点了点头。

"干吗 620 元呢？凑个整数，600 元一台，计算起来都省事，我们马上成交。"

卖主想反驳，但"成交"二字对他颇具吸引力，他答应了。

买主步步为营的蚕食策略生效了，他把价格从 750 元一直压到 600 元，降低了 20%。

本 章 小 结

本章讲授的是商务中的价格谈判。主要涉及价格磋商策略，谈判报价的概念、类型及谈判报价的原则。

第一节讲授的是谈判报价的概念和类型，以及谈判报价的顺序。第二节讲授的是谈判的价格原则，包括报价的基本原则、价格解释的原则和价格磋商的原则。第三节讲述的是价格磋商策略，包括讨价策略、还价策略、让步策略和几种价格磋商策略，是本章的重点内容。

关键术语

谈判报价　报价类型　除法报价　加法报价　差别报价　对比报价　价格原则　讨价策略　还价策略　让步策略　价格磋商　不开先例　价格陷阱　抬价压价

复习思考题

1. 什么是谈判报价？谈判报价有哪些类型？
2. 谈判的原则有哪些？谈判的价格原则有哪些？
3. 当在谈判中处于被动地位时，采取哪些策略比较适宜？
4. 在商务谈判过程中，当遇到"强硬型"谈判对手时，应采取哪些应对策略？
5. 在商务谈判的磋商阶段，可以采取哪些应对策略？

案例分析与讨论

案例 1　谈判中的价格竞争也是情报竞争

我国某厂与美国某公司谈判设备购买生意时，美商报价 218 万美元，我方不同意，美方降至128万美元，我方仍不同意。美方扬言再降10万美元，118万美元不成交就回国。我方谈判代表因为掌握了美商交易的历史情报，所以不为美方的威胁所动，坚持再降。第二天，美商果真回国，我方毫不吃惊。果然，几天后美方代表又回到中国继续谈判。我方代表亮出在国外获取的情报——美方在两年前以98万美元将同样设备卖给一匈牙利客商。证据出示后，美方以物价上涨等理由狡辩了一番后将价格降至合理。

问题：结合案例分组讨论，谈谈对"从某种意义上讲，谈判中的价格竞争也是情报竞争"这句话的认识与理解。

案例2 百事可乐斥资134亿元收购魁克公司

2000年12月，饮料行业发生了一场空前地震，百事可乐斥资134亿元收购了魁克公司，从而结束了长达1个月的谈判，成功将"佳得乐"（Gatorade）这一称雄美国运动饮料市场的品牌收归旗下。

并购魁克公司，是饮料行业两大巨头百事可乐和可口可乐对阵的结果。最先起意收购魁克公司的是百事可乐公司，此后一连串的并购谈判一直在紧锣密鼓地进行，但却未能达成最后协议，魁克拒绝了百事与现在几乎相同的条件，原因是为了使其股东免受百事股价下跌的影响。而当百事可乐有意收购的消息传出来后，魁克一夜之间成了抢手货，可口可乐和法国的达能公司接踵而至。因为百事可乐此举对可口可乐的威胁是显然的，这一收购将使百事可乐公司跻身世界非碳酸饮料行业的头把交椅，其在非碳酸饮料市场则将占到25%的份额，是可口可乐的1.5倍。可口可乐新任首席执行官达夫特不敢怠慢，开出157.5亿美元的收购价格想横刀夺爱。为这场战事敲边鼓的还有达能公司，他们也表示要出价收购。一时之间，形成三方争夺魁克的局面。

收购魁克是达夫特上任以来精心准备的第一次针对百事可乐的重量级反击战。在他的努力下，可口可乐公司占了上风，在就实质性问题与魁克公司进行了深入的讨论后，两家公司对这桩"婚事"几乎达成了共识。然而，就在达夫特即将大功告成之时，后方突然传来董事会否决的消息。2000年11月21日，达夫特在纽约召集董事会，会前他对于董事会成员批准此协议抱着相当乐观的态度。会谈的焦点是价格问题，但恰恰在这个问题上，达夫特的建议无法获得董事会其他成员的认同。可口可乐董事会成员、华尔街股王巴菲特分析认为，"拿出10.5%的可乐股票与我们的所得相比实在太多了"。可口可乐对魁克的并购，以失败告终。

而出于各种原因，达能公司在几天之后也宣布放弃此并购案。

随着竞争对手的逐渐放弃，百事可乐公司手握的谈判筹码增多了不少，完全扭转了劣势，占据了主动的位置。因此，在与魁克公司的新一轮谈判中，百事可乐公司抛出了与原先几乎一样的条件，因为这时候已经没有别的公司和百事可乐"争抢"魁克了。所以魁克此时已近乎为百事可乐的囊中之物，没有太多选择的余地和能力，更何况魁克正身处困境，承担着一笔巨额的债务，急需找到一家有实力的大公司"靠岸"，帮助自己走出困境，而百事可乐则是"上上人选"。百事可乐正是看准对方这一点，死咬住自己原先的条件，一点都不放松。最终，百事可乐公司和魁克公司重续前缘并很快达成联姻协议。

发生在世纪之交的这宗百事可乐并购魁克公司案，是饮料行业两大巨头百事可乐与可口可乐对阵的结果，堪称两大公司的经典之战，最后以百事可乐成功告终。

问题： 百事可乐成功收购魁克公司给你什么启示？可口可乐为什么会失败？我们可以学习魁克公司怎样的谈判技巧？

实训练习与操作

实训练习1

【实训目标】

分析和讨论价格谈判的本质，加深对价格谈判的理解与认识，安排相关模拟。

【实训内容】

结合下面的小故事，学生分组，每组5～6人，设组长一名，讨论对价格磋商的认识。案例中的丈夫在谈判中采用了什么报价类型？如果是你，你会采用什么方法报价？安排两组中的1～2名学生，进行发言总结，时间为15～20分钟。

价格磋商是谈判的需要

一对夫妻在浏览杂志时看到一幅广告中当作背景的老式座钟非常喜欢，妻子说："这座钟是不是你见过的最漂亮的一个？把它放在我们的过道或客厅当中，看起来一定不错吧？"丈夫答道："的确不错！我也正想找个类似的钟挂在家里，不知道多少钱？"研究之后，他们决定要在古董店里找寻那座钟，并且商定只能出500元以内的价钱。

他们经过3个月的搜寻后，终于在一家古董店的橱窗里看到了那座钟，妻子兴奋地叫了起来："就是这座钟！没错，就是这座钟！"丈夫说："记住，我们绝对不能超出500元的预算。"他们走近那座钟。"哦喔！"妻子说道："时钟上的标价是750元，我们还是回家算了，我们说过不能超过500元的预算，记得吗？""我记得，"丈夫说："不过还是试一试吧，我们已经找了那么久，不差这一会儿。"

夫妻私下商量，由丈夫作为谈判者，争取以500元买下。随后，丈夫鼓起勇气，对售货员说："我注意到你们有座钟要卖，定价就贴在座钟上，而且蒙了不少灰，显得有些旧了。"之后，又说："告诉你我的打算吧，我给你出个价，只出一次价，就这么说定。想你可能会吓一跳，你准备好了吗？"他停了一下以增加效果。"你听着——250元。"那座钟的售货员连眼也不眨一下，说道："卖了，那座钟是你的了。"

那个丈夫的第一个反应是什么呢？得意扬扬？"我真的很棒！不但得到了优惠，还得到了我想要的东西。"不！绝不！他的最初反应必然是："我真蠢！我该对那个家伙出价150元才对！"你也知道他的第二反应："这座钟怎么这么便宜？一定是有什么问题！"

然而，他还是把那座钟放在客厅里，看起来非常美丽，好像也没什么毛病，但是他和太太却始终感到不安。那晚他们安歇后，半夜曾三度起来，因为他们没有听到时钟的声响，这种情形持续了无数个夜晚，他们的健康迅速恶化，开始感到紧张过度并且都有着高血压的毛病。

为什么会这样？请结合案例进行讨论与分析。

实训练习 2

【实训目标】

价格谈判的优劣分析技巧与运用。

【实训内容】

在一家商店内，你看到了一件你很想买的衣服，标价为 280 元，现在你身上只有 200 元。正准备谈价时，你看到店中间的墙壁上挂着"谢绝还价"。这时天已经黑了，商店快关门了，你打算怎么办？

安排学生分组讨论并进行模拟谈判 15 分钟。选择 2 ～ 3 人进行发言，总结进行价格谈判的优势与问题。

实训练习 3

【实训目标】

结合下面两个购买苹果的对话，分析和讨论谈判双方讨价还价策略的运用。

【实训内容】

一家果品公司的采购员来到果园，问：

"苹果多少钱一斤？"

"1 元。"

"8 角行吗？"

"少一分也不卖。"

目前正是苹果上市的时候，这么多的买主，卖主显然不肯让步。

"商量商量怎么样？"

"没什么好商量的。"

"不卖就拉倒！你以为就你的好啊，卖主多的是！"

买卖双方没有说几句话，就说僵了，不欢而散。

不久，又一家公司的采购员走上前来，先递过一支香烟，问"苹果多少钱一斤？"

"1 元。"

"整筐卖多少钱？"

"零买不卖，整筐 1 元一斤。"

卖主仍然坚持不让。买主却不急于还价，而是不慌不忙地打开筐盖，拿起一个苹果在手里掂量着，端详着，不紧不慢地说："个头还可以，但颜色不够红，这样上市卖不上价呀。"

接着伸手往筐里掏，摸了一会，摸出一个个头小的苹果：

"老板，您这一筐，表面是大的，筐底可藏着不少小的，这怎么算呢？"

边说边继续在筐里摸着，一会儿，又摸出一个带伤的苹果：

"看！这里还有虫咬。您这苹果既不够红，又不够大，有的还有伤，无论如何算不上一级，勉强算二级就不错了。"

这时，卖主沉不住气了，说话也和气了：

"您真的想要，那么，您还个价吧。"

"农民兄弟一年到头也不容易，给您8角钱吧。"

"那可太低了……"卖主有点着急："您再添点吧，我就指望这些苹果过日子哩。"

"好吧，看您也是个老实人，交个朋友吧，8角5分一斤，我全包了。"

双方终于成交了。

第 **7** 章

商务谈判策略

内容简要

商务谈判是"合作的利己主义"的过程。在这个过程中，参与谈判的双方或多方都要为自己获得尽可能多的利益而绞尽脑汁。谈判人员可能会根据有关情况，或显示自己的智慧，或摆出自己的实力，或借助天时、地利以及经过思考选择的方法、措施来开展谈判。作为一种复杂的智力竞争活动，谈判高手无不借助谈判策略的运用来显示其才华。谈判策略选用是否得当，能否成功，是衡量谈判者能力高低、经验丰富与否的主要标志。谈判策略种类繁多，作用各异，但可把它归类为预防性策略、处理性策略、综合性策略和其他的策略，本章分别介绍其中主要策略的运用技巧与事项。

学习目标

通过本章的学习，使学生了解和掌握以下知识点：

1. 商务谈判策略的构成与特征；
2. 在商务谈判过程中，预防性策略、处理性策略、综合性策略的运用要点；
3. 根据对谈判具体情况的分析，能比较准地选择和运用相应的谈判策略。

谈判策略是指谈判人员为取得预期成果而采取的一些措施，它是各种谈判方式的具体运用。任何一项成功的谈判都是灵活巧妙运用谈判策略的结果，一个优秀的谈判人员必须谙熟各种谈判策略与技巧，学会在各种情况下，运用谈判策略达到自己的目标。

在商务谈判过程中，为了使谈判顺利进行并取得成效，谈判者应注意及时抓住有利时机，审时度势地制定并运用相应的谈判策略。在长期的谈判实践中，谈判人员根据各个谈判中遇到的问题及解决方法总结出许许多多成功的谈判策略，这些策略至今仍在许多谈判中被广泛运用。本章试图对一些常见的谈判策略进行分析，期望达到两个目的：一是使谈判人员掌握一定的谈判策略，可以在谈判中灵活地加以运用，以求达到谈判的战略目标；二是通过掌握谈判策略，使谈判人员对谈判对手的种种谈判策略，不论其如何变化，也能清楚地予以识别，泰然处之。

7.1　商务谈判策略概述

7.1.1　商务谈判策略的含义与分类

商务谈判策略尽管是一个很常用的名词，但迄今为止，学术界对这个词还没有形成统一的被大家都公认的表述。我们认为，商务谈判策略是指谈判人员在商务谈判过程中，为实现特定的谈判目标而采取的各种方式、措施、技巧、战术、手段及其反向与组合运用的总称。在具体的谈判过程中，商务谈判策略包含两层含义：参加商务谈判人员的行为方针和他们的行为方式。对于策略，谈判人员可以从正向来运用，也可以从反向来运用；既可以运用策略的一部分，也可以运用其几部分及其多部分的组合。商务谈判中所运用的方式、战术、手段、措施、技巧等不仅是商务谈判策略的一部分，而且它们也是相互交叉联系的。多数商务谈判策略是事前决策的结果，是科学制定策略本身指导思想的反映，也是谈判实践的经验概括。

1. 商务谈判策略的含义

人们从不同角度，对商务谈判中的策略有不同的解释。从语言学的角度讲，策略是根据形势发展而制定的行动方针和斗争方式；从企业经营的角度看，策略是企业为了实现其经营目标，对企业外部环境变化与竞争力量消长趋势所做的对策；从商务谈判的角度看，商务谈判策略是谈判者在谈判过程中，为了达到己方某种预期目标所采取的行动方案、对策和谋略。

在商务谈判中，正确运用策略涉及许多方面。一般来讲，应满足下列条件：一是谈判策略具有主观能动性，它不同于"客观的目标条件"所具有的"标记性"，而是要为实现那些理想的条件而奋斗，更具有"实践性"；二是按照时序采取行动，那种一劳永逸、以不变应万变的决策不能称其为策略；三是谈判策略具有动态性，这是由商务谈判过程的复杂多变性所决定的；四是随着商务谈判活动的运作，使不确定性因素逐步减少，即在谈判中应能得到原来不确定的事物的信息。

2. 商务谈判策略的分类

① 在商务谈判过程中，谈判者在谈判中所处的地位不同，采取的策略也不一样。谈判中的地位可分为三种：平等地位、被动地位和主动地位。由此谈判策略也分为三类：平等地位的谈判策略、被动地位的谈判策略和主动地位的谈判策略。

② 根据谈判双方的合作状态，可以分为互利型谈判策略、对己方有利型谈判策略、讨价还价的谈判策略。

③ 根据谈判双方条件的不同状态，分为优势条件下的谈判策略、劣势条件下的谈判策

略、均势条件下的谈判策略。

④ 根据谈判双方关系、人员过程的不同，分为针对谈判关系的策略、针对人员的策略、针对谈判过程的策略、针对商品的策略。

7.1.2 商务谈判策略构成要素

商务谈判策略的构成要素包括其内容、目标、方式和要点等四大方面。

1. 策略的内容

商务谈判策略的内容是指策略本身所要解决的问题，是策略运筹的核心。如在商务谈判中，价格谈判策略本身所要解决的问题就是产品或服务的价值及其表现的认定。

2. 策略的目标

商务谈判策略的目标是指策略要完成的特定任务，表现为谈判本身追求什么，避免什么。如在商务谈判中，价格谈判的目标表现为特定数量的多收益，少支出。

3. 策略的方式

商务谈判策略的方式是指策略表现的形式和方法。例如，在商务谈判中的价格让步策略，其采取的"挤牙膏"战术，就是一种典型的达到自己谈判目标的方式方法。

4. 策略的要点

商务谈判策略的要点是指实现策略目标的关键点之所在。例如，谈判中的价格让步策略，运筹它的关键在于"让步"的学问和技巧。把握和运用好让的"度"是运用好这一策略的关键点。

需要注意的是，有的策略要点不止一个。例如，"出其不意"这一策略的要点就有两个：一个是"快速"，以速制胜；另一个是"新奇"，以奇夺人。

除上述 4 个主要的构成因素外，商务谈判策略的构成因素还包括策略运用的具体条件和时机。

知识点 1

商务谈判策略的作用

1. 总体作用

① 是实现谈判目标的桥梁；② 是实现谈判目标的有力工具；③ 是谈判中的筹码和资本；④ 具有调节、调整和稳舵的作用；⑤ 具有引导功能。

2. 具体作用

① 控制了谈判开局；② 掌握好谈判方向；③ 掌控好谈判冲突；④ 管理好谈判人员；⑤ 处理好谈判收尾。

7.1.3　商务谈判策略的特征

商务谈判策略有其独有的特征。这些特征是在长期的商务谈判实践经验和教训的基础上总结、概括出来的。其特征主要有以下几个方面。

1. 针对性

谈判双方或多方为了满足某种需要，会坐到一起来交流、沟通和磋商。在商务谈判中，任何策略的出台都有其明显的针对性。它必然是针对谈判桌上的具体情形而采取的谋略和一系列举措。

在商务谈判中，谈判人员一般主要针对商务谈判的标的或内容、目标、手段、人员风格以及对方可能采取的策略等来制定己方的策略。有效的商务谈判策略必须对症下药，有的放矢。在商务谈判中，卖方为了卖个好价钱，一般会采取"筑高台"的策略，实施"喊价要高"的战术。针对这种情况，买方往往采取"吹毛求疵"的策略，实施"还价要低"的战术予以应对。策略与反策略的运用，是商务谈判策略针对性最明显的体现。

2. 预谋性

商务谈判策略集中体现了谈判者的智慧和谋略。从一定意义上讲，商务谈判策略是谈判人员集体智慧的体现。在谈判中，策略的运用绝不是盲目的。无论遇到什么样的情况，出现何种复杂的局面，选择和使用什么样的应对策略，谈判人员事先已经进行了商讨与筹划。策略的产生过程就是策略的预谋过程。

商务谈判策略的预谋性，既反映了谈判人员对主客观形势的分析、评估和判断，又在一定程度上检验了商务谈判调查情况的真实性和准确性。通常，谈判实战之前的模拟谈判，会修正商务谈判策略预谋的准确程度。在商务谈判中，如果没有事先筹划的应对策略，一定会处处被动，措手不及，只有招架之功，没有还手之力。

3. 时效性

几乎所有的商务谈判策略都有时效性的特点。一定的策略只能在一定的时间内产生效用或效用最大化，超过这一特定的时间，商务谈判策略的针对性就会发生变化。

商务谈判策略的时效性表现在以下三个方面。

① 某种策略适合在商务谈判过程中的某个阶段使用。通常，疲劳战术比较适合对远距离出差的谈判者使用，或大多在谈判进程的初期或签约阶段使用。

② 在特定的时间或时刻之前使用。如最后通牒策略规定了具体的日期和时刻。在国际商务谈判中，贸易洽谈中发盘、还盘之类的时间规定性，也属于这种情况。

③ 在特定的环境中使用才有预期的效果。这与商务谈判策略的针对性是一致的。

4. 随机性

在商务谈判中，无论考虑得多么周密，方案计划得多么详细，都会因时因地因环境而使一些事先谋划的策略不产生任何意义，即不会产生预期的效果。在这种情况下，商务谈判人员必须根据谈判的实际情况、过去的经验和现时的创新，随机应变，采取适当的策略来解决实际的问题。在这里，策略的随机性是从应用的角度来说的。

策略的产生与应用，是一个动态的依赖时空变化的随机过程，需随时吸收信息，及时做出反馈，调整谈判策略。

随机性是指根据谈判过程的具体情况，改变策略表达的方式或做法。它丝毫不表示要彻底改变商务谈判事先确定的谈判目标。谈判策略必须服从于谈判的目标，策略是实现目标的手段。谈判人员应牢记"敌变我变，以不变应万变"。

5. 隐匿性

在具体的商务谈判实践中，谈判策略一般只为己方知晓，而且要尽可能有意识地保密。这就是商务谈判策略使用的隐匿性特征。

隐匿己方策略的目的在于预防对方运用反策略。在商务谈判中，如果对方对己方的策略或谈判套路了如指掌，对方就会在谈判中运用反策略，应对自如。

6. 艺术性

艺术性特征是从隐匿性特征演化而来的。商务谈判策略的运用及其效果必须具有艺术性。一方面，策略的运用要为实现己方的最终目标服务；另一方面，为了使签订的协议能保证履行，还必须保持良好的人际关系。人际关系好坏也是判断商务谈判成功与否的标准之一。

尽管许多商务谈判策略有相对稳定的要点或关键点，但是，艺术地运用这些策略确实能体现出谈判人员水平的高低、技巧的熟练程度、运用是否得当等。

7. 综合性

商务谈判策略包括了在商务谈判过程中对谈判方式、战术、手段、措施、技巧等的综合运用。迄今为止，还没有发现单一性很突出的商务谈判策略。因为商务谈判是一种复杂的心理过程，是一种纷繁的经济现象和社会交往现象，需要我们从客观实际出发，从不同的角度用不同的眼光去看待和思考策略，运用策略。

小思考 1

商务谈判的策略选择包括的内容是什么？

（1）谈判对象；

（2）谈判内容；

（3）谈判阶段；

（4）谈判组织。

7.1.4　商务谈判策略的原则

1. 共同利益原则

制定策略的目的是使谈判者能从谈判中获得利益，即满足需求和欲望，而不是去维护谈判者的某些立场。一般地讲，谈判者坚持某一立场旨在实现预期利益。注重共同利益，要求谈判者首先要弄清楚对方的利益所在。但是，利益往往是隐藏在立场后面的深层次的东西，这就要求谈判者要透过现象看本质。一般地讲，谈判者可以从以下几个角度研究对手的利益。

① 设身处地站在对方立场上探求构成对方立场的理由，即了解对方的需求和欲望。

② 研究对方利益的多重性。如在卖方与中间商的谈判中，卖方的利益就包含争取最佳价格、维护销售渠道的畅通、获得中间商提供的各种服务等。

③ 注意谈判对方的其他利益。物质利益是谈判双方关注的焦点，但不是双方关注的全部内容，其他方面，如对尊严、安全感、自主、平等的渴望都是谈判双方的基本要求，忽视这些要求常常使谈判以失败而告终。

2. 人事分开原则

所谓人事分开原则，是指将谈判本身的问题与谈判者之间的人际关系区别对待和分别处理，即用不同的策略处理两类不同性质的问题。

谈判者在处理谈判本身问题与谈判双方人际关系时，可以坚持以下的做法。

① 不宜在谈判中做出以让步来换取双方关系的改善。

② 不就观点和立场进行争论。

③ 努力改善双方的人际关系，及时解决和处理人员之间存在的矛盾。

3. 战略一致原则

经营战略是引导企业实现战略目标的指导思想，而企业的商务谈判活动则是为实现企业经营战略目标服务的，这就要求谈判的战略和策略要与企业整体战略目标保持一致。因此，在制定谈判策略过程中要注意以下几点。

① 要树立全局观念。

② 要建立以市场为中心的观念。

③ 要树立经济效益观念。

④ 要树立竞争观念。

小思考 2

执行谈判原则时要考虑哪几个方面的问题？

（1）公平性，即给双方以平等的机会；

（2）注重情理；

（3）排除主观意志的干扰；

（4）顶住压力。

7.1.5　制定商务谈判策略的程序

制定商务谈判策略的程序是指制定策略所应遵循的逻辑步骤。

1. 了解影响谈判的因素，进行现象分解

了解影响谈判的因素，进行现象分解是制定商务谈判策略的逻辑起点。

制定商务谈判策略的目的，是判断谈判进程中进退的最有利时机，寻求该采取的手段或方式，借以达成最有利的协议。

2. 寻找关键问题

有目的地寻找关键问题，即抓主要矛盾。因为只有找到关键问题，才能使其他问题迎刃而解。寻找关键问题要求的是"抽象"方法、问题分析、谈判对手分析、发展趋势分析的技术。

3. 确定具体目标

确定目标关系到谈判策略的制定，以及将来整个谈判的方向、价值和行动。确定目标，是根据现象分解和关键问题分析得出的结论。确定目标根据己方条件和谈判环境要求，对各种可能目标进行动态分析判断，以便取得满意的结果。

4. 形成假设性解决方法

这是制定策略的一个核心与关键步骤。对假设性解决方法的要求是必须能满足目标，又能解决问题。方法是否有效，要经过比较才能鉴别，所以谈判人员在提出假设性解决方法时，要解放思想，打破常规，力求有所创新，并尽力使假设性解决方法切实可行。

5. 对解决方法进行深度分析

对各种假设方法根据"可能"与"有效"的原则进行排列组合、优化选择。对少数可行性策略进行深入研究，为最终选择打下基础。准确地权衡利弊得失，要求谈判人员快刀斩乱麻，运用定性与定量相结合的分析方法。

6. 形成具体的谈判策略

在深度分析得出结论的基础上，确定评价的准则，得出最后的结论。确定评价准则的科学方法是指明约束条件，做谈判环境分析。

7. 拟订行动计划方案

有了具体的谈判策略，还要考虑把这种策略落到实处，这就要按照从抽象到具体的思维方式，列出各个谈判者必须做的事情，把它们在时间、空间上安排好，并进行反馈控制和追踪决策。

商务谈判策略的逻辑步骤简单归纳如图7-1所示。

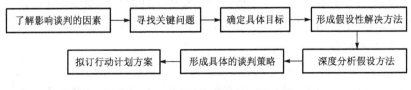

图7-1　商务谈判策略的逻辑步骤

7.2　预防性策略

在商务谈判中，预防性的策略运用得很广泛。本节主要介绍的预防性策略包括投石问路策略、沉默寡言策略、声东击西策略、欲擒故纵策略。

7.2.1　投石问路策略

1. 投石问路策略的基本要求

当己方对对方的商业习惯或真实意图等不大了解时，通过巧妙地向对方提出大量问题，并引导对方尽量做出正面的、全面的回答，然后从中得到一般不易获得的资料以达到其目的。如我们在购买大家电物品时，因为不是很了解性能指标，经常采用投石问路策略，通过许多假设性提问，可以获得很多颇有价值的资料，引导我们做出新的选择与判断。

假设是指在谈判的探测阶段，提出假设某种情况，试探对方的底细。这里假设包含着虚拟的假设和真正的假设，提出的假设可能是一方真正打算采取的措施或做出让步，也可能是一方虚拟的假设条件，以试探对方对此问题的态度、观点。这些假设性问题如表7-1所示。

表 7-1　投石问路策略的假设性问题

1	假如我们订货量加倍或减半呢	7	假如我们让你在淡季接下这份订单呢
2	假如我们和你签订一年的合同呢	8	假如我们自己提供技术援助呢
3	假如我们将保证金减少或增加呢	9	假如我们改变合同的形式呢
4	假如我们自己提供材料呢	10	假如我们买下你的全部产品呢
5	假如我们提供工具呢	11	假如我们改变产品的规格呢
6	假如我们要买几种产品，不止购买一种呢	12	假如我们分期付款呢

任何一个假设问题都能够使买主更进一步了解对方的商业习惯和动机，卖主想要拒绝回答也是很容易的，所以大多数卖主宁愿降低价格，也不愿意受这种疲劳轰炸式的提问。

运用投石问路的假设问题要明确以下几点。

第一，提出假设的原因。提出假设问题可以从两方面考虑。一是在己方认为不太重要的问题上提出假设条件。如果对方对此反应敏感，则说明他对这一问题比较重视。二是在己方认为比较重要的问题上提出假设条件。如果对方也很看重这一问题，说明要获得对方的让步会很困难，必须有所准备。

第二，提出假设问题的时机。在问题已经提出，双方出现分歧，都在设想多种解决途径，以便能选出最佳的组合方案时，这时的假设条件策略才能更好地发挥其作用。

第三，考虑提出假设问题的后果。投石问路的提问目的是抛砖引玉，是在商务谈判中主动地提出各种问题，但不提解决的办法，让对方去思考如何解决。这种战术它一方面可以达到尊重对方的目的，使对方感觉到自己是谈判的主角和中心；另一方面，自己又可以摸清对方底细，争得主动。但该战术在两种情况下不适用：一是在谈判出现分歧时不适用；二是在了解了对方是一个自私自利、寸利必争的人时不宜适用。

2. 投石问路策略应注意的问题

采用投石问路策略时，应注意以下几个方面的问题。

第一，提问题要恰当。谈判必须准确地提出争论的问题，力求避免包含着某种错误假定或有敌意的问题。

第二，提问题要有针对性。在谈判中，一个问题的提出要把问题的解决引导到交易能否做成这一方向上去，并给予足够的时间使对方做尽可能详细的正面回答。为此，谈判者必须根据对方的心理活动运用各种不同的方式提出问题。

第三，尽量避免暴露提问的真实意图，不要与对方争辩，也不必陈述己方的观点。

第四，避免争论。分歧产生之后谈判无法进行，应马上休会。休会策略不仅可以避免出现僵持局面和争论发生，而且可以使双方保持冷静，调整思绪，平心静气地考虑双方的意见，达到顺利解决问题的目的。

休会一般是经由一方提出，另一方同意才能采用的方式，这需要双方的配合。因此，为了避免对方的拒绝，提出休会一方要把握好时机，看准对方态度的变化。如对方也有休会的需要，则一拍即合，立即生效。一般地说，如东道主提出休会，客人出于礼貌很少拒绝。

休会作为一种策略运用，是一种内容简单，容易掌握，作用明显的策略技巧，其作用远超过这一含义。它可以成为谈判人员调节、控制谈判过程，缓和谈判气氛，融洽双方关系的一种战术技巧。

小思考 3

在哪些情况下比较适合采用休会策略呢?

有以下 5 种情况:

(1) 在会谈某一阶段接近尾声时;

(2) 在谈判出现低潮时;

(3) 在会谈将要出现僵局时;

(4) 在一方不满现状时;

(5) 在谈判出现疑难问题时。

7.2.2　沉默寡言策略

1. 沉默寡言策略的含义

沉默寡言策略是谈判中最有效的防御策略之一，其含义是:在谈判中先不开口，让对方尽情表演，或多向对方提问并设法促使对方继续沿着正题谈论下去，以此暴露其真实的动机和最低的谈判目标，然后根据对方的动机和目标并结合己方的意图采取有针对性的回答。

沉默寡言是处于被动地位的谈判者常用的一种策略。运用沉默寡言策略要注意审时度势，运用不当，谈判效果会适得其反。

这种谈判策略之所以有效，其根据在于：谈判中暴露得越多，就有可能将自己的底细暴露得越多，从而越有可能处于被动境地；同时也会使对方受到冷遇，造成心理恐慌，不知所措，甚至乱了方寸，从而达到削弱谈判力量的目的，所以要保持沉默就要细心地聆听对方吐出的每一个字，注意对方谈判人员的措辞、表达方式、语气和声调，都可以为己方提供有效的信息。

2. 沉默寡言策略的运用要点

有效地发挥沉默寡言策略的作用，应注意以下几点。

1）事先准备

首先，要明确这种策略的运用时机，比较恰当的时机是报价阶段。在报价阶段，对方的态度咄咄逼人，双方的要求差距很大，适时运用沉默寡言可缩小差距。其次，事先要准备好使用哪些行为语言，还要统一谈判人员的行为语言口径。

2）耐心等待

只有耐心等待才可能使对方失去冷静，形成心理上的压力。为了忍耐可以做些记录，记录在这里可起到一箭双雕的作用。首先，它纯属做戏；其次，记录可以帮助己方掌握对方讲的思路，分析对方为什么不讲这些内容而讲那些内容。谈判者在等待中全神贯注地聆听，加上冷静思考会准确无误地了解对方的看法，听出对方的弦外之音，感受对方的情绪，洞悉对方的实意，促使沉默寡言超出本身的作用。

3）学会忍耐

在商务谈判中，占主动地位的一方会以一种咄咄逼人的姿态来表现自己。这时如果表示反抗或不满，对方会更加骄横，甚至退出谈判。在这种情况下，对对方的态度不做反应，采取忍耐的策略，以我之静待"敌"之动，以己方的忍耐磨其对方的棱角，挫其锐气，使其筋疲力尽之后，己方再做反应，以柔克刚，反弱为强。如果被动的一方忍耐下来，对方得到默认和满足之后，反而可能会通情达理，公平合理地与你谈判。同时，对自己的目标、要求也要忍耐，如果急于求成，反而会更加暴露自己的心理，进一步被对方所利用。

4）多听

处于被动地位的谈判者，应让对方尽可能地发言，而己方少讲多听。这样做既表示出对对方的尊重，也可以根据对方的要求，确定对付他的具体策略。对方多谈，可以大大减少对方的逆反心理和戒备心理，也就会因暴露过多而回旋余地较小。

5）利用行为语言，搅乱对手的谈判思维

沉默寡言的本意在于捕捉对方信息，探索对方动机，因而可从需要出发，有目的地巧用行为语言，搅乱对方的谈判思维，最终牵着对方的鼻子乃至控制谈判的局面。

7.2.3　声东击西策略

1. 声东击西策略的含义

声东击西策略，也有的称之为兵不厌诈策略，是指在谈判中通过转移对方对己真实意图的注意力，以求实现预定谈判目标的做法。

"声东击西"始见于《三国志·魏书·武帝纪》，原指曹操与袁绍战于白马，谋事荀攸为曹操所出的计谋。唐朝人杜柘的《通典·民典六》中也有记载："声言击东，其实击西。"意思是说，善于指挥打仗的人，能灵活用兵，虽然他攻击的目标在西方，偏要造成攻击东边的态势，以迷惑敌人，达到击倒敌人的目的。

就军事战术来讲，声东击西是指当敌我双方对阵时，己方为更有效地打击敌人，造成一种从某一面进攻的假象，借以迷惑对方，然后攻击其另一面。

在军事上，该策略被称作"明修栈道，暗度陈仓"。在商务谈判中该策略指己方为达到某种目的和需要，有意识地将洽谈的议题引导到无关紧要的问题上故作声势，转移对方注意力，以求实现自己的谈判目标。具体做法是在无关紧要的事情上纠缠不休，或在自己不成问题的问题上大做文章，以分散对方对自己真正要解决的问题上的注意力，从而在对方无警觉的情况下，顺利实现自己的谈判意图。例如，对方最关心的是价格问题，而己方最关心的是交货时间。这时，谈判的焦点不要直接放到价格和交货时间上，而是放到价格和运输方式上。

实际的谈判结果也证明，只有更好地隐藏真正的利益需要，才能更好地实现谈判目标，尤其是在不能完全信任对方的情况下。

2. 声东击西策略的目的

第一，尽管双方所讨论的问题对己方是次要的，但采用这种策略可能表明己方对这一问题很重视，进而提高该项议题在对方心目中的价值；一旦己方做出让步后，能使对方更为满意。

第二，作为一种障眼法，转移了对方的视线。如己方关心的可能是货款的支付方式，而对方的兴趣可能在货物的价格上。这时声东击西的做法是力求把双方讨论的问题引到订货的数量、包装、运输等方面，借以分散对方对前述两个问题的注意力。

第三，为以后的真正会谈铺平道路。以声东击西的方式摸清对方的虚实，排除正式谈判可能遇到的干扰。

第四，作为缓兵之计，把某一议题的讨论暂时搁置起来，以便抽出时间对有关的问题做更深入的了解，探知或查询更多的信息和资料。

相关链接 1

1894 年 11 月，美国发生产业危机，金融市场上掀起了抢购黄金的风潮。财政部库存的黄金急剧减少，形势非常危急。美国总统决定求助于大金融家摩根和大银行家贝尔蒙。

摩根建议由他们两家银行组成辛迪加，发行黄金公债，这样可以解救财政部的燃眉之急。当然，发行国债可以获得高额利润，摩根建议的实质是趁火打劫。

由于这个计划的条件太苛刻，美国总统和美国国会都没有接受和通过这个建议。摩根通过内线打探到国库的黄金储备只剩下900万元美元时，决定使用兵不厌诈的策略。

他对总统说："总统先生，据我所知，某位先生手中有一张1200万元的黄金支票，今天到期，如果他今天或明天要兑现，那么一切都完了，为时过晚了。"总统听了以后，受到很大的震动，不得不答应摩根的条件，接受摩根的建议。

摩根利用向政府承销公债的价格与市场价格之间的差价，在黄金公债上净赚了1200万美元。

---

3. 声东击西策略的运用事项

在商务谈判中，一般在以下情况使用声东击西这一策略。

① 作为一种障眼法，隐蔽己方真实意图，延缓对方所采取的行动。

② 转移对方注意力。

③ 诱使对方在对己方无关紧要的问题上进行纠缠，使己方抽出时间对重要问题进行深入的调查研究，迅速制订出新的方案。

④ 对方是一个多疑者，并且逆反心态较重。

7.2.4　欲擒故纵策略

1. 欲擒故纵策略的含义与做法

欲擒故纵策略即对于志在必得的交易谈判，故意通过各种措施，让对方感到自己是满不在乎的态度，从而压制对手开价的胃口，确保己方在预想条件下成交的做法。具体做法为：务必使自己的态度保持半冷半热、不紧不慢的状态。例如，日程安排上不显急切；在对方态度激烈强硬时，让其表现，采取"不怕后果"的轻蔑态度等。

例如，刘某要在出国定居前将私房出售，经过几次磋商，他终于同一个从外地到本城经商的张某达成意向：80万元，一次付清。后来，张某看到了刘某不小心从皮包中落出来的护照等文件，他突然改变了态度，一会儿说房子的结构不理想，一会儿说他的计划还没有最后确定，总之，他不太想买房了，除非刘某愿意在价格上做大的让步。刘某看穿了对方的心思，不肯就范。

当时，刘某的行期日益逼近，另寻买主已不太可能，刘某不动声色。当对方再一次上门试探时，刘某说："现在没有心思跟你讨价还价。过半年再说吧，如果那时你还想要我的房子，你再来找我。"说着还拿出了自己的飞机票让对方看。张某沉不住气了，当场拿出他准备好的80万元的现金。其实，刘某也是最后一搏了，他做了最坏的准备，以75万元成交。结果双方都满意。从该案例中我们可以看出，张某一而再地改变态度，是因为他从刘某不小心掉出来的护照上了解到刘某近期要出国的情况，他想利用刘某行期紧迫，急于出国和需要钱的心理迫使刘某在价格上做出大的让步。刘某不急于成交，是看穿了对方的心思。让对方了解到自己近期要出国的信息，显然对刘某是不利的，而刘某用将计就计的做法为自己争得了主动。刘某拿出飞机票让张某看，并说如仍想要房过半年后再说，是在了解张某不能久等的实情和心理的情况下而发出的最后通牒，这种欲擒故纵的做法，既很好地掩饰了自己，又迫使对方不得不立即做出成交的决定，从而让刘某取得了谈判的胜利。

2. 欲擒故纵策略的运用要点

其一，立点在"擒"，故"纵"时应积极地"纵"，即在"纵"中激起对手的成交欲望。激的手法是：一方面表现己方的不在乎，利益关系不大；另一方面要尽可能揭示对方的利益，处处为其着想，让其不愿被纵。

其二，在冷漠之中有意给对方机会，只不过应在其等待、努力之后，再给机会与条件，让其感到珍贵。

其三，注意言谈与分寸，即讲话要掌握火候，"纵"时的用语应有尊重对方的成分，切不可羞辱对手；否则，会转移谈判焦点，使"纵"失控。

如 2003 年，山东某市塑料编织袋厂厂长获悉日本某株式会社准备向我国出售先进的塑料编织袋生产线，立即出马与日商谈判。谈判桌上，日方代表开始开价 240 万美元，己方厂长答复道："据我们掌握情报，贵国某株式会社所提供产品与你们完全一样，开价只是贵方一半，我建议你们重新报价。"日本人很快列出了详细价目清单，报出总价 180 万美元。随后在持续 9 天的谈判中，日方在 130 万美元价格上再不妥协。于是己方厂长有意同另一家西方公司做了洽谈联系，日方得悉，总价立即降至 120 万美元。己方厂长仍不签字，日方大为震怒，己方厂长拍案而起："先生，根据我们掌握的国际行情，你们的价格、你们的态度都是我们不能接受的！"说罢故意把提包甩在桌上，里面那些西方某公司设备的照片散了满地。日方代表大吃一惊，忙要求说："先生，我的权限到此为止，请允许我再同厂方联系请示后再商量。"第二天，日方宣布降价为 110 万美元。己方厂长在拍板成交的同时，提出安装所需费用一概由日方承担，又迫使日方让步。己方厂长就是立足点在"擒"，积极在"纵"中激起对手的成交欲望；很好地运用了言谈举止行为，掌握好了火候，取得了谈判的成功。

7.3 处理性策略

在商务谈判中，处理性策略的运用不仅广泛而且有很多种类，本节涉及的处理性谈判策略主要有针锋相对策略、以退为进策略、最后通牒策略、出其不意、人身攻击等其他的处理性策略。

7.3.1 针锋相对策略

针锋相对策略就是逐一驳回谈判对手的论点和论据，坚持自己立场的做法。

具体是指在谈判中，对于对方所提出的论点和论据，以毫不妥协的态度，逐一予以否定、驳斥，使对方感到阻力巨大、成功渺茫，进而动摇谈判意志，放弃原要求的做法。

针锋相对策略实施方法是要"准"和"狠"。

针锋相对策略的具体做法为：对方说什么，你跟着驳什么，并提出新的意见。不是对方说甲，你去说乙，而是应该围绕对方谈到的内容，有针对性地予以驳斥。

使用该策略应注意：驳斥对方时，要对准话题，不能"走火"、跑偏；否则，对方会说"你没听明白"，从而一下子瓦解你的话锋。此外，"话锋"的锐利完全在是否有理，而不在声色俱厉。

7.3.2　以退为进策略

1. 以退为进策略的含义

以退为进策略是指以退让的姿态作为进取的阶梯，退是一种表面现象，由于在形式上采取了退让，使对方能从己方的退让中得到心理满足，不仅思想上会放松戒备，而且作为回报，对方也会满足己方的某些要求，而这些要求正是己方的真实目的。商务谈判中的以退为进策略表现为先让一步，顺从对方，然后争取主动、反守为攻。

相关链接 2

我国春秋时期，齐国是春秋五霸之首，疆域辽阔，国力雄厚，拥有一支近三万人的军队；而鲁国则地域狭小，兵少力弱，不是齐国的对手。公元前684年春，齐桓公出动大批军队进攻鲁国，当齐军进入了有利于鲁军反攻的长勺地区时，鲁国并没有马上发起反攻，而是坚守阵地。这时，齐军自恃力量强大，首先发起进攻，企图一举成功。但是，齐军连续三次进攻都未获胜，队伍疲惫不堪，锐气大减。这时鲁军见时机已到，向齐军发起总攻。一时齐军阵势大乱，纷纷溃败而逃。

商战如同兵战，"退一步，进两步"，以退为进是谈判桌上常用的一个制胜策略和技巧。以退为进策略从表面上看，谈判的一方是退让或妥协，或委曲求全，但实际上退却是为以后更好的进攻，或实现更大的目标。在谈判中运用这一策略较多的形式是，谈判一方故意向对方提出两种不同的条件，然后迫使对方接受条件中的一个。多数的做法是，先向对方提出温和的要求，然后再提出强硬的要求。一般情况下，对方要在两者选择其一，自然你的温和要求对方就很容易接受了。

以退为进策略如果运用得当，效果十分理想。如"弄不懂"案例。有三位日本代表赴美订购商品。美方公司作了精心安排，先用挂图、计算机资料、视听器材介绍产品。然后，又用幻灯片播放产品简报，历时几个小时。而日方代表却始终呆若木鸡地坐着，一声不吭。最后，美方代表满怀希望地问道："你们觉得怎样？"一位日方代表彬彬有礼地说："我们不懂。"美方代表显得有些失望，问："哪儿不懂？"另一位日方代表说："全都不懂。"美方代表又露出了沮丧的神情，又问："从什么时候开始不懂？"第三方日本代表说："从关灯放映幻灯片开始，我们就不懂了。"美方代表没气了，问："那么，你们希望怎么办？"日方代表说："我们希望再来一遍。"如此反复多次，日方代表始终"弄不懂"，美方代表锐气大减。在接下来的磋商中，日方代表反守为攻，取得了满意的结果。

2. 以退为进策略的手法

以退为进的手法很多，主要表现在以下方面。

① 替己方留下讨价还价的余地，以便使对方在报价或还价时有所退却，满足对方的要求。

② 不要让步太快。

③ 让对方先开口说话，充分表明对方观点，隐藏己方要求。这样，对方由于暴露过多，回旋余地就小，己方可塑性放大。

④ 不要做无谓的让步。以己方的每次让步换取对方的让步，或强调己方的困难处境，以争取对方的谅解和适当的退却。

⑤ 作为买方，记住说："我们非常喜欢贵方的产品，也乐意同贵方合作，遗憾的是我方只有这么多钱……"作为卖方，别忘了讲："我方的成本这么高，价格不能再降了……"

7.3.3　最后通牒策略

1. 最后通牒策略的含义

最后通牒策略是指当谈判双方因某些问题纠缠不休时，其中处于有利地位的一方向对方提出最后交易条件，要么对方接受本方交易条件，要么本方退出谈判，以此迫使对方让步的谈判策略。

该策略的运用通常是在谈判进行到一定阶段，通过提出一个新让步条件作为合同成败的最后妥协条件，并逼对方对此做出答复。如在双方目标差距很大而又相持不下时，谈判者以退为攻，用中止谈判等理由来迫使对方退让。最后通牒常常被看作是一种威胁，对手为维护自己的尊严，为了保留选择的自由，可能采取强硬的反击措施，最后通牒不仅把对方，同时也把自己逼到了"不成功，便成仁"的境地，易导致双方的对抗和谈判的破裂。

2. 最后通牒策略运用的前提与风险

最后通牒策略运用的前提是谈判人员已使用过其他方法，但效果均不理想，最后通牒成为本方最后的唯一选择，所以在选择运用该策略时应谨慎。

采用最后通牒策略的风险是：万一对方不让步，则谈判不是无法挽回就是令自己陷入被动的境地。

3. 运用最后通牒策略的条件

最后通牒策略运用一般在下列情况下采用。

① 谈判者知道自己处于一个强有力的地位，别的竞争者都不如他的条件优越，明确估计对方有接受的可能，或有信息表明对方怕失去这次商机或获悉对方有退让的余地。

② 谈判者已尝试过其他的方法，但都未取得什么效果。这时，采取最后通牒策略是迫使对方改变想法的唯一手段。

③ 当己方将条件降到最低限度时。

④ 当对方经过旷日持久的谈判，已无法再担负由于失去这笔交易所造成的损失而非达成协议不可时。

最后通牒策略是极有效的策略，它在打破对方对未来的奢望、击败犹豫中的对手方面起着决定性的作用。

最后通牒策略以极强硬的形象出现，人们往往不得已而用之。它的最后结果是可能中断谈判，也可能促使谈判成功。

4. 运用最后通牒策略成功要注意的问题

谈判者使用最后通牒策略，总希望能够成功，其成功必须要考虑以下 5 个方面。

第一，送给对方最后通牒的方式和时间要恰当。

第二，送给对方最后通牒的言辞要委婉，既要达到目的，又不至于锋芒太露。留有余地的最后通牒，替对方留下退路，易于被对方所接受。

第三，拿出一些令人信服的证据，让事实说话。如果能替己方的观点拿出文件和道理来支持，那就是最聪明的最后通牒了。

第四，送给对方的最后通牒内容应有弹性。

第五，送给对方的最后通牒，要给对方留有考虑或请示的时间。在商务谈判中，让对方放弃原来的条件与立场，是需要时间的。因此，谈判者送出最后通牒后，还要给对方留有考虑的时间，以便让对方有考虑的余地。这样，可使对方的敌意减轻，不至于弄巧成拙。

与最后通牒策略相关的是"最后期限"策略。

5. 最后期限的运用技巧

在双方谈判中，某一方提出最后期限，开始并不能够引起对方十分关注。但是，随着这个期限的逐渐迫近，提出期限一方不断地暗示，表明立场，对方内心的焦虑就会不断增加。特别是当他负有签约的使命时，他就会更加急躁不安，而到了截止日期的时刻，不安和焦虑就会达到高峰。因此，在谈判过程中，对于某些双方一时难以达成妥协的棘手问题，不要操之过急地强求解决，而要善于运用最后期限的力量，规定出谈判的截止日期，向对方开展心理攻势。

相关链接 3

美国的一个地方法律规定：陪审团成员的意见一致才能生效。有一次，某乡镇由 12 个农夫组成的陪审团在法院审理了一起案件之后，其中 11 个人认为被告有罪，而另一个人则认为被告不应判罪。此时，天空中乌云密布，眼看一场大雨就要到来，这 11 个农夫急着要在下雨之前赶回，好把晒在外面的干草收回家去。于是想说服那位与众不同的农夫改变初衷。那个农夫仍旧坚持己见。11 个农夫个个都急得像热锅上的蚂蚁，立场开始动摇。最后，随着"轰隆"一声雷响，11 个农夫再也等不下去了，于是一致投票赞成另一位农夫的意见，同意被告无罪。

规定最后期限，可以有效地督促双方的谈判人员振奋精神，集中精力。因为随着期限的迫近，双方会感到达成协议的时间很紧，会一改平时的拖沓和漫不经心的态度，努力从合作的角度出发，争取问题的解决。

当然，提出最后期限的方式也很重要。是委婉、彬彬有礼地提出最后期限，还是强硬、直言不讳地提出要求，对谈判所起的效果是截然不同的。前者会融洽谈判的气氛，使对方为你的诚意所动；而后者只会引起对方的不满，招致报复，以致中断谈判。

① 善于运用"最后期限"的策略，规定出谈判的截止日期，对这些棘手的问题暂时按兵不动，然后假以时日，防止"最后时刻的颠覆"。

② 谈判最后期限临近时，即可借助这一无形的压力，向对方展开心理攻势，必要时，还可以做一些小的让步作为配合，给对方造成机不可失、时不再来的感觉，以此来说服对方，达成事半功倍的效果。

如果对方使用这一策略，要注意以下 4 个方面。

第一，如果有期限限制，绝不能泄露出来，这会造成己方不利，甚至由主动陷于完全被动的局面。

第二，仔细研究对手设立期限的动机，以及不遵守期限可能导致的后果。

第三，不要被对方设立的期限所迷惑，绝大多数的期限都是有谈判的余地的。

第四，不考虑对方个人或是公司提出的最后期限，按己方事先既定的计划办。

在使用时应注意以下几个方面的问题。第一，不要激怒对方；第二，给对方一定的时间考虑；第三，对原有条件也做适当的让步。

7.3.4　其他的处理性策略

1. 出其不意策略

出其不意策略是指在谈判中，使对方对你的建议和想法产生惊奇，带来谈判压力，并在短时间里产生一定的震慑力量，甚至会使对方措手不及的方法。运用出其不意是在对方尚无准备的情况下，打乱其计划或部署，或者是利用对方意想不到的事物，向对方反击，以使局势朝着向己方有利的趋势发展。因此，谈判人员掌握并运用这一策略是比较重要的。最常使用的、收效较好的出其不意方式就是掌握令对方惊奇的事情、信息、资料，在必要时向对方摊牌，迫使对方在事实面前做出让步、承诺和保证。

运用这一策略可包括以下几方面。

① 令人惊奇的问题。如新的要求，出乎对方意料的诘问，提出己方所掌握的机密，揭露对方的底细等。

② 令人惊奇的时间。如截止日期、会谈时刻的突然改变等。

③ 令人惊奇的行动。如退出商谈，拖延的战术，感情上的爆发，坚决的反击。

④ 令人惊奇的人物。谈判人员的更换，更高权威者的出现，技术专家、顾问、律师的到场等。

美国谈判专家齐默尔曼在《怎样与日本人谈生意》一书中，介绍了他与日本人谈判运用这一策略取得了意想不到的结果。日本人在谈判中的准备工作之充分是首屈一指的，参加谈判的每一个人都是某一方面的专家，他们提出各种细节问题，要求对方予以答复。而要使他们满意，非得把总部的各种高级专家都请来不可，但要这样做十分困难。因此，对付日本谈判人员的最好办法，就是让他们认为，你也准备得十分充分，但不是像日本人那样不厌其烦地提出各种细节问题，而是出其不意，让他们大吃一惊。这样，就打乱了他们的阵脚，使他们忙于研究对策，处理意外问题。

2. 人身攻击策略

人身攻击的表现形式，其中之一就是我们常常会想到的场面——愤怒的一方面红耳赤，唾沫横飞，指责谩骂另一方，有的人甚至拍桌子，打凳子，高声叫喊。这种做法的目的就是企图用激烈的对抗方式向对方施加压力，迫使其屈服。

人身攻击的另一种表现就是寻找各种讽刺挖苦的语言嘲笑对方，羞辱对方，使对方陷入尴尬难堪的境地，借以出心头之气，或激对方让步。这种伎俩有时可能达到目的但更多的情况是把对方推到了自己的对立面，使谈判变得愈加困难。

人身攻击的第三种表现是采用或明或暗的方式，让对方产生身体上和心理上的不适感，因此对方为了消除这种不适而向对方屈服。此外，还可以故意给对方造成不舒服的环境，如过高、过矮的椅子，别扭的座位，过亮、过暗的光线，低劣的饮食，持续不间断的会谈等，都会给对方造成极不愉快的心理，许多人会因此变得蛮不讲理，沮丧甚至丧失理智。自然，妥协让步是他们为改变这种状况的最简便、最省事的办法了。

3. 得寸进尺

这是指一方在争取对方一定让步的基础上，再继续进攻，提出更多的要求，以争取己方利益。这一策略的核心是：一点一点地要求，积少成多，以达到自己的目的。

国外谈判专家的实验证实，这是一个十分有效的谈判战术。

但这种战术的运用也具有一定的冒险性，如果一方压得太凶，或要求越来越高的方式不得当，反而会激怒对方，使其固守原价，甚至加价，以进行报复，从而使谈判陷入进退维谷的僵局。因此，只能在具备一定条件的情况下，才能采用这一策略。这些条件是：① 出价较低的一方，有较为明显的议价倾向；② 经过科学的估算，确信对方出价的"水分"较大；③ 弄清一些不需要的服务费用是否包括在价格之中；④ 熟悉市场行情，一般在对方产品市场疲软的情况下，回旋余地较大。

4. 以林遮木策略

人们常说"见树不见林"，是比喻只看到事物的某一面或某一点，而忽略了事物的全局或整体；而以林遮木则恰恰相反，是比喻人们被事物的总体所掩盖，忽略了事物的重点、要点。

在商务谈判中，运用以林遮木的方法就是，一方会故意向另一方提供一大堆复杂、琐碎、甚至多半是不切实际的信息、资料，致使对方埋头查找所提供的资料，却分辨不清哪些是与谈判内容直接相关的，既浪费了时间、精力，还没掌握所需情况，甚至还会被对方的假情报所迷惑。以林遮木的另一种表现手法是一方介绍较多的情况，以分散对方的注意力，遮盖真实意图或关键所在，造成对方错觉，争取更多的让步。谈判专家卡洛斯博士在参与一次谈判时，见到卖方为了支持自己的立场，用手推车推了两大箱档案给买主参考。看到大家一脸的惊讶，他解释说："偶然找到，就把它们全带来了。"大家在哄笑之余，不难理解卖方的用意。

如果对方使用这种战术，己方可以从以下几个方面加以注意。

① 始终保持清醒的头脑，当对方过于滔滔不绝地介绍枝节、细节时，就要引起自己的

警觉，设法引诱对方陈述实质内容，并力求让对方按你的思路走。

② 对复杂的资料要进行分类、排列，去粗取精，去伪存真，进行认真的调查分析。

③ 善于提纲挈领地抓住主要问题，要时常提醒自己是否偏离了商谈的主要目标，可尝试在每一阶段商谈结尾时作下结论性的提示。

④ 援引政府条例、法规或运用有关程序规定，迫使对方道出实情。

⑤ 抓住一切机会向对方开展心理攻势，如暗示己方掌握某些情况，必要时，可能放弃合作等。

⑥ 注意谈判截止的时间。对方一般是在时间紧，而己方又急于求成的情况下运用这一策略的，切记不要上当。

7.4 综合性策略

在商务谈判中，综合性策略有很多种类，其运用通常也是很广泛的。这里涉及的综合性谈判策略主要有软硬兼施策略、权力有限策略、货比三家策略、车轮战术等。

7.4.1 软硬兼施策略

1. 软硬兼施策略的含义

软硬兼施策略是指在商务谈判过程中原则性问题毫不退却、细节问题适当让步的一种策略。谈判时，面对咄咄逼人的对手，可在坚持原则的条件下做一些顺水推舟的工作，等到对方锐气减退时，己方再发动反攻，力争反败为胜。

软硬兼施策略通俗地讲，又叫"红白脸"策略。它的具体做法有两种：以两个人分别扮演红脸和白脸，或一个同时扮演红脸和白脸的角色。在谈判中时而以白脸、时而以红脸的形象出现，通过态度的变化干扰对手的谈判意志，以求得谈判优势。也有人称之为先苦后甜策略，即在谈判中，一方为了达到自己预定的目的，先向对方提出苛刻要求，然后再逐渐让步，求得双方一致，以此来获得己方的最大利益。

2. 采用软硬兼施策略的办法

① 事先应准备好"软""硬"两套班子，进攻者既要有唇枪舌剑之能，又要有死缠对方的技巧；而调和者则需老练圆通，善于寻找"下台"的"梯子"。

② 使用这种策略最好方式是两个人分工进行。把握好实施软硬兼施策略的时机和分寸，该软就软，该硬就硬，互相配合，注意效果。

③ 调和者应包括谈判主要负责人，让谈判主要负责人充当调和者进行调和，容易使对方感到保持了体面，从而同意让步。

在谈判中运用这一策略时还要注意，提出比较苛刻的要求，应估计是对方不掌握信息与资料的某些方面，或者是双方难以用客观标准检验、证明的某些方面，以增加策略使用效果。

相关链接 4

美国大富豪霍华·休斯是一位成功的企业家，但他也是个脾气暴躁、性格执拗的人。一次，他要购买一批飞机，由于款额巨大，对飞机制造商来说，是一笔好买卖。但休斯提出要在协议上写明他的具体要求，项目多达 34 项。而其中的 11 项要求非得满足不可。由于他态度跋扈，立场强硬，方式简单，拒不考虑对方的面子，也激起了飞机制造商的愤怒，对方也拒不相让。谈判始终冲突激烈，最后，飞机制造商宣布不与其谈判。休斯不得不派他的私人代表出面洽商，条件是只要能获得他要求的 11 项基本条件，就可以达成他认为十分满意的协议。该代表与飞机制造商洽商后，竟然取得了休斯希望载入协议的 30 项，当然那 11 项目标也全部达到了。当休斯问他的私人代表如何取得这样辉煌战果时，他的代表说："那很简单，在每次谈不拢时，我就问对方，你到底希望与我一起解决这个问题，还是希望与霍华·休斯来解决。"结果对方自然愿意与他协商，条款就这样逐项地谈妥了。

为了更好地运用这一策略，提出一方可让谈判小组成员分别扮演不同的角色。例如，扮演白脸的谈判者提出苛刻条件，双方在围绕这些条件讨价还价，争得不可开交时，就需要有人扮演红脸的角色，不断妥协、让步，调和双方的关系，缓解紧张气氛，达成双方的谅解。

利用白脸与红脸就是利用谈判者既想与你合作，但又不愿与有恶感的对方打交道的心理，诱导谈判另一方妥协的战术。这种方法有时十分有效。扮演红脸的人声称同情或理解对方的立场、观点，试图以对对方的支持来获得有价值的信息，但注意不要同时做相应的承诺。而扮演白脸的人则不断与其周旋，以迫使对方放弃或转而同意己方的意见，进而达成对使用一方有利的协议。

3. 使用该策略时应注意的问题

其一，扮"白脸"的人，既要"凶"，又要出言在理，保持良好的形象。例如，态度强硬，寸步不让，但又处处讲理，绝不"蛮横"。外表上，不要高门大嗓，唾沫横飞，显出"俗相"，也不一定老是虎着脸，反倒可以有笑容，只是"立场"要硬，条件要狠。

其二，扮"红脸"的人，应为主谈人或负责人，要求善于把握火候，让"白脸"好下台，及时请对方表态。

其三，若是一个人同时扮演"红白脸"，要机动灵活。如发动强攻时，声色俱厉的时间不宜过长，同时说出的话要给自己留有余地，否则会把自己给绊住。若由于过于冲动而被动时，最好的解决方法就是"暂停"、"休会"或"散会"，通过改变时间，以争取请示、汇报、研究被动局面的化解法。

7.4.2　权力有限策略

1. 权力有限策略的含义

权力有限策略是指谈判者为了达到降低对方条件、迫使对方让步或修改承诺条文的目的，采取转移矛盾，假借其上司或委托人等第三者之名，故意将谈判工作搁浅，让对方心中无数地等待，再趁机反攻的一种策略。

谈判人员受到限制的权力很多，有金额的限制、公司政策的限制等许多方面，谈判人员可能利用它达到己方的目的。如首先可以利用限制作为借口，拒绝对方某些要求；其次利用限制，借与高层决策人联系请求之机，更好地商讨处理问题的办法。

以下的案例说明了该策略的运用。广州某公司王总带翻译与美国一家公司代表洽谈进口原料事宜。美方代表是一名技术人员，该代表第二天上午要飞往以色列。谈判地点在美国人所住的宾馆房间内。

略作寒暄后，美方开报 420 元/kg。王总通过翻译向其大谈双方合作的前景及美方的未来收益，并还价 200 元/kg。美方表示无权接受，需向公司请示。一番国际长途之后，美方表示可以最低价 300 元/kg 成交。王总再三努力，美方不肯再退，王总表示，因本人要去北京，不妨五天后待其回来后再谈。美方脸色尴尬，经紧张测算后，最后开价 250 元/kg，双方成交。

从以上案例的分析可以看出，显然，美国人采用的是权力有限策略——请示自己的公司，王总提出"不妨以后再谈"使用的则是最后通牒策略，最终双方合作成功。谈判中要学会适时运用恰当的策略帮助自己达到目标，完成谈判。

谈判专家认为，受到限制的权力才具有真正的力量。这是因为，一个受了限制的谈判者要比大权独揽的谈判者处于更有利的地位。例如，可以优雅地向对方说"不"，因为未经授权，这往往使对方大伤脑筋，迫使对方只能根据他们所拥有的权限来考虑问题。如果对方急于求成，虽然明知会有某种损失，也不得不妥协拍板；否则，就会冒谈判失败的风险。

谈判人员受到限制的权力是多方面的，就金额限制来讲，有标准成本的限制、最高最低价格的限制、购买数额的限制、预算限制等，此外，还有如公司政策的限制、法律和保险的限制、委员会的限制等。当然，会利用限制的谈判人员，并不把这些看成是对自己的约束，相反倒更能方便行事。

2. 权力有限策略的作用

成功地运用权力有限策略，对谈判者大获全胜很有作用。

① 权力有限策略可以起到有效地保护自己的作用。谈判者的权利受到限制，也就是给谈判者规定了一个由有限权力制约的最低限度的目标。有限权力制约的最低限度目标，可以对己方谈判者起到保护作用。

② 权力有限策略可使谈判者立场更加坚定。

③ 权力有限策略可以作为对抗对方的盾牌。

有限制才有权力，因为受到限制的权力往往能够出乎意料地成功。精心选出权力限制对于谈判结果，无可置疑地产生着极大的影响。

运用权力有限策略时要注意：第一，分析对方谈判的诚意；第二，要考虑对方的接受度；第三，仔细评估谈判失败的风险。

7.4.3 货比三家策略

货比三家策略是指在交易谈判中，为了使对方处在竞争地位或被选择地位，同时将其竞争对手或其同行请来谈判，最终选择其中一家为合作伙伴的做法。在谈判某笔交易时，同时与几个供应商或采购商进行谈判，以选出其中最优一家的做法。此策略广为人知，也是商场上的千古信条。

货比三家策略的具体做法是：邀请同类产品的卖方或所需同类产品的买方，同时展开几个谈判，将各方的条件进行对比，择优授予合同。

1. 货比三家策略应用的步骤

① 备货——邀请多家企业参与谈判；
② 比货——将具有可比性的多家企业交易条件比较；
③ 组织——实施比货方案；
④ 选择——选择一家最优企业为成交对象。

2. 采用"货比三家"策略的办法

① 有意识地让几个洽谈者先后或同时到达洽谈场地；
② 邀请谈判对方和其他竞争者一起参加一个酒会或集会；
③ 有意让谈判对方知道前面刚谈成的另一笔同类交易的各项条件；
④ 就同一种贸易，同时或轮流与几个厂商谈判；
⑤ 采用招标或拍卖的方式选择贸易伙伴。

相关链接 5

D公司筹建的网络系统工程需要购买 103 台电脑，他们把基本要求写成招标书，向多家电脑厂商散发。有 14 家厂商前来投标，他们从中筛选 N 公司与 P 公司两家进行交易谈判。N公司是电脑行业的老公司，电脑质量好，技术性能优越，但是价位偏高；P公司成立没有几年，但实力雄厚，电脑价位较低，市场占有率居同行第二。本来，D公司比较倾向于购买N公司的产品，但N公司的价格始终降不下来。

D公司要求N公司再次说明其产品的优点，并决定两天后在D公司办公室进行一次示范性演示。从这些迹象，N公司认为D公司将购买他们的电脑，这是一笔涉及百万元的大买卖，N公司努力想做成它。

几天后，经过正式的演示，事情却起了变化。N公司被告知，D公司将向P公司购买电脑。原来，D公司已与P公司进行了一轮谈判，公司的谈判记录，谈定的价格是 8000 元/台。N公司觉得很不是滋味，一桩看来即将成功的买卖怎能被别人这样轻而易举地从自己手里抢去？

他们立刻开会讨论，决定把每台上万元的电脑价格降到 7888 元/台。虽然利润被大大削减了，但一则因为这笔生意较大，再则该网络系统工程在该地区有相当大的影响，N公司非常需要在该地区树立自己的品牌形象。

经过竞争，D 公司终于如愿以偿地以低于 P 公司报价的价格购买了品质较好的 N 公司的电脑。

---

3. 运用货比三家策略应注意的问题

第一，选的对象要势均力敌。

第二，在时间安排上，要便于分组穿插谈判，且可及时将各组谈判结果汇总。具体包括日程、方式和人员的安排。

第三，对比的内容要科学。"货比三家"的策略客观上造成工作量大，评比工作复杂，因此，应有快捷统一的评比方法和内容，以减少重复、不准确的工作，避免个人感情的影响。

第四，平等对待参加竞争的各对手，但在谈判的组织上应有突破重点。平等与各参加竞争的对手谈判是信誉的需要，重点突出是谈判全局的需要，两者缺一不可，相辅相成。

第五，慎守承诺。

7.4.4　车轮战术

在谈判中，一方出于某种目的，不断地更换谈判人员，借以打乱对方的部署。例如，一个公司的采购经理常常使用这种战术，他向部下指示，在谈判时要提出强硬的要求使讨论进入低潮，当双方都精疲力竭或者形成相持不下的僵局时，这个经理就亲自出马处理这笔交易了。卖主因为不愿意失去这笔交易，就迁就买方的要求，这个经理就达到了要求低价或更多服务的目的。

当然，如果新换的对手是个新手，也许对你可能有利，但如果对你使用这一伎俩的一方是借此压你妥协，他就不会让没有经验的谈判人员出场，对此，一定要有所警惕。

如果对方使用车轮战术，应付的方法如下。

① 己方最好不要重复已讨论过的条款，这会使你精疲力竭，给对方乘虚而入的机会。

② 如果新的谈判对手否认过去的协定，你要在耐心等待的同时，采用相应的策略技巧，说服他回心转意。当然，你也可以借此否认你所许过的诺言。

③ 必要时，寻找一些借口，使谈判搁浅，直到原先的对手再换回来。

④ 不论对方是否更换谈判者，对此要有心理准备。

⑤ 在对方更换谈判对手时，如果不是处理谈判僵局的需要，很可能就是在使用车轮战术，必须申明己方的立场、要求，至少要保证先前谈妥的一切不做改动；否则，不要轻易同意对方更换谈判人员。

⑥ 对于新换的谈判对手，不要急于正式谈判，先进行一些私下交往，待双方关系比较融洽、互相摸底之后再谈判。

谈判者是谈判活动的主体，而且谈判的最终结果也取决于谈判人员的策略选择和战术运用。但如果谈判主体受到攻击和刺激，处于非理性状态，那么，谈判的天平就会倾斜，并很可能左右谈判结果。谈判要使用符合职业道德和标准的策略技巧，但现实中，最常见的、也可能是最直接奏效的却是谈判中使用的阴谋诡计的伎俩，而对谈判对手的攻击和陷害就是其中之一。

知识点 2

商务谈判对方性格应对策略

商务谈判人员的性格千差万别。归纳起来，主要有感情型、固执型、虚荣型三种类型。对待不同性格类型的谈判人员，应该采取不同的策略。

一、对待"感情型"谈判对手的策略

感情型性格对手的一般特点是心胸开阔、富有同情心、与人为善、相互影响，着眼于战略问题，在谈判中十分随和，能迎合对手的兴趣，不拘小节，不能长时期专注于单一的具体工作，不适应冲突气氛，对进攻和粗暴的态度一般是回避的。针对上述特点，可采用的策略有：① 以弱为强策略；② 恭维策略；③ 在不失礼节的前提下保持进攻态度；④ 提出大量细节问题，并拖延讨论时间。

二、对待"固执型"谈判对手的策略

固执型的谈判者有着一种坚持到底的精神，对其所认定的观点坚持不变。对新建议和新主张很反感。他们需要较长的时间来适应环境的变化；谈判中需要不断地得到上级的指导和认可；喜欢照章办事。对固执型谈判者可采用以下策略：① 休会策略；② 放试探气球；③ 先例策略；④ 以守为攻策略。

三、对待"虚荣型"谈判对手的策略

爱虚荣的人自我意识较强，好表现自己，嫉妒心理较强，对别人的暗示非常敏感。对这种性格的谈判人员，一方面要满足其虚荣的需要，另一方面要善于利用其本身的弱点作为跳板。可以选择以下具体策略：① 以熟悉的事物展开话题；② 间接传递信息；③ 顾全面子策略；④ 制约策略。

本 章 小 结

商务谈判策略是指谈判者在谈判过程中，为了达到己方某种预期目标所采取的行动方案和对策。

第一节商务谈判策略概述，主要介绍了商务谈判策略的含义、要素、特征与程序。第二节为商务谈判的预防性策略。预防性的策略运用很广泛。本节主要介绍的预防性策略包括投石问路策略、沉默寡言策略、声东击西策略、欲擒故纵策略。第三节为处理性策略，在商务谈判中，本节涉及的处理性谈判策略主要有针锋相对策略、以退为进策略、最后通牒策略以及出其不意、人身攻击等其他的处理性策略。第四节是综合性策略的运用，涉及的综合性谈判策略主要有软硬兼施策略、权力有限策略、货比三家策略、车轮战术等。

关键术语

商务谈判策略　投石问路策略　沉默寡言策略　声东击西策略　欲擒故纵策略　针锋相对策略　以退为进策略　最后通牒策略　软硬兼施策略　权力有限策略　货比三家策略

复习思考题

1. 商务谈判策略包括的要素有哪些?
2. 商务谈判策略的特征包括哪些?
3. 简述制定商务谈判策略程序的内容。
4. 简述投石问路策略的适用范围及其运用中应注意的问题。
5. 在什么情况下可使用声东击西策略?
6. 请举例说明一个以退为进策略的方案或案例。
7. 在运用货比三家策略时应该注意的问题有哪些?

案例分析与讨论

案例 1　"我不知道……"——沉默寡言策略的运用

美国一位著名谈判专家有一次替邻居与保险公司交涉赔偿事宜。谈判是在专家的客厅里进行的,理赔员先发表了意见:"先生,我知道你是交涉专家,一向都是针对巨额款项谈判,恐怕我无法接受你的要价,我们公司若是只出 100 元的赔偿金,你觉得如何?"专家表情严肃地沉默着。根据以往经验,不论对方提出的条件如何,都应表示出不满意,因为当对方提出第一个条件后,总是暗示着可以提出第二个,甚至第三个。

理赔员果然沉不住气了:"抱歉,请勿介意我刚才的提议,我再加一点,200 元如何?"

"加一点,抱歉,无法接受。"

理赔员继续说:"好吧,那么 300 元如何?"

专家等了一会儿道:"300 元? 嗯……我不知道。"

理赔员显得有点惊慌,他说:"好吧,400 元。"

"400 元? 嗯……我不知道。"

"就赔 500 元吧!"

"500 元? 嗯……我不知道。"

"这样吧,600 元。"

专家无疑又用了"嗯……我不知道",最后这件理赔案终于在 950 元的条件下达成协议,而邻居原本只希望要 300 元。

这位专家事后认为,"嗯……我不知道"这样的回答真是效力无穷,其实他不过是在谈判时成功运用了沉默寡言策略。谈判是一项双向的交涉活动,每方都在认真地捕捉对方的反应，以随时调整自己原先的方案，一方干脆不表明自己的态度，只用"不知道"这个可以从多种角度去理解的词，竟然使得理赔员心中没了底，价钱一个劲儿自动往上涨。既然来参加谈判，就不可能对谈判目标不知道，"不知道"的真正含义恐怕是不想告诉对方想知道的事。

问题：

1. 试就这个案例分析为什么运用沉默寡言策略能够起到独特的效果。

2. 运用沉默寡言策略应注意什么？

案例 2   谈判策略的联合运用技巧

1995 年 7 月下旬，中外合资重庆某房地产开发有限公司总经理张先生，获悉澳大利亚著名建筑设计师博谢先生将在上海作短暂的停留。张总经理认为，澳大利亚的建筑汇聚了世界建筑的经典，何况博谢是当代著名的有许多杰作的设计师！具有长远发展眼光的张总经理委派高级工程师丁静副总经理作为全权代表飞赴上海，与博谢先生洽谈。

丁女士确定当天晚上在一名为银星假日饭店的会议室见面会谈。下午 5 点，双方代表准时赴约，并在宾馆门口巧遇。丁静女士介绍了金盾大厦的现状，并将事先准备好的有关资料，如施工现场的相片、图纸，以及国内有关单位的原设计方案、修整资料等提供给博谢一行。

博谢在我国注册了"博谢联合建筑设计有限公司"。在上海注册后，博谢很快赢得了上海建筑设计市场。但是，其他地区市场还没有深入进来，该公司希望早日在其他地区的建筑市场上占有一席之地。由于有这样一个很好的机会，所以博谢一行对该公司的这一项目很感兴趣，他们同意接受委托。

据重庆方面的谈判代表了解，博谢联合建筑设计有限公司在上海的设计价格为每平方米 6.5 美元。若按此价格计算，40 万元人民币的报价算是很优惠了！"40 万元人民币是充分考虑了内地的情况，按每平方米设计人民币 16 元计算的"博谢说道。但是，考虑到公司的利益，丁静还价："20 万元人民币。"对方感到吃惊。顺势丁静解释道："在来上海之前总经理授权我们 10 万元左右的签约权限。我们出价 20 万元，已经超出了我们的权限范围。如果再增加，必须请示总经理。"双方僵持不下，谈判暂时结束。

第二天晚上，双方又重新坐到谈判桌前，探讨对建筑方案的设想、构思，接着又谈到价格。这次博谢联合建筑设计有限公司主动降价，由 40 万元人民币降到 35 万元人民币。

重庆方面的代表坚持说："太高了，我们无法接受！请贵公司再考虑考虑。"对方嘀咕了几句，说："介于你们的实际情况和贵公司的条件，我们再降 5 万元人民币，30 万元人民币好了。"重庆方面的代表分析，对方舍不得丢掉这次与本公司的合作机会，对方有可能还会还价。过了一会，博谢公司的代表收拾笔记本等用品，准备退场。眼看谈判陷入僵局。

这时，重庆某公司的蒋工程师急忙说："请贵公司的代小姐与我公司张总经理通话，待我公司总经理决定后再谈，贵公司看这样好不好？"由于这样的提议，紧张的气氛才缓和下来。

7 月 27 日，代小姐与公司张总经理联系。在此之前，丁静副总经理已与张总经理通电话，向张总经理详细汇报了谈判的情况及对谈判的分析和看法。张总经理要求丁静一行："不卑不亢！心理平衡！"

在双方报价与还价的基础上，重庆某公司出价 25 万元人民币。博谢公司基本同意，但提出 8 月 10 日才能交图纸，比原计划延期了两周左右。经过协商，当天晚上草签了协议。7 月 28 日，签订正式协议。

问题：

① 在谈判的过程中，除权力有限策略外，双方主要运用了哪些谈判策略？

② 如何理解谈判中"有限的权力才是真正的权力"？

③ 在谈判的过程中，谈判代表会受到哪些限制？

④ 面对丁女士使用权力有限策略，如果你是博谢一方的代表，如何应对？

实训练习与操作

实训练习 1

【实训目标】

分析商务谈判策略的运用与策略的种类。

【实训内容】

结合下面的小故事，学生分组，每组 5 ～ 6 人，设组长一名，讨论对谈判策略的认识，分析技巧，讨论策略的运用。安排两组中的 1 ～ 2 名学生，进行发言总结，时间为 15 ～ 20 分钟。

美国人科肯在一家国际性公司担任很重要的管理职位，不久后他向上司请求，想见识一下大场面，出国谈判业务，使自己成为一个真正的谈判者。机会终于来了，上司派他去日本，他高兴得不得了，认为这是命运之神赐给他的好机会。他决心要使日本人全军覆没，然后再进攻其他的国际团体。

一来到日本，两位日本朋友就迎了上来，护送他上了一辆大型轿车。他舒服地靠在轿车后座的丝绒椅背上，日本人则僵硬地坐在前座的两张折叠椅上。

——"为什么你们不和我坐在一起？后面很宽敞。"

——"不，您是一个重要人物。您显然需要休息。"

——"对了，你会说日语吗？在日本我们都说日语。"

——"我不会，但我希望能学几句。我带了一本日语字典。"

——"你是不是定好了回国时间？我们到时可以安排轿车送你回机场。"

——"决定了。你们想得真周到。"

说着他把回程机票交给了日本人，好让轿车知道何时去接他。当时他并没有在意，可是日本人就知道他的谈判期限了。日本人没有立即安排谈判，而是让这位美国朋友花了一星期游览了整个国家，从日本天皇的皇宫到东京的美景都看遍了。介绍日本文化，甚至让他了解日本的宗教。每天晚上花 4 个半小时让他半跪在硬板上，接受日本传统的晚餐款待。当天问及何时开始谈判时，日本人总是说，时间还很多，你第一次来日本，先好好了解一下日本。

到第十二天，他们开始了谈判，并且提早完成谈判去打高尔夫球。第十三天，又为了欢迎晚会而提前结束谈判。第十四天早上，正式重新开始谈判，就在谈判紧要关头时，时间已不多了，要送他去机场的轿车到了。他们在车上继续商谈。就在轿车抵达终点的一刹那，他们完成了这笔交易。这次谈判的结果是科肯被迫向日本人做出了较大的让步，惨败而归。

实训练习2

【实训目标】

模拟分析商务谈判策略的综合运用。

【实训内容】

我院准备建立两个学生计算机机房，需要购置联想台式计算机100台，服务器1台，欲向联想电脑有限公司购买。

实训要求：将参加实训的学生分成若干谈判小组，分别代表我校和联想电脑有限公司各写出一份商务谈判计划，根据商务谈判流程和策略进行谈判，总结运用哪些谈判策略是可行的，分析策略运用的技巧。

第8章

不同国家商人的谈判风格

内 容 简 要

　　本章研究国际商务谈判活动中各国商人的不同谈判风格。商务谈判作为人际交往的特殊形式，明确跨文化商务谈判是国内商务谈判的延伸和发展，了解影响国际商务谈判风格的文化因素，培养学生对特定文化的理性认知能力和分析判断能力，确立学生对异国文化的认同感与适应力，为将来参与国际商务谈判活动做好观念准备和知识准备工作。

学 习 目 标

　　通过本章的学习，使学生了解和掌握以下知识点：

1. 影响国际商务谈判风格的文化因素；
2. 日本商人谈判风格；
3. 韩国商人谈判风格；
4. 美国商人谈判风格；
5. 俄罗斯商人的谈判风格；
6. 英国商人的谈判风格；
7. 阿拉伯商人的谈判风格；
8. 中国商人的谈判风格。

　　国际商务谈判是国际商务活动的重要组成部分，在国际商务活动中占据相当大的比重。随着经济国际化的加强，国际商贸活动逐步增加。而国际商贸活动的交易主体是与来自不同文化背景或不同国家的对手之间的谈判。不同国家由于特点、习惯不同，这就为商务谈判增加了新的难度。所以，必须熟悉各个国家的谈判风格，掌握他们的风俗习惯，在谈判中加以灵活运用，这样可以避免犯错误，引起不必要的损失。

8.1　影响国际商务谈判风格的文化因素

所谓谈判风格，主要指在谈判过程中谈判人员所表现出来的言谈举止、处事方式及习惯爱好等特点。由于文化背景不一样，不同国家、地区的谈判者具有不同的谈判风格。研究各国的谈判风格，就要从影响谈判风格的文化因素谈起。

8.1.1　语言及非语言行为

国际商务活动的语言差异最直观明了。解决语言问题的方法也很简单，如雇用一位翻译或用共同的第三语言交谈。模拟谈判研究表明，谈判人员所使用的语言行为在各种文化中具有较高的相似性，但差异也是显然的。不同语言中，作为信息交流技巧的语言行为方式的使用频率呈现一定的差异性，如不了解这些差异，很容易误解谈判对手所传播的信息，影响谈判目标的实现。谈判人员以非语言的更含蓄的方式发出或接受大量的比语言信息更为重要的信息，而且所有这类信号或示意，总是无意识地进行着。因此，当外国伙伴发出不同的非语言信号时，具有不同文化背景的谈判对手极易误解这些信号，而且还意识不到所发生的错误。这种不知不觉中所产生的个人摩擦如得不到及时的纠正，就会影响商业关系的正常展开。

国际商务谈判中语言及非语言行为之间的差异很复杂。日本商人的交流风格是最为礼貌的，较多采用正面的承诺、推荐和保证，而较少采用威胁、命令和警告性言论，其礼貌的讲话风格中最突出的是不常使用"不""你"等字眼，不大显示面部凝视状态，但常保持一段时间的沉默。

8.1.2　风俗习惯

国际商务谈判中通常有些正式或非正式的社交活动，如喝茶、喝咖啡、宴请等，这些活动受文化因素的影响很大，并制约着谈判的进行。如阿拉伯人在社交活动中常邀请对方喝咖啡。按他们的习惯，客人不应邀喝咖啡是很失礼的行为，拒绝喝一杯咖啡会引起严重的麻烦。又如德国人在绝大多数时候都是穿礼服，但无论穿什么，都不会把手放在口袋里，因为这样做会被认为是粗鲁的。他们很守时，如对方谈判者迟到，就可能会冷落对方。另外，德国人不习惯与人连连握手，若你与他连连握手，他会惶惶不安。而在与法国人进行紧张谈判的过程中，与他们共进工作餐或游览名胜古迹，对缓和气氛、增进彼此的友谊大有裨益。但千万不能在餐桌上或在游玩时谈生意，这样会败坏食欲，让他们觉得扫兴。法国人习惯在吃饭时称赞厨师的手艺。又如在日本，很多交易都是在饭店、酒吧里消磨几个小时后达成的。

北欧人和美国人谈生意时喜欢有一定的隐私。在英国和德国，秘书们会将新的来客挡在外面，以避免经理们在会谈中受到打扰。在西班牙、葡萄牙和南美一些国家，敞门办公的现象可能会发生，但新来的客人也常常被请到外面等候。阿拉伯人也有"敞开门户"的习惯，客人任何时候来都欢迎。

8.1.3 思维差异

国际商务谈判时，来自不同文化的谈判者往往会遭遇思维方式上的冲突。以东方文化和英美文化为例，两者在思维方面的差异有：东方文化偏好形象思维，英美文化偏好抽象思维；东方文化偏好综合思维，英美文化偏好分析思维；东方人注重统一，英美人注重对立。

相关链接 1

跨文化谈判的差异与问题，见图 8-1。

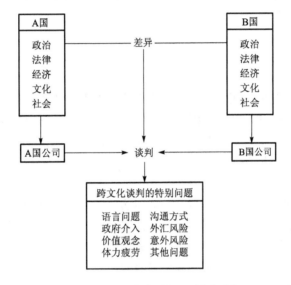

图 8-1 跨文化谈判的差异与问题

8.1.4 价值观

国际商务谈判中价值观方面的差异远比其他方面的文化差异隐藏得深，因此更难以克服。价值观差异对国际商务谈判行为的影响主要表现为因客观性、时间观、竞争和平等观等观念差异而引起的误解和厌恶。

1. 客观性

商务谈判中的客观性反映了行为人对"人和事物的区分程度"。西方人特别是美国人具有较强的"客观性"，美国人在国际商务谈判时强调"把人和事区分开来"，感兴趣的主要为实质性问题。相反在世界其他地方，人和事却不是很明显地区分开来。例如，在裙带关系十分重要的东方和拉丁美洲文化中，经济发展往往是在家族控制的领域内实现的。来自这些国家的谈判者不仅作为个人来参与谈判，个人品行和实质问题成了两个并非不相干的问题，且实质上两者变得不可分开。

2. 时间观

不同文化的人具有不同的时间观念。如北美文化的时间观念很强，对美国人来说时间就是金钱；而中东和拉丁美洲文化的时间观念则较弱，在他们看来，时间应是被享用的。

3. 竞争和平等观

竞争和平等观差异对国际商务谈判的影响是很明显的，如在日本，顾客被看作上帝，卖方会顺从买方的需要和欲望；而美国的情况不同，卖方往往将买方更多地视为地位相等的人，这也符合美国社会奉行的平等主义价值观。如许多美国经理认为，利润划分的公平性似乎比利润的多少更为重要。

8.1.5　人际关系

成功的谈判要求始终保持畅通无阻的信息交流，而不同的文化背景使国际商务谈判者间的信息交流面临许多障碍和冲突。国际商务谈判人员必须在谈判中和对手保持良好的人际关系，保证顺利的沟通。法国人天性开朗，注重人情味，很珍惜交往过程中的人际关系。在法国"人际关系是用信赖的链条牢牢地相互联结的"。另外，在与法国商人谈判时不能只想到谈生意，否则会被认为太枯燥无味。

在日本，人们的地位意识浓厚，等级观念很重，与日本人谈判，清楚其谈判人员的级别、社会地位是十分重要的。在德国，人们重视体面，注意形式，对有头衔的德国谈判者一定要称呼其头衔。澳大利亚谈判代表一般都是有决定权的，因而与其商人谈判时，要让有决定权的人员参加，否则他们会不愉快，甚至中断谈判。

风俗习惯、语言表达、人际关系、时间观念等因素的文化差异塑造了不同国家各异的谈判风格，必须对此深入了解。

小思考 1

在谈判过程中出现文化差异该如何处理？

进入正式商务谈判之前，由于来自不同文化的谈判者在语言及非语言行为、价值观和思维决策方面存在差异性，这些会引起谈判者在谈判各阶段所花费的时间和精力上的不同，通常我们借助谈判的寒暄、说服、做出让步并最终达成协议来化解。

（1）寒暄：谈一些与工作不相干的话题，是借此了解客户的背景和兴趣，从而为选择适当的后续沟通方式提供重要线索。

（2）说服：就是处理"反对意见"。说服是谈判的要害所在。人们对说服的认识、说服方式的选用往往因文化而异。

8.2　日本商人谈判风格

8.2.1　日本人的性格特点

1. 慎重、规矩

日本人喜欢"投石问路"。在正式会谈之前，他们常举行一些带有社交性质的聚会，以试探对方意图、个性和可行程度。正如办事一丝不苟的日本作风一样，虽然日本人在表面上显得含含糊糊、模棱两可，但实际上他们在谈判中非常细致，他们不仅会对各种情况进行详细调查了解，在会谈中对具体的问题作反复权衡，即使在达成协议之后，他们也会索取大量情况介绍、研究调查报告、图表等。

2. 礼貌

如果不适应日本人的礼仪，就不可能获得他们的信任与好感。日本人重视人的身份、地位、资历；日本人对任何事情都不愿意说"不"；十分注意送礼方面的问题，赠送礼品是日本社会最常见的现象。他们送礼不在贵，而在特色。根据对方不同的身份区别对待。交换名片时必定起立，双手递上，以示尊重对方。

3. 团体倾向强烈，有强烈的团体生存和发展的愿望

日本人的价值取向和精神观念多数是集体主义的。"以多胜少"，是日本人一种谈判习惯，日本人都希望在谈判中自己一方的人数超过对方。这主要出于以下原因：一方面，日本人强调集体主义，并且只有在集体中，他们才会有一种心理上的安全感，"一个日本人像条虫，十个日本人像条龙"说的就是这点；另一方面，日本公司的决策需要各个部门、各个层次的雇员参加，参加谈判的人越多，越容易在最后的决策中达成一致的意见。

日本人是典型的"硬壳"思维结构。在谈判中表现为耐心十足，强烈地希望谈判取得成功。

8.2.2　日本商人的谈判风格

1. 谈判关系的建立

日本人的谈判方式独特，被认为是"很难对付的谈判对象"或"圆桌武士"。日本人相信良好的人际关系会促进业务的往来和发展。他们十分重视人际关系。人际关系的建立及其信任程度，决定了与日本人建立商务关系的状况。日本人相信一定形式的介绍有助于双方尽快建立业务关系。因此，谈判开始之初，日本商人会想方设法找一位与他们共事的人或有业务往来的公司来作为谈判初始的介绍人。日本人往往通过私人接触建立联系，或通过政府部

门、文化机构以及有关的组织安排活动来建立联系。为了进一步了解谈判对手，日本商人常常邀请谈判对方去饭店或其他场所。

2. 决策程序

日本商人的决策程序或步骤往往令谈判小组的每个成员感觉到自身参与的重要作用，表现为两大特点。

1）自下而上，上司批准

先由下级或部属对某个方案进行讨论认同，然后再由上级领导决定。这一特点由于建立在充分讨论的基础上，因而容易执行。但决策时间过长，效率不高。

2）认同在先，集体决策

谈判过程中，日本商人总是分成几个小组；任何个人都不能对谈判的全过程负责；决策必须征求全组人员的意见。任何决策只有在全组人员均认可后才能付诸实施。

3. 时间观念

由于认同在先，集体决策，因而日本商人的决策过程较慢，并受到许多外国谈判人员的批评。因此，在与日本商人的谈判过程中，想急于求成是不太现实的。日本商人对截止日期、时间有限等不理不睬。在对方的各种压力之下，他们仍然心平气和、沉着冷静。另外，要让日本商人在谈判中畅所欲言，必须花大量的时间来发展与他们的私人关系。

4. 沟通方式

日本商人注重"面子"，不喜欢在公共场合发生冲突，往往采用委婉、间接的交谈风格。虽然他们表达方式大都清晰明了，但某些看似肯定的回复，实际为否定的回答。这种间接的沟通方式容易误导对方。

一旦日本商人同意了一项提议，做出某种决定，他们往往坚持自己的主张，很难改变他们的决定。因为改变决定需要参与谈判的全体成员的同意。

在日本人的商业圈里，他们注重礼仪。对对方的感激之情往往借助于馈赠礼品或热情款待对方等方式来表达。馈赠礼品的时间通常在岁末或其他节假日。

5. 对合同的态度

日本商人有一套自己的标准和原则。他们认为，相互之间的信任在业务往来中最重要，不必明白无误地签订详细的合同。但这种观念正在发生变化。不过，即使书面形式的合同，合同的内容也非常简短。他们大量依赖于口头协议，书面协议仅仅在纠纷产生时作为参考文件。

8.2.3　与日本商人谈判的技巧

1. 多问问题

多问问题会使对方对自己的回答有所怀疑，也使你在某个问题上要做出让步前获得最佳回答及明白真正原因。

2. 重述你的立场、需要和愿望

在谈判过程中，对于己方立场、需要和愿望，在有必要的情况下，可适当重述。

3. 使用其他主动技巧

例如，承诺："如果对方能在7月1日前送货，我们将立即签订下一个订单。"
建议："如果你方仍采用原公司名称就不会失去老顾客。"
赞扬："谈判进展顺利，得益于你方的支持"等。

4. 如果你仍不满意他们的回答，试着沉默

试着沉默，是给他们思考和改变立场的机会。但日本人是善于利用沉默的专家，如果你感到难以利用沉默，至少你要提防日本人常常利用。

5. 改变话题或者要求休息

如果1～4步仍不能让对手让步，改变话题或者要求休息以通过非正式途径解决。

6. 时间策略

1～5步仍没有使日方让步，建议让他们有时间去考虑和达成一致，日本人很少立即做出让步。采取时间策略，"让事情挂一挂"是必要的。

7. 让介绍人或调解人参与

让介绍人或调解人参与，但要记住第三者的仲裁将只起一次作用。

8. 问他们开放式的问句

日本人谈判的时候，不会直接跟你回答说不，他回答"嗨嗨嗨"，我们听起来好像是好好好，实际上没有真的说好，"嗨"只是代表知道了，听到了，看到了，仅此而已；不代表同意了，好了，成交了。所以，要问他们开放式的问句。例如，贵公司提高的这个价格，会在多少范围之内？

小思考 2

与日本人谈判应注意哪些事项？

注重"面子"。面子和一个日本人的自尊和声誉有关。不给对方面子可以彻底地破坏一个本来很有希望的商业谈判。

日本人喜欢给人送小礼物，但忌送梳子，因为"梳子"和"苦死"谐音；忌送陶瓷、玻璃等易碎品。馈赠中，严禁用4、6、9等不吉利的数字为礼品。在包装礼品时，不要扎蝴蝶结。日本人对金色的猫以及狐狸和鹳反感，认为它们是"晦气""贪婪""狡诈"的化身等。

8.3   韩国商人谈判风格

韩国是一个自然资源匮乏、人口众多的国家。这个国家以"贸易立国",近些年来经济发展较快,曾是亚洲"四小龙"之一。随着我国与韩国建立外交关系,两国经贸往来十分频繁。韩国商人在长期的对外贸易实践中积累了丰富的经验,常在不利的贸易谈判中占上风,被西方发达国家称为"谈判的强手"。

8.3.1   韩国人的性格特点

韩国人的性格特点如下:
① 尽忠,尽孝;
② 争强好胜,对目标执着追求;
③ 等级泾渭分明,讲求礼节;
④ 热情奔放,乐观豁达;
⑤ 性急冲动,急于求成;
⑥ 幽默,爱开玩笑;
⑦ 斤斤计较。

8.3.2   韩国商人的谈判风格

1. 重视洽谈前的咨询和调研

韩国商人对贸易谈判是相当重视的。不对对方有一定的了解,他们是不会与对方坐在同一谈判桌前的。一旦同对方坐到谈判桌前,那么可以充分肯定韩国商人一定已经对这场谈判进行了周密的准备、胸有成竹了。这种了解包括对方的经营项目、资金、规模、经营作风以及有关商品的行情等,而这种咨询了解一般是通过国内外的有关咨询机构。

2. 注重良好的气氛

谈判地点的选择是很重要的,韩国商人尤其重视这一点。他们比较喜欢将谈判地点安排在有名气的酒店。如果是他们选择的地方,他们会按时到达,一般主谈即"拍板者"总是走在最前面。初谈阶段,他们做的第一件事,就是获得对方的好感,彼此信任,创造一个和谐信赖的气氛,然后才开始谈判。

3. 注重技巧

韩国商人逻辑性强,做事喜欢条理化。谈判也不例外。所以,在谈判开始后,他们往往是与对方商谈谈判主要议题。而谈判的主要议题虽然每次各有不同,但一般包括下列5个方面的内容,即阐明各自意图、叫价、讨价还价、协商、签订合同。尤其是较大型的谈判,往往是直奔主题，开门见山。谈判的方法很多，而韩国商人则喜欢用下面两种。

1）横向协商法

进入实质性谈判后，先列出需要讨论的条款，然后逐条逐项磋商。

2）纵向协商法

对共同提出的条款，逐条协商；取得一致后，再转入下一条。

此外，韩国商人有时也把这两种方法结合起来使用。总之，一切以自己的需要为主。在谈判过程中，他们远比日本人爽快，但善于讨价还价。有些韩国商人直到最后一刻，仍会提出"价格再降一点"的要求。他们也有让步的时候，但目的是在不利形势下，以退为进来战胜对手，这充分反映了韩国商人在谈判中的顽强精神。

4. 注重策略

1）声东击西

在谈判过程中，韩国商人善于把中国古代军事思想运用到现代的谈判桌上，总是用不太主要的问题去佯攻，模糊掩盖他们的主要目标，对方一不留神，就会让他们钻了空子。

2）苦肉计

谈判中，韩国商人惯于用"苦肉计"，率先忍让去迷惑对方，达到自己的最终目的。

3）先"苦"后乐

在谈判中以率先忍让的假象换取对方最终让步。

此外，韩国商人也会"因人施教"。用"坚守原则法""拖延交战法""疲劳战术""限期战术"等去赢得谈判胜利。

8.3.3　与韩国商人谈判的技巧

1. 尊重其长辈可以获得其好感

在做生意时可以注意问候其长辈情况，甚至送些小礼品。

2. 给他们看到商业利润的希望

当给他们看到商业利润的希望时，他们会想尽办法与你进行商贸合作。韩国商人有时候也很性急，表现出急于求成的特点。

3. 以恭敬代替对抗

韩国商人懂礼貌、有修养，面子观念也极强。在与他们的交往过程中，无论发生什么情况，都要注意不使他们当场丢面子。只要对方稍稍有点不尊重他，生意就会谈崩。不仅如此，在许多场合，还应恰如其分地赞美他们国家的一些优越之处，如经济发展的迅速、国民生活的富足、社会秩序的稳定等。而这样做的结果，往往是事半功倍的。

4. 讲究人际关系

在与韩国商人打交道的过程中，发展良好的个人关系也是一个重要环节。商务交往中，双方虽说签订了合同，但韩国商人看重的不是合同本身，而是合同本身所包含的相互间的良好的个人关系。最好由第三者把你介绍给客户，在选择中间人这一点上也需慎重，如果这位中间人稳重、谦和且又深受对方敬重的话，那么韩国商人往往就会爱屋及乌，与你做生意时，他们便会很有诚意。这是韩国商界正式的介绍方式，可帮助你扩展商界社交网。通常，在与韩国进口商做生意时，个人历史情况起很重要的作用。若被问及个人生活情况（如婚姻状况、年龄、家庭背景和收入等），要有思想准备，因为韩国人不把这些问题当作隐私，对了解别人的背景常常很有兴趣。

5. 初次会面的重要性

小小一张名片，在韩国人的眼里意义却很重大。因为从名片中，他们会得知你的权力以及你所承担的责任，据此，他们会做出他们的决断。收到对方名片后，要端详片刻，不要在上面涂改、写字或撕扯。首次会见，韩国商人习惯握手，也会轻微鞠躬。韩国人姓名通常是三个字，姓在前，名在后。可称其姓，如 Pack Nam-sun 应称 Pack 先生。千万不要直呼其名，尤其不能当着其他客商的面叫其名字。第一次会见非常重要，韩国商人很看重初次见面时的印象，所以要穿正式套装。

6. 送礼忌重金

在韩国，对别人的关心帮助不能以钱作为礼品回报，这样做可能冒犯对方。送礼时，最适合的包装纸颜色是红色，蓝色代表幸运。如果给政府工作人员送礼，切记不要选择价值 100 美元以上的礼品。根据规定，政府工作人员收受礼品必须向上级报告，礼品过于贵重可能给人带来不便。礼品或促销材料避免包装成三角形形状，三角形带有不好的含义。

7. 避免过分地抬高自己

韩国商人有耐心、讲信誉，对敏感与细节问题考虑良久，并喜欢集体做出决定。因此，在与韩国商人的交往过程中，过分地抬高与表现自己，往往会弄巧成拙、蛋打鸡飞。

小思考 3

与韩国商人谈判应注意哪些事项？

谈判时，注意良好的气氛。韩国人喜欢单数，忌讳双数，忌用"4"（韩语音同"死"）。许多楼房的编号严禁"4"字，军队、医院、餐馆也不用"4"编号；忌用一个手指指人；站立交谈时不能背手；与韩国人交谈，要避免议论有关社会政治等话题。

8.4　美国商人谈判风格

中国自加入 WTO 后，美国已成为我国的主要贸易伙伴之一。美国人对自己的国家和民族具有强烈的自豪感和荣誉感。美国人外露、坦率、真挚、热情、自信、追求实际利益。因此，和美国商人进行贸易，研究和掌握其性格特点及商务谈判风格十分必要。

8.4.1　美国人的性格特点

1. 个人独立性

美国人在性格上具有强烈的个人独立性，其个人独立性主要建立在自我奋斗和能力基础上。强烈的个人独立性同时使美国人更懂得尊重他人。

2. 民族优越感

美国的综合实力世界一流，美元是国际结算的首要选择。因此，美国人将对自己国家的强烈优越感，表现为强烈的自信心。这种自信使他们喜欢直言批评，缺乏对别人的宽容和理解。

3. 竞争意识

个人独立性形成美国人高度的竞争意识，有闯劲是美国人的竞争意识。美国人尊重工作中的合理分派及协作配合。

4. 热情坦率

美国人性格外向。言行举止表现了其喜怒哀乐。敢于坦率陈述己方观点，表明立场态度；敢于就不能接受的提议直言相告。他们热情、诚挚、诙谐幽默。

5. 注重对立

美国人独立个性形成了其从部分到整体的思维方法。美国人遵循个体→部分→整体的原则。倾向于将事物对立，缺乏对事物的第三种思维方式。

8.4.2　美国商人的谈判风格

1. 干脆爽快，直入主题

美国人的思维模式使其在谈判中习惯于迅速、直接地将谈判引向实质阶段，讨论具体问题。他们语言直率、干脆，直入主题。他们欣赏谈判对手的直言快语。在发生纠纷时，他们态度认真、坦率、诚恳，甚至有时面红耳赤。中国人在发生纠纷时，常赔笑脸以示豁达。这种东方人所表现的谦虚、耐性、涵养可能被认为是虚伪、玩世不恭、自认理亏，产生误会。

2. 注重效率，珍惜时间

美国人的生活节奏极快，美国商人特别守时。他们注重效率，喜欢每一场谈判都能速战速决。他们认为守时是尊重对方的表现，按事先安排的议程行事是效率。有时为了谈判的成功，他们会耐心去适应对方的谈判节奏。但是，这是有原则、有期限的。任何超越期限的谈判，是时间的浪费，会因其缺乏严肃性而破裂。

3. 关注利益，积极务实

美国人重实际，讲功利。做生意以获取利润为目的。只要条件、时间合适就可进行洽谈。这与日本等许多国家的商人先交朋友后做生意的方法不同。美国商人非常重视合同的法律性，履约率很高，十分注重违约条款的洽商与执行。美国商人认为生意就是生意，经济利益绝对分明。

4. 全盘平衡，面面俱到

美国商人常常从总交易条件入手谈判，再谈具体条款。除讨论项目的品质、规格、包装、数量、价格、交货期及付款方式外，还包括该项目的设计与开发、生产工艺、销售、售后服务以及双方更好合作事项，面面俱到。他们有理有据，从国内市场到国际市场到最终用户，以智慧和谋略取胜，精于讨价还价。

5. 注重质量，兼重包装

美国商人最关心商品的质量及其外观设计和包装。商品的质量是商品直接的最基本的要求。商品的外观设计和包装是体现一个国家消费状况、刺激大众消费的一个重要因素。美国商人不遗余力地追求和提高自己商品的内在品质、外观设计和包装水平的同时，努力把好进口商品的质量及包装这一关。

8.4.3　相应的思维对策

为了更好地和美国商人合作，应了解美国的文化，充分利用美国人的性格特点、心理特征及谈判风格采取相应的对策。

1. 利用其性格特点

谈判的气氛是在双方初接触时形成的，它的好坏为整个谈判奠定一个基调。创造一种轻松、友好、积极合作的谈判气氛是商务谈判成功的首要步骤。我们应充分利用美国人的坦率、热情，以相应的鼓励态度，创造对谈判有利的良好氛围，促使谈判成功。

2. 利用其心理特征

知己知彼是商务谈判成功的关键因素。知己，就是对拟谈项目或商品的各种情况了如指掌，明确自己的谈判目的和预期目的。知彼，就是充分了解对方。利用美国商人爱表现的心态捕捉与谈判相关、有用的信息，为正式会谈做好准备。在谈判中有的放矢、得心应手。

3. 变通谈判方式

国际经济全球化使国际贸易日趋频繁，各国商人的谈判风格深受影响。同样，美国商人为了取得谈判的成功，也会采取不同的策略和手段。他们精于分析和计算。

4. 明辨是非

明辨是非是谈判的基本原则。一旦无法接受对方条款，应明白无误地告知对方，使其不抱幻想。装作有意接受的含糊作答，或迟迟拖延不积极的答复，都会产生纠纷。成功的谈判固然能为双方进一步合作打好基础，不成功的谈判也可以为双方今后的合作创造有利条件。

总之，美国人的谈判风格首先反映美国人的真挚、热忱、直率的性格特点。他们自信、积极、诚恳，谋求自己的经济利益；其次反映美国人重功利、敢创新的心理特征。他们兢兢业业、守信用、重效率。为了更好地维持长久的对美贸易，要树立起良好的礼仪形象，尊重美国人的文化习俗，充分利用其性格特点，把握其谈判风格，采取相应的对策，争取良好的合作效果。

小思考 4

与美国人谈判应注意哪些事项？

美国人对"13"这个数字最为忌讳，也忌讳"星期五"。

美国人讨厌蝙蝠，因此忌用蝙蝠作图案的商品；忌讳黑色的猫，认为黑色的猫会给人带来厄运。

一般情况下送礼忌送厚礼；忌对妇女送香水、化妆品或衣物。

美国人十分重视隐私权，忌打听别人的私事。

与美国人交际时保持适当的距离是必要的。美国人认为，个人空间不容侵犯，因此碰到别人时要及时地道歉，坐在他人身边要征得对方认可。谈话时切勿距对方太近。

8.5　俄罗斯商人谈判风格

8.5.1　俄罗斯人的性格特点

1. 勇敢顽强，坚忍不拔

勇敢顽强，坚忍不拔，这一个特点是世界出名的。彼得大帝为了打开通向欧洲的出海口，即现在的圣彼得堡，与瑞典人打了 20 多年战争，打败了瑞典几十万大军，建立了新的首都——圣彼得堡。俄罗斯人有很强的男子汉气概，他们对孩子不娇生惯养，从小就培养他们的勇敢精神，常可以看到很小的孩子跟大人一起步行，而不像我国背着或抱着。

2. 自尊心很强

有人讲俄罗斯人是不喜欢认错的民族，总体上讲俄罗斯人不崇洋媚外，更不低三下四，甚至仍然保留有一点大国沙文主义的气味，以至于在大街上很少见到英文的路标等。但他们有时也盲目骄傲，非常固执。

3. 急躁情绪

俄罗斯人喜欢开快车，性急。俄罗斯人总是急于解决问题，看问题比较绝对。

4. 极强的文明礼貌

俄罗斯人是一个讲究绅士风度的民族，尤其是圣彼得堡人，在各种场合均可以看到，不论男女都穿得整整齐齐。如在 1998 年金融危机时，俄罗斯卢布面临每天贬值近一半的时候，在银行门口的排队人群，仍然是安静整齐，没有任何人插队，在当地不讲文明礼貌会被人看不起。

5. 处理问题比较特别

到过俄罗斯的人都会知道，个人的小商店在中午 12：00 下班，若一个人在 12：01 即刚下班时去买东西，会被礼貌地告知已下班了。但这在俄罗斯很正常，因为时间概念不同。在火车旅行中，俄罗斯人会拿出自己的酒和食品与你共享；但在停车场，哪怕你存车过了一两分钟，一样要收一个小时的钱。

8.5.2 俄罗斯商人的谈判风格

1. 谈判关系的建立

俄罗斯是礼仪之邦。俄罗斯人热情好客，注重个人之间的关系，愿意与熟人做生意。他们的商业关系是建立在个人关系基础之上的。只有建立了个人关系，相互信任和忠诚，才会发展成为商业关系。没有个人关系，即使是一家优秀的外国公司进入俄罗斯市场，也很难维持其发展。俄罗斯人主要通过参加各种社会活动来建立关系，增进彼此友谊。这些活动包括拜访、生日晚会、参观、聊天等。在与俄罗斯人交往时，必须注重礼节，尊重民族习惯，对当地的风土民情表示出兴趣等。只有这样，在谈判中才会赢得他们的好感、诚意与信任。

2. 决策程序

长期以来，俄罗斯是以计划经济为主的国家，中央集权的历史比较悠久。这使得俄罗斯社会生活的各个方面和各个层面都带有比较浓厚的集权特征。他们往往以谈判小组的形式出现，等级地位观念重，责任常常不太明确具体。他们推崇集体成员的一致决策和决策过程的等级化。他们喜欢按计划办事，一旦对方的让步与其原定目标有差距，则难以达成协议。由于俄罗斯人在谈判中经常要向领导汇报情况，因而谈判中决策与反馈的时间较长。

3. 时间观念

俄罗斯有一句古老的谚语说："如果你打算出门旅行一天，最好带上一周的面包。"因为在俄罗斯，难以预料和不确定的因素太多，包括谈判中的时间和决策，行政部门的干预、交通和通信的落后。他们认为，时间是非线性的，没有必要把它分成一段一段地加以规划。谈判时俄罗斯人不爱提出讨论提纲和详细过程安排，谈判节奏松弛、缓慢。不过，俄罗斯人比较遵守时间，在商务交往中，需事先预约。

4. 沟通方式

俄罗斯人喜欢非公开的交往，喜欢私人关系早于商业关系的沟通方式。一旦彼此熟悉，建立起友谊，俄罗斯人表现得非常豪爽、质朴、热情，他们健谈、灵活，乐于谈论自己的艺术、建筑、文学、戏剧、芭蕾等。他们非常大方、豪迈，长时间不停地敬酒，见面和离开都要握手。俄罗斯人是讨价还价的行家，善于运用各种技巧。常用的技巧有制造竞争、有的放矢等。

5. 对合同的态度

俄罗斯人重视合同。一旦达成谈判协议，他们会按照协议的字面意义严格执行；同时，他们也很少接受对手变更合同条款的要求。在谈判中，他们对每个条款，尤其是技术细节十分重视，并在合同中精确表示各条款。

小思考 5

与俄罗斯人谈判的技巧与注意事项有哪些？

技巧：① 注重称谓；② 讲究交往技巧，建立良好关系；③ 注重有关礼仪；④ 注意报价和技术细节及索赔条款等问题。

注意事项：① 与俄罗斯人谈判最好不要谈及薪水、年龄、婚姻等生活私事，也应该回避俄罗斯国内的政治、经济、民族、宗教、独联体国家关系等话题；② 在任何情况下都不可当面问女子的年龄；③ 俄罗斯人忌讳 13，喜欢马的图案，讨厌兔子和黑猫；④ 他们有"左主凶，右主吉"的传统观念，故忌用左手递物、进食、握手和抽签等。

8.6　英国商人谈判风格

8.6.1　英国人的特点

1. 重礼仪，讲究绅士风度

英国商人举止高雅，谈吐文明，珍惜社会公德，有礼让精神，行动按部就班。在商务活动中，招待客人时间往往比较长。英国商人的约会确定后，必须按时赴约。当受到英国商人款待后，要写信表示谢意。

2. 不轻易与对方建立个人关系

即使是本国人，个人之间的交往也比较谨慎，很难一见如故。他们不轻易相信别人，依靠别人。这种保守、传统的个性，在某种程序上反映了英国人的优越感。但是一旦与英国人建立了友谊，他们会十分珍惜，长期信任你，在做生意上关系也会十分融洽。所以，如果你没有与英国人长期打交道的历史，没有赢得他们的信任，没有最优秀的中间人作介绍，你就不要期望与他们做大买卖。

3. 重身份、重等级

尽管英国是老牌的资本主义国家，但那种平等和自由更多地表现在形式上。在人们的观念中，等级制度依然存在，这就是为什么英国还保留象征性的王室统治。在人们的社交场合，"平民"与"贵族"仍然是不同的。例如，在英国上流社会，人们喜欢阅读的是《时报》《金融时报》中产阶层的人阅读《每日电讯报》；而下层人则读《太阳报》或《每日镜报》。

4. 做成生意的欲望不强

他们对于物质利益的追求，不如日本人表现得那样强烈，不如美国人表现得那样直接。他们宁愿做风险小、利润也少的买卖，不喜欢冒大风险、赚大利润的买卖。

5. 重视合同细节，但不能按期履行合同

英国商人一个共同特征，就是不能保证合同的按期履行，不能按时交货。这个特征较为信服的论据就是，英国工业历史较为悠久，但近几个世纪发展速度放慢，英国人更追求生活的秩序与舒适，而勤奋与努力是第二位的。另外，英国的产品质量、性能优越，市场广泛，这又使英国人忽视了作为现代贸易应遵守的基本要求。

8.6.2　英国商人的谈判风格

1. 谈判关系的建立

言行持重的英国人不轻易与对方建立个人关系。即使本国人，个人之间的交往也比较谨慎，很难一见如故。特别计较尊重"个人天地"，一般不在公共场合外露个人感情，也绝不随意打听别人的事，未经介绍不轻易与陌生人交往；不轻易相信别人或依靠别人。

英国人有很强的民族自豪感和排外心理，总带着一种强国之民悠悠自得的样子。初与英国商人交往，开始总感觉有一段距离，让人感到他们高傲、保守；但慢慢地接近，建立起友谊之后，他们会十分珍惜，长期信任你。与美国人相似，习惯于将商业活动和自己个人生活严格分开，有一套关于商业活动交往的行为礼仪的明确准则。个人关系往往以完成某项工作、达成某个谈判为前提，是滞后于商业关系的。

2. 决策程序

英国商人比较看重秩序、纪律和责任，组织中的权力自上而下流动，等级性很强，决策多来自上层。比较重视个人能力，不喜欢分权和集体负责。在对外商务交往中，英国人的等级观念使他们比较注重对方的身份、经历、业绩、背景，而不像美国人那样更看重对手在谈判中的表现。所以，在必要的情况下，派较有身份地位的人参加与英国人的谈判，会有一定的积极作用。

3. 时间观念

英国人对时间的看法非常严谨。崇尚准时和守时，有按日程或计划办事的习惯和传统。在商务活动中，讲究效率，谈判大多进行得较紧凑，不拖沓。

4. 沟通方式

英国人以绅士风度闻名世界，常常处变不惊、谈话轻描淡写。对他人和他物英国人所能给的赞赏是"像英国式的"。他们喜欢以他们的文化遗产、喂养的宠物等作为谈论的话题，尽量避免讨论政治、宗教、皇家是非等。初识英国人，最佳最安全的话题当然是天气。

英国人谈判稳健，善于简明扼要地阐述立场、陈述观点，之后便是更多地沉默，表现出平静、自信而谨慎。在谈判中，与英国人讨价还价的余地不大。有时他们采取非此即彼的态度。在谈判关键时刻，他们往往表现得既固执又不肯花大力气争取，使对手颇为头痛。在谈判中如果遇到纠纷，英国商人会毫不留情地争辩。

5. 对合同的态度

英国人很重视合同的签订，喜欢仔细推敲合同的所有细节。一旦认为某个细节不妥，便拒绝签字，除非耐心说服，并提供有力的证明材料。英国商人一般比较守信用，履约率比较高。注意维护合同的严肃性。但国际上对英国商人比较一致的抱怨是他们有不大关心交货日期的习惯，出口产品经常不能按期交货。所以，在与英国人签订的协议中万万不可忘记写进延迟发货的惩罚条款，以加以约束。

小思考 6

与英国人谈判应注意哪些事项？

绝大多数英国人忌讳数字 13，认为这个数字不吉利。

忌问别人私事，不喜欢将自己的事情随便告诉别人，也无意打探他人的事情。与英国人聊天不应该涉及有关金钱、婚姻、职业、年龄等私事，也不要问别人属于哪个党派。

忌用大象、孔雀图案。英国人认为大象是蠢笨的象征，孔雀是淫鸟祸鸟。忌用人像作服饰图案和商品的装潢。忌送百合花，认为百合花意味着死亡。

8.6.3　与英国商人谈判的技巧

1. 注重选择谈论的话题

忌讳以皇家的家事为谈话的笑料。不要把英国人笼统称呼为"英国人"，应该具体地称呼其为苏格兰人、英格兰人或爱尔兰人。多数款待在酒店和餐馆举行，若配偶不在场，可在餐桌上谈论生意。社交场合不宜高声说话或举止过于随便，说话声音以对方能听见为妥。

2. 注重身份的对等

由于民族工业的发展，航海技术发达，强权加外交形成了帝国联邦，多少年来形成严格的等级观念及不同礼仪。英国人喜欢对方与己"同级"亦具"绅士的风度"，对话会更容易。

另外需严加注意的两个方面是：注重遵守时间；注意订立合同的索赔条款。

知识点 1

我国主要贸易国家的谈判风格比较

我国主要贸易国家的谈判风格比较见表 8-1。

表 8-1　主要贸易国家的谈判风格

西欧各国	日　本	美　国
通过背景获得地位	通过身份、职务获得地位	通过成功获得地位
个人领导	集体一致领导	个人领导
没有耐心	很有耐心	非常没有耐心
简短的准备	长时间的准备	很少准备
公平报价	漫天要价	合理报价
适当让步	很大让步	极少让步
逐项贸易	一揽子贸易	一揽子贸易
采用说服策略	采用协调一致策略	采用进攻性策略
追求满意的交易	追求长期的交易	追求最好的交易
讲究礼仪	讲究礼貌	不拘礼节
注重人际关系	重视人际关系	重视法律

8.7　阿拉伯商人谈判风格

8.7.1　阿拉伯人的性格特点

家族经营是阿拉伯商业的显著特点。所有的阿拉伯商人都视自己的信誉和声望为生命。阿联酋普遍轻视妇女，因此，在与其做生意时派往该国的商务代表，最好不要选派女性。在与阿曼商人做生意时，切忌急于求成，不要希望接触一两次就能谈成生意。科威特人并不守时，让有求于你的人，包括外国商人等待，这是当地人的习惯做法。到沙特阿拉伯之前，你需要在沙特找一担保人——作为中间人，他会安排你同适合的人见面。

8.7.2　阿拉伯商人的谈判风格

1. 具有沙漠地区的传统，十分好客

任何人来访，他们都会十分热情地接待。因此，谈判过程也常常被一些突然来访的客人打断，主人可能会抛下你，与新来的人谈天聊地。所以与他们谈判，必须适应这种习惯，学会忍耐和见机行事。这样，就会获得阿拉伯人的信赖。这是达成交易的关键。

2. 时间观念较差

有时阿拉伯人不太讲究时间观念，随意中断或拖延谈判，决策过程也较长。但阿拉伯人决策时间，不能归结于他们拖拉和无效率。这种拖延也可能表明他们对你的建议有不满之处，而且尽管他们暗示了哪些地方令他们不满，你却没有捕捉到这些信号，也没有做出积极的反应。这时，他们并不当着你的面说"不"字，而是根本不作任何决定。他们希望时间能帮助他们达到目的，否则就让谈判的事在置之不理中自然地告吹。

3. 注重感情投资，善于交际

阿拉伯人不喜欢刚同你一见面就匆忙谈生意。他们认为，一见面就谈生意是不礼貌的。他们希望能花点儿时间同你谈谈社会问题和其他问题，一般要占去 15 分钟或更多的时间，有时要聊几个小时，因此，最好把何时开始谈生意的主动权交给阿拉伯人。

4. 与阿拉伯人做生意，寻找当地代理商也是十分必要的

无论同私营企业谈判，还是同政府部门谈判，代理商是必不可少的。这些代理商操着纯正的阿拉伯语，有着广泛的社会关系网，熟悉民风国情，特别是同你所要洽商的企业有直接或间接的联系。这些都是做生意所必需的。阿拉伯人做生意特别重视朋友的关系。许多外国商人都认为，初次与阿拉伯人交往，很难在一两次交谈中涉及业务问题。只有经过长时间的交往，特别是你与他们建立了友谊，才可能开始真正的交易谈判；而有中间商从中斡旋，则可大大加快这种进程。如果是中间商替你推销商品，交易也会比较顺利。

需指出的是，中东是一个敏感的政治冲突地区，在谈生意时，要尽量避免涉及政治问题，更要远离女性话题。在任何场合都要得体地表示对当地人宗教的尊重与理解。

8.7.3　与阿拉伯商人谈判的技巧

1. 如果是初次与阿拉伯人做生意，请找一名代理人

这种联系很重要，你的代理人会把你介绍给合适的人，并且节约你许多时间。

2. 要建立起一种信心和信任

价格应该予以讨论，就像是朋友之间的事情一样。在任何时候要保持相互尊敬。阿拉伯

谈判者把他们看作是在与"人"而不是与"公司"或"契约"做生意。

3. 要不断地走访以建立起友谊

通过电话或书面通信的方式做生意可能是徒劳的。

4. 把你的建议译成阿拉伯文

即使你的对方会讲流利的英语，但他的一些随员可能不会讲。

5. 要有耐心

在谈判期间，不要强迫对方立即做出肯定或否定的回答；否则，这会被看作太过分。要允许有考虑的时间。

6. 在讨价还价时通常以高报价开始，然后进行一系列例行公事性的让步

大肆讨价还价的办法不是很奏效。

7. 要准备获得一份书面合同，然后对其进行再谈判

为了获得一份详尽的书面合同，你可能会遇到阻力。不过，在就广泛的概念问题达成一致后，应尽可能把细节记录下来。合同要以英文和阿拉伯文书写。在沙特阿拉伯，英文合同也是有法律效力的。

8. 见面和离开时要与每个在场者进行轻而简短的握手

在沙特阿拉伯，人们经常握手，问候语很周到。

9. 使用印有阿拉伯文和英文的商务性名片

这一点也是很重要的。

10. 注意谈话内容

阿拉伯人通常喜欢谈论他们国家的历史、他们的城市或者他们的艺术风格。可设法谈论他们技术的快速发展及咖啡和茶的质量上乘。避免讨论宗教、中东政治或妇女的作用。记住，在中东大部分地区，宗教和政治是交织在一起的。

11. 注意阿拉伯人的禁忌

避免派女性谈判，尊重阿拉伯人的宗教信仰。

相关链接 2

在与阿拉伯人进行商务交往中，"IBM"是一种经常出现且令人很头疼的语言。这里的"IBM"，是阿拉伯商业圈中三个词语的字头。"I"表示"因夏拉（神的意志）"；"B"代表"波库拉"（明天再谈）；"M"为"马列修"（不要介意），阿拉伯商人常用"IBM"以保护自己和抵挡对手。比如说，双方已在商谈中订好了合同，而后来情况有了变化，其中一

方想单方面取消合同，他可名正言顺地说这是"神的意志"；若在商谈中刚好谈出一点名堂，自己已取得较为有利的地位，对方却常常耸耸肩，来上一句"明天再谈吧"；而当明天再谈时，对己有利的形势已不复存在，一切都要从头开始；或许你对他们的上述行为或商业上的其他不愉快而十分恼怒，他却拍拍你的肩膀说："不要介意，不要介意。"叫你哭笑不得，甚至进退两难。

8.8　中国商人谈判风格

8.8.1　中国人的性格特点

中华民族历史悠久，儒家文化的影响根深蒂固。中国人待人注意礼节，重人情，讲关系，素有"礼仪之邦"的美称。中国人吃苦耐劳，具有很强的韧性，谈吐含蓄，不轻易直接表露真实思想，工作节奏总体不快，比较保守，不轻易冒险，工于心计，足智多谋。

1. 注重礼节

中国人接待客人非常殷勤和慷慨，几乎每一个去中国访问的外商都会感受到温暖。中国商人在谈判时，习惯于以礼相待。在洽谈生意时，中国商人常常要求在本国进行谈判，以控制议事日程，掌握谈判进展；并在此过程中仔细观察对方，让客人相信他们的诚意，期待着建立起信任和友谊。与中国人谈判，无论其年纪大小，均要注意礼节，不可因小失大，以免造成被动。中国人认为，作为谈判代表，他代表的是一个集体，在一定意义上甚至代表的是一个国家和民族，而不是一个单一的个人。对其个人可以有失礼之处，但绝不可以轻视他身后的集体组织和社会背景与文化传承。对于讲究面子的中国人来说，礼节常与威信和尊严联系在一起。在商务谈判中，中国人常给对方留有余地，很少直截了当地拒绝对方的建议，同时他们也需要对方给自己留有余地。如果你能帮助他们，你就会得到许多；反之，任何当众侮辱或轻蔑的行为，即使是无意的，仍会造成很大损失。因此，不论对待年龄大小或地位高低的谈判人员，都应该始终注意自己言行中的礼仪。

2. 重视人际关系

中国人重视人际关系。在做东道主时，他们并不急于谈判，而是耐心地认识和熟悉对方，并尽可能地建立起一种长久而牢固的关系。他们对于老朋友、老关系，或是朋友的朋友、间接的关系，均会予以重视，在力所能及的情况下尽可能予以照顾。因此，在与中国商人谈判时，充分利用各种人际关系，可以避免不必要的感情障碍，从而改变谈判气氛，影响谈判结果。不过，中国人的人际关系广泛而错综复杂，因此要针对具体的交易，为达到某一具体目的和效果而有力地将人际关系运用到点子上。

3. 工作节奏不快

中国人吃苦耐劳，但工作节奏不快。谈判时，中国人往往会派出为数众多的洽谈人员，但人多常常会延长谈判时间。与中国人谈判可将日程安排紧凑，争取更多的工作时间，对于这点，中国人往往会予以满足。紧凑的日程增加了交换意见的机会，在某种意义上也增加了成功的机会。

4. 比较含蓄

中国人比较含蓄，不喜欢直截了当地表明自己的态度。在谈判的初始阶段，中国人很少提出自己对产品的要求和建议。他们总是要求对方介绍产品的性能，认真倾听对方关于交易的想法、观点和建议。在谈判中，他们常有技术专家参与进来，用竞争者的产品特点来探求对方产品、技术方面的资料。谈判时，若对方提出的问题、条件超出中方代表的决定权限或令其难以解答，他们常常在向上级请示或讨论后有了确切把握时，才予以答复。

5. 善于把握原则性和灵活性

中国人对问题的原则性和灵活性把握得很有分寸。他们在谈判时注重利益均衡。当谈判进入实质性阶段，中国商人往往会要求首先以意向书的形式达成一个原则框架，然后才洽谈具体细节。中国商人在原则问题上寸步不让，表现得非常固执。谈判中如果发现原则框架中的某条原则受到了挑战，或谈判内容不符合长期目标，或提出的建议与计划不适合，中国人的态度就会严肃起来并表现出不屈不挠的决心。同时，在具体事务上，他们则表现出极大的灵活性。由于中国商人追求"平等"与"平衡"，所以在谈判中无论什么条件均应比较一下得与失。与中国人做交易，谈判各种性质的交易条件都应有一本明细账。这样，在进退之中可以随时进行准确评估，减少混乱之中的失衡，减少不必要的谈判弯路且避免无谓的谈判危机。

8.8.2　中国商人的谈判风格

1. 谈判关系的建立

中国商人十分注重人际关系。在中国，建立人际关系是寻求信任和安全感的一种表现。在商业领域和社会交往的各个环节，都渗透着"关系"。"关系"成为人们所依赖的与他人、与社会进行沟通联系的一个重要渠道。在商务交往中建立业务关系，一般情况下借助于一定的中介，找到具有决策权的主管人员。

建立关系之后，中国商人往往通过一些社交活动来达到相互的沟通与理解。这些活动通常有宴请、观光和购物等。

2. 决策程序

决策程序和关系一样，人的因素始终是决定性的。从某种程度上说，中国企业的决策系统比较复杂，企业的类型多、差异大。企业的高层领导往往是谈判的决策者。争取他们的参与，有利于明确彼此承担的义务，便于执行谈判协议。

3. 时间观念

中国人对时间的流逝并不十分敏感。人们喜欢有条不紊和按部就班。在商务交往中，对时机的判断直接影响到交易行为。信奉欲速则不达，防止拔苗助长、急躁妄为。如果时机不成熟，他们宁可按兵不动，也不草率行事。随着市场经济的确立和深入，中国人的时间观念正在逐渐加强，工作效率正在不断提高。

4. 沟通方式

中国文化追求广泛意义上的和谐与平衡。受儒家文化的影响，"面子"观念深入社会生活的各个方面与层次，并直接影响商务谈判。在商务谈判中，商人不喜欢直接、强硬的交流方式，对对方提出的要求常常采取含糊其辞、模棱两可的方法作答，或利用反问把重点转移。

名片被广泛使用在商业往来中。备好自己的名片是聪明的做法。通过名片的交换，可以了解到双方各自的等级地位，以便注意相应的礼节。

在沟通过程中，一些被西方人认为是交谈禁区的话题，如家庭状况、身体状况甚至年龄、收入等，都可以作为很好的加深了解的话题。不过，无论什么话题，都要表现得谦虚有礼。

5. 对合同的态度

传统中国社会重视关系胜于重视法律。改革开放后，中国加强了法制建设和执法的力度，人们的法制观念和合同意识不断增加。中国正处于快速发展时期，大量条件发生变化后，政府和企业都可能将某些方面作些调整，从而影响事先签订的协议的履行。

8.8.3 中国各地商人性格特征和经商技巧举例

1. 北京商人

北京人非常实际，不论他们做什么，都给人一种务实的感觉。在生意场上，北京人恪守一条格言："骗朋友仅是一次，害自己却是终身。"在企业产品推销上，北京人的观念是"货好不用吹"。北京人进的货，常常是二三手的价格。与北京人做生意，也要重视面子。北京的生意人深知人们有"跟着哄"的特点，于是千方百计加以利用。

北京商人的性格特征见表8-2。

表8-2 北京商人性格特征

1	带点政治味	7	北京人看重广告
2	懂幽默、风趣	8	主动上门
3	愿意多接触，多调侃	9	花架子，要气派
4	以诚相待	10	很注意文化味儿、京味儿
5	注重人际交往	11	重视官商
6	有"贵族梦"的消费欲	12	喜欢托儿

2. 上海商人

上海是商家的必争之地，上海人做生意的目的十分明确，经济利益是唯一准则。在生意场上，没有利益的事，上海人绝不干。

上海人只求得到自己应得的部分，非分之想不多。与上海人做生意，常常会因个别小问题争论不休，时间拖得很长，使人们常会感到跟上海人做生意很累。因此，与其做生意时必须要有充分的耐心。上海人守规矩，一旦签订了合同，如无不可抗拒的外力影响，上海人大多会严格按合同办事，绝不含糊。和上海人做生意，在金融领域的合作容易成功。

上海商人的性格特征见表8-3。

表8-3　上海商人性格特征

1	参与竞争	7	注意遵守商德和法规，签订合同
2	表现海派性格	8	利用新"买办"
3	只讲经济利益	9	期货交易
4	淡化感情，少义气	10	快捷迅速阐述自己的立场
5	挣钱只得自己的一份	11	多按国际标准进行生意往来
6	不愿意冒太大风险	12	讲究地缘关系

3. 广东商人

和广东人谈生意，除了钱，一切都是白搭。

在广东人眼中，有了钱，也就有了地位，有了面子。广东人给有知识、有能力、工作卓有成效的人的"面子"就是金钱。

在广东，人人都忙忙碌碌，为生计而忙碌，为挣钱而忙碌。为了钱，广东人可以放弃一切。

广东商人总是以最能显示其实力的一面与你接触，他的服装一定是名牌，他的手提包一定是精美昂贵的密码式手提箱，他的手表一定是世界名牌。

广东人敢闯敢干，在商场上最善于借鸡生蛋。

广东人很迷信，尤其是生意人更是这样。

广东商人的性格特征见表8-4。

表8-4　广东商人性格特征

1	生意人	7	外表讲究、气派
2	只讲利益交往	8	善于借鸡生蛋
3	少谈政治和情义	9	小心"王婆卖瓜"
4	喜欢新意和风险性的合作	10	讲究避讳，很迷信
5	注重在销售服务上的竞争	11	为挣钱而忙碌
6	注意手脚要快	12	小心黑道

4. 天津商人

天津商人没有太多的"王婆"意识，他们的主要精力全放在商品的质量上。

天津商人坚信忠厚不折本，刻薄难赚钱。与天津商人做生意，很少有坑、蒙、拐、骗的现象发生。

天津商人崇尚科学、重信誉，讲求实干的良好作风，以及与国际惯例接轨的经营原则，使其具备了良好的投资软环境。

天津商人的性格特征见表 8-5。

表 8-5　天津商人性格特征

1	注重商品的质量	4	精卖傻买
2	重视其创造性的商业思路	5	生意与修身相联系
3	坚信忠厚，不拐骗	6	具备良好的投资软环境

5. 东北商人

与东北人做生意，只要做出些感情投资，没有办不成的事。

与东北人做生意，首先要对东北人的脾气有所认识。这是与东北人做生意的基础。

与东北人做生意绝不可小气，该出手时就出手，这样，你才能与他们洽谈生意成功。

与东北人做生意，一定要摸透他们要面子的心态。

要想到东北做生意，没有惊人的酒量是很难在商界立足的。

东北商人的性格特征见表 8-6。

表 8-6　东北商人性格特征

1	讲义气，重朋友	7	推销产品，要加"大"字
2	注重感情投资	8	喜欢外地货和洋货的牌
3	不欺"东北虎"	9	无酒不成商，酒场谈生意
4	在"霸气"前不退缩	10	善于挣小钱
5	豪爽大方	11	小心受骗
6	顺毛溜，顾全面子	12	好面子

6. 安徽商人

安徽人尚文的传统，培育了徽商"贾而好儒"的品格。安徽商人也重视把企业的成功希望寄托于官场上。

淮北人在做生意时，重信义，办事豪爽，但契约观念不强，因而容易引起法律纠纷；淮南人具有商业头脑，安徽大商人大多产于此地。徽州商人在长期经营中相信"财自道生，利缘义取妙"，逐渐形成了"诚""信""义""仁"的商业道德。

安徽商人的性格特征见表 8-7。

表 8-7　安徽商人性格特征

1	注意打文化牌	4	淮南、淮北、皖东、皖西各不相同
2	有儒商气质	5	具有小农意识
3	注重政治利益	6	徽商的传统经商之道

7. 山西商人

山西商人大多白手起家，一步一步走向成功。他们靠的是勤俭吃苦的创业精神。

山西人经商以信、诚为本，人们也"莫不以为诚而信之"，这就招徕更多的顾客，生意也就越做越好。

山西人做生意一个重要的特点是薄利多销，产销结合。

山西商人的性格特征见表 8-8。

表 8-8　山西商人性格特征

1	勤俭吃苦，重视人才的培养	5	多用股份制
2	讲究信用和质量	6	经营方式为"酌盈济虚"
3	注重公平竞争	7	利用行政机构干预生意纠纷
4	薄利多销	8	注重信息

8. 陕西商人

与陕西人做生意，可以重在旅游业的合作和产品开发上进行合作。在发展旅游业方面突出"古"字。

在与陕西人做生意时，可以在发掘他们的传统产品上动脑筋做文章。制药贩药，是陕西商人的拿手好戏。

陕西商人的性格特征见表 8-9。

表 8-9　陕西商人性格特征

1	自负的心态	4	注重发掘传统产品
2	注重吃的文化	5	孤注一掷
3	注重"古"字，发展旅游业	6	制药贩药

9. 四川商人

针对四川人不愿经商的心态，与他们做生意最好的办法就是主动上门，充分利用四川人的巨大消费市场，创造商机。

四川人很少干损人利己的事。生意场上的四川人视信誉为生命。

生意场上，四川人也是一副谦谦君子风度。和四川人做生意，在挣钱的情况下，不可赤裸裸地谈钱而不顾他人的利益。他们讲道理，讲道德，不愿伤害别人。

四川商人的性格特征见表 8-10。

表 8-10 四川商人性格特征

1	具有不愿经商的心态	4	善于折中
2	具有资源、人才优势	5	具有韧性
3	心平气和,公平合作	6	具有四川人的胆略

10. 河南商人

在生意场上,河南人做生意似乎总在等着别人求上门去,等着人家把钱送上门来。因此,与河南人做生意,可以轻而易举地将其击败。

河南人谈生意,往往是外似木讷,实则精明,但某些河南人的精明常常是只顾眼前利益,斤斤计较的"小聪明",所以人称一些河南人"办事像猴子"。

某些河南人做生意,总是以保本为前提,以小富求平安,见好就收,没有长远的经营战略。

河南商人的性格特征见表8-11。

表 8-11 河南商人性格特征

1	喜欢生意送上门	5	深藏不露
2	外似木讷,实则精明	6	河南人的"商战"策略
3	有地头蛇现象	7	喜欢挑战
4	保本的心态	8	假货现象

11. 湖南商人

湖南人做事认真,肯吃苦,并且他们大都天生多才干,一旦他们投入市场之中,就会大有作为。

在与湖南人做生意时,一般来说,在质量上是大可放心的。湖南商人多实行薄利多销的策略,加速资金周转。

湖南商人的性格特征见表8-12。

表 8-12 湖南商人性格特征

1	重视质量	3	重视其经营手段
2	爱耍小聪明	4	具有薄利多销的策略

12. 西北商人

有些西北人可谓是懒得出奇。因此,要与他们做生意,只有把生意送上门,把物品放到他们的手里,你才能赚钱。

在生意场中,精明的商人做生意,往往不会因岸边有几尾小鱼,就放弃到深水中捉大鱼的目标;而某些西北人却不管臭鱼烂虾抓上一把就跑。

西北商人的性格特征见表8-13。

表8-13　西北商人性格特征

1	喜欢生意送上门去	3	立足新疆边贸，做好中介经纪
2	见利忘义	4	注意互补

13. 山东商人

山东商人在做生意时讲究一不能亏良心，二不能对不起朋友。

传统的中国商人具有许多优秀的精神品质，其中最为重要的就是"诚信"——诚实，讲信用。这一点在山东商人身上体现得尤为明显。与山东人谈生意，没有酒，谈话就索然无味。

在商业谈判中，山东人往往把双方的友谊看得很重，宁肯自己吃点小亏。但不允许对方欺诈，不"仁义"。

山东人可以吃苦，但绝不可以冒险。连山东人自己也承认，他们在经商活动中缺乏冒险意识。

山东商人的性格特征见表8-14。

表8-14　山东商人性格特征

1	保全信誉	5	喜欢喝酒
2	货真价实	6	豪爽
3	讲义气，遵守承诺	7	看重老乡关系
4	务实肯干、苦干精神	8	四平八稳的心态

14. 浙江商人

在经商这一点上，杭州人认为面子是第一重要的。面子丢了，是最了不得的事。生性勤俭的杭州人，总还时不时地摆一摆阔，保全面子。

宁波商人捕捉商机，及时调整经营方针的能力特强，仿佛这是他们与生俱来的天赋。

聪明的宁波商人不做无谓的冒险，当其事业有了一定根基之后，多坚持稳健的经营作风。

温州人"脸皮厚"。他们不怕碰壁，又不怕别人不给好脸色看，他们只有一个念头，不管你怎么看我待我，我就是要赚你的钱！

温州人不仅具有中国人聪明的脑袋，而且还以善贾闻名，被人称为"中国的犹太人"。

15. 福建商人

在与闽南人做生意时，对他们敢拼敢赢的特性应给予足够的重视，认真对待。

石狮人什么都不怕，就怕不让做生意。因此，石狮人不仅善于做生意，而且乐于做生意。因此，与石狮人做生意是投其所好。

16. 河北商人

河北人是朴实的、平凡的。

在生意聚会中，河北商人不吵闹，很少激动，他们话不多，总在一旁抽烟静听，这并不是河北人没话可讲，而是在细心地品味谈论者的话意。河北人不愿在高谈阔论中出什么风头。

河北商人的性格特征见表 8-15。

表 8-15　河北商人性格特征

1	朴实平淡，不欺诈	4	比较"土气"
2	民风淳朴，市场意识差	5	具有保守思想
3	不喜欢主动出击	6	喜欢打京津牌

17. 江苏商人

江苏商人最大的特点就是扬长避短，与他们合作生意，可以更好地发挥自己的长处，避免劣势；同时，他们这一经商之道是减少风险，尤其是在风险投资中，与他们合作，可以把风险降到最少，稳中求胜。

江苏商人最大的特点是稳中取胜。江苏商人多实行薄利多销的策略，加速资金周转。

18. 江西商人

江西人好安稳，知足常乐。生活过得去一般不愿从商做生意。

注重"商德"，讲究"贾道"；建立商业信誉，是江西商人致富的一个成功之道。

江西商人中的大商人，在注重经营方面也很有心得，他们注意市场信息，看准行情进行投资。

江西的经营方式是个体经营。

19. 湖北商人

湖北人不服输，在与他们做生意时，应该正视他们的这种精神。利用湖北人不服输的上进精神，使湖北人的聪明才智在商场中得以充分发挥，为我所用。

湖北商人死要面子。在与他们做生意时，对方不能失去面子；而一旦他们失去面子，就不会与你做生意了。

湖北商人很迷信，他们喜欢"6"和"8"，"6"为顺，"8"为发，他们开张要挑吉日，卖货要卖6、8。

当然，也要小心湖北商人的冒牌货和水货。

湖北商人的性格特征见表 8-16。

表 8-16　湖北商人性格特征

1	不服输，爱面子	3	头脑灵活，花样翻新快
2	喜欢打名牌	4	迷信的心态

20. 云南商人

云南人做生意，一般做的是诚实买卖，赚的是明白钱。

云南人不会耍小聪明、拐弯抹角，而是坦荡、直率，心里想什么嘴里就讲什么。

在与云南人做生意时，也应该以礼相待，不小气，不去斤斤计较。这是明智的商人和明智的做法。

云南商人特别不愿意任人去驱使。

21. 海南商人

海南人有很强的保守意识。

针对海南人的保守，在与他们合作时，应注意新思想、新观念的灌输。利用其保守，抢占海南商人的市场。

海南商人喜欢投机。由于投机，海南商人多形成目光短浅的思维定式。在商场中，对事物的看法，他们往往是非此即彼。

22. 香港商人

香港人的灿灿黄金是在巨大的生存压力下"搏"出来的。

香港商人喜欢说"搏一下"，大概就是争取一下的意思。这比"试一下"要重，不像试那样轻描淡写。搏，就是要整顿精神，全力以赴。搏，多少带有一点冒险的精神。

香港商人的性格特征见表 8-17。

表 8-17　香港商人性格特征

1	利字当头	3	有点乱中取利
2	喜欢"搏命"	4	迷信的心态

23. 澳门商人

澳门的商品经济比较成熟，澳门商人比较讲究商业道德和信誉。

赌和搏也融化到澳门人的性格上去，敢于赌命可以说是澳门人一大特点。

澳门商人是最大胆、最敢冒风险的。究其原因，就是他们具有赌徒的心理，敢于去赌一把。

24. 台湾商人

忍耐和固执是台湾商人经商的特点，不仅表现在经商上，还表现在他们的人生态度上。

在生意场上做事，台湾商人信奉的是说一句算一句；答应了人家的事，不能反悔，不然让人看不起，以后就吃不开了。

台湾人普遍忌讳"4"这个数，因为"4"与"死"音近似，他们平时无论干什么总是设法避开"4"这个数，或通过改"4"数为"两双"来表达。

台湾人忌讳以雨伞当作礼物送人，因台湾方言中，"伞"与"散"谐音，非常容易引起对方的误解。

本 章 小 结

本章讲授的是不同国家商人的谈判风格。主要涉及理解国际商务谈判风格文化因素，以及日本商人、韩国商人、美国商人、俄罗斯商人、英国商人、阿拉伯商人和中国商人的谈判风格。

第一节讲授的是影响国际商务谈判风格的文化因素，具体涉及语言及非语言行为、风俗习惯、思维差异、价值观和人际关系因素等。第二节至第八节讲授的是日本商人、韩国商人、美国商人、俄罗斯商人、英国商人、阿拉伯商人和中国商人的谈判风格，具体涉及各国商人性格特点、谈判风格和谈判的技巧等。

关键术语

谈判风格 国际商务谈判 文化因素 语言及非语言行为 风俗习惯 思维差异原则 价值观 人际关系 日本商人谈判风格 韩国商人谈判风格 美国商人谈判风格 俄罗斯商人谈判风格 英国商人谈判风格 阿拉伯商人谈判风格 中国商人谈判风格 谈判的技巧

复习思考题

1. 国际商务谈判与国内商务谈判主要有哪些不同？

2. 影响国际商务谈判风格的文化因素主要有哪些？

3. 与韩国人谈判应该注意哪些问题？

4. 阿拉伯国家的商业和风俗习惯主要有哪些？

5. 就谈判效率和时间观念问题比较各国商人谈判风格的异同。

6. 日本与中国既有相同的文化传统又存在显著的文化差异，比较两国商人谈判风格的异同。

7. 在各国商务谈判风格的比较学习中，提炼出自己可以借鉴的技巧策略。

8. 中国人的商务往来有什么特点？就你自己所知，简单谈谈中国人谈判的特点和风格。

案例分析与讨论

案例1 一场斗智斗勇的较量

谈判背景

甲方：中国甲厂

乙方：美国乙公司

中国甲厂因为扩大生产的需要，决定向美国乙公司购进 6 台卷簧机、4 台测试仪、2 台双面磨床，想借此提高自身的产品质量，打入美国市场。因为该笔订单较大，美方也非常想做成这笔生意。

1. 第一轮谈判

某年 11 月中旬，中国甲厂的徐厂长到美国乙公司考察，双方经过讨价还价，最后与美国乙公司谈定以 520 万美元的价格引进这 6 台卷簧机、4 台测试仪、2 台双面磨床设备，并相约当年年底由乙公司派代表到中国甲厂签订正式的合同。

2. 第二轮谈判

当甲厂的徐厂长回国后，经过更为详细的调研和专家的论证，认为花 520 万美元引进这 12 台设备，价格有点偏高。但由于双方已经敲定价格，估计难以变动，甲厂徐厂长决定在第二轮谈判中要从增加设备方面入手，以弥补可能的利益损失。

12 月 17 日，美方乙公司的总经理史密斯先生和助手麦克尔如约来到甲厂，与徐厂长开始了紧张的第二轮谈判。

徐厂长鉴于上次的教训，这次做了充足的准备工作，除了对国际市场行情做了更为充分的调研之外，还对乙公司和史密斯总经理的情况及谈判特点做了相应的了解。

谈判刚开始，经验丰富、老练精明的史密斯总经理立刻表示："谢谢主人对我们的欢迎，我们这次来到贵厂，完全是带着诚意而来，我们信守以前谈定的意向，希望马上签订合同，我们已买好明早起飞的机票，希望此事能够尽快办好，好让我们赶回去过圣诞节。这是我们根据上次谈定的意向拟订的合同文本，请徐厂长过目，如无异议尽快签合同，以保住前面的既得利益。"

徐厂长对此状况早有准备，他接过合同文本，并不急于翻看，而是把它放在一边，不慌不忙地说："史密斯总经理，离圣诞节还有一个多星期呢，这么急着回去干吗？作为主人，我们还没尽地主之谊呢！我们很乐意陪同客人到处看看，了解了解我们的国家。至于合同，我看还是谈得更细一点好，现在匆忙签字，将来出现纠纷反而不好。在正式签订合同之前，有关设备项目应该再商议一下，你看如何？"史密斯先生碰了个软钉子，他意识到似乎马上签字是不太可能的了。

徐厂长这时才慢慢翻阅着合同文本，笑容满面地说："史密斯总经理，在贵方的合同文本中，对于我厂向贵公司购买的设备项目中，怎么连工艺装备都没写清楚，那到底是否包括工艺装备呢？"

"当然不包括。"史密斯总经理连连否认。

"是吗？史密斯总经理，我们购买设备是使用的，不是放着看的。一般人买台电视机，都包括天线、插头、导线等装备。你们这么做好像不大符合商业习惯吧！"

史密斯总经理一想，自觉有点理亏，说："好吧，那就写上。"他想，不能因小失大，反正这些没有多少钱，只要徐厂长签字，这点最后的甜头还是要给对方的。

谁料到，对于徐厂长来说，他的策略才刚刚开始。徐厂长接着又说："我方购买 4 台测试仪，怎么没有配套的专业电子计算机呢？"

史密斯总经理一听急了，一台专业配套的计算机价值上万美元，如果答应的话，利益就要受损很多。他赶紧连连摆手，"不，不，徐厂长，如果这样，我们无法接受。"于是推磨式的谈判开始了，直到中午时，史密斯总经理终于让步了，他希望下午能够签字。

午饭后，徐厂长亮出了底牌，抛出了一系列新的条件。他说："我希望史密斯总经理能够谅解，照这样的合同条件，我还是无法签字。"他顿了顿又说："我们购买的这套设备，现在只能生产一般的弹簧，我们希望它也能够生产专用的弹簧，这需要贵方免费提供相关的技术资料。除此之外，我们还希望引进设备投产后，在 5 年内每年能够返销 60 万美元的产品到贵国的市场；我们还希望贵公司在完成设备安装后，提供所需的弹簧钢丝。此外，贵方应该再增加两台双面磨床。"

史密斯总经理听后，脸涨得通红，连说："不！这不可能！徐厂长，这种条件，我们根本无法签订合同了。"他的助手麦克尔也随声附和说："十分遗憾，没想到我们的诚意未被贵方理解。"两人便欲起身告辞。

徐厂长及时展开心理战，"坦率地说，你们也知道，我们和另外一家厂商也有过接触，他们近期已许诺按极优惠的价格提供这些设备，但我们中国人是看重老朋友的，希望与你们做成这笔生意。当然，如果贵方实在觉得不行，也不必勉强。我相信，我们还会有别的合作机会的。"说着，徐厂长也站起身来。

史密斯总经理有点紧张，焦急地说："好吧，那我们再谈谈看。"谈判一直拖延到下午 6 点，双方仍未达成协议，关键是那两台总价值 32 万美元的双面磨床，史密斯总经理是无论如何也不愿做出让步。

晚饭过后，晚上 8 点，双方在客人下榻的饭店继续谈判，你来我往地争论，一直到次日凌晨 3 点，谈判仍然在僵局之中。徐厂长起身告辞，说："今天就谈到这儿吧。明天大家还有工作，我们的客人也该休息了。如果实在谈不成，明早送你们上飞机。"

他留下助手便告辞了。

次日早晨，史密斯总经理终于憋不住了，让麦克尔来敲徐厂长助手的房门说："我们希望上午再谈一次。""不是今早的飞机吗？你们有时间吗？""不，是晚上 7 点。"徐厂长听到这个消息，十分兴奋，这说明史密斯先生不愿意放弃这笔生意，谈判应该坚持住自己的立场，寸步不让。

在上午的谈判中，史密斯总经理只答应增加一台双面磨床，但徐厂长仍坚持自己的立场，谈判仍然没有结果。午饭时，史密斯先生和麦克尔只是闷头喝酒，行李已搬到汽车上了。

徐厂长与客人握手告别，送他们上汽车。这时，他的助手心里十分紧张，悄悄拉了一下徐厂长的胳膊，因为他知道，如果不签这个合同，项目申请下来的拨款资金就要不算数了。徐厂长表面仍然泰然自若，对客人微笑着说："再见！"

就在汽车引擎发动的那一瞬间，史密斯先生突然说："徐厂长，您如果能够上车送我们去机场，也许我们还可以再谈谈。"

徐厂长不动声色地说："如果您真想谈，就请下车。去机场的时间还来得及。"史密斯总经理无可奈何地下了车。不到 2 个小时，双方就在合同上按照徐厂长的要求签了字。就这样，徐厂长得到了原来意向中并没有得到和提及的利益。

问题：史密斯为什么最后能按照徐厂长的要求签了合同？分析双方的谈判风格与技巧。

案例 2　谈判中情理的魅力

江苏仪征化纤工程是世界最大的化纤工程。1995 年 7 月，江苏仪征化纤工业公司总经理任传俊主持了一次和联邦德国吉玛公司的索赔谈判，对手是理扬奈德总经理。由于引进的圆盘反应器有问题，中方提出了 1100 万马克的索赔要求，而德方只认可 300 万马克。这是一次马拉松式的谈判。在僵持不下时，任传俊提议陪理扬奈德到扬州游览。在花木扶疏、景色宜人的大明寺，任传俊对德方代表团介绍道："这里纪念的是一位为了信仰，六度扶桑，双目失明，终于达到理想境界的高僧鉴真和尚。今天，中日两国人民都没有忘记他。你们不是常常奇怪日本人对华投资为什么比较容易吗？那很重要的原因是日本人了解中国人的心理，知道中国人重感情、重友谊。"接着，他对理扬奈德笑道："你我是多年打交道的朋友，除了彼此经济上的利益外，就没有一点个人之间的感情吗？"旅行车从扬州开回仪征，直接开到谈判室外，谈判继续进行。任传俊开门见山地说："问题既然已出，为索赔花费太多的时间就是不必要的，反正要赔偿……"理扬奈德耸耸肩膀："我公司在贵国中标，才花了 1 亿多美元，我无法赔偿过多，我总不能赔着本干……"任传俊紧跟一句："据我得到消息，正是因为贵公司在世界上最大的化纤基地中标，才得以连续在世界 15 次中标，这笔账怎么算呢？"理扬奈德语塞。任传俊诚恳地说："我们是老朋友了，打开天窗说亮话，你究竟能赔多少？我们是重友谊的，总不能让你被董事长敲掉了饭碗，而你也要为我想想，中国是个穷国，我总得对这里 1 万多名建设者有个交代。"……谈判结束了，德方赔偿 800 万马克。

问题：

（1）中方为什么把对方带去参观大明寺？

（2）此案例告诉我们一个什么道理？

案例 3　英国人最关心的是什么

你正在进行一项谈判，从英国制造商那里买一批推进器系统。最难达成协议的事情可能是什么？

（1）价格。

（2）支付方式。

（3）交货方式。

（4）质量。

问题：你选择把谈判的重点放在哪里？

实训练习与操作

实训练习 1

【实训目标】

分析在谈判中，如何与日本与阿拉伯人进行谈判，分析他们的谈判风格。

【实训内容】

结合下面的两个小资料，学生分组，每组 5～6 人，设组长一名，讨论日本与阿拉伯人进行谈判的注意事项，分析他们的谈判风格。学生分组，用情景模拟、角色扮演来回复对方。安排两组中的 1～2 名学生，进行发言总结，时间 15～20 分钟。

1. 如何面对对方的热情

　　某日本商社邀请你们去东京商谈出口纺织品的事宜。当你们抵达机场时，该社长率手下的公关部科长已经在迎候你们。在送你们到饭店后，该社长热情地为你们安排回程机票，并且说为你们的行程安排了比较丰富的内容，你们该如何回复对方的热情？

　　讨论：比较哪种方法对己方谈判最为有利。

　　（1）表示感谢，告诉对方你的回程日期，同意让他们给你们安排机票。

　　（2）表示感谢，告诉对方没有确定回程的日期，根据谈判的情况随时决定回程。

　　（3）表示感谢，告诉对方，其他公司也希望给我们安排回程的机票。

　　（4）其他回复。

　　2. 如何面对阿拉伯代理商

　　你和当地一位重要的阿拉伯代理商会面，在花了几个小时进行社交活动和喝咖啡以后，还没有讨论及任何生意问题，你急着要讨论你的建议，那么，你应该怎样做？

　　讨论：比较下列哪种方法对你最为有利。

　　（1）在适当的时候主动提起。

　　（2）等着阿拉伯人提起这件事。

　　（3）在聊天过程中引导对方提出生意话题。

　　（4）避免提出生意话题。

　　（5）你决定等着让东道主提起这件事，但你离开的时间又到了，那么你该怎样做？

　　A. 问他你什么时候可以再来看他

　　B. 留下一套关于你的产品的材料

　　C. 请他定下一个确切的会面日期，再讨论生意问题

　　（6）其他。

实训练习 2

【实训目标】

测试你对各国谈判风格的了解度。

【实训内容】

你对各个国家的商人的谈判风格和特点了解吗？试做以下的测试。每题只可选一个答案。

　　（1）你认为在与外商接触过程中，中间人的作用是（　　　）。

　　A. 引荐介绍　　　　　　　　　　B. 建立良好关系的最好形式

　　C. 有利于开拓更多的业务渠道　　　D. 调节矛盾纠纷

　　（2）俄罗斯人对你说，他同时也在与你的竞争对手谈，对方价格比你低，并要求你降价，你会（　　　）。

　　A. 同意降价　　　　　　　　　　B. 报更低的价挤走对手

　　C. 拒绝降价　　　　　　　　　　D. 在其他方面做出让步令其满意

　　（3）如果外商在闲聊时，主动要让你谈谈对时局的看法，你会（　　　）。

　　A. 岔开话题　　　　　　　　　　B. 如实反映情况，但不表明自身的观点

　　C. 明确阐述自己的观点　　　　　D. 认为这是发表精彩演讲的最佳时机

　　（4）你认为同欧洲国家的商人进行贸易的决定因素是（　　　）。

A. 双方良好的关系 　　　　　　B. 公司、产品的信誉和实力

C. 中间人的作用 　　　　　　　D. 高额的利润

(5) 你正在和英国制造商就购买一套设备进行谈判，你认为最会影响协议达成的主要因素是（　　）。

A. 价格　　　　　B. 信贷　　　　　C. 交货　　　　　D. 质量

(6) 与日本人谈判，你最需要具备的是（　　）。

A. 耐心　　　　　B. 中间人　　　　C. 信誉　　　　　D. 礼貌

(7) 在阿拉伯人的宴会上，你的讲话内容将主要涉及（　　）。

A. 抨击阿拉伯人的对立面 　　　B. 感谢主人的盛情

C. 表明你与他们合作的愿望 　　D. 幽默地指出双方习俗上的不同

(8) 如果你到日本后，谈判对手送你礼物，你应该怎么做（　　）。

A. 表示感谢，收下礼物 　　　　B. 表示感谢，当面打开礼品盒

C. 表示感谢，婉拒对方 　　　　D. 表示感谢，并回赠对方礼品

(9) 如果阿拉伯商人和你在社交场合一起喝咖啡时，绝口不谈生意，你会（　　）。

A. 找时间主动提起 　　　　　　B. 等待对方提出

C. 想法引导对方提出 　　　　　D. 干脆也不提

(10) 你发现谈判对手把你的产品价格翻了几倍卖出，可他居然还要你降价，你会（　　）。

A. 说出你的发现，并趁机提价 　　B. 把这一信息保留到下一轮谈判

C. 询问他当地的价格政策 　　　　D. 只要有利可图，就会选择沉默

(11) 同美国人讨价还价时，可以（　　）。

A. 高报价、低出价 　　　　　　B. 给出合理的价格

C. 开出实价，然后寸步不让 　　D. 让对方先报价

(12) 如果你去拜见阿拉伯商人，刚开始洽谈，他却被别的事缠住了，你会（　　）。

A. 立刻告辞，问他什么时间再回来拜见 　B. 立刻告辞，留下你的产品资料

C. 立刻告辞，请他定出下次会谈时间 　　D. 立刻告辞，请他到你处来访

(13) 你和俄罗斯商人关于进口设备进行谈判，在谈判初期，你们的主要谈判内容将是（　　）。

A. 价格　　　　B. 技术规格　　　C. 出口许可证　　　D. 支付方式

(14) 你与日本人进行重要谈判的过程中，对方迟迟不给予答复，这可能是因为（　　）。

A. 他们不愿仓促行事 　　　　　B. 他们要反复磋商

C. 他们对具体细节不清楚 　　　D. 他们不满意某些条件

(15) 如果你打算到阿拉伯国家推销产品，你计划去的天数是（　　）。

A. 一个星期　　B. 两个星期　　　C. 二十天　　　　D. 一个月

请按照下面的记分表，把你选择的每一个问题的答案所得到的正分或负分累计相加起来。然后根据你的分值，确定你的能力。

记分表：

(1)	+2	+5	+3	+2		(2)	-5	+5	+3	+0
(3)	+5	+3	-3	-5		(4)	+3	+5	+2	+2
(5)	+3	+2	+5	+2		(6)	+5	+3	+2	+2
(7)	-5	+2	+5	+0		(8)	+2	+3	-5	+5
(9)	-5	+3	+5	+2		(10)	-5	+0	+5	+3
(11)	+5	+5	+3	+2		(12)	+5	+3	+0	-5
(13)	+5	+2	+3	+5		(14)	+3	+5	+0	+2
(15)	-5	-3	+0	+5						

说明：假如你的成绩为 65～75 分，那么你对各国的谈判风格还是非常了解的，是个优秀的谈判人员；假如你的成绩为 50～65 分，那么你对各国的谈判风格只是一般的了解；假如你的成绩在 50 分以下，那么你对各国的谈判风格的知识还是比较缺乏，应该努力加强学习。

实训练习 3

【实训目标】

选择 2～5 个国家为目标，分析在谈判中他们的谈判风格特点。

【实训内容】

学生分组，每组 5～6 人，设组长一名，借助网络、图书馆等查阅跨文化交往沟通中的趣事并在课堂中交流。提前一周安排，每组时间 8～10 分钟，制作 PPT 进行讲解与总结。

第 9 章

商务谈判礼仪

内容简要

　　礼仪强调的是律己与敬人，商务谈判礼仪要求谈判人员应该从基本的礼节入手，关注自己的仪容仪表及仪态礼仪，给人留下良好印象，同时做好接待、迎送、会谈、座位安排等一系列礼仪安排。

学习目标

　　通过本章的学习，使学生了解和掌握以下知识点：
　　1. 商务谈判礼仪和礼节的重要性；
　　2. 谈判人员的服饰礼仪、举止礼仪与迎送、会谈礼仪的运用；
　　3. 日常商务谈判礼仪和礼节的艺术和技巧。

　　孔子云："礼者，敬人也。"礼仪，是指人们在社会交往中约定俗成的基本行为规范和准则。礼仪是一门综合性较强的行为科学，自始至终地以一定的方式表现出对人尊重的行为。礼仪的基本理念是以尊重为本，即要做到以对方为中心，进行良性沟通，讲究表达的形式规范。从某种意义上说，谈判也是一种公关手段。为了达到谈判的目的，必须处理好各方面的关系，其中处理好商务谈判活动中特定的公共关系、人际关系，熟知并掌握有关的礼仪，是非常重要的。

9.1　商务谈判的礼仪

　　商务谈判是参与双方通过协商的沟通方式调整双方的意见，协调双方的看法，进而达成某种协议的过程。商务谈判中的礼仪，是谈判的重要组成部分，绝不是可有可无的形式。只有把谈判中的各种专业技能同礼仪良好地结合起来，才能顺利实现洽谈的目的。

9.1.1　服饰礼仪

在谈判活动的正式场合，服饰的颜色、样式及搭配等合适与否，对从事谈判者的精神面貌及其给对方的印象和感觉都带来一定的影响。所以，商务谈判者的服饰有其特定的原则和要求。得体的服饰不仅可以增强仪表美，体现人的气质，而且还能反映出个人的教养与文化涵养。在商务谈判中，尤其是在国际商务谈判中，服饰的作用非常重要。

1. 服饰的原则

服装大致可分为恪守传统的上班型、追求新颖的社交型、舒服的休闲型和要求严谨的专用型，各类自成一体，不可混淆。服饰讲究款式、色彩、质料三美，参加谈判的人员穿着的服饰应该与其年龄、身份、地位及所处场合相符，即符合 TPO 着装原则。

T——time，穿着要注意年代、季节和一日的各段时间；P——place，穿着要适宜场所、地点环境；O——object，穿着要考虑所参加商务活动的目的及穿衣对象的状况。

服饰应整洁、挺括；发型、化妆应较正规，不应标新立异；指甲、胡须修净、清洁。

2. 谈判人员服饰的要求

商务谈判者的服饰总体要求是朴素、大方、整洁。要从自己的经济状况、职业特点、体型、气质出发，做到和谐、均衡，给人以深沉、有活力的印象。若在国外参加谈判，服饰要尽可能与谈判对手的相匹配，尊重当地的习惯与东道主的要求。

参加商务谈判人员的服装简洁，使人感到稳重、端庄，成熟可信、高雅大方。应注意不能穿"紧""透""露""运""闲""牛"之类的服装。着装色彩方面，男士外装应为较深的颜色，全身上下的颜色不应多于三种。着装样式上，男士应穿西装套装或深色中山装，女士可着西装套裙或礼服。要酌情佩戴饰物，饰物应档次高、款式新、做工精。女士化妆要注意浓淡适宜，与环境相协调，力戒浓妆艳抹。发型要精心修饰，与实际身份相符。

在国外，对服饰有着比较严格的要求，如晨礼服适于参加隆重的典礼、就职仪式、星期日教堂礼拜及婚礼等场合；穿小礼服的情况越来越少，出现了穿普通西装就可以参加所有活动的趋势。下面是一些国际交往中着装的一般原则，谈判人员应谨记。

① 要选择适合自己的服装。无论在何地，男士应当穿庄重的西服，并系好领带；女士则要穿礼服或裙式西服。而对那些无论款式多么新颖的牛仔裤，多么高档的运动鞋、网球鞋或 T 恤衫、短裤、紧身毛线衣、大开领男衫，任何显得不庄重的帽子，只能在观光时才穿戴。

② 着装要整洁。穿任何服装都应注意清洁整齐，衣服应熨平整，裤子要熨出裤线。穿着时，应按各种服装的特点，将扣子、领钩、衣带等扣好、系好。

③ 着装要入乡随俗。无论在什么地方或在什么样的陌生人群中，都不能穿得使人感到古怪。要穿使人显得较自然的服装，并和周围的环境协调。

④ 参加国际商务谈判活动，进入室内，男士都要摘帽、脱大衣、风雨衣等，并送存衣处。而女士的纱手套、帽子、纱面罩、短外衣等作为服装的一部分，可在室内穿戴。

⑤ 在家中或旅馆房间中接待谈判对方时，若来不及更衣，应请客人稍坐，立即换上服装，穿上鞋袜。不得赤脚或只穿内衣、睡衣、短裤接待客人。

⑥ 在国际商务谈判活动中，绝不可穿着任何表明自己的某些社会联系或信仰的服饰。这包括外出戴的戒指，联谊会戴的戒指、领带、胸针、政治性徽章、宗教象征等。

⑦ 除非必要，一般不能脱掉西装外衣。

西装具有国际流行性，在许多隆重、严肃的场合均已被认可接受，所以商务活动的正式场合穿着西装已成为常规。西装分为简易与精制两类。穿着简易西装比较随便，但不符合正式场合的要求。在商务谈判的过程中应穿精制西装。

精制西装有严格的制式，即由上衣、背心和裤子构成，三件必须用同一种面料制裁，穿着西装通常以衬衣为内衣，并佩戴领带或领结。

选配衬衣时，注意其领的高度应比西装领高 1.5～2 cm，衬衣一定要束在裤腰里。若考虑季节原因，衬衣外加羊毛衫，则领带下幅一定要置于羊毛衫内，不可飘荡在其外，否则会贻笑大方。

西装纽扣的扣法亦极有讲究：穿着双排扣西装应不论何种场合，均将纽扣全部扣上。单排扣西装只能扣一粒纽扣或者都不扣。一般在正式场合刚见面时，西装均应扣上纽扣，随着活动的展开，为使气氛随意、轻松，则可逐渐解开。

3. 男女仪容服饰规范（见图 9-1）

1）男士

参加谈判的男士应该保持脸部干净清爽，及时剃须、清洁口腔、护理手部。在服饰上注意西装的上装身长过虎口，袖长达手腕（比衬衫袖短），肥瘦合体有型。穿好后，衬衫领应高过西装领口。保持西装的清洁，平整。西装胸袋和两侧口袋为装饰袋，不装或很少装物，内侧两袋为实用袋。二粒扣系上扣，三粒扣系上或中扣，单排扣可敞开，双排扣立式系紧，坐姿可敞开。穿西装忌衬衫下摆外露、袖不扣紧或翻卷、内着高领衫。深色西装高雅庄重，适宜各种场合。西裤应该合体有型，裤脚达脚背，盖过鞋后沿，腰间以插入一手为宜。色泽、质地与上装一致为好。

参加谈判的男士，腰带要长短适中，余下部分 12 cm 左右，可与手表、皮鞋颜色一致。袜子应该每日换洗，色与鞋配，黑鞋深色袜。正规西服搭配系带皮鞋，清洁干净，色与裤配。

2）女士

谈判的职业女性应化淡妆，不仅对别人是一种尊重，也使自己更充满活力与信心，给生活增添光彩。得体的化妆可以给人以淡雅、端庄、大方的感觉，使人的尊重之情油然而生；过分鲜艳、俗气的化妆则给人留下轻浮、不自重的印象，甚至引起对方的反感与轻视。职业女性化妆要突出自然美，妆色柔和，不露化妆痕迹；化妆要扬长避短，要充分体现个体的气质和性格，通过化妆巧妙掩饰不足，突出优点，用化妆体现魅力。

在正式场合，商务谈判中的女性适度化妆是对客方尊重的必要标志，西方人对此较为注重，认为化妆是女性的第二时装。在商务洽谈活动中，女性化妆不宜过浓，尤其不可使用浓香型化妆品，切忌在众人面前化妆，因为这是没有教养、不懂礼仪的表现。

参加谈判的女性衣服要平整干净，款式大方，色泽与环境相宜。保持整体和谐（内、外衣；上、下装；衣与妆；衣与鞋袜，衣与饰物）。穿戴西式套裙，裙长一般至膝上一拳，年长者，冷天可过膝，置一套单色、素色套裙或长裙以适宜严肃、正规的场合。袜子要求不露袜口，弹性好，裙装通常穿肉色无花透明丝袜，冷天也可穿与裙色相配的深色袜。鞋可穿前包后包或前包后露式样，最好穿中跟船形单色皮鞋或黑色鞋，色与衣相配，清洁锃亮。

图 9-1　谈判的男女仪容与服饰规范

首饰佩戴是女性在谈判活动中遇到的另一个重要问题。首饰的选择有三原则。一是以少为佳，不戴亦可。二是同质同色，即佩戴一件以上的首饰，讲究质地要相同，色彩要一致。注意黑色首饰不能在洽谈活动中佩戴，通常用的有五色：红，代表热情与友好；蓝，代表和谐与宁静；黄，代表高贵与典雅；绿，代表青春与活力；白，代表纯洁与无邪。色彩要根据身份、年龄、个性慎重选择。三是要合乎惯例。戒指一般戴于左手，一般只戴一枚，绝不可超出两枚。涉外商务洽谈中，左手小指不允许戴戒指。在谈判中，尤其在涉外谈判中，线型项链少戴，因为它是歌女这一特殊职业的标志。紧链是较为合适的一类项链。正式场合一般不宜佩戴耳环。在挂件的佩戴上，一般以心形、几何形和动物类为宜，须注意特殊的禁忌，注意图形文字的慎重，不要侵犯了客方的习俗禁忌。涉外商务洽谈中十字形的挂件是不允许的，西方人认为它是不祥之兆。

注意职业女性的饰物最多不超过三件，要与服装、体貌、环境相谐调，饰物间也要相配。

9.1.2　举止礼仪

举止是指行为者的坐姿、站姿、行姿及其他姿态，它直接作用于交往者，影响人们交往的结果。在谈判中，对举止的总体要求是举止得体，给他人的印象是自信而不显孤傲；热情友好又不显曲意逢迎；落落大方，挥洒自如而不显粗野放肆、有悖常规；遇到不利之事，不垂头丧气、心烦意乱，应成竹在胸、处变不惊。

谈判者的举止要求具体表现如下。

1. 站、走、坐（见图 9-2）

举止是女性在商务谈判活动中需注意的又一个方面。女性的站、坐、走姿有自身的规定性，不可等同于男子礼仪要求。男性的站姿应刚毅洒脱，挺拔向上；女性站姿要求挺拔、高雅，应站得庄重大方，秀雅优美。站立时双腿收拢，身子自然挺直，不能乱晃乱动。切忌东倒西歪，耸肩驼背，左摇右晃，两脚间距过大。站立交谈时，身体不要倚门、靠墙、靠柱，双手可以随说话的内容做一些手势，但不能太多太大，以免显得粗鲁。在正式场合站立时，不要将手插入裤袋或交叉在胸前，更不能下意识地做小动作，如摆弄衣角、咬手指甲等，这样做不仅显得拘谨，而且给人一种缺乏自信、缺乏经验的感觉。良好的站姿应该有挺、直、高的感觉，真正像松树一样舒展、挺拔、俊秀。行姿要求协调稳健、轻松敏捷。注意两个人同行时不要搭肩而行，多人行走时不要横向排成一排。

女性坐姿要求落座时身体尽量端正，挺腰笔直。

坐下时应双腿并拢，端坐在椅边，坐下后注意整理一下衣着。行走时，头部要端正，不宜抬得过高，目光须平和，直视前方。行走间上身自然挺直，收腹，两手前后摆幅要小，两腿收拢，小步前行，走成一条直线，步态要求自然、和谐，体现出端正、窈窕的女性美。

谈判中的举止应落落大方，端庄稳重，表情要诚恳自然，和蔼可亲，体现热情、友好、诚恳的谈判合作态度。

图9-2　站、坐、走

2. 体态和手势（见图9-3）

体态是一种身体语言。洽谈中，有人会有一些不经意的动作，它们能透露出有关内心活动的信息。人在某种环境下，可以通过自觉的意识，在语言、语气等方面显示出强硬和雄辩，显示出信心十足。有经验、训练有素的洽谈人员能自我控制，能最大限度地避免无意识的动作，镇定自若，显示出风雨不动安如山的风度。

另外，自觉的体态运用也能微妙地影响对方的心理。如抱着胳膊，表示警觉和戒备心理；摸鼻梁、扶眼镜，同时闭目休整，其实却表示正集中精力思考某个问题，准备做出重大决策，有时也可视作进退两难的境况在内心引起的紧张；握拳或紧握双手是感到信心不太足，自我激励欠缺的反映。以上这些体态能增加一个人的潜在影响力，表现出一定的人情味，也是一种礼仪和风度，在洽谈活动中是不可缺少的增效剂。

手势是另一种重要的身体语言，在洽谈过程中有助于表现自己的情绪，更好地说明某个问题，从而增加说话的说服力和感染力。谈判者的手势要自然大方；有意做出的某种手势，易给人以虚假做戏的感觉。

应当注意以下几个方面。

① 手势不宜过多、过密，这会分散对方的注意力，甚至引起对方的厌烦心理。

② 在比画双手时一般不要超出双肩以内的范围，否则给人以手舞足蹈、轻浮乃至轻狂不实在的印象。

③ 手势也不可太拘谨，显得生硬怯懦、缩手缩脚，缺乏应有的自信，也难以引起他人的信赖感。

④ 手势要与说话的语速、音调、声音大小密切配合，不能出现脱节的情况。做手势时应把握好手势的力度，给人以轻重合适、表达自然的感觉。

图 9-3 谈判的体态与手势

有报道说，有位美国商人独自到巴西去谈生意，在当地请了个助手兼翻译。谈判进行得相当艰苦，几经努力，双方最终达成了协议。这时美国商人兴奋得跳起来，习惯地用拇指和食指合成一个圈，并伸出其余三指，也就是"OK"的意思，对谈判的结果表示满意；然而，在场的巴西人全都目瞪口呆地望着他，男士们甚至流露出愤怒的神色，场面显得异常尴尬。为什么呢？美国人表示满意、赞赏时用的"OK"手势，可是在巴西，如果做此手势，女性会认为你在勾引她，而男性则认为你在侮辱他，所以马上会做出戒备的姿态。

这个案例说明无论在什么场合，手势动作都要非常谨慎地使用。手势动作表意丰富，在语言表达不顺畅的时候，能辅助人们表情达意。

3. 距离和面部表情

人们之间的空间距离与心理距离联系密切。空间距离大小直接影响洽谈双方心理上的距离。一般情况下，人们交谈时，无论站、坐，都避免直接相对，要保持一定的角度。而洽谈活动中，双方却是直接面对，没有什么回旋余地。这使洽谈活动中，距离变得更为敏感易察。较合适的距离为 1～1.5 m，这也是谈判桌的常规宽度。距离的变化可以传递某种信息，是交谈者一种自然流露；也可能是攻击前的一种威胁姿态，是一场针锋相对斗争的前兆，这与洽谈的气氛和双方的心理活动是密切相关的。

谈判双方相互间距离得较远，反映了谈判的分歧正在加大，或双方都要冷静一下头脑，整理一下思路。双方距离无论远近，都是以中线来划分势力范围的，中线两边为各自的身体空间，如一方侵入，是极具攻击性和无礼的举动。

面部表情是内心情感的重要体现。人的表情十分丰富，有极强的感染力，通过面部各个器官的动作，展示出内心多样的情绪和心理变化。洽谈活动中，有人嘴唇紧闭，唇角下垂，瞪大眼睛紧盯对方，有时甚至从牙缝中挤出话来，这表明他是一个有攻击性的人，有一种"不是你死就是我亡"的心态；有人是满脸堆笑，目光闪烁，眉头不动，这反映了其人内心的游移不定；有人面带微笑，脸露真诚，眉目平和安定，虽无咄咄逼人的气势，但却反映了一种内在的力量，可能是个有能力、难以对付的强手。

在面部表情中，眼睛是最富表现力的。一般目光看着对方脸部的上部三角区域，即双眼为底线，前额为上顶角的部位为宜，这样既能把握洽谈的进行，又不致因无礼而导致对方不快。正常情况下，视线接触对方脸部的时间应占全部谈话时间的 30%～60%。目光要柔和、自然。在谈判中，瞪与盯是非常规的目光，须慎用；斜视是无礼的举动，也不应使用。

在工作、参观、谈判、进餐过程中，当遇到"禁止吸烟"的标牌时，不能视而不见，一般建议不要吸烟或少吸烟。在进入谈判厅、会议厅、餐厅之前应该把烟掐灭。到私人住宅、办公室拜访他人时，如果不知道是否允许吸烟，可先询问一下主人是否允许吸烟。如果主人不吸烟也未请吸烟，那么最好不吸烟。在一些场合中，如果在场的多数人不吸烟或同座身份较高的人不吸烟，一般情况下也不要吸烟。如有女士在场，欲吸烟应先征得同意以示礼貌。

9.1.3　语言谈吐礼仪

1. 谈判中的语言礼仪

语言是人类进行信息交流的符号系统。狭义的语言指由文字的形、音、义构成的人工符号系统。广义的语言包括一切起沟通作用的信息载体，如说话、写字、距离、手势、眼神、体势、表情等都包括在内。谈判的语言能充分反映一个人的能力、修养和素质。

1）用语

用语指在洽谈中如何选择词语，在恰当的时机表明自己的立场、观点和态度以及意思。谈判中常见的用语有 5 种，即礼节性的交际语言、专业性的交易语言、弹性语言、幽默语言及劝诱性语言等。用语基本要求是清晰、完整、快速，确切地表达意见。需注意的是，由于礼仪的规范，洽谈中话语的字面含义同其所实际表达的隐含的意义并非完全一致。有时字面含义是简单无歧义的，但其后却蕴涵了复杂、微妙的含义。用语既要准确明白，又要文雅中听。出于策略需要的弹性语言须用得心中有数，做到不含糊，不至于被误解。

2）语速、语调和音量

女性在业务洽谈中注意语调、声音的正确应用，有自尊自重的态度又不失女性的温柔，切忌用撒娇的语调，或用不庄重的语调进行洽谈。语速对谈判内容的表达有较大的影响。说话太快，一下子讲得很多而不停顿，使对方难以抓住要点，难以集中注意力，正确领会把握你的实际表达。有时还会造成对方认为你在敷衍了事，也就无须做出什么反应，从而不再费神倾听，导致双方的语言交流不畅，难以沟通。谈判如果有翻译在场，要注意照顾翻译的工作，不要长篇大论，只顾自己发挥。谈判中说话太慢，节奏不当，吞吞吐吐，欲言又止，易被人认为不可信任，或过于紧张。因此，洽谈中陈述意见时尽量平稳、中速进行，有特殊需要时，适当改变一下语速，以期引起特别关注或加强表达的效果。

在洽谈中，一般问题的阐述应使用正常的语调，保持能让对方清晰听见而不引起反感的高低适中的音量。适当的时候为了强调自己的立场、观点，尤其在针对有分歧的问题表达意见时，可调整语调和音量来增加话语的分量，加强表达的效果。不能出现音调、音量失控的情况。

3）谈话内容

谈判中主题要明确，围绕中心，观点鲜明，语句简练、不重复、不啰唆，言之有据，有理、求实求是。谈判语言讲究生动，有趣味，需要时留有余地。涉外谈话要注意：不谈论隐私问题，不谈论荒诞离奇、黄色淫秽、疾病、死亡等不愉快话题，不谈论双方国家内政和民族、宗教问题；不背后议论上司、长辈、同事，回避对方不愿触及的问题；用共同听懂的语言，讲大家参与的内容；可谈论中性的话题（天气、艺术、体育）。交谈注意与优雅的站、坐姿势协调，手势语清晰，表情要目光专注，积极聆听从而产生共鸣，同时把握好谈话的亲密距离、个人距离、社交距离、公众距离4种人际交往的距离。

交谈是商务谈判活动的中心。在一定意义上，商务谈判过程即是交谈过程。恰当、礼貌地交谈不仅能增进谈判双方之间的了解、友谊和信任，而且还能促使谈判更加顺利、有效地进行。因此，在交谈活动中，必须讲究和遵守交谈的礼仪。

2. 交谈中的艺术

① 耐心倾听（见图9-4）：目光关注，不轻易打断，及时予以回应，不显烦躁。倾听中善于提问，能打破僵局和沉默，善于诱导启发和提出以中心主题为话题的内容。

② 调动气氛：用语言、语调、言辞内容及个人情意营造谈话气氛，调动对方参与的积极性。

③ 幽默处理：通过语言组合构造幽默意境，驱除忧虑愁闷的气氛。

④ 委婉含蓄：用侧面言辞来替代令人不悦的话题，避免直接提及不愉快的事情。

图9-4 谈判中的倾听

⑤ 模糊回避：在某些语境和环境用宽慰式、回避式、选择式模糊语言来传递信息。

⑥ 言行暗示：通过语言、行为或其他符号把自己的意向传递给他人。

⑦ 拒绝艺术：通过沉默、转折、诱导等方法否定，不直接说"不"，拒绝对方讲究艺术性。

3. 交谈的要点

① 交谈时表情要自然，态度要和气，语言表达要得体。说话时可以做适当的手势，但动作不要过大，更不要手舞足蹈，交谈时距离要适当。

② 加入他人谈话时要先打招呼。当别人个别谈话时，不要凑近旁听。若有事要与人交谈时，要等别人谈完；有人主动与自己谈话时，要乐于交谈；第三者参与交谈时，应以握手、点头或微笑表示欢迎；发现有人欲和自己交谈时，可主动上前询问；谈话中遇有急事需处理或离开时，应向对方打招呼，表示歉意。

③ 交谈现场超过 3 个人时，应不时地与在场的所有人交谈几句，不要只和一两个人说话，而不理会其他人。

④ 交谈中，自己发言时要注意给别人发表意见的机会；别人讲话时也应寻找机会适时地发表自己的看法；要善于聆听对方的谈话，不要轻易打断别人的发言；不谈与话题无关的内容。

⑤ 在交谈中，应目视对方，以示关心；对方发言时，不应左顾右盼、心不在焉或注视别处，显出不耐烦的样子；不要老看手表、伸懒腰、玩东西等，显得漫不经心的样子。

⑥ 交谈时，一般不询问妇女的年龄、婚姻等状况；不询问对方的履历、工资收入、家庭财产、衣饰价格等私生活方面的问题。

⑦ 男子一般不参与妇女圈的讨论，也不要与妇女无休止地交谈而引人反感；与妇女交谈要谦让、谨慎，不随便开玩笑；争论问题要有节制。

⑧ 交谈中要使用礼貌用语，如"你好""请""谢谢""对不起""打搅了""再见"等用语，并针对对方不同国别、民族、风俗习惯等，恰当运用礼貌语言。

⑨ 在社交场合中交谈，一般不过多纠缠，不高声辩论，不恶语伤人、出言不逊。即使有争吵，也不要斥责、讥讽、辱骂对方，最后还应握手道别。

知识点 1

常用的礼貌用语

（1）问候语：用于见面时的问候。如"您好！""早上好！"

（2）告别语：用于分别时的告辞或送别。如"再见""晚安"。

（3）答谢语：答谢语应用的范围很广，有些表示向对方的感谢，如"非常感谢！""劳您费心！"有些表示向对方的应答，如"不必客气""这是我应该做的"。

（4）请托语：请托语常用在向他人请求的场合。如"请问""拜托您帮我个忙。"

（5）道歉语：做了不当的或不对的事，应该立即向对方道歉。如说"对不起，实在抱歉。"

（6）征询语：当要为他人服务时常用征询语。如"需要我帮忙吗？""我能为您做些什么吗？"

（7）慰问语：表示对他人的关切。如"您辛苦了！""望您早日康复！"

（8）祝贺语：当他人取得成果或有喜事时，如"恭喜！""祝您节日愉快！"

（9）礼赞语：对人或事表示称颂、赞美。如"太好了！""美极了！""讲得真对！"

9.1.4　迎送礼仪

迎来送往是常见的社交活动，也是商务谈判中一项基本礼仪。在谈判中，谈判一方对应邀前来参加谈判的人员，要视其身份和谈判的性质，以及双方关系等，综合考虑安排。在谈判人员抵离时，都要安排相应身份的人员前往迎送；对重要的或初打交道的客商等，要前去迎接；一般的客商、多次来的客商，不接也不失礼。迎送礼仪如图9-5所示。

图9-5 鞠躬的迎送礼仪

做好迎送工作，需注意以下几个问题。

1. 确定迎送规格

确定迎送规格要依据前来谈判人员的身份和目的，适当考虑双方关系，同时注意惯例，综合平衡。主要迎送人的身份和地位通常要与来员对口、对等。若当事人因故不能出面或不能完全对等，应灵活变通，由职位相当的人士或副职出面。此时，无论做出何种处理，都应非常礼貌地向对方做出解释。有时也会从发展双方关系或其他需要出发，破格接待，安排较大的迎送场面。但一般情况下都应按常规办理，其他迎送人员不宜过多。

2. 准确掌握来员抵离的时间

己方有关人员应及时准确地弄清对方谈判人员所乘交通工具的抵离时间，尽早告知全体迎送人员及相关单位。如果有变化，应及时通知。迎接人员应在交通工具抵达前到场，送行则应在来客登机（车、船）前到，要做到既顺利接送来客，又不过多耽误时间。

小思考 1

一般的访客有哪些？

有4类：

① 预约访客——有所准备，记住姓名，让客户感到来访被重视、被期望；

② 未预约客——热情友好，询问来意，依具体情况判断应对方法；

③ 拒绝访客——热情坚定地回绝上司明确不接待或无法接待的访客；

④ 来访团组——充分准备，热情迎候，并根据拟订好的接待方案逐项落实。

---

3. 做好接待的准备工作

当得知来宾抵达日期后，应首先考虑其住宿安排问题。对方尚未起程前，先问清楚对方是否已经自己联系好住宿。如果未联系好，或者对方初到此地，则代其预订旅馆房间，最好是等级合适、条件较好的旅馆。

知识点 2

接 待 准 备

1. 环境准备——空气、光线、温度、声音、色泽、设备、布置、氛围等。

2. 物质准备——相应桌椅、备好茶饮、电话、衣帽架、有关资料等。

3. 心理准备——有一颗诚心，体谅对方，有热情有礼、和蔼可亲的态度。

4. 仪表准备——发式、容貌、服饰、姿态、言谈、举止及卫生等外观准备充分。

客人到达后，通常只需稍加寒暄，即陪客人前往旅馆，在行车途中或在旅馆里简单介绍

情况，征询对方意见后，即可告辞。客人到达的当天，最好只谈第二天的安排，另外的日程安排可在以后详细讨论。

4. 迎送礼仪中的有关事务

1）亲切迎客

具体要求为：放下工作，主动迎上，目光相接，微笑问候，热情接待。

2）热忱待客

做好引路、开关门、引见、让座、上茶、挂衣帽、送书报等工作。

① 引路：注意走在客人的左前方，转身照顾，热情介绍，手势适当，表情自然。

小思考 2

开关门的五部曲是什么？

- 敲门——得到允诺才可开门；
- 开门——知道应用哪只手（门把对左手，用右手开；门把对右手，用左手开），明确进门顺序（外开门，客先入；内开门，己先入）；
- 挡门（侧身用手或身挡门，留出入口）；
- 请进（礼貌地用语言和手势同时示意请进）；
- 关门（进毕再慢慢地关门）。

---

② 引见：先由高至低介绍客方，再逐一介绍主方。

③ 让座：要安排、引导入上座（离门远的座位或同排右为上）。

④ 上茶：敬上最好的茶叶，也可以征求对方意愿，注意手、茶具要清洁，尽量用托盘轻手轻脚送茶。

3）献花

献花是对来员表示亲切和敬意的一种好方法。尤其来员中有女宾或携有女眷时，在其尚未到达旅馆之前，预先在其房间摆一个花篮或一束鲜花，会给她们一个惊喜，有时甚至会达到意想不到的效果。但也应注意如下三点，谨防弄巧成拙。

① 送花时要尊重对方的风俗习惯，应尽量投其所好，绝不可犯其禁忌。如日本人忌讳荷花和菊花；意大利人喜爱玫瑰、紫罗兰、百合花等，但同样忌讳菊花；俄罗斯人则认为黄色的蔷薇花意味着绝交和不吉祥等。

② 给对方女性送花，最好以己方某女性人员的名义或己方单位名义或负责人妻子的名义赠送，切忌以男性名义送花给对方交往不深的女性。

③ 如果对方是夫妇同来，己方送花应以负责人夫妇的名义或公司的名义送给对方夫妇。

4）陪车

应请客人坐在主人右侧，若带有译员，译员坐在司机旁边。上车时，先请客人从右侧车门上车，主人再从左侧车门上车，以避免从客人膝前穿过。若客人先上车，坐到了主人的位置上，那也不必请客人再移位。

5）礼貌送客

客户表示告辞后，主方再用言语、行动送客。言语要体现热情的感谢语、告别语，取、穿衣帽，帮提重物等行动要服务周到。注意礼貌送别，热情告别（握手、话语、挥手致意等）。送客常规是低层送到大门口，高层送到电梯口，有车送到车离去。

9.1.5 会谈礼仪

会谈是商务谈判过程中的一项重要活动。在商务谈判中，尤其是在国际商务谈判中，东道主应根据谈判对方的身份和谈判目的，安排相应的有关部门负责人与之进行礼节性会见。

会谈即谈判的正式过程，是谈判的实质性阶段，也是最为重要的阶段，其礼节直接影响谈判的进程与成效，因此尤为重要。会谈的礼节主要包括握手与交换名片、入场、会谈氛围的把握与控制等内容。其基本要求如下。

1. 谈判会场布置和安排座位次序

谈判时的座位次序是一个比较突出、敏感的界域问题。谈判中的座位次序包括两层含义，一是谈判双方的座次位置，二是谈判一方内部的座次位置。一个敏锐的谈判行家会有意识地安排谈判人员的座次位置，并借以进行对己方最有利的谈判。

如何安排谈判双方人员的谈判座次，对谈判结果颇有影响。谈判座位围成圆形，不分首席，适合多方谈判；围成长方形，则适用于双边平等谈判。适当的座次安排，能够充分发挥谈判人员最佳信息传播功能，使双方的言语交往与非言语沟通收到最佳的效果。

一般来说，双方谈判人员应当面对面地坐，双方谈判的首席代表都应坐在谈判桌的首位，其他谈判人员依次入座。这样安排有助于首席谈判代表能够与其他成员交换意见、传递信息、研究应付对策。

座次安排是洽谈礼仪一个非常重要的方面。尽管各国风俗习惯有所不同，但存在一定的国际惯例，这是多数人能接受或理解的安排方式。座次的国际标准讲究的是以右为尊，右高左低。这里高低是指洽谈参与者身份地位的高低。业务洽谈，特别是双边的，多用长方形的桌子。通常宾主相对而坐，各占一边。谈判桌横对入口时来宾对门而坐，东道主背门而坐。谈判桌一端对着入口时，以进入正门的方向为准，来宾居右而坐，东道主居左而坐。洽谈中有主宾和主人，他们是双方的主谈人。主宾和主人居中相对而坐，其余人员按职务高低和礼宾顺序分坐左右。原则仍是以右为尊，主谈人右手第一人为第二位置，主谈人左手第一人为第三位置，右手第二人为第四位置，左手第二人为第五位置，以此类推。记录员一般在来宾的后侧，翻译员位于主谈人右侧。参与洽谈的人员总数不能是 13，可以用增加临时陪座的方法加以弥补，不能马虎应付。为了避免因出错而失礼或导致尴尬的场面，在座次安排妥当后，在每个位置前安放一个中文或英文的名签以便识别，由引座员加以指引。

谈判的地点通常安排在会谈室或会客厅，场所的布置充分考虑到对方的文化背景和习惯禁忌，不能冒犯对方的信仰和民俗。一般要求谈判场所能做到使谈判有个轻松、愉快、庄重的环境。把自己的意志强加于人是不礼貌的，易引起对方的反感从而妨碍洽谈活动的顺利开展。良好的开端是成功的一半，不但要在人员礼节上予以注意，对谈判的场所安排也要心中有数。

谈判地点确定之后，应当进行一定的布置。谈判环境的布置合理、恰当，有利于良好谈判气氛的建立，促成谈判活动的圆满成功。谈判环境的布置以高雅、宁静、和谐为宜，最好选择一个幽静、没有外人和电话干扰的地方；房间的大小也要适中，桌椅的摆设要紧凑但不拥挤，室内温度适宜，灯光明亮；会议桌上最好设置一些文具、标志物和少许花草盆景。

2. 握手与交换名片

谈判开始，客方到场时，己方人员应主动与其握手；注意在谈判过程中，一次谈判结束后，主方则禁忌主动握手，因为此时主动握手等于催促对方赶快离开。离别之际应将握手的主动权让予客方。

1）握手礼仪（见图 9-6）

普通握手方式应当是，双方各自伸出右手，手掌基本呈垂直状态，五指并拢，稍微握一下，时间不宜太长，也不宜过于短促，一般以 3 秒左右为准。握手时须双眼注视对方，面带微笑，相互致意，切忌抓住他人的手来回摇晃，动作过大，力度过轻过重都显得不太礼貌。握手时目光旁顾会让别人觉得心不在焉，一心二用，失去对他人起码的尊重。

图 9-6　握手礼仪

在异性谈判人员之间，男性一般不宜主动向女性伸手相握，但女性应主动向男性伸手相握。若女性仅仅点头示意，则男性也以点头回礼。双方握手的时间一般以 5 秒为宜，如果双方较熟悉或关系较密切，可适当延时。但无论如何握手，时间不能过短，彼此两手一经接触即刻松开，表明此次握手纯属客套应酬，没有加深交往的愿望，往往被对方认为缺乏谈判诚意。

宾主之间的握手则较为特殊。正确的做法是：客人抵达时，应由主人首先伸手，以示欢迎之意；客人告辞时，则应由客人首先伸手，以示主人可就此留步。

知识点 3

常规握手顺序

女士同男士握手时，应由女士首先伸手。

长辈同晚辈握手时，应由长辈首先伸手。

上司同下级握手时，应由上司首先伸手。

2）递交名片的方法（见图 9-7）

在商务谈判中，名片是一种不可或缺的交往工具。伴随握手问候，往往有交换名片的行为。对商务人员而言，名片起到了介绍自己、结交他人、保持联系、通报变更等用途。

① 递名片时应起身站立，走上前去，用双手或者右手将名片正面对着对方，递给对方。

② 若对方是外宾，最好将名片印有英文的那一面对着对方。

③ 将名片递给他人时，应说"多多关照""常联系"等话语，或是先做一下自我介绍。

④ 与多人交换名片时，应讲究先后次序。或由近而远，或由尊而卑进行。位卑者应当先把名片递给位尊者。

图9-7　交换名片

3. 入场

入场即进入谈判场所或谈判会场。原则上应主方礼让，客方先行。若客方坚持并行入场，则更佳，预示谈判开场即持积极的合作姿态。只要双方负责人员并行入场即可，其他人员可自由地尾随其后进入，切忌己方人员先入场，在场内等待对方人员到来，这会被看作傲视对方，毫无谈判诚意，且被怀疑在谈判场所做了什么手脚。若抢先入场则更为失礼，容易恶化谈判气氛。

4. 双边谈判的座位排列

主要有两种形式可供选择。第一种形式是横桌式。横桌式座次排列是指谈判桌在室内横放，客方人员面门而坐，主方人员背门而坐。除双方主谈者居中就座外，各方的其他人士则依其身份的高低各自先右后左、自高而低分别在己方一侧就座（见图9-8）。

第二种形式是竖桌式。竖桌式座次排列是指谈判桌在室内竖着放。具体排位时以进门时的方向为准，右侧由客方人士就座，左侧则由主方人士就座。在其他方面，与横桌式排座相仿（见图9-9）。

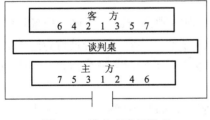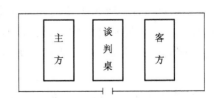

图9-8　横桌式谈判排座　　　　　　　　图9-9　竖桌式谈判排座

相关链接 1

国际礼宾次序

指国际交往时出席活动的国家、团体、各国人士的位次按某些规则和惯例进行排列的先后次序。

① 按外宾的身份与职务的高低顺序，常用在官方活动中。团体以团长的身份和职务来排。

② 按参加国国名的字母顺序排列，常用在国际会议和体育比赛中，多按英文字母顺序。

③ 按派遣国通知东道主代表团组成的日期排列。有时也按到达的时间先后来排。

④ 几种方法结合使用。若字母相同，再按身份排。

小思考 3

谈判座位的安排有哪些讲究？

一般首席代表坐在中间，最好坐在会议室中能够统领全局的位置。如圆桌、椭圆桌比较靠中心的地方，采用红白脸策略时，白脸则坐在他旁边，给人一个好的感觉；红脸一般坐在离谈判团队比较远的地方。强硬派和清道夫是一对搭档，应该坐在一起。最好把自己的强硬派放到对方的首席代表旁边，干扰和影响对方的首席代表。当然，自己的红脸一定不要坐在对方红脸的旁边，这样双方容易发生冲突。通过座位的科学安排也可以营造良好的谈判氛围。

5. 会谈气氛的把握与控制

此处的会谈，即具体的交谈、谈判。这是谈判的实质性环节，能否取得成效，在很大程度上取决于谈判的氛围，而对此进行把握与控制，则依赖于交谈时的礼节。

① 恰当地掌握各自所占用的时间，发言机会应均等，表情应自然、热情、和气、大方，要使用礼貌用语。说话过多，可能会使对方认为言过其实，故意炫耀；说话过少，又可能会使对方觉得缺乏诚意，探己虚实；过于坦率，有时难免伤害对方自尊心；过于委婉，又会给对方造成油滑、做作的印象。

② 尊重和谅解对方。每个谈判人员均希望对方理解自己的观点。理解、赞同不仅可以赢得感情上的相互接近，还是取得对方尊重、信任并突破谈判观点的前提。要相互平等地、对等地听、说，当对方发言时，应认真倾听，并以目光或其他动作鼓舞之。好为人师、班门弄斧、强加于人、唯我独尊等说话方式为谈话的大忌。

③ 在适当的时候应采用适当的方式肯定对方。若对方观点与己方一致或相接近时，或对方的要求属己方谈判计划中可做让步时，己方应抓住机会，中肯、得当地肯定这些共同点和想法；同时还应及时补充、发展双方一致的论点，引导、鼓励对方畅所欲言，使谈判逼近目标。

④ 函件往来作为会谈的准备、延续与补充，其应注意的礼节包括打字、复印、书写端正、清楚，不要使对方辨认困难，发生误解；传送递达及时，不耽误对方的工作；对对方接收使用敬辞，如"先生""阁下"等，或直接称呼其职务亦可。除非十分熟悉，在函件中勿写私事和提出个人请求。

6. 会谈的相关注意事项

会谈可以有多种级别，但就一般情形而言，举行会谈至少应做好以下几点。

① 准确掌握会谈时间、地点和双方参加人员的名单，及早通知有关人员和有关单位做好必要安排。主人应提前到达，以避免仓促。

② 客人到达时，主人应到正门口迎接，也可以在会谈室门口迎接，或由工作人员在大楼门口迎接并引到会谈室，主人在会谈室门口迎接。

③ 如果有合影，则应安排在宾主握手、合影之后再入座。会谈结束后，主人应将客人送至门口或车前，并目送客人离去。

④ 会谈一般只备茶水，夏天配加冷饮。若会谈的时间较长，则可适当上咖啡或红茶。

⑤ 会谈座次的安排也是一项重要的礼仪。双边会谈时，通常可用长方桌、圆形桌或椭圆形桌，宾主相对而坐，以正门为准，主人居背门的一侧，客人则居其对面，主谈人居中。译员的安排一般尊重主人的意见。其他人均按礼宾顺序排列。记录员排在后面，若与会人员少，也可安排在会谈桌就座。多边会谈，座位可摆成圆形或方形。

⑥ 会谈场所应安排足够的座位，必要时宜安装扩音器，现场事先放置中外文座位卡等。

⑦ 谈判中提出会见要求，应将要求会见人的姓名、职务及会见的目的告知对方。接见一方应尽早给予答复，并约定时间。若因故不能接见时应婉言解释。

⑧ 领导人（或是谈判双方的决策人物）之间的会见，有时除陪见人和必要的译员、记录员外，其他工作人员应及时退出。对记者也应该有较严格的要求。谈话过程中，除工作人员及有关人员听招呼外，旁人不要随意进出。

⑨ 会谈后若有合影，应事先安排好合影事宜。合影时一般由主人居中，按礼宾次序以主人右边为上，主客双方间隔排列，拍合影时要充分考虑镜头的摄入范围，一般两端均由己方人员把边。

小思考 4

谈判的会务活动包括的内容

谈判的会务活动指谈判期间所安排的非会谈性活动，如宴请、参观游览、观看文艺演出、联谊娱乐、住宿安排、随遇交谈、签字仪式、赠送礼品等。因双方仍以组织身份集体参加，所以应纳入谈判的正式活动，它在实质上是具体会谈的延伸与补充。

9.1.6 谈判三阶段礼仪

1. 谈判之初

谈判双方接触的第一印象十分重要，言谈举止要尽可能创造出友好、轻松的良好谈判气氛。作自我介绍时要自然大方，不可表露出傲慢。被介绍到的人应起立一下微笑示意，可以礼貌地道："幸会""请多关照"之类。询问对方要客气，如"请教尊姓大名"等。如有名片，要双手接递。介绍完毕，可选择双方共同感兴趣的话题进行交谈。稍作寒暄，以沟通感情，创造温和气氛。

谈判之初的姿态动作也对把握谈判气氛起着重大作用。注视对方时，目光应停留于对方双眼至前额的三角区域，这样使对方感到被关注，觉得你诚恳严肃。手心冲上，手势自然，不乱打手势，以免造成轻浮之感。切忌双臂在胸前交叉，那样显得十分傲慢无礼。

谈判之初的重要任务是摸清对方的底细，因此要认真听对方谈话，细心观察对方举止表情，并适当给予回应，这样既可了解对方意图，又可表现出尊重与礼貌。

2. 谈判之中

这是谈判的实质性阶段，主要是报价、查询、磋商、解决矛盾、处理冷场。

报价要明确无误，恪守信用，不欺蒙对方。

查询时先要准备好有关问题，选择气氛和谐时提出，态度要开诚布公。切忌气氛比较冷淡或紧张时查询，言辞不可过激或追问不休，以免引起对方反感甚至恼怒。对方回答查问时不宜随意打断，答完时要向解答者表示谢意。

磋商时讨价还价事关双方利益，容易因情急而失礼，因此更要注意保持风度，应心平气和，求大同，容许存小异。发言措辞应文明礼貌。

解决矛盾时，要就事论事，保持耐心、冷静。主方处理冷场时方法要灵活，可以暂时转移话题，稍作松弛。

3. 谈后签约

签约仪式上，双方参加谈判的全体人员都要出席，共同进入会场，相互致意握手，一起入座。双方都应设有助签人员，分立在各自一方代表签约人外侧，其余人排列站立在各自一方代表身后。助签人员要协助签字人员打开文本，用手指明签字位置。双方代表各在己方的文本上签字，然后由助签人员互相交换，代表再在对方文本上签字。签字完毕后，双方应同时起立，交换文本，并相互握手，祝贺合作成功。其他随行人员则应该以热烈的掌声表示喜悦和祝贺。

就一般情况而言，举行签字仪式时，座次排列的具体方式共有 3 种，它们分别用于不同情况。

① 并列式。并列式排位是举行双边签字仪式时最为常见的形式，它的基本做法是在签字厅内设置长方桌一张，作为签字桌。桌后放两把椅子，作为双方签字的座位，面对正门主左客右。国际商务谈判的签字桌上还需摆一个旗架，悬挂签字国双方国旗。

② 相对式。相对式排位与并列式排位基本相同，二者之间主要区别是相对式排位将参加签字仪式的随员移至签字人的对面。

③ 主席式。主席式排位主要用于多边签字仪式。

9.2　商务谈判的礼节

9.2.1　见面时的礼节

见面是社交的第一步，也是整个社交活动重要的一个环节。见面时的礼仪将形成谈判的第一印象，而且决定着谈判的成功与否。

1. 守时

遵守时间，信守约定。这是商务活动中最起码的礼貌。这不仅是个人的信用问题，更关系到商业的信誉。参加各种商务活动，应按约定的时间到达，失约是一种很不礼貌的行为。过早抵达，可能会占用主人的宝贵时间而给对方造成某些不便；迟迟不到，则会使主人或其他客人等候过久而抱怨。在我国一般是以提前 2~3 分钟到达为佳。因故不能赴约或不能按时赴约时，应有礼貌地尽早通知对方。

2. 称呼

称呼是当面招呼对方时的用语，以表明彼此关系。合理的称呼，既是对他人的尊重也是有礼貌、有修养的一种表现。

1) 一般社交场合上的称呼

在社交场合，特别是商务活动中普通使用的称呼是"先生""小姐""夫人（太太）""女士"。其中"先生""小姐"使用频率最高。如知道对方已婚的情况下方可尊称"夫人（太太）"，否则称"小姐"最保险。

2) 职务或职称的称呼

对有职称和职务的人，可以直接称其职称或在职称前冠以姓氏，如王大夫、张教授、黄经理、李主任。对于老前辈或师长，为表示尊敬还可以称"某老"。对于拥有学位的人，只有"博士"才能作为称谓来用，而且只有在工作场合或是与工作有关的场合才使用。

对新结识的人，对年长于自己的，可称之为"老师"。在文艺界、教育界人士中这种称呼比较普遍。

3) 称呼时应注意的事项

① 称呼老师、长辈要用"您"而不用"你"。不可直呼其名，一般可在其姓氏后面加限制语。

② 初次见面或相交未深，用"您"而不用"你"，以示谦虚与尊重。

③ 在生活中，要注意对长辈有得体的称呼。

④ 称呼任何人都要尽可能了解其民族习惯、地域习惯，做到尊重对方，不损伤对方的感情。

3. 宾主相见注意事项

在正式的谈判之前，东道主应主动通知对方洽谈举行的时间、地点、具体安排以及有关注意事项，让对方心中有数，以便为洽谈进行相应的准备。一般情况下，东道主应先行到达洽谈地点，做好准备工作的查漏补缺，预备迎接客方的到来。主人在迎接门口，应主动与客方成员握手。握手是中国人最常用的一种见面礼，也是国际上通用的礼节。在对方人员较多时，与每位来宾握手时间应大体相当，否则会给人厚此薄彼的感觉。握手的顺序基本上是礼宾次序，由身份、职位的高低来决定。握手寒暄，相互问候后，主人应请客方洽谈人员先行入座。双方一起入座也是可以的。入座后，除洽谈参与人员外，其他服务人员均应退出洽谈场所。洽谈中，非洽谈参与者不得随意进进出出，以保持严肃和恰当的环境气氛。

知识点 4

电话应对基本礼仪

① 听到铃响，快接电话；
② 先要问好，再报名称；
③ 姿态正确，微笑说话；
④ 语调稍高，吐字清楚；
⑤ 听话认真，礼貌应答；
⑥ 通话简练，等候要短；
⑦ 礼告结束，后挂轻放。

9.2.2　宴请的礼节

作为一种重要的社交活动，宴请礼仪体现在宴会的全过程。宴会的一般程序和每个阶段都有严格的礼仪要求，以保持宴会的热烈、欢快和友好的气氛，保证宴会的圆满成功，达到主人的预期目的。

1. 席位安排

地方习俗宴请席位安排，主要用于民间聚饮和公事交往中的下级宴请上级。这类席位的安排，根据宴客对象，遵循一些基本原则。

2. 宴会准备的礼仪

宴会准备是否周详，是整个宴会成功的基础。在宴会前的准备工作中，要求做到以下几点。

1）列出名单

宴会之前，应按照宴请所要达到的目的，认真列出被邀请宾客的名单。谁是主宾、谁是次主宾，谁作陪客，都要一一列清。一般来说，每次宴请的目的只有一个，或洽谈项目，或签订合同，或接风迎客，或饯行话别等。所以，不宜把毫不相干的两批客人合在一起宴请；更不得把平时有芥蒂的客人请到一起吃饭、饮酒，以免出现不愉快的尴尬场面。

2）确定时间

宴请时间的确定，有的可按主人主观的安排，如企业开张、友人聚会等。有的随其他因素决定，如接风送行，系由客人的行期所定。至于具体宴请时间的确定，原则上以适应多数宾客能来参加宴会为准则，尤其应以主宾最合适的时间来确定，而不能只迁就主人的心意。宴请时间应提早通知客人，通常在宴会前两周。

3）选好场所

宴会场所的选择，充分体现出主人对宴会的精心安排以及主人对客人的敬意。应该选择那些交通方便、环境幽雅、食品卫生、菜肴精美、价格公道、服务优良的饭店作为宴客的场所。

4）订好菜谱

宴会菜谱的确定，应根据宴会的规格，"看客下菜"。总的原则应考虑客人的身份以及宴请的目的来确定，做到丰俭得当。整桌菜肴应有冷有热，荤素搭配；有主有次，主次分明。即一桌菜有主菜，以显示菜的规格；也要有一般菜以调剂客人的口味。其他菜肴的确定，还应以适合多数客人口味爱好为前提，尤其是特别照顾主宾的饮食习惯。

5）排定座次（见图9-10）

桌次、席位的安排具有很强的礼节性，如果安排不当，会直接影响宾主用餐的气氛。所以必须在宴会前根据桌次、席位安排的礼仪要求安排妥当。较为正式的宴会可摆设桌次牌和席位号，方便主宾入席就座。

在一般的情况下，安排中餐的用餐位次，往往涉及桌次和席次两个方面。它们的排列，各有其规定。

一方面，必须掌握中餐待客桌次排列方法。举行正式的中餐宴会时，若所设餐桌不止一桌，便存在桌次的尊卑之别。排列桌次，主要应遵守如下原则。

① 以右为上。当餐桌有左右之分时，应以位于右侧的餐桌为上桌，即此所谓以右为上。应当说明的是，此刻的左、右是按照面门为上的规则来确认的。

② 内侧为上。当餐桌距离餐厅正门有远近之分时一般以距离门较远的餐桌，即靠内侧的餐桌为上桌，即此所谓内侧为上，有时又叫以远为上，如图9-10所示，A为上桌，其次为B、C、D。

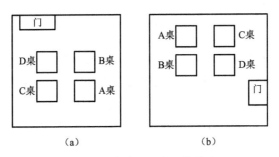

图9-10　宴请以远为上的排座

③ 居中为上。多张餐桌排列在一起时，通常以居中的餐桌为上桌，即此所谓居中为上。

许多时候，以上3条规则往往是交叉使用的。除此之外，在排列桌次时，还须注意到，除主桌外，其他各桌一般距主桌越近，桌次便越高；距主桌越远，桌次便越低。

另一方面，还必须掌握中餐待客的席次排列方法。在中餐宴会上，同一张餐桌上的具体席位往往亦有尊卑之别。进行排列时，有下述4条原则必须遵守。

① 好事成双。它要求每张桌上用餐者的具体人数宜为双数，因为中国人以双数为吉祥之数。

② 各桌同向。它的含义是：除主桌之外的其他各张餐桌，可以采用与主桌一致的排位方式。

③ 面门为主。它规定在一般情况下，主人之位应当面对餐厅正门。需要设第二主人之席时，则应令其在第一主人对面就座。

④ 主宾居右。它是指主宾一般应挨着主人，并在其右侧就座。除主人与主宾外，双方

的其他就餐者应分为主左客右，分别在主人、主宾一侧依其身份的高低顺序就座。

上述 4 条规则，通常会交叉在一起使用，而很少单独使用。

3. 宴会进行时的礼仪

当宾客相继来到后，宴会要及时开席，并在整个宴会进行过程中，主人要热情周到，以保持宴会的热烈气氛，达到预期目的。宴会进行中的礼仪主要有以下几点。

① 引客入座。作为主人，宴会之前应站在门口迎接客人，和每一位来宾打招呼。在客人到齐后，主人要迅速回到客厅，招待来宾，态度要热情、诚恳。如果客人相互间有不熟悉的，主方要逐一介绍，使彼此有所了解，以增进宴会的友好气氛。然后按预先安排好的座位，依次引客入座。如果客人有坐错座位的，一般应"将错就错"，或很巧妙地加以换座，务必以不挫伤客人的自尊心为宜。

② 按时开席。客人落座后，主人要按时开席。不能因个别客人误时而影响整个宴会的进行。

③ 致辞敬酒。

④ 介绍菜肴。

⑤ 祝酒献歌。

⑥ 亲切交谈。

4. 宴会结束时的礼仪

1）适时结束

一般宴会应掌握在 90 分钟左右，以最多不超过两小时为宜。过早结束，会使客人感到不尽兴，甚至对主人的诚意表示怀疑；时间过长，则主宾双方都感到疲劳，反而会冲淡宴会的气氛。因此，宴会结束的最佳时机，应是宴会最高潮时，主人掌握最佳时机，宣布宴会到此结束，会给大家留下最美好的回忆。当然，在宴会结束前，要征求多数客人的意见，以使他们尽兴为宜。

2）依依话别

主客临分别前，往往要以依依不舍的心情亲切话别。话别时，主人要真诚感谢众宾客的光临。

3）出门送客

众宾客离开饭店或家庭时，主人应亲自送客出门或至楼下。

相关链接 2

国际交往中，与谈判活动密切相关的几点礼仪

（1）日常礼貌

在国际交往中，言谈、举止、风度是十分重要的。除了要求举止大方、言谈得体外，还应注意一些细节问题，如在公共场合不要大声、毫无顾忌地谈笑、争论，声音过大，会破坏周围的气氛，妨碍他人。

外出探访，不论是公事还是私事，一定要事先约好，突然登门拜访是不礼貌的，赴约时既不要迟到，也不要提前，寒暄、答谢要适可而止。

（2）礼物

在商业交际中，互赠礼物是常有之事，礼物虽小，可以加深相互的友谊，有利于促进彼此之间的贸易关系。最好选择有纪念意义或民族特色的礼物，但也要考虑对方的消费习俗。

（3）着装

法国时装设计大师香奈尔说："如果一个人穿得十分邋遢，你注意到的便是他的服装，如果他穿得十分整洁，你才注意到他本人。"一般来讲，着装要整洁大方，谈判时要尽量穿深色西装，西方人有一种习惯，商人或政界人士着深色西装。着西装时，上装纽扣要扣上一粒，在别人面前不要把手插在口袋里，也不要搂着胳膊。

（4）餐桌礼貌

吃西餐与中餐的差别很大。其中，刀叉、餐巾的使用，座位的安排都有讲究，切不可失礼。中国人习惯边喝酒边吸烟。但在西餐中，吸烟却是在喝咖啡时，而且在诸多公众场合不允许吸烟。吃中餐许多人都有剩菜剩饭的习惯，而在西餐中则是不礼貌的。

吃西餐不论是菜还是汤，都应该等到每个人都端好以后，主宾一起开始吃，吃的速度也应与大家同步，不要过快或过慢，还应避免吃东西时的特殊声音，以免引起别人的不快。

（5）名片

如果是出国洽谈，在名片上最好写上便于联系的电话号码等。在国际交往中，日本人最重视名片的作用。

本 章 小 结

本章讲述的是商务谈判礼仪，涉及商务谈判的礼仪和礼节方面。

9.1节讲述的是商务谈判的礼仪，包括服饰礼仪、举止礼仪、语言谈吐礼仪、迎送礼仪、会谈礼仪、谈判三阶段礼仪要点等6部分内容。

9.2节讲述的是商务谈判的礼节。主要介绍了见面时的守时与称呼方面的礼节，宴请方面的安排与内容；讲解了宴请的座次等礼仪要点。

关键术语

商务谈判礼仪　服饰礼仪　谈判举止　谈判语言礼仪　谈判签约　会谈礼仪　见面介绍
握手礼仪　宴请礼仪　宴请要点　中餐宴请原则

复习思考题

1. 商务谈判的服饰礼仪有哪些？

2. 宴请中桌次与座位如何安排？

3. 签约的座次排列的具体方式有哪些?

4. 商务谈判的举止要点有哪些?

5. 简述双边谈判的座位排列内容。

6. 正式的中餐宴会时,排列桌次主要应遵守哪些原则?

案例分析与讨论

案例1　曼谷佛像与生意的关系

有一位美国广告商在泰国首都曼谷开了家公司,别人告诉他生意不会好,因为该公司的对面有一尊大佛像,公司的地势又高于佛像的位置,美国商人未加理会,结果他的公司门庭冷落,无人光顾。美国商人无奈,只好把公司迁到一个没有佛像的地区,生意很快兴旺起来。

问题:造成美国商人第一次生意失败的原因是什么?

案例2　穿衣戴帽的影响

中国有句俗话:穿衣戴帽,各有所好。在日常的生活中是这样,可在商务谈判中却是大忌。中国某企业和德国某公司洽谈打印机的出口事宜。按礼节,中方提前5分钟到达公司会议室。客人到后,中方人员全体起立,鼓掌欢迎。德方谈判人员中男士个个西装革履,女士个个都身着职业装;而中方人员,除经理和翻译外,其他有穿夹克的,有穿牛仔服的,有一位工程师甚至还穿着工作服。其间,德方人员脸上没有出现中方人员期待的笑容,反而均显示出一丝不快的表情。更令人不解的是,按计划一上午的谈判日程没半个小时就草草结束了,德方人员匆匆离去。

问题:分析德方人员匆匆离去的原因及案例给我们的启示。

实训练习与操作

实训练习1

【实训目标】

(1) 会谈座位安排与进场准备工作。

(2) 谈判签约的准备与安排。

【实训内容】

(1) 结合图9-11模拟谈判房间布局图示,学生分组,每组5~6人,设组长一名,安排2~3组学生分别讨论6~8人的会谈座位安排与进场准备工作,安排两组中的1~2学生,进行发言总结,时间15~20分钟。

(2) 结合图9-12,模拟谈判签约的准备与安排,假设门分别在图的左边和正下方位置,安排2～3组学生分别进行现场情景模拟与讨论总结，时间20～25分钟。

图9-11　会谈座位安排训练

图9-12　谈判签约的准备与安排

实训练习2

【实训目标】

（1）正确安排双边谈判座位次序。

（2）合作谈判的座位安排原则的理解与运用。

【实训内容】

（1）以下是一个公司小型会议的参加人员名单，请为下列人员安排会议的座次，把代表人员的字母填入图中代表座位的圆圈中。

A. 董事长　　　　　　　B. 公关部经理　　　　　　C. 秘书

D. 技术部经理　　　　　E. 财务部经理　　　　　　F. 公关部工作人员

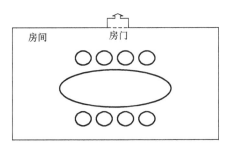

（2）以下是一个合作谈判的代表人员名单，请为下列人员安排谈判的座次，把代表人员的字母填入图中代表座位的圆圈中。

东道主：A. 董事长　　　　外方：E. 副总经理

　　　　B. 公关部经理　　　　　F. 外联部经理

　　　　C. 秘书　　　　　　　　G. 驻华工作人员

　　　　D. 翻译　　　　　　　　H. 翻译

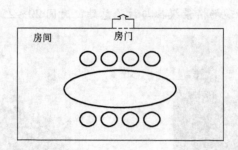

实训练习 3

【实训目标】

分析判断各自谈判能力的变化与比较。

【实训内容】

商务谈判课程由学生完成，安排学生在规定的时间内，再重新做一遍商务谈判能力自测题（见附录 A），选择两名分数相差比较大的学生，安排 5～6 分钟的自我谈判能力分析与体会。

附录 A

商务谈判能力自测

1. 你通常是否先准备好，再进行谈判？（　　）
① 每次　② 时常　③ 有时　④ 不常　⑤ 都没

2. 你面对直接的冲突有何感觉？（　　）
① 非常不舒服　② 相当不舒服　③ 虽然不喜欢，但还是面对它　④ 有点喜欢这种挑战　⑤ 非常喜欢这种挑战和机遇

3. 你是否相信谈判时对方告诉你的话？（　　）
① 不，我非常怀疑　② 普通程度地怀疑　③ 有时候不相信　④ 大概相信　⑤ 几乎永远相信

4. 被人喜欢对你来说重不重要？（　　）
① 非常重要　② 相当重要　③ 普通　④ 不太重要　⑤ 一点都不在乎

5. 谈判时你是否常做乐观的打算？（　　）
① 几乎每次都开心，最乐观的一面　② 相当地关心　③ 普通程度地关心　④ 不太关心　⑤ 根本不关心

6. 你对谈判的看法怎么样？（　　）
① 高度地竞争　② 大部分竞争，小部分互相合作　③ 大部分互相合作，小部分竞争　④ 高度地合作　⑤ 一半竞争，一半合作

7. 你赞成哪一种交易？（　　）
① 对双方都有利的交易　② 对自己较有利的交易　③ 对对方较有利的交易　④ 对自己非常有利，对对方不利的交易　⑤ 各人为自己打算

8. 你是否喜欢和商人交易？（家具、汽车、家庭用具的商人）（　　）
① 非常喜欢　② 喜欢　③ 不喜欢也不讨厌　④ 相当不喜欢　⑤ 憎恨

9. 如果交易对对方很不利，你是否会让对方再和你商谈一个较好点的交易？（　　）
① 很愿意　② 有时候愿意　③ 不愿意　④ 几乎从没有过　⑤ 那是对方的问题

10. 你是否有威胁别人的倾向？（　　）
① 常常如此　② 相当如此　③ 偶尔如此　④ 不常　⑤ 几乎没有

11. 你是否能适当表达自己的观点？（　　）
① 经常如此　② 超过一般水准　③ 一般水准　④ 低于一般水准　⑤ 相当差

12. 你是不是一个很好的倾听者？（　　）

① 非常好　② 比一般人好　③ 普通程度　④ 低于一般水准　⑤ 很差

13. 面对语意含糊不清的词句，其中还夹着许多赞成和反对的争论，你有何感觉？（　　）

① 非常不舒服，希望事情不是这样的　② 相当不舒服　③ 不喜欢，但是还可以接受　④ 一点也不会被骚扰，很容易就习惯了　⑤ 喜欢如此，事情本来就该如此

14. 有人在陈述与你不同的观点时，你能够倾听吗？（　　）

① 把头掉转开　② 听一点点，很难听进去　③ 听一点点，但不太在意　④ 合理地倾听　⑤ 很注意地听

15. 在谈判开始前，你和公司里的人如何彻底讨论谈判的目标和事情的优先程序？（　　）

① 适当的次数，讨论得很好　② 常常很辛苦地讨论，讨论得很好　③ 时常且辛苦地讨论　④ 不常讨论，讨论得不太好　⑤ 没有什么讨论，只是在讨论时执行上级的指示

16. 假如一般公司都按定价加 5%，你的老板却要加 10%。你的感觉如何？（　　）

① 根本不喜欢，会设法避免这种情况发生　② 不喜欢，但还是不情愿地去做　③ 勉强去做　④ 尽力做好，而且不怕尝试　⑤ 喜欢这个尝试，而且期待这种考验

17. 你是否喜欢在谈判中聘用专家？（　　）

① 非常喜欢　② 相当喜欢　③ 偶尔为之　④ 假如情况需要的话　⑤ 非常不喜欢

18. 你是不是一个很好的谈判小组领导者（或者是主谈人）？（　　）

① 非常好　② 相当好　③ 公平的领导　④ 不太好　⑤ 很糟糕的领导者

19. 置身在压力下，你的思路是否很清楚？（　　）

① 是的，非常好　② 比大部分人都好　③ 在一般程度之下　⑤ 根本不行

20. 你的经验判断能力如何？（　　）

① 非常好　② 很好　③ 和大部分主管一样好　④ 不太好　⑤ 我想我不行

21. 你对自己的评价如何？（　　）

① 高度的自我评价　② 适当的自我评价　③ 很复杂的感觉，搞不清楚　④ 不太好　⑤ 没什么感觉

22. 你是否能获得别人的尊重？（　　）

① 很容易　② 多数情况下能获得　③ 偶尔　④ 不常　⑤ 很少

23. 你认为自己是不是一个谨守策略的人？（　　）

① 非常是　② 相当是　③ 合理地运用　④ 时常会忘却运用的策略　⑤ 我似乎是先说再思考

24. 你是否能广泛地听取各方面的意见？（　　）

① 是的，非常能　② 大部分如此　③ 普通程度　④ 相当不听取别人的意见　⑤ 观念相当固执

25. 正直（人格）对你来说重不重要？（　　）

① 非常重要　② 相当重要　③ 中等重要　④ 有点重要　⑤ 不重要

26. 你认为别人的正直（人格）重不重要？（　　）

① 非常重要　② 相当重要　③ 中等重要　④ 有点重要　⑤ 不必苛求他人

27. 当你手中握有权力时，会如何使用？（　　）

① 尽量运用一切手段发挥　　② 适当地运用，没有罪恶感　　③ 我会为了正义而运用
④ 我不喜欢使用　　⑤ 在不妨碍他人的情况下，我会使用它

28. 你对于"身体（行为）语言"的敏感程度如何？（　　）

① 高度敏感　　② 相当敏感　　③ 大约普通程度　　④ 比大部分人的敏感性低　　⑤ 不敏感

29. 你对于别人的动机和愿望的敏感程度如何？（　　）

① 高度敏感　　② 相当敏感　　③ 大约普通程度　　④ 比大部分人的敏感性低　　⑤ 不敏感

30. 对于以个人身份与对方结交，你有怎样的感觉？（　　）

① 我会避免如此　　② 不太妥当　　③ 不好也不坏　　④ 我会被吸引而接近对方　　⑤ 我极力接近对方，喜欢这样做

31. 你洞察谈判真正问题的能力如何？（　　）

① 我通常会知道　　② 大部分时间我能够了解　　③ 我能够猜得相当正确　　④ 对方常常会令我惊奇　　⑤ 我发现很难知道真正的问题所在

32. 在谈判中，你想要定下哪一种目标？（　　）

① 很难达成的目标　　② 有一定难度的目标　　③ 不太难，也不太容易达成的目标
④ 比较适当的目标　　⑤ 不太难，比较容易达成的目标

33. 你是不是一个有耐心的谈判者？（　　）

① 很有耐心　　② 比一般人有耐心　　③ 普通程度　　④ 一般程度以下　　⑤ 我会完成交易，为什么要费时间呢

34. 谈判时你对于自己目标的执着程度如何？（　　）

① 非常执着　　② 相当执着　　③ 有点执着　　④ 不太执着　　⑤ 相当有弹性

35. 在谈判中，你是否很坚持自己的观点和立场？（　　）

① 非常坚持　　② 相当坚持　　③ 适度地坚持　　④ 不太坚持　　⑤ 根本不坚持

36. 你对对方私人问题（非商业性的问题，如工作的保障、工作的负担、和老板相处的情形等）的敏感程度如何？（　　）

① 非常敏感　　② 相当敏感　　③ 一般程度　　④ 不太敏感　　⑤ 根本不敏感

37. 对方的满足对你有什么影响？（　　）

① 非常在乎，我尽量不使他受损害　　② 有点在乎　　③ 中立态度，但我希望他不被伤害
④ 有点关心　　⑤ 各人都要为自己打算

38. 你是否强调你的权力限制？（　　）

① 是的，非常想强调　　② 夸大强调，通常做的比我喜欢的还要多些　　③ 适当地限制
④ 不会详述权力　　⑤ 大部分时间我会强调

39. 你是否想了解对方的权力限制？（　　）

① 非常想　　② 相当想　　③ 我会衡量一下　　④ 这很难做，因为我不是他　　⑤ 我让事情在会谈时顺其自然进行

40. 当你买东西时，对于说出一个很低价格，感觉如何？（　　）

① 太可怕了　　② 不太好，但是有时我会如此做　　③ 偶尔才会做一次　　④ 我常常如此尝试，而且不在乎如此做　　⑤ 我会使它成为正常的习惯而且感觉非常舒服

41. 通常你如何让步？（　　）

① 非常缓慢　　② 相当缓慢　　③ 和对方的速度相同　　④ 我多让点步，试着使交易快点

完成　⑤ 我不在乎付出更多，只要完成交易就行

42. 对于接受影响你事业的风险，感觉如何？（　　）

① 比大部分人更能接受大风险　② 比大部分人更能接受相当大的风险　③ 比大部分人能接受较小的风险　④ 偶尔冒一点风险　⑤ 很少冒险

43. 对于接受财务风险的态度如何？（　　）

① 比大部分人更能接受大风险　② 比大部分人更能接受相当大的风险　③ 比大部分人能接受较小的风险　④ 偶尔冒一点风险　⑤ 很少冒险

44. 面对那些地位比你高的人，感觉如何？（　　）

① 非常适宜　② 颇为适宜、舒服　③ 复杂的感觉　④ 不舒服，感觉不太好　⑤ 很不舒服

45. 你要购买汽车或房屋时，准备得如何？（　　）

① 很彻底　② 相当好　③ 普通程度　④ 不太好　⑤ 没有准备

46. 对对方告诉你的话，你会调查到什么程度？（　　）

① 调查得很彻底　② 调查大部分的话　③ 调查某些话　④ 知道应该调查，但做得不够　⑤ 没有调查

47. 你对于解决问题是否有创见？（　　）

① 非常有　② 相当有　③ 有时候会有　④ 不太多　⑤ 几乎没有

48. 你是否有足够的魅力？人们是否尊敬你而且遵从你的领导？（　　）

① 非常有　② 相当有　③ 普通程度　④ 不太有　⑤ 一点也没有

49. 和他人比较你是不是一个有经验的谈判者？（　　）

① 很有经验　② 比一般人有经验　③ 普通程度　④ 经验比一般人少　⑤ 没有丝毫经验

50. 对于你所属谈判班子的主谈人感觉如何？（　　）

① 舒服而且自然　② 相当舒服　③ 很复杂的感觉　④ 有点忸怩，存在某种自我意识　⑤ 焦虑不安

51. 没有压力时，你的思考能力如何？（与同行相比）（　　）

① 非常好　② 比大部分人好　③ 普通程度　④ 比大部分人差　⑤ 不太行

52. 兴奋时，你是否会激动？（　　）

① 能保持冷静和镇静　② 原则上很镇静，但是会被对方激怒　③ 和大部分人相同　④ 性情有点激动　⑤ 有时我会，很难控制

53. 在社交场合中人们是否喜欢你？（　　）

① 非常喜欢　② 相当喜欢　③ 普通程度　④ 不太喜欢　⑤ 相当不喜欢

54. 你的工作安全性如何？（　　）

① 非常安全　② 相当安全　③ 一般程度　④ 不安全　⑤ 很不安全

55. 假如听过对方4次很详细的解释。你还是必须说第四次"我不了解"，你的感觉如何？（　　）

① 太可怕了，我不会那么做　② 相当困窘　③ 会觉得很不好意思　④ 感觉不会太坏，还是会去做　⑤ 不会有任何犹豫地去做

56. 谈判时对于处理困难问题，你的能力如何？（　　）

① 非常好　② 超过一般程度　③ 一般程度　④ 一般程度以下　⑤ 很糟糕

57. 你是否会追根地询问（或者问探索性的问题）？（　　）

① 擅长此道　② 颇为擅长　③ 一般程度　④ 不太好　⑤ 不擅长，很糟糕

58. 生意上的秘密，你是不是守口如瓶？（　　）

① 非常保密　② 相当保密　③ 一般程度　④ 常常说的比应该说的还多　⑤ 说的实在太多了

59. 对于自己这一行的知识，你的信心如何？（与同事比较）（　　）

① 比大部分人都有信心　② 相当有信心　③ 一般程度　④ 有点缺乏信心　⑤ 坦白说没有信心

60. 你是建筑大厦的买主，由于其他方面的原因要更改设计图，现在承包商为了这个原因要收取更高的价格，而你又认为他能把这项工程做好，而非常需要他。对于这个新的加价，你会有什么感觉？（　　）

① 马上跳起来大叫　② 非常不高兴　③ 准备好好地和他商量，但并不急着做　④ 虽然不喜欢，但还是会照做　⑤ 和他对抗

61. 你是否会将内心的感受流露出来？（　　）

① 非常容易　② 比大部分人多　③ 普通程度　④ 不太多　⑤ 几乎没有

在回答完以上题目以后，请按照下面的分数表，把每一个问题的正分和负分加起来，得到一个在-688～+724 之间的总分。（举例来说：假如你选择第一个问题的答案②，你的分数是 15；选择第二个问题的答案①；分数是-10；选择第三个问题的答案④，分数将是-4，以此类推）

谈判能力测验分数表

题号	①	②	③	④	⑤	题号	①	②	③	④	⑤
1	20	15	5	-10	-20	19	10	5	3	0	-5
2	-10	-5	10	10	-5	20	20	15	5	-10	-20
3	10	8	4	-4	-10	21	15	10	0	-5	-15
4	-14	-8	0	14	10	22	12	8	3	-5	-8
5	-10	10	10	-5	-10	23	6	4	0	-2	-4
6	-15	10	10	-15	5	24	10	3	5	-5	-10
7	0	-10	-10	5	-5	25	15	10	5	0	-10
8	3	6	6	-3	-5	26	15	10	10	0	-10
9	6	6	0	-5	-10	27	5	15	0	-5	0
10	-15	-10	0	5	10	28	2	1	5	-1	-2
11	8	4	0	-4	-6	29	15	10	0	-10	-15
12	15	10	0	-10	-15	30	-15	-10	2	10	15
13	-10	-5	5	10	10	31	10	5	5	-2	-10
14	-10	-5	5	10	10	32	10	15	5	0	-10
15	8	-10	20	15	-20	33	15	10	5	-5	-15
16	-10	5	10	13	10	34	12	12	3	-5	-15
17	12	10	4	-4	-12	35	10	12	4	-3	-10
18	12	10	5	-5	-10	36	16	12	0	-3	-10

题号	①	②	③	④	⑤	题号	①	②	③	④	⑤
37	12	6	0	-2	-10	50	8	10	0	0	-12
38	-10	-8	5	8	12	51	15	6	4	0	-5
39	15	10	5	-5	-10	52	10	8	5	-3	-10
40	-10	-5	5	15	15	53	10	10	3	-2	-6
41	15	10	-3	-10	-15	54	12	-3	2	-5	-12
42	5	10	0	-3	-10	55	-8	8	3	8	12
43	5	10	-5	5	-8	56	10	8	8	-3	-10
44	10	8	3	-3	-10	57	10	10	4	0	-5
45	15	10	3	-5	-15	58	10	8	0	-8	-15
46	10	10	3	-5	-12	59	12	10	0	-5	-10
47	12	10	0	0	-15	60	15	-6	0	-10	-15
48	10	8	3	0	-3	61	-8	-3	0	5	8
49	5	5	5	-1	-3						

根据谈判能力测试分数表计算出总分以后，就可以知道你属于哪一级。

第一级：376～724　　　　谈判能力最强的人；

第二级：28～375　　　　谈判能力次强的人；

第三级：-320～27　　　　谈判能力次弱的人；

第四级：-668～-321　　　谈判能力弱的人。

这是美国谈判专家嘉洛斯设计的谈判能力测试题。该题覆盖面广，题量大，每题的分值划分为5个层次，各个层次的分数差异比较合理，因此只要测试者能够如实回答，其所得的分数一般可以比较准确地反映出测试者实际的谈判能力。该测试结果也可以作为单位选配谈判人员的一个依据。

几个月后，经过对谈判知识的学习和谈判能力的实践锻炼，可再做一次，然后同以前的结果比较，看看你的谈判能力培养与提高后有多大的变化。若你想知道别人对你谈判能力的评价，你可让熟悉你的人给你打分，再将得出的结果同你自我衡量的结果进行比较，从中便可得出有意义的启示。

附录 B

模拟谈判综合实训与评议

1. 模拟谈判的综合实训

【实训要点】

商务谈判综合模拟实训是在分阶段实训的基础上进行的一项全面的、全过程的商务谈判综合模拟实训，包括谈判前期的规划、谈判的准备、资料的搜集分析、谈判各阶段策略的运用及合同的订立等内容。

【实训重点】

（1）全面深刻理解和牢固掌握商务谈判的基本理论和方法。

（2）熟悉商务谈判的主要内容、基本程序及相关策略、技巧知识。

（3）灵活运用所学的专业知识和技能，具备组织和实施商务谈判活动的初步能力。

【实训难点】

（1）实训过程的组织；

（2）谈判活动的准备；

（3）谈判活动的控制；

（4）谈判活动的成绩评定。

【商务谈判综合模拟实训的组织管理】

（1）实训教育动员。为了提高学生对商务谈判综合模拟实训的认识和重视程度，应该召开实训动员大会，明确本次实训的重要性、目的和意义，并提出要求。

（2）业务培训。为了帮助学生顺利完成实训任务，应对学生进行必要的培训，一般由专业指导老师承担。培训内容根据实训项目确定，注意突出重点和难点。

（3）分组分工。实训活动依据背景材料，由任课教师为指导老师把班级学生分为 8 人一组的讨论小组，小组内每 4 名学生组合成一方，并制定各小组负责人。

（4）建立一套实训成绩评定方法和标准。为了督促学生按要求完成实训任务，还应该拟定一套实训成绩评定方法和标准，并在实训前向学生公示。

【商务谈判综合模拟实训的程序安排】

1. 开局阶段

此阶段为谈判的开局阶段，双方面对面，但一方发言时，另一方不得抢话头发言或以行为进行干扰。开局可以由一位组员来完成，也可以由多位组员共同完成。发言时，可以展开支持本方观点的数据、图表、小件道具和 PPT 等。

开局阶段，双方应完成以下方面的阐述和事项。

（1）入场、落座、寒暄都要符合商业礼节，相互介绍己方成员。

（2）有策略地向对方介绍己方的谈判条件。

（3）试探对方的谈判条件和目标。

（4）对谈判内容进行初步交锋。

（5）不要轻易暴露己方底线，但也不能隐藏过多信息而延缓谈判进程。

（6）在开局结束的时候最好能够获得对方的关键性信息。

（7）可以先声夺人，但不能以势压人或者一边倒。

（8）适当运用谈判前期的策略和技巧。

2. 谈判中期阶段

此阶段为谈判的主要阶段，双方随意发言，但要注意礼节。一方发言的时候另一方不得随意打断，等对方说完话之后再说话。既不能喋喋不休而让对方没有说话机会，也不能寡言少语任凭对方表现。

此阶段双方应完成以下工作。

（1）对谈判的关键问题进行深入谈判。

（2）使用各种策略和技巧进行谈判，但不得提供不实、编造的信息。

（3）寻找对方的不合理方面以及可就要求对方让步的方面进行谈判。

（4）不达成交易寻找共识。

（5）获得己方的利益最大化。

（6）解决谈判议题中的主要问题，就主要方面达成意向性共识。

（7）出现僵局时，双方可转换话题继续谈判，但不得退场或冷场超过 1 分钟。

（8）双方不得过多纠缠与议题无关的话题或就知识性问题进行过多追问。

（9）注意运用谈判中期的各种策略和技巧。

3. 休会

此阶段为谈判过程中的暂停，共 10～15 分钟。在休会中，双方应当总结前面的谈判成果；与成员分析对方开出的条件和可能的讨价还价空间；与组员讨论收局阶段的策略，如有必要，对原本设定的目标进行修改。

4. 最后谈判阶段

此阶段为谈判最后阶段，双方回到谈判桌，随意发言，但应注意礼节。

本阶段双方应完成如下工作。

（1）对谈判条件进行最后交锋，必须达成交易。

（2）在最后阶段尽量争取对己方有利的交易条件。

（3）谈判结果应该着眼于保持良好的长期关系。

（4）进行符合商业礼节的道别，对对方表示感谢。

5. 拟定合同，签约

6. 小组之间进行评议，并填写实训小结

【评分标准】

1. 谈判总体效果

（1）表达的感染力和气氛调动能力；

（2）把握谈判议题的准确程度；

（3）所阐述观点的合理性及实用性；

（4）谈判者着装礼仪，商务风范；

（5）讲述词。

2. 商务礼仪

（1）着装恰当；

（2）手势合理；

（3）表情恰当；

（4）语言流畅；

（5）总体风貌良好。

3. 谈判准备

（1）信息搜集程度；

（2）对谈判议题的理解和把握；

（3）谈判目标设定的准确性；

（4）谈判方案设计的实用性；

（5）小组成员的准备程度。

4. 谈判过程

（1）谈判策略的设计；

（2）谈判技巧的运用；

（3）团队配合；

（4）丰富知识，合理运用；

（5）谈判氛围的掌握；

（6）逻辑清晰，思维严密；

（7）语言准确，口齿清楚；

（8）反应迅速，随机应变；

（9）表情从容，适度紧张；

（10）谈判进程的控制与把握。

5. 谈判效果

（1）己方谈判目标的实现程度；

（2）双方共同利益的实现程度；

（3）谈判结果的长期影响；

（4）对方的接受程度；

（5）团队的整体谈判实力。

6. 具体的评分项目分类（见后面相应的表单）

（1）观察员分析表；

（2）分析员分析表；

（3）评论员分析表。

2. 模拟谈判综合实训指导书与评议表单（举例）

模拟商务谈判

×××××学院

实训项目指导书

编写：××

日期：××××年×月

目　　录

一、商务谈判模拟实训的教学目的

"商务谈判"是一门建立在市场营销学、管理学、消费心理学和现代礼仪、公关、沟通等众多课程基础上的一门应用性和操作性比较强的学科，是现代市场营销学的一个重要的分支学科。

商务谈判模拟实训教学目的是在学生系统掌握商务谈判基本理论的基础上，通过模拟训练实践环节，将理论知识与实际操作结合起来，让学生在实际操作过程中进一步加深对基础知识的理解，补充完善知识体系并提高分析问题、解决问题的能力，打造和提升营销专业学生的基本素质。

通过实训，使学生重点掌握商务谈判的程序、沟通技巧及商务谈判中常用的策略理论，并能结合实际资料模拟完整的商务谈判过程，能灵活运用理论知识解决实际问题。

二、商务谈判模拟实训的教学任务与基本教学要求

（一）模拟商务谈判实训的教学任务

（1）通过实训，使学生重点掌握商务谈判的程序、沟通技巧及商务谈判中常用的策略理论，并学会基本的运用和分析。

（2）实训使学生能结合实际资料模拟完整的商务谈判过程，能灵活运用理论知识解决实际问题。获得谈判的经验与感受谈判过程的复杂性，体会实训教学的魅力。

（3）使学生能了解单位进行商务谈判基本的程序，学会制定相应的谈判相关性的计划安排；学生能熟练应用商务谈判中的一些常见的基本谈判方法和策略，掌握其中 2~3 种基本的方法与内容的运用，为今后制定相关的商务性谈判奠定良好基础。

（4）实训使学生能熟悉销售谈判中的基本业务，培养学生在谈判中的灵活性、基本领导能力以及团队的协作精神。

（5）通过实训，使学生能针对性地对模拟谈判训练教学提出综合评议，提出建设性的改进意见，推动谈判训练教学发展得更好。

（二）模拟商务谈判实训的基本教学要求

1. 对指导教师

（1）教师通过实训，引导学生重点掌握商务谈判的程序、沟通技巧及商务谈判中常用的策略理论，并学会基本的运用和分析。

（2）通过模拟谈判实训，丰富商务谈判的理论案例教学，加强教学方法的多种探讨，加强与学生的联系与沟通，引导学生正确认识模拟训练教学的必要性，指导学生能够创造出优秀的作品。

（3）认真辅导学生小组的商务谈判实训策划书的基本内容，严格审查格式、内容、设计、要求等，认真考勤，耐心辅导，对每一场模拟谈判进行必要的汇总、点评与分析，给出客观的成绩和基本的评语。

2. 对参加模拟谈判训练的学生要求

（1）以小组为单位完成商务模拟谈判策划书的报告。

商务模拟谈判策划书的报告要有自己的分析，避免复述或罗列案例，应该有必要的论证与分析。所提的谈判项目建议要有特色，逻辑严密地分析加以论证，避免使用口号式的陈词滥调或含糊不清的语句，多使用自己的语言进行分析，借助使用 PPT 等手段展现商务谈判

策划书的要点。

（2）各个小组成员合理分工，积极参加小组讨论、商议事项，完成自己的工作总结。

商务谈判的实训教学的成功与否很大程度上取决于各个小组成员的积极参与和集思广益。因此，建议各个小组成员要积极投入，减少"搭便车"行为，充分做好讨论的各项准备工作，熟悉谈判单位的背景材料和角色安排，合理安排自己的分工项目，积极大胆发言，以说明自己的观点，通过各种方式积极参与小组谈判项目的模拟训练，对其他成员所提问题展开讨论、对他人观点加以补充完善或表示异议并进行机智得体的反驳，共同完成，进而提高小组的商务模拟谈判实训教学工作，结合教材完善谈判方案，使自己得到锻炼，进而提高分析问题的能力。

（3）按时参加小组的各项活动安排，有事情需向小组组长和指导教师请假，并说明原因和递交书面请假单。服从小组组长的管理和工作安排，发生争执应该向模拟训练教师说明并接受处理，服从小组的成绩评定。

三、模拟商务谈判实训教学的基本内容

（1）各个小组借助网上资料收集或确定公司翔实的背景资料，为进一步的模拟商务谈判实训活动提供客观依据；也可以借助以前课程设计或实训项目的资料进行加工和整理。

（2）模拟商务谈判的背景资料应该翔实和确定，制订的谈判方案要完整，谈判计划充分经过小组各个成员的广泛讨论商议，谈判方案应该有一定的可操作性。

（3）进行模拟商务谈判人员分工安排，做出职位描述和简单说明，建议小组进行简单模拟演练，找出问题，完善谈判策划计划和方案。

（4）模拟商务谈判计划需要设计经典的模拟谈判场景和片段，增加模拟谈判的真实性和可操作性。

（5）对各个小组成员进行隔离的分工安排和角色定位，各个小组成员需要写个人谈判实训总结，统一交小组组长装订和管理。

（6）模拟商务谈判计划书基本应该包括下表中的基础项目，其他的内容各个小组可以自由发挥组合。

四、商务模拟谈判实训教学成绩考核

（一）要求

（1）以小组为单位提交模拟商务谈判报告；

（2）模拟商务谈判成果必须独立完成，不得抄袭，雷同者考核均不合格；

（3）模拟商务谈判成果要求字迹清楚，思路清晰，表达完整；

（4）考核成绩分优秀、良好、中、及格、不及格5个等级。

（二）上交成果

（1）模拟商务谈判谈判计划书以小组为单位一份，具体包括基本的公司背景材料（包括公司历史、产品特点、销售与客户基本情况，以及企业部门组织结构、文化等）及模拟商务谈判经典片段，请参考附件内容。

（2）报告格式要求：封面统一标准，案例分析书面报告一律采用A4纸打印，用统一封面装订（写明模拟训练报告名称，班级、姓名及时间），正文小四宋体，行间距20磅。

商务谈判计划书

谈判议题：_____

谈判标的：1._____

　　　　　2._____

谈判期限：_____

谈判方：

　甲方：_____

　　主要谈判人员：

　　　　1._____ 2._____ 3._____

　　　　4._____ 5._____

　乙方：_____

　　主要谈判人员：

　　　　1._____ 2._____ 3._____

　　　　4._____ 5._____

谈判目标：

　最高目标：_____

　可接受目标：_____

　最低目标：_____

谈判议程安排：

　　1._____ 2._____

　　3._____ 4._____

备注：

（3）指导教师评分表和小组自评表，参考格式见附件。

（4）目录、正文、参考文献或资料、附录（包括个人总结、小组讨论情况记录表和小组其他的需要装订的资料）应该完备。

（5）小组成员个人总结与参与工作分析说明，以不少于一张 A4 纸为准。

五、商务模拟谈判实训教学时间与进度安排

（1）时间：商务谈判实训教学安排在第 15 周。

（2）为保证商务模拟谈判实训教学工作保质保量完成，请务必按要求按时完成每个阶段的工作。每天工作进度安排见表一。

（3）场地：包括动员和安排工作普通教室一个，进行模拟谈判的场地安排。

（4）教学用品有笔记本电脑一台、投影屏幕和投影仪器。基本用品各个小组自行解决，包括桌牌、茶叶、纸杯、文件夹、签字笔等。

表一　学生模拟谈判实训教学安排（举例）

时间/天	谈判实训教学内容及地点
5月26日上午	布置模拟谈判训练任务，确定分组（5人一组）名单，每个组选出组长一名，进行工作分工安排和考勤
5月26日下午	收集公司背景材料及制订商务谈判策划方案，小组讨论确定后交指导教师审核、修改
5月27日	小组讨论和完善商务谈判方案。抽签决定参加模拟谈判的小组名单和顺序，进行1～2个组的模拟谈判训练教学安排工作
5月28日	进行3～5个小组的模拟谈判训练教学工作，进行分析、评议和拟谈判的成绩评定
5月28日	谈判训练完成的小组进行谈判方案的修改讨论、定稿，完成各个小组的模拟谈判训练任务。进行1～2个小组的谈判训练
5月29日上午	小组讨论，每个小组安排1～2人代表进行模拟谈判的讲评与总结
5月29日下午	整理商务模拟谈判训练成果并打印

表二　学生模拟谈判合作组名单表

小组组长	成员	评委

附：

商务谈判实训报告（封面样式）

题　　目＿＿＿＿＿＿＿＿＿＿＿＿＿＿＿＿＿＿＿

系　　别＿＿＿＿＿＿＿＿＿＿＿＿＿＿＿＿＿＿＿

班　　级＿＿＿＿＿＿＿＿＿＿＿＿＿＿＿＿＿＿＿

学生姓名＿＿＿＿＿＿＿＿＿＿＿＿＿＿＿＿＿＿＿

指导教师＿＿＿＿＿＿＿＿＿＿＿＿＿＿＿＿＿＿＿

日　　期＿＿＿＿＿＿＿＿＿＿＿＿＿＿＿＿＿＿＿

模拟商务谈判实训教学成绩评定表

小组组长		班级		时间	
小组总的评定语：（考勤、主动性、承担任务等） 小组成员成绩：（用表格表示，注明成员班级、姓名、学号） 组长签名：					
指导教师评语： 签名：					
综合成绩：（用表格表示，注明成员班级、姓名、学号） 					

模拟谈判小组训练教学计划工作安排

题目			
主要 工作 记录	工作任务	工作地点、时间	工作人员安排
备注	组长安排事项： 组长签名：		

模拟商务谈判实训教学分组登记表

小组题目

班级	姓名	联 系 方 式	备注
			组长

商务谈判实训方案

表一：（模拟商务谈判实训）观察员分析表

评议小组：	班级：	
评分内容	概括性评语	评分（各20分） 总分100
谈判态度认真， 组织严谨有序		
服装整洁大方， 仪容仪表自然		
语言简洁流畅， 声音清晰		
场景设置符合 谈判项目所需		
时间安排合理， 运用谈判知识准确		
模拟谈判 成绩评定		
谈判小组 亮点与特色		

观察员签名：　　　　班级：　　　姓名：

时间：

场地：

表二：（模拟商务谈判实训）分析员分析表

评议小组：	班级：

评分内容	概括性评语	评分（各20分） 总分100
有一定理论基础， 运用的灵活性好		
设计的谈判开场、 中场与收尾连贯性 与逻辑性强		
谈判思路清晰， 谈判的结构严谨		
谈判重点突出， 双方观点明确		
小组人员分工 合理，总体表现 状况良好		
模拟谈判 成绩评定		
谈判小组 亮点与特色		

分析员签名：　　　　班级：　　　　姓名：

时间：

场地：

表三：（商务模拟谈判实训）评论员分析表

评议小组：	班级：

评分内容	主要的 3～5 句评语	评分（各 20 分）总分 100
谈判项目安排		
谈判内容		
谈判技巧（策略）		
谈判整体性		
谈判礼仪		
临场发挥（+5 分）		
总结		

评论员签名：　　班级：　　　姓名：

时间：

场地：

参 考 文 献

[1] 陈文汉. 商务谈判实务 ［M］. 3 版. 北京：电子工业出版社，2013.

[2] 范钧. 商务沟通与谈判自学辅导 ［M］. 杭州：浙江人民出版社，2009.

[3] 付春雨. 商务谈判 ［M］. 北京：化学工业出版社，2008.

[4] 石永恒. 商务谈判实务与案例 ［M］. 北京：机械工业出版社，2008.

[5] 卞桂英. 国际商务谈判 ［M］. 北京：中国农业大学出版社，2008

[6] 张炳达，周琼琼. 商务谈判实务 ［M］. 2 版. 上海：上海财经大学出版社，2013.

[7] 冯华亚. 商务谈判 ［M］. 3 版. 北京：清华大学出版社，2015.

[8] 邓有佐. 商务谈判实训 ［M］. 成都：电子科技大学出版社，2007.

[9] 周庆. 商务谈判实训教程 ［M］. 武汉：华中科技大学出版社，2007.

[10] 毛国涛. 商务谈判 ［M］. 北京：北京理工大学出版社，2006.

[11] 肖华. 商务谈判实训 ［M］. 北京：中国劳动和社会保障出版社，2006.

[12] 周旦华. 商务谈判实务 ［M］. 北京：电子工业出版社，2005.

[13] 陈向军. 商务谈判技术 ［M］. 2 版. 武汉：武汉大学出版社，2009.

[14] 盖温·肯尼迪. 谈判是什么 ［M］. 陈述，译. 北京：中国宇航出版社，2004.

[15] 周忠兴. 商务谈判原理与技巧 ［M］. 南京：东南大学出版社，2003.

[16] 王海云. 商务谈判 ［M］. 北京：北京航空航天大学出版社，2003.

[17] 李品媛. 现代商务谈判 ［M］. 大连：东北财经大学出版社，2003.

[18] 汤秀莲. 国际商务谈判 ［M］. 天津：南开大学出版社，2003.

[19] 丁建忠. 商务谈判 ［M］. 北京：中国人民大学出版社，2003.

[20] 赵春明. 商务谈判 ［M］. 北京：中国财政经济出版社，2002.

[21] 石永恒. 商务谈判精华 ［M］. 北京：团结出版社，2003.

[22] 白远. 国际商务谈判理论案例分析与实践 ［M］. 北京：中国人民大学出版社，2002.

[23] 刘园. 国际商务谈判 ［M］. 5 版. 北京：对外经济贸易大学出版社，2016.

[24] 樊建廷. 商务谈判 ［M］. 大连：东北财经大学出版社，2001.

[25] 王德新. 商务谈判 ［M］. 北京：中国商业出版社，2000.

[26] 邹建华，陈腾华，彭东慧. 国际商务谈判务实 ［M］. 广州：中山大学出版社，2000.